(개정판)

부동산금융
프로젝트 바이블

REAL ESTATE PROJECT BIBLE

부동산금융 전문가를 위한 미래 설계 로드맵

부동산금융 프로젝트 바이블

P&P(부동산금융 전문가 네트워크) 지음

개정판

두드림미디어

전작인《부동산금융 커리어 바이블》을 출간한 지 벌써 5년이 되었다. 출간하기까지 1년 3개월이란 시간이 걸린 전작은 감사하게도 많은 분들에게 좋은 평을 받았다. 이후 재출간 문의가 심심찮게 들려왔고, 전작에 대한 아쉬움을 이야기하다 출간에 대해 고민하기 시작했다. 전작을 대폭 개정할지 아니면 다른 버전의 책을 다시 출간할지, 오랜 고민 끝에 새로운 버전의 책을 선보이기로 했다.

전작이 대학생들과 취업 초년생 및 이직 희망자들의 입문서 성격이었다면 새로운 버전의 이 책은 한 발 더 나가 각 회사에서 실제로 행하는 프로젝트를 소개한다. 현업 전문가들이 모여서 쓰는 책인 만큼 좀 더 생동감 있게 담으려고 노력했다. 전작이 현업 전문가의 일과를 주로 서술했다면 이 책은 현업에서 행하는 프로젝트를 서술하는 것으로 확대했다.

〈STEP 01 부동산금융 개관〉은 전작 'STEP 01'의 장점을 살렸다. 일부 저자들이 교체되어 새로운 저자들이 집필했고, 각 회사별 업무 소개, 필요 역량, 입사 및 향후 진로 등을 담았다. 전작과 유사하나 독자들에게 좋은 평을 받았던 파트여서 다시 업그레이드했다.

〈STEP 02 가상 종합 프로젝트〉는 새로 추가된 파트다. 'STEP 01'은 부동산 프로젝트와 관련 기관 투자자, 증권사, 운용사, 신탁사, 컨설팅사 등 각각의 입장에서 기술했지만, 실제 프로젝트는 여러 구성원들이 모여 하나로 이루어진다. 이 때문에 프로젝트 전체를 하나의 사례를 통해 기술했고 등장인물은 여러 명이지만 실물형 펀드와 개발 사업으로 나누어 각각 한 사람에 의해 작성되었다. 독자들의 이해가 쉽도록 비록 가상의 사례지만 최대한 실제와 유사하게 기술했다. 아마 독자들이 가장 흥미를 느낄 수 있는 파트가 아닐까 기대한다.

'STEP 02'가 종합 프로젝트 사례라면 〈STEP 03 회사별 가상 프로젝트〉는 회사별로 각 회사의 구성원들이 각자 자신들이 행한 프로젝트를 소개한다. 'STEP02'에서 실물형과 개발형 사례를 종합적으로 구성했다면, 이 장에서는 각 회사별로 실제 수행한 업무를 소개한다. 역시 가상의 사례지만 실제와 최대한 유사하게 서술했다.

〈STEP 04 케이스 스터디〉는 전작의 'STEP 03'과 유사하나 전작이 자산운용사나 증권사 등의 IM 자료를 있는 그대로 소개하는 것에 그쳤다면 본서에서는 독자들이 좀 더 이해하기 쉽도록 부연 설명을 추가했다. 크게 실물형 펀드와 개발형 펀드로 나누어 실물형 펀드는 오피스 매각 딜(Deal)을, 개발형 펀드는 홈플러스 개발 선매입 프로젝트를 대상으로 했다. 'STEP 02'와 'STEP 03'에서 가상의 사례를 봤다면 실제 사례는 어떻게 이루어지는지를 소개하는 파트다.

〈STEP 05 인터뷰〉는 기존의 주니어급 사원들 인터뷰를 따로 모았다. 앞부분의 시니어 및 파트너 인터뷰와 달리, 각 분야에 취업하기까지의 과정을 비교적 상세히 담았다. 인터뷰에 참여한 분들의 스펙까지 상세히 기술해 대학생 등 취업 준비생 및 이직 희망자들에게 도움을 주고자 노력했다. 'STEP 05' 인터뷰에 참여한 분들은 주로 P&P 멘토링 클래스 출신들이다.

전작을 뛰어넘는 책을 만들겠다는 생각으로 이 책을 시작했고, 전작보다 훨씬 많은 저자들이 집필에 의욕적으로 참여했다. 그러나 너무 큰 욕심 탓에 전작보다 더 긴 2년이라는 시간이 흘렀다. 2015년 초에 시작한 작업이 2017년이 되어서야 드디어 빛을 보게 되었다. 함께 참여해주신 저자분들에게 오히려 누가 된 것은 아닌지… 밤잠을 설친 것도 여러 번이다. 또 여러 저자의 의견 차이를 조정하려다 보니 어려움도 많았고, 개인적인 아픔 등으로 중간에 포기하고 싶은 생각도 여러 번이었다. 하지만 많은 분들의 도움으로 무사히 마무리해서 독자 여러분과 만날 수 있게 되었다. 다시 한 번 이 책에 참여한 모든 분께 머리 숙여 감사드린다.

추천 글을 써주신 롯데자산개발 김창권 대표님, 현대자산운용 이현승 대표님, 건국대학교 이현석 교수님, LH 인천지역본부 김수종 본부장님께도 진심으로 감사드린다. 끝으로 지금의 나를 있게 해주신 어머니와 못난 형을 항상 묵묵히 도와주는 동생(승국) 그리고 누나, 매형께도 감사의 인사를 전한다.

P&P(부동산금융 전문가 네트워크)
손봉국

Contents

STEP
01

부동산금융 개관

```
┌─────────────────────────┐              ┌─────────────────────────────┐
│      부동산금융 개관      ├──┐           │       부동산금융회사         │
└─────────────────────────┘  │           └─────────────────────────────┘
                             │            ┌───────────────────────────┐
                             │            │  ┌─────────────────────┐  │
                             │            │  │     외국계 투자사    │  │
                             │            │  └─────────────────────┘  │
                             │            │  ┌─────────────────────┐  │
                             │            │  │      기관 투자자     │  │
                             ├────────────┤  │  (연기금, 은행, 보험 등) │  │
                             │            │  └─────────────────────┘  │
                             │            │  ┌─────────────────────┐  │
                             │            │  │      자산운용사      │  │
                             │            │  └─────────────────────┘  │
                             │            │  ┌─────────────────────┐  │
                             │            │  │      리츠 AMC        │  │
                             │            │  └─────────────────────┘  │
                             │            └───────────────────────────┘
                             │            ┌─────────────────────────────┐
                             │            │      부동산금융 관련 회사     │
                             │            └─────────────────────────────┘
                             │            ┌───────────────────────────┐
                             │            │  ┌─────────────────────┐  │
                             │            │  │      디벨로퍼        │  │
                             │            │  │   (시행사, 시공사)    │  │
                             │            │  └─────────────────────┘  │
                             │            │  ┌─────────────────────┐  │
                             └────────────┤  │    부동산 컨설팅      │  │
                                          │  └─────────────────────┘  │
                                          │  ┌─────────────────────┐  │
                                          │  │      전문직          │  │
                                          │  │ (감정평가, 법률, 회계)  │  │
                                          │  └─────────────────────┘  │
                                          └───────────────────────────┘
```

[일러두기]
〈STEP 01 부동산금융 개관〉은 전작 'STEP 01'의 장점을 살렸다. 일부 저자들이 교체되어 새로운 저자들이 집필했고, 각 회사별 입무 소개, 필요 역량, 입사 및 향후 진로 등을 담았다.

01 | 부동산금융 업계 이해

부동산금융 업계에는 다양한 플레이어가 활동하고 있다. 기관 투자자, 외국계 투자사, 증권사, 자산운용사, 리츠(REITs) AMC, 부동산컨설팅회사, 전문직(변호사, 회계사, 감정평가사 등) 등이 대표적이다. 모든 비즈니스가 그렇듯이 이 각각의 이해 관계자 또는 협력 업체들이 서로 협업을 잘할 때 탁월한 성과가 나온다. 각각의 플레이어들의 역할들을 살펴보자.

1. 기관 투자자(연기금, 공제회, 은행, 보험)

운용자산의 목표 수익을 달성하기 위해 부동산 펀드, 리츠 등에 투자하는 기관 투자자로서 투자 가능한 현금을 보유하고 있으므로 부동산금융 피라미드의 최상층에 위치한다. 일반적으로 원금 보전을 위해 보수적인 성향이 강하다. 주로 담보가 있는 PF대출 또는 안정적인 오피스 빌딩의 지분 및 대출에 참여한다. 그러나 최근 국민연금의 해외 오피스 매입 사례에서 보듯 운용자산 포트폴리오 및 투자 기준에 따라 공격적인 투자를 하기도 한다.

2. 외국계 투자사

론스타(Lone Star), 모건스탠리(Morgan Stanley), 메릴린치(Merill Lynch), 싱가포르투자청(GIC) 등 자기자금으로 오피스 등 실물 부동산에 투자, 운영 후 매각을 통해 수익을 창출하는 외국계 펀드들이다. IMF 직후 국내 부실 부동산(채권) 매입해 3~5년 보유 후 매각을 통해 20% 이상의 높은 수익을 냈던 오퍼튜니티 펀드(Opportunity Fund), 연간 10~20% 수익률을 목표로 기존 오피스 빌딩을 매입 후 리모델링 등을 통해 가치를 향상하는 밸류애디드 펀드(Value Added Fund), 그리고 연 8~10% 안정적인 수익률을 목표로 매입 후 장기 보유하는 코어 펀드(Core Fund) 등으로 구분된다.

3. 증권사

증권사 부동산금융 부서에서는 PI 투자, 펀드 자금 모집 및 리파이낸싱(Re-financing) 업무를 수행한다. PI(Principal Investment) 투자는 증권사가 직접 개발 사업 및 오피스 등에 투자하는 것이고, 펀드 자금 모집은 자산운용사, 리츠 AMC를 대신해 공모 또는 사모로 투자자를 모집하는 것이다. 리파이낸싱은 기존 PF대출을 PF-ABS, PF-ABCP 등의 구조를 통해 유동화하는 업무다. 대형 증권사의 경우 부동산금융 부서가 따로 있으며 중소형 증권사의 경우 기업금융 부서에서 부동산금융 업무를 수행한다.

4. 자산운용사

자본시장법상 부동산 펀드를 운용할 수 있는 부동산 간접 투자 시장의 핵심 플레이어로 주요 부동산 펀드에는 개발 사업 PF대출형 펀드와 오피스 등 실물 부동산에 투자하는 펀드가 있다.

국내 모든 자산운용사가 부동산 펀드를 운용하지는 않으며 부동산 펀드를 운용하는 자산운용사로는 미래에셋자산운용, 한국투자신탁운용, 신한BNP파리바자산운용, KB자산운용, KTB자산운용, 흥국자산운용 등이 있다. 코람코자산운용, 삼성SRA자산운용, 하나자산운용 등 부동산 펀드만을 운용하는 부동산 전문 자산운용사도 있다.

5. 리츠 AMC

또 하나의 부동산 간접 투자 시장의 핵심 플레이어로는 리츠를 운용하는 리츠 AMC가 있다. 리츠 AMC는 국토해양부에서 리츠 설립 관련 인가를 받은 회사로 주로 오피스 등 실물 부동산 투자를 하고 있으며 개발 사업의 주체로서 개발 리츠 설립도 가능하다. 또한, 최근에는 뉴스테이 정책에 힘입어 임대주택 리츠가 활성화되고 있다. 대표적인 리츠 AMC로는 코람코 등이 있다. 한국토지주택공사, KB부동산신탁 등 주력 업종 외 겸업도 가능하며 코람코는 리츠 AMC에서 부동산 신탁으로 업무 영역을 확장한 경우다.

6. 컨설팅, 브로커리지(Brokerage, 매입매각) 회사

오피스 등 실물 부동산 매입, 매각 자문, 컨설팅, 임대 대행, 자산관리 등의 업무를 수행한다. 외국계 회사로는 CBRE, 존스랑라살르(Jones Lang LaSalle), 쿠시먼앤드웨이크필드(Cushman&Wakefield), 세빌스(Savills) 등이 있다. 국내 회사로는 신영에셋, 메이트플러스 등이 있으며 대기업 계열 자산관리 업체로는 에스원, 서브원, 교보리얼코, 63시티 등이 있다.

7. 전문직

최근 변호사, 회계사 등 전문직 종사자 중 부동산에 특화된 전문가나 법인들이 늘고 있다. 법무법인은 계약서 등 서류 검토뿐 아니라 개발 사업 및 실물 부동산 투자 시 법률 관련 주요 리스크 및 이슈를 전반적으로 자문해준다. 회계법인은 일반적인 회계감사 외에 타당성 분석(Feasibility Study)을 수행한다. 그리고 부동산의 가치를 평가하는 전문가인 감정평가사가 있다. 개발 사업 PF, 실물 부동산 투자 시 금융기관에서 가치평가에 대한 객관성을 확보하기 위해 감정평가 보고서를 요청한다.

02 | 기관 투자자 보험사 중심

　부동산금융 시장에서 기관 투자자의 역할은 자사가 보유하고 있는 자본을 이용해 부동산 투자 간접기구(리츠, 부동산 펀드, ABS/ABCP, PFV 등)의 출자자(Equity Investor)로 참여하거나 대주(Lender)로 참여하는 경우로 구분된다. 자산운용사나 증권사가 부동산 투자 간접기구를 통해 부동산을 매입하거나 부동산 PF대출을 모집할 때 투자자금을 투자하는 기능을 담당하므로, 부동산금융 시장에서 가장 주요한 역할이자 실질적인 자금원이 된다. 따라서 각 기관의 투자 담당자들에게는 다양한 프로젝트를 검토할 기회가 주어지는 동시에 최적의 투자안을 선별하고 위험을 최소화할 수 있는 역량이 요구된다.

　90년대 후반 외환 위기 이후 상업용 부동산 시장이 본격적으로 선진화되는 과정에서 외국계 자본이 낮은 가격에 매입한 우량 부동산을 처분해 막대한 투자 이익을 실현하게 되자 은행 및 보험사로 대표되는 기관 투자자들 역시 부동산금융 시장으로 본격 진입하게 되었다. 특히 자산유동화법, 부동산투자회사법, 간접투자자산운용업법 등의 제반 부동산 간접 투자 관련 법령이 도입되면서 부동산 투자 간접기구를 통해 집합투자가 가능해짐에 따라 더 많은 기관 투자자가 부동산금융에 관심을 두게 되었다.

은행이나 보험은 자금을 조달(대출)하려는 주체와 자금을 예치(예금)하려는 주체를 중개하면서 예대마진(예금과 대출 간의 금리 차이)에 따른 수익을 취하는 것이 가장 기본적인 비즈니스 모델이었다. 그러나 2000년대 초반 이후 시작된 저금리 기조는 예금 및 대출 금리 모두 하향화시키면서 은행 및 보험사의 수익 창출에 한계가 드러났다. 이에 금융 산업에서의 전문성을 바탕으로 부동산 투자(개발)에 자금을 투자 또는 대출해 더욱 고수익을 창출하려는 움직임이 본격화되었다.

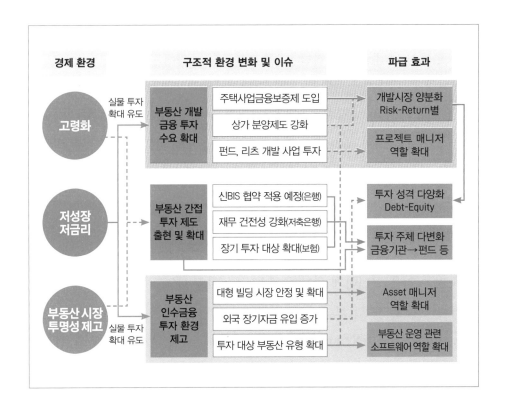

기관 투자자의 부동산 투자는 오피스 빌딩과 같은 실물 자산에 대한 지분 투자(Equity Investment)와 부동산 개발 사업에 대한 지분 출자 또는 프로젝트 파이낸싱 대출(PF대출)의 형태로 구분할 수 있다. 실물 자산에 대한 지분 투자는 부동산투자회사법(REITs법)이 시행된 2001년 이후에 본격적으로 시작된다. 리츠 운용사인 코람코자산신탁이 한화그룹의 장교동 본사 빌딩을 매입하기 위해 출시한 코크렙 1호 리츠의 사례같이, 주요 은행 및 보험사들이 15% 미만의 지분율로 일정 비율로 투자함으로써 위험을 분산하는 동시에 전문적인 자산운용사가 운용 및 관리를 담당하게 하는 방식이 일반화되기 시작했다.

이후 간접투자자산운용업법의 도입에 따라 더욱 많은 자산운용사가 설립되면서 부동산 투자 기회가 더욱 늘어난 데다가 프로젝트 금융투자회사(PFV) 제도도 신규 도입됨으로써 실물 부동산뿐 아니라 개발 중인 자산에 대한 개발금융(Construction Loan) 시장이 대폭 확대되면서 상당수의 은행 및 보험사들이 부동산금융 부서 또는 개발금융 부서를 새로 설립해 부동산금융에 대한 비중을 더욱 확대했다.

은행 및 보험권에 편중되어 있던 기관 투자자의 부동산금융 진출은 2004년에 국내 최대의 연기금인 국민연금공단이 강남의 오피스 빌딩에 외국계 투자사인 GE리얼에스테이트(GE Real Estate)와 공동투자(Joint Venture)로 최초의 부동산 투자를 개시하면서 새로운 도약을 맞게 되었다. 200조 원 이상의 막대한 자금력을 지닌 국민연금공단의 부동산 투자 시장 진출은 여타 연기금 및 공제회에도 부동산이 새로운 대체 투자가 될 수 있음을 각인시켰다. 이에 따라 사학연금, 공무원연금공단, 교원공제회, 지방행정공제회, 군인공제회 등의 다양한 연기금들이 대체 투자 시장에 참여하는 계기가 되었다.

국민연금은 2010년 18조 원이었으나, 2017년 말 72조 4,000억 원으로 대체 투자 비중을 늘릴 예정이며, 이 중 부동산 투자가 차지하는 비중은 약 40%에 달한다. 교직원공제회의 해외 대체 투자 규모도 2010년 2,900억 원에서 2014년 4조 6,600억 원으로 증가했다. 국내 보험사 중에서는 삼성생명이 2014년 말 기준으로 약 6조 원을 넘어섰다.

1. 생명보험사 업계 소개 및 역할

부동산 간접 투자를 담당하고 있는 기관 투자자는 크게 은행, 보험, 연기금 등으로 구분할 수 있다. 부동산뿐 아니라 사회간접자본(SOC), 기업인수(M&A), 항공기금융, 발전소금융, 실물 투자 등의 다양한 대체 투자 분야를 함께 취급한다. 여기서는 기관 투자자 중 생명보험사 위주로 역할과 이슈에 대해 살펴보도록 한다.

1) 기관 투자자의 등장 배경

우리나라 은행 및 보험사는 90년대 후반 외환 위기 이후 부실 금융기관 퇴출 등에 의한 구조적인 변화와 함께 수익성과 건전성을 중시하는 자산운용의 선진화가 정착되고 있다. 대기업의 재무구조 개선노력에 따라 은행 차입금이 급속히 감소하면서 2000년대 이후에는 은행 여신에서 대기업 대출이 차지하는 비중이 빠르게 하락했다. 이러한 환경 변화에 대응해 은행과 보험사들은 IB 업무로 수익성을 높이기 위해 부동산 대출 및 자기자본(Equity) 투자, 개발

금융(Project Financing) 등의 부동산 관련 투자 및 여신 업무를 확장해왔다.

특히 골드만삭스나 모건스탠리 등 외국계 투자은행이 국내 주요 기업들의 자금조달을 위한 유가증권(주식, 채권) 발행 및 인수에 관한 업무나 기업의 인수합병(M&A) 및 구조조정 자문 업무, 부동산 투자 등 높은 부가가치를 창출하는 업무를 주로 차지하자, 국내 은행 및 보험권에서도 이와 유사한 기능을 도입하고 별도의 부서를 세우면서 자연스럽게 부동산 투자를 심사하고 자금을 출자, 대출하는 역할이 자리를 잡게 되었다.

은행 및 보험사의 부동산금융 업무 프로세스는 크게 부동산 매수자 또는 시행업자에 대한 담보대출 및 개발금융을 제공하는 여신(Lending) 업무와 부동산 매입에 필요한 자본(Equity)을 투자하는 출자 업무로 나뉜다. 또한, 투자 자산이 이미 건축이 완료되어 임대하고 있는 실물 자산(Hard Asset)인 경우와 아직 건축이 진행되지 않았거나 준공되지 않은 개발 자산(Development Asset)인 경우로 크게 구분될 수 있다. 본질적으로 양자 간 업무상의 큰 차이는 존재하지 않으나 투자 심사의 난이도 및 위험도가 상이하며 이해 관계자 역시 서로 간에 차이가 있으므로 이번 장에서는 상기 두 분류를 바탕으로 각각의 업무를 제시하고자 한다.

2) 생명보험사의 일반적인 투자 프로세스

은행 및 보험사(이하 '금융기관')는 시장 여건이 항상 역동적으로 변하기 때문에 투자 대상을 선정하는 방법에는 고정된 틀이 존재하지는 않는다. 다만 투자 대상을 선정하는 주체를 기준으로 볼 때, 금융기관이 직접 투자 대상을 포착하는 경우와 외부의 투자 제안을 받아 그것을 검토해 투자 의사를 결정하는 경우로 구분할 수 있고, 일반적으로 후자의 경우가 더 빈번하다.

먼저 실물 자산(업무용 빌딩 또는 유통시설 등 이미 준공되어 사용 중인 건물)을 매수하고자 하는 A라는 매수 희망자(또는 개발 사업을 진행하고자 하는 시행업자)가 자금 모집(Funding)의 필요를 느끼면 직접 금융기관에 접촉한다. 증권사 또는 자산운용사를 통해 금융기관에 투자자산의 개략적인 정보를 담은 제안서(Proposal) 및 재무 모델(Cash Flow Model), 텀시트(Term Sheet, 투자 조건 서류)를 제출하는 것이다. 금융기관 B의 투자 담당자는 전문적인 판단 및 식견을 바탕으로 시장 상황과 투자 대상 자산의 가치를 1차적으로 판단하는 동시에 목표 수익률에 부합하는 투자 이익이 발생하는지를 검토하고 투자(여신)가 가능한 금액을 내부적인 협의를 통해 파악한다. 이 과정에서 각종 법률 문제 및 인허가상의 문제와 회계·세무적 문제를 사전 확인하기 위해 원매자(또는 자산운용사)로 하여금 자산실사(Due Diligence)를 진행해 위험을 합리적으로 분석해 제시하도록 요구하기도 한다. 또한, 투자 대상 부동산에 대한 현장 방문(Site Visit)을 통해 매수 희망자 A가 제안서에 적시한 사항이 실제와 부합하는지와 해당 부동산의 운영 상태, 개발 가능성 및 위험 요인 등을 종합적으로 검토한다.

1차 검토를 통해 투자 수익률 및 위험 수준 등에서 금융기관 B의 투자 기준에 적격이라는 판단이 서면 투자(여신) 승인 서류를 작성하는 동시에 실질적인 심사 업무를 담당하는 심사 부서의 담당자와 본격적으로 협의를 진행한다. 이 과정에서 심사 담당자가 제기한 의문이나 지적을 매수 희망자 A 또는 자산운용사 등에 전달해 효과적인 설명이 가능하도록 조율(Coordinate)하는 역할도 함께 수행한다. 일반적으로 은행 및 보험사는 위험의 분산을 위해 단독 투자를 선호하지는 않는다. 복수의 금융기관이 투자에 참여하는 구조(Syndication 또는 Club 거래)를 따르게 되므로, 때로는 함께 투자를 검토 중인 금융기관과도 협의해 최적의 투자 구조(Investment Structure)가 수립될 수 있도록 노력한다.

심사 부서와 조율되어 투자(여신)에 대한 실무자 선의 의사 결정이 도출된 후에는 금융기관 B의 투자심의위원회(여신심의위원회)에 품의할 보고 서류를 작성하는 동시에 유관 부서와 사전에 구두 협의를 진행한다. 투자심의위원회(여신심의위원회)에 참석하는 심의위원들은 대개 각 금융기관의 투자부서장, 임원 및 심사부서장 등으로 구성되어 있다. 비교적 짧은 시간에 효과적으로 의견이 전달될 수 있도록 간략하면서도 핵심 사안 위주로 보고서를 정리해야 하며, 시장 상황에 따라 계속 변하고 있는 사내 투자 기준에 대해서도 사전에 충분히 인지해야 한다.

투자심의위원회의 승인을 득한 경우에는 매수 희망자 A의 부동산 매입 거래가 종결(거래 Closing)되는 시점에 차질없이 자금 집행이 가능하도록 사전에 법무법인 및 자산운용사 등과의 협의를 통해 각종 계약서 작성과 검토를 진행한다. 특히 초기 단계에 수령한 제안서 및 투자 조건과 불일치하는 사항이 있는지를 확인하고 위험을 최소화할 수 있는 문구(Wording)를 계약서에 반영함으로써 법률적 안전장치를 강화하기도 한다. 사업성을 바탕으로 투자를 집행하는 출자(Equity)의 경우와는 달리, 대출의 경우에는 원금 회수에 대한 담보 확보 및 설정에도 추가적으로 많은 시간과 노력이 소요되기도 한다.

3) 부동산금융 시장에서의 생명보험사 역할

생명보험사는 자사의 보험 상품을 판매하고 이로 인해 수령하는 보험금을 이용해 부동산, 인수합병(M&A), 주식, 채권 등에 직접 투자하는 역할을 수행한다. 부동산금융에 한정해서 보면 리츠, 부동산 펀드, ABS/ABCP, PFV 등의 출자자(Equity Investor)로 참여하거나 대주로 참여한다. 다만 보험사는 보험 가입자의 보험료를 안전하게 운영해야 할 의무가 있으므로 매우 안정적인 자산에 투자하는 경향이 있다. 또한 RBC 규제*도 충족시켜야 한다.

*RBC 규제란, 보험회사에 내재된 다양한 리스크를 체계적이고 계량적으로 파악해 이에 적합한 자기자본을 보유하게 함으로써 보험회사의 재무건전성을 높이고, 미래의 불확실성에 대비하는 건전성 규제를 말한다. 총조정자본과 총필요자본액 간 비율이다.

그럼에도 매월 납입되는 보험료를 운용해야 하기 때문에 부동산금융 시장에서도 큰 역할을 담당하고 있다. 생보사의 주요 투자처인 국고채 금리가 2%대인데 고객에게 제공하는 최저보증이율은 3.5% 수준이다.

2. 필요 역량

보험사의 투자 담당자는 투자 및 여신을 통해 시장에 자금을 제공하는 역할을 한다. 따라서 기본적인 금융지식과 재무지식이 필요하다. 각종 자격증은 이런 금융지식을 검증할 수 있는 기본적인 도구가 되기도 한다.

대기업 계열 보험사 신입의 경우, 그룹사의 공채로 채용되어 순환보직을 하게 된다. 보직 선정 시 부동산금융 관련 자격증 등이 있다면 우선적으로 배치될 가능성이 크다. 보통 신입 사원들은 전략이나 마케팅 등을 더 선호하는 경향이 있는데 일의 전문성, 직업 안정성 등을 감안해 과감히 지원해볼 필요가 있다.

경력직의 경우 타 보험사, 자산운용사나 증권사 등에서 3년 이상의 경험을 가진 외부 인력들을 비공식적으로 채용한다. 경력직을 채용하는 회사 내부에 지인이 없다면 채용 공고도 모르고 넘어갈 수 있다. 따라서 다양한 회사의 담당자들과 지속적이고 긴밀한 관계를 갖는 것이 유리하다.

생명보험사의 경우 적게는 100억 원 이상의 투자금을 집행하다 보니 자연스레 금융감독기관의 규제도 많이 받게 된다. 따라서 철저한 준법정신 및 도덕성이 필요하다. 또한, 조직문화도 보수적임을 참고하기 바란다.

또한, 본인이 속한 조직의 투자 성향을 파악하고 내부 유관 부서와의 협력을 끌어내는 커뮤니케이션 능력이 필요하다. 최종 의사 결정 기구인 투자심의위원회에서 부결 받으면 시장에서 평판 및 신뢰도가 떨어져 양호한 프로젝트 제안 시 제외될 수도 있다. 따라서 프로젝트 접수 시 유관 부서와의 긴밀한 협조를 통해 미리 통과 여부를 판단할 수 있어야 한다.

각 투자 담당자들에게는 다양한 프로젝트를 검토할 기회가 주어진다. 동시에 최적의 투자안을 선별하고 위험을 최소화할 수 있는 역량이 요구되는 자리다. 보험사의 투자 담당자는 운용사나 증권사로부터 프로젝트 제안을 받는다. 따라서 투자 담당자의 영업 능력은 증권사나 운용사와의 유연한 관계 및 넓은 네트워크를 통해 시장에서 양호한 프로젝트를 발굴할 수 있는지에 달려있다.

예를 들어 국내 부동산 대학원에 진학해 업계 네트워크를 만드는 것도 하나의 방안이다. 하지만 직장을 다니면서 대학원을 병행하는 것은 개인적인 여유 시간을 포기하는 것임을 감안하는 것이 필요하다. 좋은 프로젝트를 발굴하고 빨리 승인 내는 것도 하나의 경쟁력이 될 수 있다.

현재 보험 업계에서는 부동산 PF대출, 오피스 담보대출, 실물 부동산 지분(Equity) 투자, ABS, NPL, SOC 투자, 신재생에너지 시설 등에 투자하고 있다. 규모는 300~1,000억 원 수준이며 다른 보험사와 클럽 딜(Club Deal)을 통해 참여하는 경향이 있다.

생명보험사 투자 담당자의 경우 성과에 따른 연봉, 즉 수익적인 면보다는 경력을 쌓으며 성장을 추구하는 경향이 강한 편이다. 군이 이직한다면 기관투자자 입장으로 수행했던 투자 대상 선별 및 수익성·위험 분석 경험을 최대한 살려 자산운용사나 증권사를 선택한다. 또한, 중소 규모의 보험사들 대체투자 담당자들은 부동산뿐만 아니라 발전소, 유동화, NPL 등 다양한 업무를 접할 기회가 많으므로 자산운용사나 증권사에서 수요가 많은 편이다.

3. 생명보험사 입사 및 향후 진로

1) 생명보험사 입사하기

부동산금융 부서는 전문성이 인정되어 금융기관 내에서도 순환보직(본점과 지점 간 이동)이 적용되지 않는 기업금융(IB) 부서로 분류되는 것이 일반적이다. 상당수의 경우 부동산금융 부서에서 장기간 근무하며 전문성을 키워 나가는 것이 가능하다. 부동산 부문에 신규 진입하는 사례는 크게 공채사원으로 채용되어 순환보직을 경험한 후 부동산금융 업무를 담당하고 있는 경우와 외부에서 경력직으로 채용되는 경우로 나뉠 수 있다.

전자의 경우 부동산금융 부서 진입을 목표로 하고 있다면 관련된 간접적인 경험 또는 자격증 취득, 유관 대학원 진학 등을 통해 업무를 향후 수행할 수 있는 자격과 능력을 계속 축적하고 있음을 대외적으로 피력함과 동시에, 사내의 부서별 직원 공모 등의 기회를 통해 진출을 모색할 수 있다.

후자처럼 부동산 부서에 경력자로 들어가기 위해서는 각 기관이 바라는 경력 및 자격을 만족시켜야 한다. 동종 업계의 자산운용사, 자산관리회사, PM사, 소속 회사 등에서 근무하며 경력자를 대상으로 수행한 프로젝트를 중심으로 적격 여부를 판단해 채용하는 것이 일반적이다. 감정평가사나 공인회계사 등의 전문 자격증 보유자들에 대해서도 문호가 개방되어 있다. 또한, 해외 유명 부동산 대학원에 진학하는 사람들이 늘어나면서 대형 금융기관에서는 해외에서 부동산 관련 학위를 취득한 인력을 별도로 채용하는 사례도 종종 나타나고 있다.

부동산금융 부서는 눈에 보이고 실체가 존재하는 유형자산(부동산)을 취급한다는 업무의 특성상 다양한 능력과 경험을 가진 인재를 필요로 한다. 공인회계사나 MBA처럼 재무에 밝은 직원 못지않게 부동산 개발 사업의 전반에 대한 실제적인 경험을 보유한 시행사 또는 시공사 근무자를 선호한다. 또한, 실질적인 거래 경험을 축적한 자산운용사나 외국계 투자회사 직원, 자산관리 업무를 깊이 경험한 PM사 근무자 등 다양한 경력을 지닌 인재들을 부서 내에 보유함으로써 투자 기회의 확대 및 위험의 최소화를 동시에 구현하고자 한다. 더욱이 부동산금융 부서는 대규모 자금을 투자하는 업무인 데다가 IB 업무의 특성상 실전에 바로 투입될 수 있는 인력을 선호한다. 기관 투자자 회사의 부동산금융 사업부에 관심을 둔 인재라면 이력서에 기재된 프로젝트의 양과 질이 지원자의 얼굴이 될 수 있도록, 유관 업무 분야에서 근무하며 부동산에 특화된 경력을 계속 관리하고 키워 나가는 노력이 수반되어야 할 것이다.

2) 이후 진로

금융기관 부동산금융 부서의 경험을 쌓고 난 후의 진로로는 우선 자산운용사 또는 증권사를 들 수 있다. 기관 투자자 입장으로 수행했던 투자 대상 선별 및 수익성·위험 분석 업무의 경험을 최대한 살릴 수 있기 때문이다. 또한, 기관 투자자로서 투자를 심의하고 집행하는 과정 및 역할에 대해 세부적인 면까지 숙지하고 있으므로, 반대로 자금을 유치하는 자산운용사 및 증권사의 입장에서는 고객인 기관 투자자의 업무 및 투자 결정 과정에 대한 이해도가 높고 눈높이를 맞출 수 있는 금융기관 출신의 인재가 업무적으로 도움이 되기 때문이다. 게다가 기관에서 근무하면서 다양한 투자 검토 건을 통해 축적한 개인의 인맥은 자산운용사, 증권사에서 프로젝트 발굴 및 투자자금 유치에 시너지 효과를 더할 수 있다.

부동산금융 부서에서 쌓은 투자 업무 능력을 타 금융기관의 투자 담당이나 대기업 투자 담당으로 이직해 발휘하는 예도 빈번하다. 투자 업무의 경험은 유사성이 존재하므로 재직하고 있는 회사에 큰 관계없이 다른 기관에서도 동일하게 적용할 수 있기 때문이다.

또한, 이직보다는 현재 근무 중인 부동산금융 부서에서 계속 경력을 쌓으며 성장을 추구하는 것도 자주 관찰되는 모습이다. 실적에 따른 급여 체계가 확실하게 자리 잡은 자산운용사, 증권사로의 이직이 금전적인 보상 측면에서는 분명한 장점이 있으나 상대적으로 직업의 안정성(Job Security)이 떨어지는 약점도 있다. 더욱 안정적인 커리어 유지를 위해 외부에서 기회를 찾기보다는 현재 근무하고 있는 조직 내에서 꾸준히 성장하는 것을 선호하는 경우도 다수다.

4. 생명보험 업계 이슈

1) 투자 규제 수단 RBC

RBC제도는 2009년 이후 금융위기를 예방하기 위해 만들어진 보험사 자기자본 규제 정책이다. 이는 보험회사가 예상치 못한 손실 발생 시에도 보험계약자에게 보험금 지급의무를 이행할 수 있도록 책임준비금 이외에 추가로 순자산을 보유하도록 하는 제도다.

보험사에서 부동산 투자 시 프로젝트 종류에 따라 위험계수를 각각 적용받아 RBC 비율을 차감하도록 하고 있어 투자운용 담당자는 RBC 비율을 반드시 고려해야 한다.

|보험회사 RBC 비율 추이|

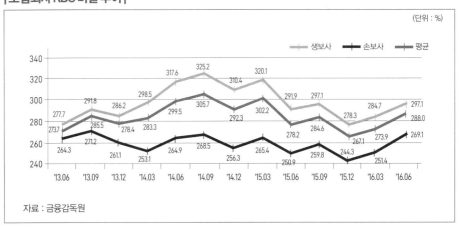

(단위 : %)

자료 : 금융감독원

보험업법에는 보험사들이 RBC 비율을 100% 이상 유지하도록 정하고 있고, 100% 미만이면 금융감독원이 적기 시정조치를 하게 되어 있다. 2021년 IFRS17이 시행될 예정이다. IFRS17은 유럽의 솔벤시Ⅱ를 벤치마킹한 것으로 보험사가 보유 자산을 시가로 평가하고, 재무적 위험 요인을 위험 수준에 따른 시나리오별 분석을 통해 자체 평가하도록 하는 체계다. 이로 인해 생보사의 외형은 줄어들 예정이다. 수입보험료를 매출에서 제외하기 때문이다. 또한, 현재 보험 업계의 가용 자본은 약 46조 원가량 감소하게 된다. 생명보험사 연간 수입이 2조 원임을 고려하면 스스로 감내하기 힘는 수준이 될 것으로 예상된다.

이처럼 새로운 감독 기준이 적용되면 주식뿐만 아니라 주식 형태로 투자하는 부동산, 인프라, 사모펀드와 같은 대체 투자도 규제 대상이 된다. 초저금리 상황에서 IFRS17이 적용되면 보험사의 자산운용체제는 전면 개편이 불가피하다. 이렇듯 생명보험사들에 있어 RBC 비율은 중요한 기준이 되었다. 특히 자산운용을 할 때는 RBC 비율을 반드시 고려하게 된다. 운용사나 증권사가 반드시 감안해야 할 점이다.

2) 저금리로 인한 해외 부동산 투자 급증

저금리에 따른 역마진 확대와 IFRS17단계 실행과 관련해 생명보험사들은 해외 투자를 늘리고 있다. 2016년 상반기 기준 생명보험사의 외화 증권 투자액은 약 60조 원으로 전년 대비 50% 이상 증가한 상황이다. 또한, 글로벌 시장의 장기간 저금리 기조가 유지되면서 기관 투자자들의 해외 부동산 투자가 눈에 띄게 늘어났다. 이는 비증권형 투자 중에서 더욱 안정적으로 평가되는 부동산에 집중하고 있기 때문이다. 국민연금의 경우 2015년 말 기준 15조 5,000억 원 수준이다. 이와 더불어 생명보험사들의 해외 부동산 투자액도 급증하고 있다.

해외 부동산 선순위 대출은 4~6% 수준이다. 국내 부동산 선순위 대출 3% 수준임을 감안 시 투자 메리트가 있다. 선진국 위주의 투자를 통해 안정적인 수익을 추구하는 경향이 강하다. 글로벌 시각과 재능을 가진 인재가 절실히 필요한 시점인 것 같다.

🎙 INTERVIEW

(전)현대라이프생명, (현)테라펀딩 **김현태** 수석

🎙 본인 소개 부탁드립니다.

💬 저는 보험회사에서 기업금융을 담당했고 현재는 테라펀딩이라는 크라우드펀딩에서 소규모 빌라 PF 영업 및 심사를 하고 있는 김현태 수석이라고 합니다. 하나자산운용을 시작으로 부동산 금융 업무를 10년째 하고 있습니다. 현대라이프생명에 근무할 때는 주로 부동산 PF, 미분양 아파트 담보대출 등을 취급했습니다. 앞으로는 크라우드펀딩을 활성화해 부동산 공모펀드 시장을 적극적으로 개척하고 싶습니다.

🎙 보험사 입사 과정은 어떠했나요?

💬 보험사는 경력직으로 입사했습니다. 그동안 검토 및 투자했던 프로젝트들을 평소에 정리해 두었고, 덕분에 경력직 입사 공고가 나왔을 때 지원을 빠르게 할 수 있었습니다. 생보사의 경우 신입으로 입사하는 방법은 공채를 통한 방법밖에 없습니다. 부동산 자산운용 자격증 및 영어 실력을 키우는 것이 많은 도움이 될 것 같습니다. 자산운용사를 통해 경력을 쌓고 경력직으로 지원하는 것도 좋은 방법입니다. 당시 서류 지원 및 팀장 면접을 진행했습니다. 서류 지원 시 경쟁률이 10:1 정도 되었던 것 같습니다. 팀장 면접 시 3:1이었고요.

🎙 해당 팀에서 맡은 업무 및 주요 프로젝트를 소개해주세요.

💬 보험사의 보험수입료를 기반으로 기업금융 상품을 취급 및 운용하고 있습니다. 부동산 PF, 태양광발전소 PF, 비행기금융, 부동산 실물 등 주식 및 채권을 제외한 모든 투자 건을 검토하고 투자합니다. 주로 부동산 PF를 다루고 있습니다. 신용등급 A급 이상의 시공사의 책임준공 보증, 토지

소유권 확보, 시행사와의 신용 절연 등을 조건으로 아파트 PF를 운용하고 있습니다.

🎙️ 업무에 가장 필요한 지식, 기술, 능력은 무엇인가요?

💬 부동산 시세 분석 및 권리 분석, 계약서 검토 능력, 영어 능력이 가장 중요하다고 생각됩니다. 부동산 관련해서는 경매에 한 번 참여해보는 것이 가장 큰 도움이 되고, 현장에 많이 나가보는 것도 도움이 됩니다. 영어는 매일 훈련하는 것이 향후 큰 그림을 그리기에 좋을 것 같습니다.

🎙️ 일하면서 느끼는 보람은 무엇인가요?

💬 부동산금융 업무를 하다 보면 다양한 관계자들과 협업을 해야 합니다. 그 업무를 조율하고 내부에서 승인을 받아내는 것이 저의 일입니다. 각자 자기의 업무를 최선을 다해서 마쳤을 때, 서로에게 감사할 수 있는 점이 보람입니다.

🎙️ 10년 뒤에는 어떤 일을 하고 있을 것 같은가요?

💬 부동산 공모 펀드 또는 크라우드펀딩을 조성하고 마케팅 일을 하고 있을 것 같습니다. 또한 영어 능력이 뒷받침된다면 해외에서 직접 부동산 프로젝트를 소싱하고 있을 것 같습니다. 영어 실력 향상에 많은 시간을 투자해야 할 것 같습니다.

🎙️ 취업 시 가장 중요하게 고려할 부분과 취업을 준비하는 후배들에게 한마디 부탁드립니다.

💬 사람들과의 관계가 가장 중요한 것 같습니다. 연봉보다는 사람과의 관계에서 자신이 성장할 수 있는 상황인지를 살펴보는 것이 중요합니다. 부동산금융 분야는 성장 가능성이 무궁무진합니다. 어떤 방법을 써서라도 이 분야에 진출하시기 바랍니다. 연봉을 중요한 요소로 생각하지 마시고 일을 배울 수 있는 곳에서 시작하시기 바랍니다. 그와 더불어 자기계발(영어, 독서 등)에 많은 시간을 할애해 좋은 습관을 만들 수 있기를 바랍니다.

크라우드펀딩이 적극적으로 알려진 것은 2015년 초부터였다. 제도권 금융을 이용하기 어려운 차주와 일반 개인들을 연결해주는 플랫폼 회사들이 크라우드펀딩 서비스를 제공했고, 고금리 신용 대출을 중금리 신용 대출로 전환할 기회가 생기게 되었다. 2015년 5월 기준 전체 크라우드펀딩 누적 금액은 890억 원이었지만, 2016년 10월 기준 약 4,000억 원으로 약 300% 이상 성장했다. 그중에서 부동산 PF대출이 약 40% 이상을 차지하고 있다.

국내에 소규모 빌라 PF를 하는 크라우드펀딩 업체는 테라펀딩, 8%, 피플펀드 등이 있다. 이 중에서 업계 1위 테라펀딩의 경우 2016년 누적 대출 금액이 약 760억 원이다. 저축은행, 신협 등이 접근하지 못하는 대출에 대한 니

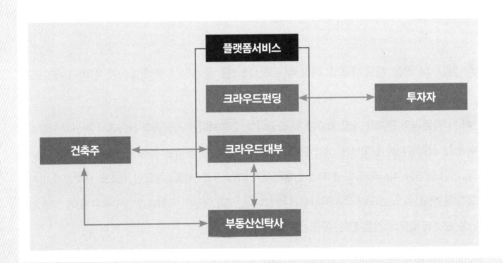

치 마켓을 파고들고 있다. 특히 소규모 빌라 개발(다세대) 사업 시에는 제도권 금융을 사용하기 어려운 요소들이 몇 가지 있었다. 대출 금액이 소규모(10~30억 원)고 기간도 짧으며, 시공사의 신용 제공이 불가하다는 점이 이러한 점들이다.

투자자들은 약 연 10~12%의 수익을 얻을 좋은 기회이고, 차주는 중금리의 대출을 이용할 수 있는 플랫폼을 제공하고 있다. 이런 플랫폼은 부동산 공모 펀드 시장을 열고 있다는 면에서 의미가 있다. 크라우드펀딩의 최소 투자 가능 금액은 10~100만 원이다. 기존 부동산 펀드는 사모펀드가 대부분이었고, 투자자들은 금융기관, 공제회 등이었다. 하지만 이제 크라우드펀딩을 통해 개인들이 부동산 대출 또는 부동산 투자에 직접 참여가 가능하게 되었고, 이를 증명하고 있다.

하지만 아직 제도적, 법적으로 미비한 점이 많고 안전성도 검증받아야 한다. 이런 비즈니스 모델이 정착된다면 기존 금융권과의 시너지도 기대가 된다. 또한, 자본금이 많지 않은 개인도 건축 비즈니스에 적극적으로 참여할 수 있는 기회도 많아지게 될 것이다. 2017년에 크라우드펀딩에 관한 법률이 제정될 예정으로, 관심을 가지고 봐야 할 이유가 있다고 생각한다.

외국계 투자사 Foreign Investor

1997년 외환 위기 이후 상업용 부동산 시장의 본격적인 태동이 진행됨에 따라 외국계 자본의 국내 오피스 빌딩의 매입이 늘어났고, 이에 발맞추어 국내 상업용 부동산 운용 시장이 발전했다. 외국계 자본의 상당 부분이 투자 목적으로 오피스 빌딩을 구입하면서 임대차계약이 전세에서 보증부 월세계약으로, 1년 단기계약에서 장기계약으로, 차입 중심의 자금조달 방법에서 다양한 자금조달 방법으로 그리고 직접매입에서 다양한 매입 방식으로 진화했다.

외국계 자본들로 인해 촉발된 부동산의 금융화 추세는 1998년 자산유동화법(ABS법) 제정, 2002년 부동산투자회사법(REITs법), 2004년 간접투자자산운용업법(간투법), 2009년 자본시장과금융투자업에관한법(자본시장법) 시행 등 제반 부동산 간접 투자 관련 법령의 도입으로 인해 상업용 부동산을 둘러싼 자산 시장(Property Market), 자산운용업(Investment Management Industry), 개발 산업(Development Industry) 등이 구조적인 개편을 겪으면서 이와 관련된 산업들이 새로이 형성됐고, 비즈니스 구조가 변화하는 데 큰 기여를 했다. 특히 외국계 자본이 기관 투자자와 개인 투자자들로부터 모은 자금으로 대형 오피스 빌딩을 매입하면서 외환 위기 이전에는 발달하지 못했던 자산운용(Asset Management)과 자산관리(Property Management) 업이 하나의 산업으로 자리를 잡아가게 되었다. 이번 장에서는 90년대 후반 외환 위기 이후 국내 상업용 부동산 시장의 발전을 견인한 주체 중 하나인 외국계 투자사들에 대해 살펴보기로 한다.

1. 외국계 투자사 업계 소개 및 역할

국내에 진출한 외국계 투자회사는 크게 연기금(Pension Fund) 성격의 자본, 투자은행(Investment Bank) 또는 펀드(Real Estate Private Fund) 등으로 구분할 수 있으나 국내에서 투자 대상 자산을 물색(거래 Sourcing)하고 각사의 투자 기준 및 목표 수익률 등에 따라 가치평가(Pricing or Underwriting) 하며, 대상 부동산에 대한 실사(Due Diligence)를 통해 자산 매입의 위험을 분석 및 평가한 후 자금조달을 거쳐 매입 완료(Closing)한다는 측면에서는 크게 다르지 않을 것이다.

|업무흐름도|

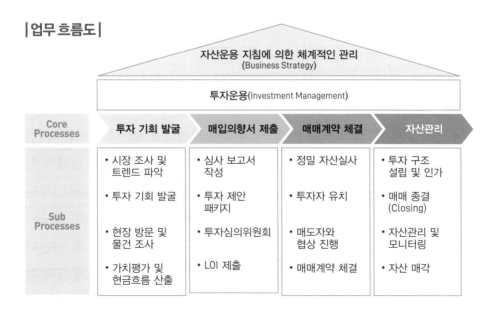

외국계 투자회사의 투자 업무 프로세스는 국내 자산운용사에게도 전수되어 유사한 방식으로 업무가 진행되고 있으므로, 이번 장에서는 외국계 투자사의 특화된 업무에 대한 설명을 위주로 기술하고자 한다.

외국계 투자회사(Foreign Investor)의 주요 업무는 해외 본사(Headquarters)에 한국 내 우량 투자 물건을 소개(Sourcing)하고 가치 분석(Pricing)해 본사의 투자 심사자의 승인을 득함으로써 자산 매입(Acquisition) 후 지속적인 자산관리(Asset Management, AM) 및 가치 부가(Value-added) 활동을 통해 적기에 매각(Exit)함으로써 매입 시 추정한 목표 수익률 달성 또는 초과하는 것을 목표로 한다. 이때 가치평가는 한국 오피스 내 근무하는 투자팀의 분석을 바탕으로 하며, 해외 본사에 소재한 심사 담당자와의 협의 및 심사를 거쳐 자신들만의 경험 및 의견을 가미해 최적의 위험 하에서의 투자 수익률을 도출해 매입 가격을 산정하게 된다.

외국계 투자사의 매입 방식은 ①100% 자기자본 또는 자체 펀드의 자금으로 투자하는 사례(Real Estate Owned, REO)와 ②국내에서 추가적인 자본을 유치(Fund-raising)해 공동투자(Joint Venture, JV) 또는 집합투자(Club 거래)를 하는 방식으로 크게 나눌 수 있다. 국내 기관 투자자와 달리 매입 자산에 대한 통제(Control)를 중시하므로 공동투자의 경우에도 50% 이상의 지분을 보유(Majority Stakeholder)하는 것을 일반적인 원칙으로 한다. 투자 시에는 부동산의 직접매입보다는 명목상의 투자목적회사(Special Purpose Vehicle, SPV)를 통한 자산 취득을 선호한다. 이는 세제상의 혜택 및 지분매각을 통한 자산 처분의 용이성, 제삼자 투자자와의 공동투자 편의성 등에 기인한 것으로 90년대 후반 이후 부동산의 유동화 및 증권화를 견인하게 된 주된 요인으로 볼 수 있다.

자금의 조달 원천에 따라 자기자본 투자(Principal Investment, PI)를 위주로 하는 연기금 성격의 투자자와 각사의 해외 글로벌 사모펀드의 자금을 투자재원으로 하는 사모펀드 및 투자은행으로 크게 구분될 수 있다. 즉 자국 내에서 저리의 자금조달이 가능한 싱가포르 국부펀드(Sovereign Wealth Fund)인 싱가포르투자청(GIC), 캐나다 최대 연기금인 CPPIB(Canada Pension Plan Investment Board), 중국 국부펀드인 중국투자공사(CIC) 등의 연기금 성격 투자자는 별도의 차입(Leverage) 없이 100% 자기자본(Equity)으로 투자하는 성향을 보인다. 반면, 미국계 블랙스톤(Blackstone)이나 브룩필드(Brookfield), 인베스코(Invesco), 영국계 M&G리얼에스테이트(M&G Real Estate)나 유럽계 AXA리얼에스테이트(AXA Real Estate) 등은 해외 본사에서 조성한 사모펀드가 투자 이익 극대화 차원에서 국내의 우량 자산에 투자하는 형태다. 이들은 상대적으로 고수익의 목표 수익률을 겨냥하고 있어서 적정한 차입 비율(Loan to Value, LTV)을 통한 과감한 레버리지 효과(Leverage Effect)를 기대하는 적극적인 투자 패턴을 견지하고 있다.

투자 기준은 포트폴리오 다각화 및 수익률 다변화 측면에서 대상 투자를 코어(Core), 코어 플러스(Core-plus), 가치 부가(Value-added) 및 위험투자(Opportunistic)로 구분하는 것이 일반적이다. 특히 사모펀드의 경우 해외에서 블라인드 펀드(Blind Fund) 조성 시부터 상기 4개 범주에 따라 투자위험 및 수익률을 제시해 각각의 펀드를 설정하는 것이 일반적이다.

투자팀(Acquisition)은 고객과의 관계에서 최전방에 위치해 시장에서 투자 건을 물색하고 가치 분석한 후 입찰 참여 또는 수의계약 등의 방식으로 매도자 및 기타 이해 관계자들을 설득해 대상 자산을 매입하는 역할을 담당한다. 투자 건을 분석하는 과정에서 자사 또는 외부 시장조사 업체의 리서치 자료를 활용할 수도 있고, 각자가 보유하고 있는 전문지식 또는 시장 정보 등을 통해 해외 본사의 심사 부서에 유용한 정보를 제공할 수도 있다. 내부적으로 투자 의사 결정이 정해지는 과정에서 해외 본사의 심사 담당자 및 투자 책임자에게 제출할 투자제안서(Request for Investment 또는 간략히 Pitch)를 작성하는 기능을 함께 수행한다. 더욱 자세한 정보가 요구될 경우 해당 매도자 또는 자산관리 업체 등과의 면담을 통해 사실에 충실한 자료를 수집한다. 매도자로부터 투자 건의 우선협상자(Preferred Purchaser)로 선정될 경우, 투자팀은 자산실사(Due Diligence) 및 계약서 협상(Negotiation)을 자산관리팀 및 외부 자문기관의 지원을 받아 주도적으로 진행하며, 최종적인 자산 매입(Closing)까지의 주요한 업무를 총괄하는 기능을 수행한다.

자산관리팀(Asset Management, AM)은 투자팀이 매입한 부동산을 직접 관리 운영하며 당초에 추정한 목표 수익률에 도달할 수 있도록 지속적인 임대 및 자산관리 활동을 수행하는 것을 주 업무로 하며, 효과적인 자산 운영을 통해 가치를 극대화하고 적정한 시점에 자산을 매각(Disposition)해 최적의 수익률을 실현하는 것을 목표로 한다. 보유 기간 내 일상적인 임대차 및 물리적 자산관리(Day-to-day Activities)는 외부 자산관리회사(Property Management Company, PMC)에 위탁하는 것이 일반적이며, 운영 기간 내의 예산 책정·관리(Budgeting·Cost Management), 운영 계획(Business Plan), 가치 부가 활동(CapEX), 매각 계획(Exit Planning) 등의 핵심적 의사 결정 위주로 업무를 수행한다.

이윤을 창출하는 부서(Profit Center) 외 주요한 기능으로서는 법무팀(Legal) 및 준법 감시인(Compliance Officer), 재경팀(Finance) 등을 들 수 있다. 특히 외국계 투자회사의 경우 국제 기준(Global Standard)에 맞춰 국내 기준보다도 더욱 엄격한 준법감시 체계를 구축하고 있으므로 일반적으로 변호사 자격을 보유한 사내 변호사(In-house Legal Counsel)가 개별 매입 거래 및 내부 통제 등을 직접 담당하면서 주요한 의사 결정에 참여하고 있다.

2. 필요 역량

대인관계 능력, 고객관리 능력, 논리적이고 창의적인 아이디어를 기본으로, 영어로 의사소통에 어려움이 없는 수준의 능력을 보유하면 외국계 부동산 투자회사에서 성장할 수 있다.

부동산 투자회사의 투자 및 자산관리 업무는 고객(매도자, 투자자 등)을 설득해 거래를 성사해야 하는 것이 주된 목표이므로, 원활한 대인관계를 영위할 수 있는 능력은 가장 기본적으로 갖추고 있어야 할 덕목이다. 특히 투자팀에서는 고객 발굴 및 관리에 더 큰 방점이 주어지므로 외향적인 성격을 좀 더 선호하는 측면이 있으며, 자산관리팀 역시 다양한 이해 관계자와의 이견 조율이 필수적으로 요구되므로 대인관계의 중요성 역시 높은 가치를 지니게 된다.

투자팀의 경우 각각의 부동산 매입 구조 및 참여자가 다른 것이 일반적이므로 상황 및 조건에 따라 다양하고 창의적인 거래 구조(Capital Structure)를 고안할 수 있는 논리성 및 창의성이 수반되어야 한다. 단순하게 도출되는 투자 아이디어나 위험관리 방안은 외부 고객 및 내부 심사 담당자를 효과적으로 설득하기 어려우므로 자신만의 시각을 바탕으로 새로운 접근을 통해 장점(Selling Point)을 부각하고 논리적으로 설명할 수 있는 역량을 지니고 있어야 한다.

또한, 투자제안서 작성 및 외국 본사와의 설득 작업 등에서 영어 의사소통이 중요한 역할을 차지하므로 원어민 수준의 영어 능력은 아니더라도 자기 생각을 영어로 작성하고 설명할 수 있는 정도의 커뮤니케이션 역량을 갖출 필요가 있다. 일반적으로 외국계 회사는 한국 오피스 내의 보고 계통(Reporting Line) 외에 별도로 해외 본사와의 부서별 보고 체계(Dotted-line Reporting)를 갖추고 있다. 따라서 자신의 업무를 효과적으로 수행하고 각자의 업무별 직접 보고를 위해서는 외국어 능력이 더욱 요구되기 때문에 언어 능력을 개선하기 위한 지속적인 노력이 업무 외적으로도 필요하다고 할 수 있다.

한편 외국계는 국내 회사와 달리 기업문화가 수평적이고 더욱 직설적(Straight-forward)인 의사소통이 일반적이므로 자신의 성과 및 장점을 외부에 효과적으로 표현하고 인정받을 수 있는 기술이 함께 요구된다. 이를 위해서는 성과지향적(Performance-driven)인 기업문화 내에서 지속적으로 실적을 달성하는 동시에 내외부적으로 본인의 성과를 효율적으로 인식시킬 수 있는 능력이 필요하며, 이러한 측면에서 내성적인 성격보다는 더욱 외향적이고 적극적인 성향이 외국계 투자회사의 기업문화에 더 적합하다고 볼 수 있겠다.

3. 외국계 투자사 입사 및 향후 진로

1) 외국계 투자회사 들어가기

업무적으로 영어가 필수불가결한 측면에서 외국계 투자회사의 직원 중 상당수는 외국에서 교육을 받아 영어로 의사소통에 불편함이 없는 사람들이다. 하지만 부동산은 주식이나 채권 등에 비해 지역성(Locality)이 더욱 중요한 부문이므로, 외국어 능력이 다소 부족하더라도 국내 부동산에 대한 전문성과 경험이 높은 직원들도 중요한 입지를 차지하면서 역량을 인정받고 있다. 따라서 외국에서의 거주 또는 학위 취득이 필수 조건은 아니지만, 업무상의 편의를 위해서라도 영어로 의사소통이 가능한 수준의 언어 능력은 외국계 취업에 가점이 되는 요소다.

외국계 투자회사는 신입 사원을 채용하지 않고 이미 부동산 투자, 관리 관련 경험을 보유한 경력 직원을 선호하는 것이 일반적이므로, 동종 업계 내의 자산운용사, PM사, 투자자문사 등에서 유사 경력을 쌓는 것이 취업에 유리할 것이다. 또한, 공개 채용을 지양하고 내부 또는 업무상 관계를 맺은 협력사 등에서 추천받아 채용하는 것이 주된 추세여서 외국계 취업 또는 이직을 위해서는 평소의 인맥 및 평판 관리를 지속적으로 하는 것이 중요하다. 대부분의 외국계 회사는 채용 시 평판 조회(Reference Check)를 진행하고 있으므로 현재 회사에서의 업무 수행 능력 및 평판이 이직에서도 결정적인 역할이 될 수 있음을 인지해야 한다.

공인회계사나 감정평가사 등의 공인 자격증을 비롯해 MAI(Member of Appraisal Institute), USCPA 등의 미국 자격증 획득은 일정한 가점으로 작용할 수도 있으나, 투자팀 및 자산관리팀의 경우 자격증 보유로 인해 창출되는 특별한 장점이 많지 않으므로 면접 시 높은 가중치를 적용받지는 못하는 게 일반적이다. 오히려 동종 업계에서 다양한 프로젝트를 통해 축적한 지식 및 경험이 더 높은 가치를 부여받기 때문에 자격증 못지않게 실무에 충실히 하는 것이 바람직하다. 다만 외국어 능력을 중시하는 분위기로 인해 외국에서의 학력은 더욱 선호되는 것이 사실이며, 특히 외국의 뛰어난 부동산 전문 대학원 학위는 채용 시 주요한 가점으로 작용할 수 있다.

2) 이후 진로

외국계 투자회사에서의 투자 및 운용 업무를 쌓은 후 고려할 수 있는 진로에는 우선 동종 업체인 외국계 회사나 국내 자산운용사 등으로의 전직을 들 수 있다. 각 외국계 기업마다 투자 성향 및 방식, 자금 원천, 목표 수익률 등이 다양하므로 본인이 다니고 있는 회사에서 경험하지 못했던 새로운 투자 패턴을 습득하고 경력을 확대할 기회가 되기 때문이다. 무엇보다도 외국계 투자 회사는 신규 인력을 보강할 경우 언어 능력 및 사내문화 적응도 등의 측면에서 국내 투자회사나 자산운용사보다는 기존에 외국계에서 근무하던 인력을 선호하는 것이 일반적이다. 각 회사 간의 차이는 비록 존재하나 결국 외국계 투자기관들의 하는 일은 상당히 유사하므로 양자로의 진입 및 진출이 비교적 유리한 편이다. 또한, 이직할 경우 업무 권한이나 직급에 비례해 연봉이나 보너스 등의 보상체계(Compensation Scheme)가 크게 달라질 수 있어서 외국계 간 이동을 촉진하는 요소로 작용하기도 한다.

다만, 한국 상업용 부동산 시장의 규모가 미국이나 일본, 홍콩 등 해외 선진 국보다 상대적으로 적은 데다가 서브프라임 금융위기 이후 외국계 투자회사들의 운용 실적이 악화되면서 신규 채용에 대한 수요 역시 감소했기 때문에 당분간은 대규모 채용을 기대하기 어려울 것으로 관측되므로, 외국계 기관에서 쌓은 투자 업무 능력으로 국내 자산운용사 및 증권사로 이직하는 일도 빈번하게 발생하고 있다. 또한 국내 자본의 해외 부동산 투자가 활발히 추진되기 시작한 2010년 초반부터는, 해외 자금의 국내 투자(Inbound) 못지않게 국내 자금의 해외 펀드 유치(Outbound)가 외국계 회사들의 주된 역할의 하나로 떠오르면서, 자금 유치(Investors Relations, IR) 활동의 중요성이 점차 증대되고 있다. 따라서, 해외에 네트워크를 갖고 있고 영어 구사가 가능한 인력에 대한 수요가 높아지고 있으며, 최근에는 외국계 회사의 인력이 국내 자산운용사의 부서장 등으로 전직하는 경우도 종종 발생하고 있다.

🎙 INTERVIEWW

칼라일 그룹(Carlyle Group) 최성용 전무

🎙 칼라일 그룹(Carlyle Group)은 미국 워싱턴DC에 본사를 둔 세계적인 사모펀드(Private Equity Fund) 기업으로 알고 있습니다. 회사에 취업하기 위해 어떻게 준비하셨나요?

💬 첫 번째 직장인 삼성물산에 근무하면서 부동산 분야에 흥미를 갖게 되었습니다. 그래서 미국 코넬 대학의 부동산 대학원(Master of Professional Studies in Real Estate)에 진학해 부동산 관련 커리어를 개발했죠. 코넬에서의 경험과 지식을 바탕으로 회계법인 계열의 글로벌 컨설팅 회사 KPMG FAS(Financial Advisory Service) 부동산 본부에 들어갔고, 이후 2004년에 칼라일 그룹에 입사했습니다. 부동산 분야에서 전문성과 권위를 지닌 코넬 대학 석사 과정에 진학해 실력을 쌓았기 때문에 칼라일에 진입할 수 있었지 않았나 생각합니다. 따라서 외국계 부동산 투자회사 취업을 희망하는 분들은 해외나 국내 부동산 대학원에 진학해 전문 지식을 보강하고 견문을 넓히는 것도 하나의 방안이라고 생각합니다. 다만, 학위가 졸업 후 취업을 보장하는 것은 아니니, 대학원 재학 시나 졸업 후에도 적극적인 네트워크를 형성해 취업 정보를 취득하고 본인을 알리는 노력이 있어야 할 것입니다.

🎙 현재 회사 내에서 담당하고 계신 업무가 궁금합니다.

💬 입사 초에는 국내 부동산 투자가 주된 업무였으나 지금은 국내 기관들을 상대로 해외 부동산 투자를 유치하는 IR(Investors Relations, 대체투자유치) 역할을 함께 진행하고 있습니다. 또한 부동산 분야 외에도 바이아웃 M&A, 지분투자 등의 기업금융 업무도 병행하고 있습니다. 해외 팀과 함께 다양한 투자 업무를 진행하고 있기 때문에 몸만 국내에 있을 뿐 특별한 지역적인 영역이나 한계가 없는 비즈니스 조직에 속해 있다고 볼 수 있습니다.

🎙 일하시면서 이룬 가장 큰 성취는 무엇이었습니까?

💬 국내 대형 연기금의 해외 부동산 투자를 견인한 것입니다. 칼라일과 함께하는 공동투자(JV)

로, 일본 및 호주의 대형 오피스 빌딩을 매입하는 과정에서 실질적인 운용 업무를 담당해 성공적으로 딜을 끝냈습니다. 최근 들어 국내 기관 투자자들 사이에서 해외 부동산에 대한 관심이 확대되고 있습니다. 그 과정에서 해외에 네트워크와 플랫폼을 지닌 외국계 투자회사와의 파트너십 기회가 증가함에 따라 앞으로도 이와 유사한 기회가 늘어날 것으로 판단되므로 적극적인 투자유치 및 IR 업무를 위해 노력할 예정입니다.

🎤 **칼라일과 같은 외국계 투자회사에 입사하기 위해서는 사전에 어떤 지식이나 기술이 필요할까요?**

💬 투자 대상인 부동산에 대한 분석 능력은 가장 기본적으로 요구되는 항목일 것이며, 그 밖에도 열린 자세로 고객과 동료에게 다가가는 능력이 필요합니다. 칼라일과 같은 외국계 사모펀드의 경우 일반적으로 신입은 채용하지 않습니다. 유관 업계에서 부동산 투자와 관련된 경력을 축적해서 입사 후 현장에 바로 투입될 수 있는 경험과 지식을 갖추는 것이 필수적입니다. 따라서 본인이 처한 여건에 가장 부합하는 커리어 관리를 통해 업계 내에서의 역량 및 평판을 쌓는 노력이 필요합니다. 특히 국내 부동산 업계는 그리 크지 않기 때문에 한 사람만 건너도 평판에 대한 조회(Reference Check)가 가능하므로, 평상시 고객이나 동료들에게 좋은 평가를 확보하는 것이 이직에도 크게 도움이 될 것입니다.

🎤 **혹시 입사 후에 도움이 될 만한 정보는 없을까요?**

💬 외국계 회사의 경우 실적 못지않게 컴플라이언스(Compliance)에 대한 기준이 매우 높습니다. 실적 부진은 용서받을 수 있으나 컴플라이언스 위반은 '원 스트라이크 아웃(One strike out)'이므로 업무 내외적으로 철저한 준법정신(Integrity)을 보유하고 있어야 합니다. 또 해외 팀들과 항상 협의해야 하기에 의사소통이 가능한 수준의 외국어 능력도 기본이라고 할 수 있습니다. 이런 측면에서 보면 해외 유학도 긍정적인 역할을 할 수 있을 것으로 생각합니다. 다만 외국어 능력만으로 외국계에 취업할 수 있는 시기는 이미 지났기 때문에 업무적인 능력을 필수로 갖추고 있어야 한다는 점을 명심해야 합니다.

04 | 증권사

1. 증권사 업계 소개 및 역할

증권사에서 부동산금융 관련 업무는 기존에는 주로 금융 자문 업무에 치중되어 있었던 게 사실이다. 금융 자문의 경우에는 토지비, 사업비 등 자금을 필요로 하는 사업주 및 대출 자금을 보유한 투자자 또는 대주를 연결해주는 것이 일반적이다. 최근에는 증권사의 업무가 다양해지고, 여러 분야의 전문가들이 증권사에 유입됨에 따라, 부동산 자산 매각을 희망하는 매도자와 부동산 투자를 희망하는 투자자를 연결해주는 부동산 매각 자문이나 투자 자문 등도 이루어지고 있다. 금융 자문 업무는 사업 참여자 간 프로젝트 파이낸스에 필요로 하는 제반 조건 협의 및 계약을 주선하고, 자금조달 조건 협상과 각종 법률서류 작성에서 주도적인 역할을 담당한다.

그러나 증권사들은 금융 자문 업무 외에도 최근에는 좀 더 대주 내지는 투자자의 역할에 적극적으로 참여하고 있다. 그 이유는 다음과 같다.

1) 은행 및 시공사 등 다른 신용보강 주체의 참여 감소

저축은행은 2008년 이후 부동산 PF대출 손실 급증으로 수익성이 악화됐고, 시중은행은 자본 규제가 강화되는 환경에 대응하기 위해 자산 유동화 시장에서 참여도를 낮추고 있다. 또한, 2000년대 중반 이후 PF 시장에서 대부분 지급보증 및 신용보강을 담당했던 시공사들도 구조조정 및 IFRS 도입에 따른 우발 채무의 재무제표 반영, 신용등급 하락 등으로 인해 직접적인 신용보강을 꺼리는 추세다.

2) 증권사 전통적 업무의 수익 감소 및 상대적으로 높은 부동산금융의 수익성

증권사의 전통적인 IB 업무의 수익성 감소 및 성장 한계로 인해 상대적인 고마진 및 1인당 수익성이 높은 부동산금융에 증권사별로 지원을 증가하는 추세다. 여기에 덧붙여 PF 유동화 및 구조화 업무와 파생되어 발생하는 다양한 수익 사업을 감안하고 증권사의 인수합병 등 자본 여력 상승이 맞물려 최근 부동산금융은 증권사가 주도한다고 볼 수 있다.

증권사의 부동산금융 시장 주도 및 높은 수익성에 따른 확실한 성과보상체계는 다소 생소한 부동산금융으로의 신입 공채 지원 및 시공사, 신탁사, 타 금융기관 등에서 증권사로 경력지원 유입을 증가시키는 추세다.

증권사는 증권 시장과 투자자 사이에서 증권을 매매시키는 업무를 담당하며, 자기매매, 위탁매매, 중개 주선, 인수 모집 등의 고유 업무와 이와 관련된 부수 업무 및 재경원장의 별도 인가를 얻어 영위하는 겸업 업무를 수행한다.

부동산금융 시장에서 증권사는 프로젝트 파이낸싱의 중추 역할을 한다. 프로젝트 파이낸싱(Project Financing)이란 독립된 별개의 프로젝트로부터 발생하는 미래 현금흐름을 상환재원으로 자금을 조달하는 금융기법을 말한다. 따라서 모기업의 담보나 신용에 근거해 자금을 조달하는 기존의 기업금융(Corporate Financing)과는 차별화된다.

프로젝트 파이낸싱에서 증권사는 기존에는 주로 금융자문사 역할이나 시공사 신용도에 기반을 둔 유동성 제공 역할을 했으나, 최근에는 증권사가 지급보증, 자금보충 약정, 매입 확약 등의 방법을 통해 직접 신용보강을 제공함으로써, 직접 위험을 부담하는 대신, 수익 증대를 추구하고 있다.

이는 건설사들의 신용등급 하락 여파로 자체 신용보강 유동화가 힘들어지고, 영업용순자본비율(NCR)*이 증권사의 신용보강 부담을 줄여주는 방향으로 완화돼 증권사들이 부동산 PF에 신용 보강하는 유인이 늘어난 요인도 있다.

* 증권회사의 영업용순자본비율(Net Operating Capital Ratio, NCR)은 '영업용순자본'을 '총위험액'으로 나눈 비율을 말한다. 증권회사가 추가적인 자금을 조달하지 않고 자기자본만으로 보유 자산의 잠재적 손실을 어느 정도 감내할 수 있는지를 지표화한 것으로 은행의 BIS 비율이나 보험사의 RBC 비율과 유사한 제도적 보완장치다.

2. 필요 역량

증권사의 어느 부서나 마찬가지겠지만, 특히 부동산금융 관련 부서 직원은 다양한 이해 당사자들과의 원활한 협의 진행 등이 필수적인 요소이기 때문에 대인관계와 업무에 대한 전문적인 지식이 요구된다. 특히, 프로젝트의 진행 기간이 짧으면서도 다양한 프로젝트를 경험할 수 있기 때문에 빠른 학습 능력과 적절한 판단력이 필요하다. 무엇보다 중요한 것은 해당 업무에 대한 본인의 열정이라고 할 수 있다.

증권사의 경우 리서치, 채권, 기업금융 등 몇몇 잘 알려진 인기 부서에 골고루 지원하는 경우가 많으며, 부동산금융의 경우 생소한 분야여서 선뜻 지원하지 않는 경우가 많으니 의욕적으로 과감히 지원한다면, 우선적으로 부동산금융 부서에 배치 받을 가능성이 크다.

증권사 부동산금융 부서 직원은 경력이 쌓이면 뜻이 맞는 팀원끼리 다른 증권사로 팀이나 부서 단위로 단체로 이직하는 경우가 많다. 본인이 입사한 팀에서 잘 융화되고 실력이 쌓이면 좋은 대우를 받으며 이직하게 되는 것이다. 또한, 시공사, 신탁사, 자산운용사 등에서 경력이 3년 이상 쌓인 경우에도 증권사 부동산금융 부서로 능력에 맞는 대우를 받으며 이직할 기회를 잡을 수 있고, 그런 사례 또한 비일비재하다. 관련 분야에서 증권사 부동산금융 담당 직원들과 친분을 쌓다 보면 그러한 기회를 잡을 수 있을 것이다.

최근 증권사에서는 투자은행(IB) 업무가 주요한 수익원으로 부각이 되는 상황이며, 부동산금융이 더욱 활발하게 이루어지고 있다. 또한, 업무와 관련한 전문성을 높이기 위해 회사에서도 적극 지원을 하고 있기 때문에 본인의 의지에 따라 다양한 기회가 주어질 것으로 예상한다. 특히, 다양한 분야의 전문가들이 브레인스토밍을 통해 업무를 진행하고 있으므로 업무적 경험과 해당 분야의 전문성까지 겸비할 수 있는 부서라고 할 수 있다.

증권사는 부동산 관련 각 분야와 두루 친분 및 협력 관계를 유지해야 한다. 최근에는 예전처럼 과도한 음주나 유흥 영업보다는 사업 진행에서 실제로 도움을 주고받을 수 있는 파트너십이 강조되고 있다. 빠른 의사 결정 및 합리적인 판단력을 통해 자기 네트워크 및 인맥을 십분 활용해, 프로젝트를 성공적으로 끌어낼 수 있어야 한다.

증권사 부동산금융 부서에 몇 년 일하게 되면, 하루에도 몇 개의 프로젝트를 검토하는 것은 물론이고, 시장 트렌드 및 사이클이 아주 빠르게 바뀜을 알 수 있다. 증권사는 끊임없이 새로운 프로젝트를 발굴하고, 시장 트렌드를 읽고 대응해야 한다. 과거의 영화에 사로잡혀 있으면, 순식간에 도태되기에 십상이다. 따라서, 항상 새로운 먹거리를 찾아야 하며, 때에 따라서는 새로운 금융 구조를 만들어낼 수 있다면, 초창기 블루오션에서 큰 수익을 창출해낼 수 있다. 또한, 새로운 금융 구조는 순식간에 시장에서 제2, 제3의 팔로워가 발생하므로, 포화되기 전에 빨리 빠져나오는 전략도 필요하다. 물론 담당 프로젝트에 대해서는 끝까지 책임지는 모습을 보일 때, 시장 참여자들의 신뢰를 얻을 수 있을 것이다.

증권사는 프로젝트에 대해서, 책임지고 클로징(Closing)할 수 있는 자세가 중요하다. 프로젝트를 수주할 때는 자금조달이 가능하다고 호언장담한 뒤 실패하게 되면, 상대방뿐만 아니라 증권사를 믿고 업무를 진행한 대주단, 시공사 등 유관 회사 참여자들의 신뢰를 잃게 된다. 따라서, 우수한 프로젝트를 발굴하고 옥석을 가리는 작업은 빠르고 정확하게 이루어져야 하며, 때에 따라서는 증권사가 직접 자기자본(Equity)이나 메자닌(Mezzanine) 대출에 100~200억 원 규모로 참여함으로써 프로젝트 성공 가능성을 증대시키며, 더 높은 수익을 달성할 수 있는 계기가 될 수 있다.

성과에 따른 연봉을 가장 중시하므로, 입문 초기에는 윗선에서 시키는 실무를 주로 하게 된다. 하지만 자신만의 네트워크 구축 및 본인의 특화된 업무 영역을 구축함으로써, 스스로 프로젝트를 수주해 클로징함으로써, 본인 성과에 대한 연봉을 극대화하며, 몸값을 증대시킬 수 있다. 연차가 늘어나면서, 아래로는 실무자, 위로는 팀장급 이상의 믿을 수 있는 사람들 간의 팀워크를 굳건히 하는 것도 중요하다.

증권사 부동산금융 업무에서 성공하기 위해서는 다음과 같은 요소들을 숙지해야 한다.

1) 이론적인 지식 및 풍부한 실전 경험

다른 분야에 비해서 부동산금융은 특히 일시적으로 많은 자금이 소요되고, 리스크 요인도 높다. 또한, 사업 규모에 따른 방대한 자료 검토도 필수적이다. 따라서 객관적이고 신속한 자료 분석과 정확한 판단력 및 통찰력이 필수적이고, 금융 시장 동향 파악 및 관련 법령 변동 사항 숙지도 중요하다. 이를 바탕으로 대주단, 시공사, 시행사 등 사업 참여자 협의는 물론이고, 자체 투자 시 내부 심사팀 설득이 가능하다.

프로젝트 단계별로 돌발적인 변수 및 상황들이 산재하므로 그에 따른 창의성도 필요한데, 이는 위와 같은 탄탄한 기본기 및 다양한 실전 경험에 근거함은 물론이다.

2) 인적 네트워크 구축

부동산금융 업무에 종사하면서, 대주단, 시공사, 시행사, 신탁사, 법무법인, 회계법인, 감정평가법인 등 다양한 분야의 많은 사람을 접하게 된다. 부동산

금융 시장 분야는 뜻밖에 시장의 플레이어가 한정적이므로, 지속적인 관심과 만남 등을 통해 자신만의 인맥을 구축할 수 있고, 현재 주니어 레벨의 실무자에서 시니어 레벨(RM)로 올라가면 든든한 자산이 될 수 있다.

3) 부동산에 대한 애정 및 적극적인 자세

어느 분야나 마찬가지지만 가장 중요한 것은 부동산이라는 자산에 관한 관심과 애정, 매사에 적극적인 태도 및 자세다. 앞에서 언급한 바와 같이 부동산 금융 시장에 플레이어가 많지 않은 만큼 진입장벽이 있다고 생각할 수도 있으나, 달리 생각하면 본인의 노력에 따른 좋은 기회가 많을 수도 있다는 의미이기도 하다. 선진 금융기법의 발굴 및 금융 시장을 이끌어가겠다는 젊은 패기가 시장에서 앞서가는 플레이어 중 하나로 만들어 줄 수 있다.

3. 증권사 입사 및 향후 진로

증권사의 부동산금융 관련 신규 직원들 상당수가 부동산금융 부서가 속해 있는 IB 사업부에 많이 지원하므로 경쟁이 치열하다. 이 관문을 통과하기 위해서는 경제, 경영, 부동산 등 관련 분야 전공 및 해당 분야 인턴십 경험이 있으면 더욱 유리하다.

경력직의 경우는 입사 즉시 수익 창출에 기여할 수 있는 인재를 선호한다. 신입 직원의 경우에는 보통 상당 기간 트레이닝 및 실전 경험을 쌓아야 어느 정도 제 몫을 하는 경우가 많기 때문이다. 이는 자신의 노력 여하에 따라 몸값 및 주가를 올릴 수 있다는 뜻이다. 결국, 이미 검증된 인재를 소개를 통해 채용하는 경우가 많으므로, 평소에 관련 세미나나 교육 참석을 통해 정보를 습득하고 모임 등을 통해 인맥관리를 잘 해두는 것이 좋다.

때에 따라서는 입사 후에 취득하기도 있지만, 입사 지원 시 증권사에서 요구하는 기본 자격증은 미리 취득하는 것이 좋다. 그러나 표면적인 자격증보다 부동산금융 업계의 다양한 프로젝트 경험 및 본인이 그 프로젝트에서 어떠한 역할 수행을 통해 노하우를 축적했는지 더 중요하게 생각하므로 자신의 업무 커리어 및 장점이 발휘될 수 있는 분야를 계발해 나가는 것이 중요하다.

4. 증권 업계의 이슈 : 투자 규제 수단 NCR제도

NCR제도는 1997년 4월 도입되었다. 금융 투자업자가 재무적 곤경에 처한 상황에서도 금융 시스템 전반에 큰 영향을 주지 않고, 자체 청산이 가능할 정도의 충분한 유동자산을 보유할 것을 요구하는 국제증권관리위원회기구(IOSCO)의 원칙에 따라 증권사 보유 자산의 잠재적 손실에 대한 대응 능력을 수치화한 것이다. 단기간 내 동원할 수 있는 영업용순자본이 손실 발생 가능 금액인 총위험액을 웃돌 수 있는가에 대한 척도로 '영업용순자본'을 '총위험액'으로 나눈 비율로 나타낸다.

그동안 증권업 업무 전반을 광범위하게 규율하는 자기자본 규제 기준으로 사용되어 왔지만, 순자본 규모와 무관한 비율 산출방식, 다소 엄격한 영업용순자본 차감 항목 적용 등으로 인해 자본 활용도가 높은 IB 영역을 위축시키는 결과를 초래했다는 지적이 있었다. 이에 2014년 4월에 NCR 제도 개선안이 발표되었으며, 2015년 시범 시행 및 2016년부터 시행되고 있으며, 그 내용은 다음과 같다.

구분	내용
변경 전	· 영업용순자본÷총위험액×100 = (자기자본−차감 항목+가산 항목)÷(시장 위험액+신용 위험액+운영 위험액)×100
변경 후	· (영업용순자본−총위험액)÷(인가 업무 단위별 법정 필요 자기자본의 70%)

NCR 산출체계가 전면 조정되어, 영업용순자본여유액(=영업용순자본−총위험액)의 중요성이 높아졌다. 변경 전은 분모에 위험액이 반영되어, 동일한 NCR 유지를 위해 위험액 증가분보다 훨씬 많은 영업용순자본이 필요했지만, 변경 후는 무리한 자본 확충 대신 자본의 배분 효율성을 높이는 방향으로 개선되어, 주력 업종에 맞는 영업 규모 및 자기자본 규모의 중요성이 높아졌다.

이에 따라, 대형사는 프라임브로커리지 라이선스와 더불어 투자 여력이 훨씬 증가하고, 중소형 증권사는 업무 특화 또는 대형사와 M&A가 이루어질 가능성도 커졌다.

INTERVIEW

동부증권 **신수근** 차장

🎙️ 증권사 부동산금융 부문에 입사하기 위해서는 사전에 어떠한 지식이나 기술이 필요한가요?

💬 이제 막 신규로 채용되는 경우에는 증권사 IB 부문으로 채용되므로 가장 기본이라 할 수 있는 기업의 자금조달과 관련한 다양한 금융기법에 대한 이해 및 회계와 법률 지식이 필요합니다. 또한, 금융 시장 환경과 시장 주요 지표 모니터링 능력을 갖추고 개별 시공사 및 기업 재무제표 분석력, 프로젝트 캐시 플로우(Cash flow, 현금흐름) 분석 능력이 필요합니다. 향후 진급하기 위해 갖추어야 하는 증권투자상담사, 파생상품투자상담사, 펀드투자상담사, 투자자산운용사 등의 자격증은 미리 취득하면 업무에 도움이 될 수 있죠. 그 외에 회계사, 공인중개사, AICPA, CFA 등의 자격증도 업무뿐 아니라, 진급에도 중요한 요소가 될 수 있습니다. 높은 업무 강도를 뒷받침하는 충분한 체력도 중요하고요.

사원 및 대리 직급은 보통 딜 소싱이나 프로젝트 관계자 간 업무 조율을 담당하는 과장 및 차장 직급이 원활하게 업무 수행을 할 수 있도록 지원하는 역할을 합니다. 이때, 외부 전문가들 및 프로젝트 관계자와의 업무 조율로 실질적인 문제 해결 방안을 끌어내기 위해 기본적으로 필요한 자질을 습득할 수 있어서, 적극적으로 배우려는 자세가 중요합니다. 경력직 입사의 경우에는 회사의 수익에 즉시 기여할 수 있는 척도인 딜 발굴 능력, 업계에서의 실적 및 인적 네트워크 관리 등이 중요한 요소가 됩니다.

🎙️ 해당 회사에 취업하게 된 동기는 무엇이었나요?

💬 업무 특성상 높은 수준의 집중력 및 능동성이 요구되고, 업무 강도 및 스트레스도 높은 것은 사실이지만, 무(無)에서 유(有)를 창조해낸다는 자부심과 프로젝트 종료 시 성취감 및 자부심 또한 높습니다. 부동산금융 업무는 수많은 이해 당사자들이 참여하는 PF대출 신디케이션부터 구조화 금융에 이르기까지 여러 가지 방식의 금융기법을 경험할 수 있다는 점이 가장 큰 매력입니다. 최근 증권사에서는 부동산금융 업무가 주요한 회사의 수익원으로 부각이 되고 있으며 부동산금융에 관심과 지원이 활발하게 이루어지고 있습니다. 또한, 업무와 관련한 전문성을 높이기 위해 회사에서도 적극적으로 지원하고 있어서 본인의 의지에 따라서 다양한 기회를 가질 수 있죠. 특히, 시공사, 각종 금융기관, 회계사, 변호사 등 다양한 분야의 전문가들과 업무를 교류하고 상호 이견을 조율하는 프로젝트 매니저로서의 매력이 있습니다. 업무 성과에 대한 구체적이고 체계적인 보상 시스템이 마련되어 있어서, 충분한 동기부여가 되기도 하고요.

🎙️ 회사 내에서의 역할과 가장 큰 성취는 무엇이었나요?

💬 통상적인 PF에서부터, ABCP, 전자단기사채 등의 유동화, 지분 출자, 펀드 등 다양한 투자 비이클(Vehicle, 수단)을 활용한 자기자본 투자, 금융 주선 및 자문, 중개 매출, 대출 등 다양한 투자 방식을 활용한 업무를 수행하고 있습니다. 또한, 오피스텔, 호텔, 아파트, 산업단지, 오피스, 레저시설 등의 다양한 부동산 자산 및 기업 매출채권, 파생 상품 등 다양한 상품에 업무를 접목하고 개발했습니다. 시행사, 시공사, 금융기관 등 다양한 영역의 강점을 가진 전문가들의 업무 네트워크를 적극적으로 활용해, 기존에 찾아보기 힘들었지만, 새로운 투자 마인드를 제시할 수 있는 상품을 적극적으로 개발해나가려고 합니다. 업계에서 최초로 고안 내지 본격화한 PF 금융기법을 활용한 딜 클로징(Deal Closing) 시 큰 성취감을 느낍니다.

🎤 2016년 이후 부동산금융 환경 및 전망은 어떤가요?

💬 최근 계속되는 증권사들의 자본 확충 및 대형 M&A(인수합병)로 증권 업계가 지각변동을 일으키고 있습니다. 향후 증권 업계 특히 부동산금융은 전통적인 금융 주선보다는 자기자본을 활용한 PI(자기자본 투자) 및 직접 대출 등으로 변화할 것으로 보입니다.

부동산 경기 또한 대출 규제 강화, 금리 인상 가능성, 주택 공급 과잉 등으로 위축될 움직임을 보이지만, 도심권 오피스텔, 상가 등 틈새시장은 여전히 유효합니다. 앞으로는 단순한 PF보다 다양한 크고 작은 자산을 보유한 고객들의 니즈에 맞는 최적화된 금융 구조 및 토털 금융 서비스의 개발이 더욱 절실해질 것으로 생각합니다.

05 | 자산운용사 및 리츠 AMC

집합투자란 투자자로부터 자금을 모아 자산을 운용하고 그 결과를 투자자에게 귀속시키는 것을 말하며, 이를 수행하기 위한 기구가 집합투자기구다. 그중에서 집합투자자산을 부동산에 투자하는 펀드를 바로 부동산집합투자기구라 한다. 즉 부동산집합투자기구는 간접 투자자산인 펀드 중 한 부분으로 투자자로부터 모집한 자금을 전문적인 투자기관인 자산운용사가 오피스 빌딩, 대규모 상업시설, 물류센터 등 수익성 부동산과 부동산 개발 사업, 프로젝트 파이낸싱 등에 투자·운용하는 펀드다.

환금성에 제약을 받는 부동산이라는 상품의 특성상 우리나라에서는 공모(公募)형 부동산 펀드보다는 사모(私募)형 부동산 펀드가 주류를 이루고 있다. 2015년 7월 24일 개정된 자본 시장과 금융 투자업에 관한 법률에 따라 사모펀드의 규율 체계가 대대적으로 변경되고 부동산 사모펀드의 진입, 설립, 운용 및 판매와 관련해 규제를 대폭 완화했다.

개정 자본 시장과 금융 투자업에 관한 법률상 사모펀드의 규율 체계를 간단하게 정리하면 다음과 같으며, 기존의 부동산집합투자기구도 이제는 전문 투자형 사모펀드의 범주에 속하게 된다.

| 사모펀드 규율 체계 |

기존
일반 사모펀드
전문 사모펀드(헤지펀드)
PEF
기업 재무 안정 PEF

개정
전문투자형 사모펀드
경영참여형 사모펀드

자료 : 법무법인 세종

　기존에는 금융감독원의 인가를 받은 집합투자업자(자산운용사)만 부동산 사모펀드를 취급할 수 있었으나 이제는 등록한 전문 사모 집합투자업자라면 어느 회사든 전문투자형 사모펀드를 취급할 수 있다. 또한, 과거에는 부동산 펀드의 재산 중 50% 이상을 부동산(부동산 관련 증권 등 부동산 관련 자산 포함)에 반드시 투자해야 했으나, 법률 개정을 통해 투자 대상 및 투자 비율에 구속되지 않는 자유로운 투자가 가능해졌다. 즉 부동산 펀드의 수요자인 투자자는 니즈에 맞는 다양한 상품을 선택할 수 있으나, 반대로 자산운용사 입장에서는 더욱더 경쟁이 치열해질 것으로 예상된다.

1. 자산운용사 업계 소개 및 역할

자산운용사는 투자자로부터 모은 금전 등의 '자산'을 투자 가치가 있는 대상에 전문적으로 '투자·운용'하고 그 결과인 수익을 투자자에게 '배분'하는 활동을 하는 회사다. 국내에는 수많은 자산운용사가 영업하고 있는데 이 중에서도 부동산을 취급하는 자산운용사는 두 가지 형태로 구분할 수 있다. 즉 주식, 채권, 부동산 등 다양한 자산에 투자하는 종합 자산운용사와 부동산 등 대체 투자자산에 전문적으로 투자하는 부동산 전문 자산운용사로 나눌 수 있다. 물론 종합 자산운용사의 대체 투자 파트 중 부동산 담당팀의 업무와 부동산 전문 자산운용사의 운용 파트는 부동산 투자라는 큰 줄기에서 거의 비슷한 업무를 수행한다.

1) 투자 신탁(펀드) 설정

펀드를 설정하는 단계는 다음과 같다.

|자산운용사의 부동산 펀드 설정 프로세스|

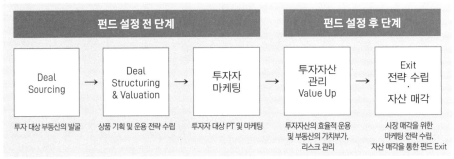

2) 투자 신탁(펀드) 운용

업무의 대부분은 부동산 운용 부서에서 하는 것이 대부분이며, 이는 효율적인 부동산의 관리, 운용 및 수익을 극대화하는 것을 목적으로 한다.

|펀드 운용 업무|

구분	업무 내용
투자자산 관리	임대차 계약 및 임차인 관리(임대료, 관리비 수령)
	담보대출 관련 업무(대출이자 납부, 임대료 및 관리비)
	자산 운용 관련 각종 리스크 관리
	자산 운영 비용의 효율화 방안 수립 및 시행
	투자자 분배금 및 운용 보고서 관련 업무
Value Add	신규 임차인 유치, 임차인 교체 전략 수립
	빌딩의 리모델링, 증축 등 가치 부가 전략 수립 및 시행

3) 투자 신탁(펀드) 해지

부동산 펀드가 보유한 자산이 실물 부동산일 경우 실물을 재매각하는 경우, 혹은 PF대출형 펀드는 PF대출이 상환되었을 경우 펀드가 해지된다.

|자산 매각 및 펀드 해지 관련 업무|

구분	업무 내용
자산 매각	자산 매각 관련 계획 및 전략 수립
	매각자문사 선정
	거래 당사자(매수자)와의 거래 조건 협상
	매매 계약 체결 및 정산 관련 업무
펀드 청산	투자 신탁 해지 관련 업무
	사업자등록 말소 및 펀드 잔여 재산 분배 업무

부동산금융 분야에서 자산운용사의 역할은 연기금과 공제회, 생명보험사, 그리고 다양한 전문 투자기관에 부동산이라는 기초자산을 깎고 다듬어서 투자할 만한 상품으로 만들어 공급하는 것이다. 따라서 부동산을 근간으로 하는 간접 투자 상품을 만들고 운용하는 역할을 담당하고 있어서 고객인 투자자들에게 신뢰와 전문성을 바탕으로 상품에 대한 정보를 제공하고 고객의 자산을 더욱 안정적이고 체계적으로 운용해야 한다. 이러한 측면에서 자산운용사의 부동산 관련 프로젝트들은 리츠(REITs, 부동산 투자회사)와 상당 부분 업무가 비슷하고 실무에서는 리츠 AMC(Asset Management Company)와 경쟁 관계에 있기도 하다.

4) 일반적인 부동산 펀드의 구조

자산운용사의 비즈니스 모델은 기본적으로 운용수수료 기반이다. 주식, 채권, 부동산 모두 해당 자산을 매입하고 이를 관리, 운용하면서 고객인 투자자로부터 운용수수료를 수취하는데 상품의 특성, 수익률, 펀드 매니저의 운용 경험 등에 따라 수수료가 달라진다. 주요 고객은 연기금, 금융기관, 전문 투자회사 등 주로 법인 고객들이고, 개인 투자자의 경우에는 투자에 대한 주도권을 대부분 자산운용사 쪽에서 가지고 있다. 이는 자산운용사에서 금융 상품을 미리 만들어 놓고 개인 투자자들에게 판매하고 있기 때문이며, 개인 투자자들은 다수이기 때문에 일일이 맞춤 상품을 제공하는 것은 불가능하다. 개인 투자자에게 제공되는 상품은 주식형, 채권형, 부동산 등 그 종류가 다양하다.

자산운용사에서 겸업을 신청해 금융 자문업 등을 수행할 수 있으며, 이 또한, 수수료가 기반이 된다. 금융 자문업이라 하면 PF대출 시 증권사 업무 중 하나인 신디케이트론(Syndicate Loan)을 일으킬 경우 각 대출기관의 금액을 모집하고 그에 따르는 수수료를 받는다. 실질적으로 증권사의 업무였으나 자본시장법을 계기로 자산운용회사 또한, 같은 업무를 할 수 있게 되었다.

부동산금융에서 자산운용사는 크게 부동산 투자 부서와 부동산 운용 부서로 나뉜다. 이는 회사마다 차이가 있으나, 대체로 대동소이하다. 회사의 규모나 스타일에 따라 구분되는 곳이 있으며, 두 가지 업무를 동시에 진행하기도 한다.

첫째, 부동산 투자 부서는 가장 최전방에 있는 부서이며 투자 부서가 회사의 가장 핵심이다. 물론 부동산 운용 부서 또한, 부동산 펀드의 수익률을 좌우하는 중요한 곳임이 틀림없지만, 이보다 더 중요한 부서라 할 수 있다. 물건 소개(Sourcing)하고, 거래(Deal)의 시작과 끝을 책임지는 곳이기도 하다. 따라서, 투자자 모집 및 신탁계약서 작성 등 여러 가지 일을 하고 있다.

둘째, 부동산 운용 부서는 부동산 펀드가 설정된 이후에 최고의 수익률을 위해 운용에 적극적으로 가담하는 곳이며, 이는 평판(Reputation)에 매우 중요한 역할을 맡고 있다.

2. 필요 역량

자산운용사의 부동산 운용역은 일단 다양한 부동산 섹터에 대한 이해와 금융 관련 지식을 기본으로 갖추고 있어야 한다. 자산운용사의 부동산 투자에서 가장 많은 부분을 차지하고 있는 것이 실물 부동산 투자인데 이는 오피스 빌딩, 상업시설, 물류창고, 호텔, 골프장 등이며 요즘은 그 분야가 더욱더 세분화되고 넓어지고 있다. 이외에도 부동산과 관련된 대출채권, MBS와 같은 부동산 관련 증권, 전세권과 같은 부동산 물권에도 투자할 수 있다. 따라서 부동산이라는 분야 안에서도 다양한 상품 기획력과 운용 경험을 가지기 위해서는 부동산 분야의 제너럴리스트(Generalist)가 되어야 한다. 이런 이유로 자산운용사는 신입 직원보다는 시공사, 부동산 신탁사, 자산관리회사 등 기본적인 부동산 관련 업무를 접해본 경력 직원을 선호하는 경향이 있다.

자산운용사는 부동산 파트에 종사하는 직원의 수가 주식이나 채권에 비해서 적고, 신입 직원을 채용한다 하더라도 한 회사에서 1~2명 정도인 것이 대부분이다. 그렇다면 부동산 펀드 매니저가 되기 위해서 어떻게 업계에 진입할 것인가. 일단 신입 직원을 많이 채용하는 시공사, 부동산 신탁회사, 자산관리회사 등에 지원해 2~3년 정도 부동산과 부동산금융 관련된 실무를 진행한다면 충분히 가능할 것이다. 또한, 종합 자산운용사의 부동산 파트 또는 부동산 전문 자산운용사의 인턴 채용에 지원해 실제 프로젝트가 어떻게 진행이되는지 직접 체험하면 진출할 수 있는 확률은 더욱 높아질 것이다.

경력직의 경우에는 2~3년 이상의 경험을 가진 외부 인력들을 공식, 비공식채널을 모두 동원해서 채용한다. 가깝게는 금융투자협회의 채용 공고란을 통해서 경력 직원 채용 안내를 접할 수 있고, 내부 직원의 추천으로 경력 직원을 채용하기도 하며, 헤드헌터를 통해 능력 있는 직원을 추천받기도 한다. 따라서 자신의 다양한 인적 네트워크를 활용하는 것이 유리하고, 주변의 평판(Reputation)도 입사에 당락을 좌우하기도 한다.

다양한 인적 네트워크와 업계에서의 평판은 자신이 맡게 될 프로젝트에도지대한 영향을 끼친다. 많으면 여러 개의 프로젝트를 한꺼번에 진행하면서수많은 이해 관계자들과 협업을 진행해야 하며, 원활한 의사소통을 해야 하기 때문에 원만한 성격과 자신이 가진 인적 네트워크를 적극적으로 활용하고 지속적이고 긴밀한 관계를 맺는 것이 필요하다. 대체로 팀 단위로 협업을 진행하기 때문에 막중한 책임감과 적극적인 자세로 팀원들과 소통하고 해당 프로젝트에 임하는 것이 중요하다.

부동산 분야에서의 다양한 경험 이외에도 부동산 관련 전문 자격증은 프로젝트를 수행하는 데 많은 도움이 된다. 물론 자산운용사에 입사하기 위해서는 '투자자산운용사'라는 소위 펀드 매니저 자격을 필수로 갖추고 있어야 한다. 이외에도 '감정평가사', '공인중개사', 'CCIM', 'CPM' 등 부동산 관련 자격증은 프로젝트를 수행하는 데 기본적인 이해와 업무 향상에 많은 도움이 된다. 경영 또는 회계 관련 전공자라면 'CFA' 같은 전문 자격증을 취득하는 것도 큰 도움이 될 것이다.

자산운용사의 부동산 펀드 운용역은 채용 포지션에 따라 크게 부동산 투자와 부동산 펀드 관리에 포커스를 맞춘 운용역으로 구분할 수 있다. 하지만 투자와 관리를 동시에 하는 회사도 많으므로 자신의 적성과 향후 진로를 감안해 이에 맞는 커리어 패스(Career Path)를 설정하는 것이 중요하다. 또한, 자산운용사의 부동산 투자 담당자의 경우에는 성과에 따른 인센티브를 받는 경향이 강하다.

마지막으로 자산운용사, 특히 부동산 펀드의 운용역은 한꺼번에 수백, 수천억 원의 투자금을 관리하고 고객인 투자자를 위해 안정적인 수익을 달성해야 하므로 항상 막중한 책임감과 이해 상충이 발생하지 않도록 고민해야 한다. 예를 들면 한순간의 판단 착오로 수백억 원의 투자금 집행에 차질을 빚을 수 있으며, 이는 수익률과 직결되어 차후 고객으로부터 철저하게 외면당할 수 있음을 명심해야 한다. 하지만 담당하고 있는 프로젝트가 마치 나의 재산인 것처럼 고심하고 운용·관리한다면 충분히 이겨낼 수 있을 것으로 생각한다.

자산운용사는 한마디로 부동산 펀드 등을 설정하고 이를 운용해 수수료를 받는 구조로 되어 있다. 따라서 부동산에 대한 지식과 경험이 필수적이다. 부동산 관련 경험은 시행·시공사에 근무하면서 쌓은 경력이 특히 중요하다. 또한, 부동산은 지리적 위치의 고정성 등으로 인해 사회적·경제적·행정적 요인의 영향을 많이 받고, 사회성·공공성이 큰 재화이므로 다양한 법적 규제들이 많다. 이러한 부동산을 금융 상품화하는 과정에서도 복잡한 법률적 규제를 받게 된다. 따라서 자산운용사에 입사해 그 능력을 인정받기 위해서는 이러한 법률적인 지식을 쌓는 것이 무엇보다 중요하다. 부동산금융 시장에서 자산운용사에서 꿈을 키우고 있다면 부동산 관련 법령을 충분히 숙지하는 것은 아무리 강조해도 지나치지 않는다. 참고로 부동산 펀드 설정 등의 과정에서 숙지해야 할 법률 및 그 주요 내용은 다음과 같다.

|부동산 펀드 관련 주요 법률|

관련 법률	주요 내용
자본 시장과 금융 투자업에 관한 법률	펀드(집합투자기구)의 근거 법률 투자 대상, 투자자의 요건, 자산 운용 관련 규제 등을 규율
부동산 관련 세법	자산의 취득 및 보유 관련 제세금에 대한 법률
민법 및 상가 임대차보호법	매매계약 및 임대차계약 등 각종 계약 검토 시 필요
부동산 공법 (국토의 계획 및 이용에 관한 법률, 주택법, 건축법 등)	부동산 관련 각종 규제 검토

3. 자산운용사 입사 및 향후 진로

1) 자산운용회사 들어가기

대부분의 자산운용사는 신입 사원을 채용하지 않고 이미 부동산 투자, 관리 관련 경험을 보유한 경력 직원을 선호한다. 이는 금융회사임에도 불구하고 부동산이라는 특별한 업무를 수행하게 됨으로써 필수불가결한 것이다. 부동산 펀드 매니저가 되기 위해서는 현재 투자자산운용사라는 시험에 합격하고, 금융투자협회에 전문인력을 등록해야만 펀드를 운용할 수 있는 자격이 생긴다. 이러한 가장 기본적인 자격증이 있어야 자산운용회사에 들어가는 데 무리가 없을 것이다. 그러나 투자자산운용사라는 시험은 대체로 우리가 알고 있는 증권 혹은 채권에 투자하는 펀드 매니저를 위한 시험이므로, 부동산 펀드와는 거리가 있으나, 없어서는 안 될 중요한 자격증이다. 자격증뿐만 아니라, 경력 사원을 선호하는 이유는 여러 가지 법률에 따라 규제와 제재가 있는 곳이므로, 부동산에 대한 이해가 심도 있게 필요하기 때문이다. 부동산에 대한 지식은 관련 학과 혹은 관련 회사에서 일하며 습득할 수 있는 것이므로, 자산운용사에 입사하기 위해서는 부동산 지식을 습득하는 것이 가장 중요하다.

2) 이후 진로

자산운용사에서 일하면 시장의 많은 플레이어와 접할 기회가 있으며, 이는 이직이 자유롭다는 이점이 있다. 하지만 국내 부동산금융의 시장 규모가 크지 않기 때문에 이직하면 누가 어디로 간다는 정보를 쉽게 얻을 수 있다. 이렇게 때문에 이직이 자유롭지 못한 단점도 있을 수 있다. 이후 진로는 다음과 같이 나눌 수 있다.

첫째, 펀드의 귀재 피터 린치(마젤란펀드)처럼 트랙레코드(Track record)를 쌓아 가면서 평판을 높이며, 몸값을 올리는 방법이 있다. 현재 국내 부동산금융의 역사가 길지 않은 만큼, 부동산 펀드의 역사 또한, 길지 않기 때문에 더욱더 창의적이며, 새로운 펀드를 만들 기회가 많다. 이는 수익률 극대화할 수 있는 펀드를 만들 기회가 있다는 방증이기도 하다.

둘째, 이직을 들 수 있겠으나, 부동산 펀드의 매력에 빠지게 되면, 이직을 통한 몸값 올리기보다는 자신이 만든 펀드를 통해 몸값을 올리는 것이 바람직하다.

4. 부동산 펀드 업계의 최근 이슈

현재 자산운용 업계 특히 부동산 펀드 분야에서는 투자할 대상은 한정되어 있고, 운용 보수는 점점 줄어들고 업계의 경쟁은 더욱더 치열해지는 양상을 보인다. 연면적 1만 평 이상의 CBD, KBD 등 핵심지역에 있는 오피스 빌딩이라면 어느 자산운용사나 모두 관심을 가지고 매각 입찰에 참여하기 때문에 경쟁은 치열하고 이로 인해 운용 보수는 점점 더 줄어드는 것이다. 물론 업계 내부에서의 경쟁과 더불어 리츠 AMC와도 경쟁하는 상황에서 부동산 간접 투자 시장이 좀 더 활성화되고 투자자들의 선택 폭이 넓어지는 장점도 있지만, 중소형 자산운용사는 살아남기에도 만만치 않다.

과거 몇 년간은 조세특례제한법에 따라 부동산 펀드가 취득하는 부동산에 대해 취득세의 30%를 감면해주었으나, 최근 지방자치단체들이 부동산 펀드의 금감원 등록 시점을 문제 삼아 부동산 펀드의 취득세 감면액의 환수를 추진해 많은 자산운용사가 난감해하는 상황이다. 여기에다 2015년부터는 취득세 감면 혜택이 종료됨에 따라 부동산 펀드를 통한 실물 부동산의 거래는 수익률 감소로 인해 당분간은 주춤할 수밖에 없을 것이다.

또한, 개정된 자본시장법으로 전문투자형 사모펀드 체계로 변경되면서 일정 요건을 갖춘 인력과 자본금만 보유한다면 누구나 등록해 전문사모집합투자업을 영위할 수 있도록 진입장벽이 낮아졌기 때문에 시장에서의 경쟁은 더욱 치열해질 전망이다.

하지만 언제나 그래 왔듯 위기일수록 새로운 아이디어를 통한 돌파구는 생기기 마련이다. 부동산 펀드를 취급하는 자산운용사들은 전통적인 부동산 펀드의 투자 대상인 오피스 빌딩과 PF대출뿐만 아니라 새로운 상품을 기획하고 출시하고 있다. 상대적으로 덜 안정적이라고 보았던 리테일(Retail, 상업시설)과 멀티플렉스 영화관, 물류창고, 주차장 등 부동산의 다양한 투자 대상을 활용해 신규 상품을 기획하고, 투자자들에게 제공하고자 더욱더 안정적인 부동산 펀드 상품을 만들기 위해 노력하고 있다. 만약 자산운용사 면접을 앞둔 사람이라면 새롭고 기발한 아이디어로 부동산 펀드 상품을 제안해보는 것도 좋은 경험이 될 수 있을 것이다.

INTERVIEW

코람코자산운용 **조광래** 차장

🎙 본인 소개 부탁드려요.

💬 안녕하세요, 저는 코람코자산운용에서 부동산 펀드 투자 및 운용 파트를 담당하고 있는 조광래라고 합니다. 하나자산신탁(구 다올부동산신탁)에 신입으로 입사했고, 이후 알파에셋자산운용에서 국민연금의 리테일 블라인드 펀드(Retail Blind Fund, 근린상업시설, 판매시설 등에 투자하기 위해 미리 펀드를 조성한 후 실물 자산을 편입하는 펀드) 운용역, 리치먼드자산운용에서는 각종 부동산 펀드들의 설정 및 운용 업무를 담당했습니다. 신탁회사에서 5년, 부동산 펀드회사에서 5년, 합해서 약 10년 동안 부동산금융 관련 분야에 종사하고 있습니다.

🎙 자산운용사 입사 과정은 어땠나요?

💬 2012년에 알파에셋자산운용에 경력직으로 입사했습니다. 당시 알파에셋자산운용에서는 국민연금의 리테일 블라인드 펀드를 설정하기 위해 담당 운용 인력을 찾고 있었습니다. 저는 경력직으로 지원하면서 부동산 신탁회사에서 5년간 근무하면서 배웠던 리테일 자산들에 대한 경험담과 관리 노하우를 적극 어필해 입사에 성공할 수 있었죠. 그 이후 리치먼드자산운용에서는 프로젝트 펀드들을 담당하면서 영화관, 대형 마트 등 상업시설과 오피스 빌딩에 대한 투자 업무를 담당했고 이전까지 배우고 경험했던 펀드와 관련된 노하우를 적극 활용할 수 있었습니다.

자산운용사에서는 부동산 및 관련 분야에 대한 폭넓은 경험과 지식을 필요로 합니다. 경력직 채용을 준비하기 위해 자신이 신입부터 이제까지 담당한 프로젝트들에서 어떻게 기여했는지 히스토리를 정리하는 것도 좋은 방법입니다. 저는 지인을 통해 지원하고, 실무진과 임원진 면접을 기쳐 채용된 적도 있고, 헤드헌터를 통해 입사한 사례도 있습니다. 물론 헤드헌터를 통하는 경우 제가 먼저 헤드헌터에게 연락할 수도 있지만, 헤드헌터에게 제 이력서와 경력 사항을 등록해두면 적절한 자리(job opening) 발생 시 먼저 연락이 오기도 합니다.

🎙️ 해당 팀에서 주로 행하는 프로젝트는 무엇인가요?

💬 주로 오피스와 상업시설, 멀티플렉스 영화관, 대형 마트 등의 실물 부동산 투자 및 운용 업무를 하고 있으며, 최근에는 물류센터, 부동산 PF 등에도 투자하고 있습니다. 향후에는 해외 부동산 실물 투자도 적극적으로 검토할 예정입니다. 제가 현재 근무하고 있는 부서에서는 서울 시내 주요 오피스 빌딩의 공개 매각 시 입찰에 참여하고 있으며, 이 밖에도 수도권 주요 권역의 오피스 빌딩과 상업시설의 매입, 부동산 개발 사업 진행 시 선매입을 검토하고 있습니다. 또한, 투자 영역을 확대하기 위해 수도권의 대규모 물류센터, 임대주택 펀드도 적극적으로 검토 중입니다.

🎙️ 업무에 가장 필요한 지식, 기술, 능력은 무엇인가요?

💬 자산운용사 업무에서는 일단 투자자들에게 상품에 대해 브리핑하기 위해서 작성하는 IM(Information Memorandum)이라는 제안서를 만드는 능력과 이를 뒷받침하기 위한 파워포인트나 엑셀 다루는 능력이 기본적으로 필요합니다. 또한, 부동산과 관련된 정보를 취득하기 위해 이를 빠르게 찾아낼 수 있는 서치 능력, 부동산 시세와 권리 분석에도 능해야 합니다. 추가적으로는 해외 부동산에 투자하는 펀드도 항상 검토 대상이기 때문에 탁월한 영어 능력을 키우는 것도 큰 도움이 되리라 생각합니다.

🎙️ 일하면서 느끼는 보람은 무엇인가요?

💬 부동산 자산운용사의 운용역은 보편적으로 말하는 주식, 채권의 펀드매니저와는 약간 업무가

다릅니다. 부동산은 건별로 금액이 아주 다양하고 자산의 소유자들도 기업, 개인, 펀드 등 다양하기 때문에 변수가 아주 많습니다. 즉 하나의 프로젝트를 완성하기 위해 짧게는 몇 개월 전부터 길게는 1~2년 전부터 딜 소싱 업무를 하게 됩니다. 물론 이 업무가 잘 진행되어서 무사히 펀드 설정이 끝나면 좋겠지만, 너무나 많은 변수가 있어서 1년에 한 건도 하지 못할 때도 있기 때문에 제가 진행하는 펀드 프로젝트가 무사히 마무리되는 순간 안도감과 함께 성취감을 느낍니다.

🎤 10년 뒤에는 어떤 일을 하고 있을 것 같은가요?

💬 제가 지금 몸담은 분야에서 계속 일하고 있거나, 그렇지 않다면 투자자 쪽에서 한번 일을 해보고 싶습니다. 단순히 연기금, 공제회 같은 곳으로 이직하고 싶다가 아니라 조그만 곳이더라도 제가 더 많이 배울 수 있고 지금까지 제가 쌓은 경험을 십분 활용할 수 있는 투자기관에서 일해보고 싶습니다.

🎤 취업 시 가장 중요하게 고려해야 할 부분은 무엇일까요?

💬 제가 도움을 받은 분들, 제가 도움을 드린 분들, 항상 협업하는 업계 사람들과의 네트워크 유지가 중요하다고 생각합니다. 아무래도 부동산 업계가 좁고 서로 프로젝트 내용과 사람에 대한 내용을 공유하다 보니 좋은 평판과 업무 능력을 유지하는 것이 이직이나 취업에 큰 도움이 되는 것 같습니다.

🎤 취업을 준비하는 후배들에게 하고 싶은 말씀이 있다면 부탁드립니다.

💬 부동산금융 분야에 진출하고 싶은 졸업 예정자라면 처음부터 자산운용사나 투자기관에 진출하기는 사실상 힘들어 보입니다. 물론 아주 가끔이지만 그러한 회사에서 신입 사원으로 시작하는 분들도 있지만, 대부분은 그렇지 않습니다. 저는 후배들에게 PM사나 감정평가법인, 시행·시

공사에서 인턴으로라도 먼저 이 분야를 경험해보길 권합니다. 일을 해보면서 나와 이 분야의 업무가 맞는지, 앞으로 내가 이 분야에서 커 나갈 수 있는지 느껴보라는 것입니다. 많은 분이 알다시피 부동산금융 분야는 성장 가능성도 크지만 그만큼 업계 내부에서의 경쟁도 치열합니다. 더불어 좋은 인력을 확보하기 위한 경쟁도 더 치열해질 것이므로 일단 업계에 발을 들여놓고 함께 일하는 동료들로부터 좋은 평가를 받기 시작한다면 충분히 롱런할 수 있는 부동산금융 전문가가 될 수 있지 않을까 생각합니다.

1. 부동산금융 시장에서 자산관리회사의 역할

자산관리회사의 역할에 대해 한마디로 정의하면 네고시에이터라고 할 수 있다. 매도자, 투자자, 대출기관, PM(Property Management)사, LM(Leasing Management)사, FM(Facility Management)사 등 부동산금융 시장 플레이어들의 의견을 취합하고 조율하면서 상품을 개발하고 운용하는 역할을 수행하기 때문이다.

자산관리회사는 부동산 투자회사(REITs)를 설립하고, 투자자 및 대출기관을 모집해 부동산을 매입한 후 운용 업무를 수행한다. 실무적으로 투자 업무와 운용 업무로 구분할 수 있다.

투자 업무에 대해 단계별로 살펴보면, 첫 번째 매물 정보를 입수해야 한다. 부동산 PM사, 투자자문사, 전문 컨설팅 업체, 시공사, 시행사, 금융기관 등을 통해 매각 정보를 접수한다. 매각 정보를 입수한 후 해당 부동산의 가치평가를 진행하는데, 현재 임대차 정보(Rent roll) 및 시장 상황 등을 고려해 매입 가격을 산정하고 투자 구도를 결정한 후 매입의향서를 제출한다. 이후 우선 협상대상자로 선정되는 경우 양해각서(MOU) 체결을 통해 배타적 협상권을 부여받은 후 보다 구체적인 가치산정을 위해 자산실사를 진행한다. 자산실사는 외부 실사 기관이 수행하는데, 일반적으로 법률실사, 재무자문, 감정평가, 물리실사, 시장조사를 통해 해당 부동산이 법률적으로 문제가 없는지, 적정한 가치평가를 했는지, 물리적으로 하자가 없는지 등을 판단한다.

자산실사 결과 자료를 바탕으로 투자제안서(IM)를 작성해 투자자 및 대출기관을 모집하는데, 각각의 기관별로 내부심의 절차를 완료한 후 투자 또는 대출확약서를 수령한다. 투자기관 모집과 함께 부동산 투자회사 법인을 설립하고, 국토교통부에 영업인가를 신청하고, 인가를 득한 후 매매계약 체결과 자본금 증자, 대출금 수령을 통해 매매 대금을 지급하고 소유권을 이전받으면 투자 업무는 종결된다고 볼 수 있다.

|자산관리회사의 투자 업무|

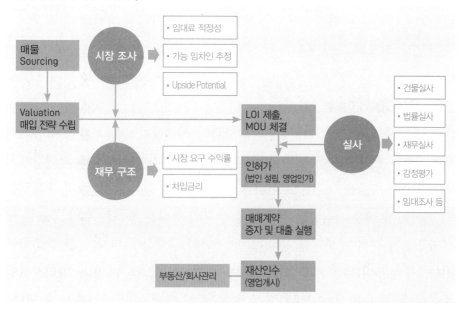

운용 업무는 매매 완결 이후 리츠의 자산 가치 극대화를 위한 운용 전략을 수립해야 한다. 리츠의 사업 계획을 현실화하는 데 필요한 정보와 실행 전략을 수립해야 하며 영업 개시 전 투자자에게 제출한 사업계획서에서 적용한

각종 가정을 운용 시점의 환경 및 전망에 맞게 수정해 계획과 운용 실제와의 괴리를 최대한 축소하고 이를 통해 연간 운영예산을 편성해야 한다. 또한, 효과적인 임대차운용을 위해 임차인 관리를 포함한 임대 마케팅을 진행하며, 투자 부동산의 건축물 관리, 조세공과금 관리 등을 실시해야 한다. 그리고 정기적으로 또는 비정기적으로 투자기관에 운용 기간의 성과에 대해 보고하며, 주요 이슈가 발생할 때 이사회나 주주총회를 개최해 이사진 또는 주주의 의사 결정에 따라 업무를 수행해야 한다.

마지막으로 매각 전략을 수립해야 하는데, 애초 계획한 매각 시점 이전에 부동산 시장을 모니터링하면서 적절한 매각 시기를 정해 최적의 매각 금액을 수취할 수 있도록 해야 한다.

1) 리츠(REITs)의 이해

리츠는 적용 법률인 부동산투자회사법의 서문에 "일반 국민이 부동산에 투자할 기회를 확대하고 부동산에 대한 건전한 투자를 활성화해 국민경제의 발전에 이바지함을 목적으로 한다"라고 명시되어 있다. 즉 리츠의 주목적은 일반 국민이 적은 자금으로 부동산에 투자해 수익을 누리는 투자 구조를 마련함으로써 부의 재분배를 통해 일반 국민의 부동산 투자 욕구를 충족함에 있다. 이 부분이 부동산 펀드(REF)와의 차이점이라 할 수 있다. 따라서 1인 주식 소유 한도 및 공모 의무 등 투자자구성에 있어 여러 제약을 받게 된다.

다른 목적으로는 기업 및 금융기관의 구조조정 촉진이 있는데, 유동화하기 어려운 부동산의 문제점을 개선해 부동산 거래의 활성화를 도모하는 것이 있으며, 이러한 목적에 따라 기업 구조조정 리츠라는 형태의 유형이 있다.

리츠의 종류는 크게 명목형과 실체형으로 나눌 수 있다. 명목형 리츠(Paper Company)는 위탁관리 리츠 및 기업 구조조정 리츠로 구분되며, 리츠회사의 상근 임직원이 없으며, 실제 업무는 자산관리회사에서 업무를 위탁해 수행한다. 실체형 리츠는 자기관리 리츠로써 상근 임직원이 있으며 직접 자산의 투자, 운용 업무를 수행하는 회사를 말한다.

위탁관리 리츠와 기업 구조조정 리츠의 차이는 일반 부동산을 투자 대상으로 하는지, 기업 구조조정용 부동산을 투자 대상으로 하는지에 따라 나뉜다. 위탁관리 리츠의 경우 1인 주식 소유 한도 및 공모 의무가 있으나, 기업 구조조정 리츠의 경우 구조조정을 촉진하기 위해 1인 주식 소유 및 공모 의무가 없다.

리츠의 경쟁 상품인 부동산 펀드(REF)는 자본시장법의 적용을 받는 부동산 투자신탁인 반면, 리츠는 부동산투자회사법의 적용을 받는 상법상의 주식회사라는 점이다. 따라서 부동산 펀드는 의사 결정을 집합투자업자인 자산운용사에서 한다면, 리츠는 상법상의 주식회사인 만큼 주요 의사 결정은 리츠의 이사회 또는 주주총회에서 진행한다

리츠 제도는 1960년 미국에서 최초로 도입되었으며 2000년 이후 유럽 및 아시아 지역을 중심으로 급속히 확산했다. 우리나라는 아시아에서 일본(2000년) 다음으로 2001년 리츠 제도를 도입했다. 국내 리츠는 2001년 12월 교보메리츠퍼스트CR리츠 설립을 시작으로 꾸준히 성장해 2015년 6월 말 현재 142개 리츠에 약 20조 원 규모의 자산을 운용 중이다.

|리츠 종류별 규모|

구분	자산 규모(조 원)	리츠 수(개)	비고
기업 구조조정 리츠	5.6	33	–
위탁관리 리츠	14.7	101	–
자기관리 리츠	0.3	8	–
합계	20.6	142	–

자료 : 리츠협회, 2016.6.30

|투자자산 유형별 규모|

구분	리츠 수(개)	자산 규모(억 원)	자산 비율(%)	평균 수익률(%)	비고
오피스	44	92,154	45.3	6.0	–
호텔	7	5,075	2.5	7.8	–
리테일	22	31,577	15.5	10.1	–
물류	11	6,653	3.3	6.7	–
주택	49	64,192	31.6	4.8	–
기타	1	3,559	1.8	0.6	–
계	134	203,210	100	6.3	–

자료 : 리츠협회

　　자산관리회사가 업무를 수탁받는 위탁 리츠 또는 기업 구조조정 리츠의 경우, 자산관리 업무는 자산관리회사에, 자산보관 업무는 자산보관기관에, 사무수탁 업무는 사무 수탁사에 각각 위임하며, 임대 수익을 바탕으로 투자자에게 배당을 시행한다.

|리츠의 구조|

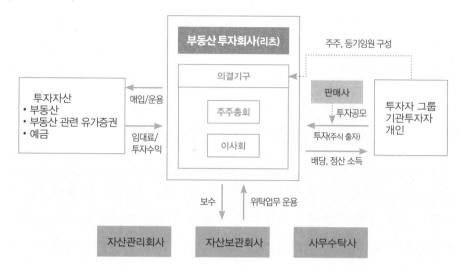

2. 필요 역량

자산관리회사의 담당자는 첫째, 해당 투자 부동산의 가치를 정확히 파악할 줄 알아야 한다. 따라서 기본적인 부동산 지식과 재무지식이 필요하다. 이를 위해 부동산 관련 법 및 회계 및 재무 관련 지식을 미리 쌓아놓을 필요가 있다.

둘째, 영업 능력이 필요하다. 투자 업무를 진행하면서 투자기관 및 대출기관에 리츠라는 상품을 판매해야 하기 때문에 영업 능력은 투자 업무를 진행함에 필수적인 역량이 되고 있다.

셋째, 원활한 커뮤니케이션 능력이 필요하다. 자산관리 업무를 진행함에 있어 관계 기관은 적게는 5곳 많게는 수십 개 기관과 업무를 협의, 조율해야 한다. 따라서 관계 기관과 혼란 없이 원활한 업무 진행을 위해서는 커뮤니케이션 능력이 필요하다.

자산관리회사는 매도자와 투자자 간의 이견을 조율해야 해서 협상력이 필요하다. 당연하겠지만, 매도자는 더욱 높은 가격에 매도하기를 원하고, 매수자인 투자자는 더욱 낮은 임대 가격에 매수하기를 희망한다. 따라서 매도자의 의견을 중시할 경우 투자자 모집이 불발될 가능성이 크고, 반대로 투자자의 의견만을 중요시할 경우 매도자가 매각 의사를 철회할 가능성도 있다. 양쪽의 의견을 바탕으로 중간에서 적절한 타협안을 도출하는 협상력을 발휘해야 한다.

최근 자산관리회사의 채용 형태를 살펴보면 신입 공채보다는 경력직 이직이 대다수를 이룬다. 경력직 채용은 수시 채용이 대다수를 이루기 때문에 자산관리회사로의 이직을 원한다면 각 회사의 수시 채용 공고를 눈여겨봐야 한다. PM사에서 자산관리, 투자 자문 업무를 수행한 경력이 있거나, 회계법인 등에서 투자 자문 업무를 수행한 경력이 있다면 더욱 수월하게 입사할 수 있다. 또한, 부동산 관련 자격증 또는 금융 관련 자격증이 있다면 가점을 받을 가능성이 있다.

경력직의 경우 3년 이상의 해당 업무 경험을 가진 인력을 대상으로 채용하는 경우가 많으며, 사원, 대리급은 운용 업무를 주로 수행하며 투자 업무를 지원하는 것이 일반적이다. 7, 8년 이상의 경험을 가진 직원은 그간의 네트워크를 바탕으로 프로젝트를 발굴하고, 투자자 유치를 하는 투자 업무를 주로 수행한다.

리츠 상품이 다수인 자산관리회사의 경우 투자팀과 운용팀으로 분리되어 있으며, 본인의 성향에 따라 투자팀 또는 운용팀으로의 커리어를 쌓을 수도 있다.

자산관리 업무는 다방면의 경험을 할 수 있어서 관계된 여러 분야로의 진출이 용이하다. 다른 자산관리회사 또는 자산운용사로 이직해 리츠 또는 부동산 펀드 업무를 계속해서 할 수 있을 뿐만 아니라 연기금, 공제회 등 투자회사로 이직해 투자 업무를 할 수도 있다. 마찬가지로 보험회사로의 이직을 통해 투자 또는 대출 업무를 수행하는 길도 있으며, 증권회사로 이직해 자금조달 업무를 수행할 수도 있다.

3. 리츠 업계의 최근 이슈

리츠 업계 최근 이슈는 정부에서 적극적으로 추진하고 있는 뉴스테이 정책(기업형 임대주택)과 연관한 임대주택 리츠가 활성화되었다는 점이다. 2015년 인가된 전체 리츠 41개 중 임대주택 리츠는 21개로 약 50%의 비중을 차지했다. 그러나 2016년 상반기 인가된 리츠 19개 중 임대주택 리츠는 14개로 약 74%의 비중을 차지할 정도로 급격히 성장했다. 이는 기존의 주 투자 대상인 오피스 시장의 경쟁력이 약화됨과 더불어 적극적인 정부 정책이 영향을 주었다고 볼 수 있다. 다만, 정부 정책이 선회할 경우 임대주택 리츠의 성장세가 둔화될 것이라는 우려가 있다.

리츠는 국토부의 영업인가를 받아야 하는 등 경쟁 상품인 부동산 펀드에 비해 불리한 점이 많았으나, 2016년 위탁 관리 리츠의 경우 영업등록제로 변경되었으며, 최저 자본금 또한 5억 원에서 3억 원으로 줄어드는 등 리츠 업계는 더욱 활성화될 것으로 보인다.

코람코자산신탁 **조장희** 부장

🎙 **본인 소개 부탁드려요.**

💬 2006년 서울대학교에서 박사과정 수료 후 코람코자산신탁에 입사해 11년간(자산관리팀 5년, 투자팀 5년 6개월) 근무하고 있습니다. 자산관리팀에서는 5개 펀드, 20개 빌딩, 약 2조 원의 부동산 (YTN타워, 플래티넘타워, 홈플러스 10개점 등)을 운용하고 성공적으로 매각해 투자자에 높은 수익을 안겨주었습니다. 이후 투자팀으로 옮겨 파인애비뉴 B동, 뉴코아 3개점 등 약 1조 2,000억 원의 오피스와 리테일 부동산을 매입해 7개의 펀드를 설립했습니다. 현재 해당 펀드들은 각 자산운영팀에 배정되어 안정적으로 운영 중입니다.

🎙 **코람코자산신탁에서 어떤 업무를 담당하고 있습니까?**

💬 2016년부터는 NPS 중소형 리테일 블라인드 펀드의 핵심 운용인력으로 선정되어 밸류 애드 (Value-add)형 리테일 부동산에 투자하는 업무를 담당하고 있습니다. 구체적으로는 ①부동산 투자물건 발굴, ②시장 분석, ③사업 타당성 분석, ④Deal Structure를 마련하는 투자 업무를 담당하고 있습니다. 딜이 본격적으로 진행될 경우 매도인 협의(매매계약서, 대출약정서, 임대차계약서 등), 대출기관 협의(대출 구조, 금리 등), 리츠 상품개발 및 펀드 설립 주관하는 업무를 진행하고 있습니다.

🎙 **중소형 리테일 블라인드 펀드에 대해서 소개해주세요**

💬 중소형 리테일에 투자한다는 것은 기관 투자자들이 대형 오피스 중심의 투자 전략에서 벗어나 다양한 포트폴리오를 구축하고자 하는 흐름을 반영한 것입니다. 현재는 공실이 있고 임차인 구

성이 불합리해 리스크가 존재하더라도 향후 가치를 끌어올릴 수 있는 가치 부가(Value add)의 기회가 있다면, 기조성된 블라인드 펀드를 통해 적격 부동산에 적극적으로 투자해 높은 수익률을 거두는 것이 목표입니다.

코람코자산신탁은 약 3,000억 원의 부동산을 매입할 수 있는 블라인드 리츠를 조성했으며 2016년 8월부터 본격적으로 시작해 약 100여 개의 리테일 물건을 검토했습니다. 그중 블라인드 펀드의 편입자산으로 가장 적합하다고 판단되는 신촌의 거화빌딩과 중계동의 삼부프라자에 투자했습니다. 각 빌딩은 증축, 리모델링, 임차인 교체 등의 밸류 애드를 진행할 예정이며, 계획대로 진행할 경우 IRR 10% 이상의 수익률을 달성할 것으로 예상합니다.

🎙️ **펀드 운용 업무에 가장 필요한 지식, 기술, 능력은 무엇인가요?**

💬 부동산 간접 투자 시장의 인재로 거듭나기 위해서 가장 필요한 것이 경험과 아이디어라고 생각합니다. 첫째로 부동산 업무가 사람 간의 관계 속에서 이루어지는 경우가 많은데 다양한 경험은 어떠한 상대방(매도자, 투자자, 운용사 등)을 만나게 되더라도 업무 진행을 하는 데 큰 도움이 됩니다. 부동산의 매입, 운용, 매각에 이르기까지 전 과정의 업무에 참여해보고 경험하는 것이 간접투자 시장을 이해하는 데 큰 도움이 될 것입니다. 또한 오피스, 리테일, 호텔, 물류, 골프장 등 다양한 분야의 부동산을 매입하고 운영하는 데 참여하는 것이 자신과 회사를 발전시키는 중요한 요소일 것입니다.

둘째로 부동산은 변화하는 생물과 같습니다. 사업 환경, 임차인 특성, 시기, 주변 개발, 법률 개정 등 수없이 많은 변수에 따라 대상 부동산의 가치와 가격이 변하게 됩니다. 이때 필요한 것이 아이디어입니다. 아이디어란 다른 아이디어를 빌리고 뒤섞고, 뒤엎고 주고받으며 나옵니다. 무에서 유를 창조하는 아이디어는 없습니다. 아이디어의 가치는 우리를 둘러싼 세상으로부터 어떻게 영감을 끌어내고 이제껏 보지 못한 새로운 방식으로 그것을 재해석하는지에 달려있습니다. 과거 경험에 안주하고 상식대로 판단하게 되면, 경쟁에서 뒤떨어질 수밖에 없습니다. 요즘은 부동산 로케이션의 가치를 뛰어넘을 수 있는 콘텐츠들이 많이 개발됩니다. 선진 사례와 지식 그리고 경험에 기반한 정보들을 융합해 아이디어로 발전시키려고 하는 자세가 필요합니다.

 일하면서 느끼는 보람은 무엇인가요?

자산운용회사에서 일하면서 가장 중요한 것이 동기부여와 성취감입니다. 투자 팀원으로서는 부동산을 성공적으로 매입하고 리츠가 설립되었을 때 가장 큰 보람을 느낍니다. 부동산 매입 검토 전까지 제너럴하게 진행되던 업무가 MOU가 체결되면서 투자자를 모집하고 매매계약 체결 협상 단계에 진입하면서 그 강도가 높아집니다. 본인의 네트워크와 협상력을 한껏 발휘해 계약 체결이 완료되고 딜 소싱이 완료되는 것을 보면서 가장 큰 성취감을 느낍니다.

또한, 자산운영팀의 업무에서는 두 가지 사례가 기억에 남습니다. 첫째로 리츠는 보통 6개월에 한 번씩 배당하게 되는데, 투자자에 약속한 배당률보다 높은 수익률을 달성했을 때 큰 보람을 느꼈습니다. 해당 펀드가 운용상의 난이도가 높아 새로운 임차인을 유치하고, 밸류 애드를 통해 그 목표를 달성했을 때 그 성취감은 배가 되죠. 입사 후 6개월 만에 맡게 된 종로구의 거양빌딩과 분당의 센트럴타워가 그 예로, 어려운 환경 속에서도 수익률을 개선해 보람이 컸습니다.

둘째로는 담당하고 있는 펀드를 성공적으로 매각해 투자자에 큰 수익을 안겨주는 한편으로 이에 상응하는 정당한 보수로 회사에 기여했을 때입니다. 2008년 금융위기 당시 서울역의 YTN타워와 강남역의 플래티넘타워를 투자자가 요구한 기한 내에 매각 완료하고 결과적으로 연평균 31.4%의 수익률을 달성한 것이 기억에 남습니다.

 향후 상업용 부동산 시장은 어떻게 전망하십니까?

우선 세계 경제와 한국 경제의 저성장세와 산업 구조조정으로 2%대의 싱장세가 지속될 것이라는 우려 속에 각 섹터별로 간략하게 알아보겠습니다. 첫째로 투자자들이 전통적으로 가장 선호하는 오피스의 경우에는 공급량이 확대되는 한편으로 공실률이 증가하고 실질 임대료가 하락하는 등 임대 여건은 더욱 악화될 것으로 생각됩니다. 향후 3년 내로는 오피스의 비중을 점차로 줄여나가고 부동산별로 적합한 투자 전략을 찾아 사전에 대응하는 것이 현명한 투자 기법이 될 것입니다. 둘째로 불과 3~4년 전까지만 해도 가장 인기가 좋았던 호텔의 경우 공급량이 급증하고 객실당 수입 감소로 인해서 영업 환경이 많이 안 좋아졌습니다. 최근에는 호텔 유동화 사례가 거의 없으며, 지역별로 서울 명동 등 핵심 지역에 위치한 호텔들만 살아남고 있습니다. 지역별, 임차인별 선별적 투자가 필요합니다. 리테일의 경우 저성장에 따른 민간 소비 위축의 타격을 가장 많이 받는 분야입니다. 대형 마트, 백화점 등의 기존 하드 에셋들은 매출이 점차 감소하고 있으며, 편의점, 온라인 마켓이 큰 성장세를 이루고 있습니다. 주목해야 할 점은 식음, 판매, 엔터테인먼트 등 한 장소에서 다양한 경험을 할 수 있는 복합 쇼핑몰이 대세로 자리 잡고 있다는 점입니다. 기존에 많은 투자가 이루어졌던 대형 마트의 경우 점진적인 엑시트와 함께 줄어드는 오프라인 마켓의 충격을 덜 받을 수 있는 업종을 보유한 리테일 부동산에 투자해 리스크를 줄이는 것이 필요합니다. 상기 언급한 시장 상황과 분야별 추이들을 잘 모니터링해 부동산 투자 시장을 바라보는 정확한 눈과 이에 대응하는 식견을 갖추어야 할 것입니다.

🎤 부동산 간접 투자 시장의 키 이슈(Key Issue)들은 어떤 것이 있나요?

💬 부동산 간접 투자 시장이 시작한 지 근 20년이 되면서 초기에는 볼 수 없었던 다양한 시도들과 변화가 최근에 있습니다. 제 생각에 핵심 이슈라고 할 만한 것을 세 가지 정도로 손꼽을 수 있겠습니다.

첫째는 블라인드 펀드의 활성화입니다. 기존의 프로젝트별로 투자자를 모집하는 방식에서 벗어나, 투자자의 요구 수익률을 충족시키고 신속하게 그리고 저렴하게 부동산 투자할 방안이 블라인드 펀드를 활용하는 것입니다. 기존에는 경쟁입찰에서 다수의 운용사가 참여해 가격을 높이는 방법으로 클로징의 불확실성을 노출한 채 유동화가 되었다면, 최근에는 다양한 콘셉트의 블라인드 펀드들이 설정되어 부동산을 매입하는 추세에 있습니다

둘째는 공모 시장의 활성화입니다. 기존에 부동산 투자하던 국내 60여 개 기관 투자자들을 상대로 펀딩하기에는 한계가 있습니다. 새로운 투자처를 발굴하고자 하는 자산운용사들의 니즈와 공모에 참여해 중위험, 중수익의 상품에 투자하고자 하는 개인 투자자들의 수요가 부합해 공모를 통한 유동화 상품들이 속속 등장하고 있습니다. 이러한 추세는 당분간 지속될 것으로 보입니다.

셋째는 상품의 다양화입니다. 기존에 전통적인 오피스와 대형 마트 투자로는 적절한 포트폴리오를 구성하는 데 한계가 있을뿐더러 시장의 파이를 키우는 측면에서도 적절하지 않습니다. 최근에는 이러한 한계를 극복하기 위해 임대주택, 골프장, 물류센터, 호텔, 해외 부동산 등 다양한 리츠, 부동산 펀드 상품이 등장하고 있습니다. 앞으로는 더 나아가 공공 인프라 시설 대형 병원, 공원, 주차장 등에 투자하는 펀드들도 속속 등장할 것으로 예상합니다.

🎙 **취업을 준비하는 후배들에게 하고 싶은 말씀이 있으시다면요?**

💬 최근 코람코자산신탁 신입 사원을 뽑는 데 서류 심사와 면접관으로 참여했습니다. 수많은 지원자가 높은 학점과 영어 성적은 물론이고 각종 자격증과 봉사 경험까지 참으로 다양한 스펙을 가지고 있어서 놀랐습니다. 면접에서도 이 다양한 스펙을 보유한 지원자들이 능숙한 말솜씨와 현란한 자기 PR로 답변을 잘하는 모습을 보고 또 한 번 놀랐습니다. 책과 언론을 통해 숙지한 사실들을 질문에 맞게 준비된 답변을 잘하더군요. 면접을 종료하고 나니, 변별력이 없어져 누구를 선발해야 할지 참 고민스러웠습니다. 오히려 말투는 다소 서투르더라도 질문에 대한 자기의 생각을 이야기하고 진지하게 자신을 보여주는 지원자에 눈길이 더욱 갔습니다. 잘 준비된 답변보다는 자기의 생각을 잘 정리하고 되도록 진실한 모습을 보여주는 것이 중요합니다.

업무나 인간관계도 마찬가지입니다. 한 건의 부동산 딜을 클로징하기 위해서는 그렇게 많은 사람이 필요하지 않습니다. 운용사에서는 보통 3~4명이 한 팀이 되어 매도자와 협상하고 관계 회사들과 협업을 합니다. 그 협상과 협업을 통해 결국 사람이 일합니다. 그렇다 보니 팀워크가 매우 중요하고 그 팀워크 속에서 자신을 희생하고 양보하는 자세 또한 필요합니다.

팀워크와 코워크를 잘해낼 수 있는 사람, 진지한 자세로 커뮤니케이션을 잘하는 사람, 진실한 자신의 이면을 잘 드러낼 수 있는 사람이 결국 투자자와 매도자를 만족시키는 딜을 끌어낼 수 있습니다. 이 글을 읽고 준비하는 독자들이 앞으로 우리가 만들어갈 부동산 간접 투자 시장에서 중추적인 역할을 할 수 있을 것으로 기대합니다.

06 | 건설사

건설사 부동산 개발 업무의 이해

1) 부동산 시장에서 건설사의 비중

외환 위기 이전 부동산 경기가 호황이던 시절, 건설사는 자기자본 또는 은행이나 투자자를 통해 조달한 자금으로 토지를 매입하고, 초기 필수 사업비를 확보해 분양, 착공을 해왔다. 그리고 중도금과 잔금을 통해 공사를 완료하는 구도로 부동산 불패신화의 환경 아래 호황을 누렸다.

외환 위기 이후에는 건설사의 높은 부채 비율이 더 이상 허용되지 않는 환경이 조성되면서 건설사 위주의 사업 방식이 아닌, 프로젝트를 담보로 자금을 조달하는 형태의 부동산 개발 사업(Project Financing 사업) 방식이 등장해 시행사, 설계사, 분양회사, 금융기관 등 다양한 부동산 전문기관이 사업을 추진하게 되었다. 하지만 PF 금융기관의 대출 조건에 건설사의 연대보증이나 채무 인수 등 신용 보강이 요구되고, 신용 공여를 제공하는 건설사의 신용도가 우량한 경우에 PF 대출기관이 적극적으로 참여하는 등 부동산 개발 사업은 궁극적으로 건설사가 상당 부분 책임을 지는 구조로 리스크가 집중되었다. 물론 최근에는 시공 분야에 한정해 책임지는 구도로 건설사 중심의 리스크 집중현상에 대한 위험 분산이 다수 이루어지고 있지만, 현재까지도 부동산 개발 사업에 있어서 건설사 역할의 중요성을 간과하기는 어려울 것이다.

2) 부동산 시장에서 건설사의 역할

건설사의 주요 목적은 목적물의 시공을 통한 이윤 극대화로 볼 수 있다. 건설 시장에서는 투자 재원이 사전에 확보된 도급 사업과 투자 재원을 사업 시행자가 조달해 추진하는 개발 사업 형태로 구분해볼 수 있다. 이번 장에서는 개발 사업 형태 중 공공기관에서 발주한 개발 사업에 초점을 맞추어 설명하도록 하겠다.

• 부지 매각(임대) 입찰 정보 수집

부동산 개발 사업을 하는 데 있어서 토지 확보가 가장 기본적이면서도 중요한 요소일 것이다. 회사마다 차이는 있지만, 필자가 근무하던 건설회사는 토지를 확보하는 방법 또는 발주자의 형태에 따라 팀을 구분해 사업을 진행했다. 그중 공공기관이 부지를 매각하거나 임대하는 사업을 공공개발 사업으로 칭했고, 민간이 토지 소유권을 확보하거나 매각하는 사업을 민간개발 사업으로 구분해 진행했다. 이번 장에서는 공공에서 부지를 매각하거나 임대하는 형태의 사업을 이야기하고자 한다.

공공기관 또는 국가, 지자체(이하 '공공기관')에서 부지를 매각하는 사업은 민간에서 매각하는 가격보다 대체로 낮기 때문에 저렴한 가격만큼 높은 사업성을 누릴 수 있다. 따라서 공공기관의 부지 매각 또는 임대 발주 사업 정보를 건설사에서는 항상 예의주시하고 있다.

이러한 공공 발주 정보를 수집하기 위한 방법 중 한 가지로 예비 타당성 조사 검토를 들 수 있다. 물론 건설사에 따라서 예비 타당성 조사 이전부터 사업 준비를 하고, 원 제안을 하는 방식으로도 진행할 수 있다. 예비 타당성 조사는 총사업비 500억 원 이상이고, 국가의 재정이 300억 원 이상 투자되는 대규모 개발 사업을 하기 전, 이러한 사업이 반드시 필요한지, 기타 사업들과 비교해 투자의 우선순위를 조정하기 위해 실시하는 조사다. 이러한 예비 타당성 조사를 검토함으로써 사업화가 될 만한 사업의 정보를 사전에 입수하고 준비할 수 있다.

• 건설 참여 조건 검토

예비 타당성 조사를 거쳐 사업 공고가 예상되는 사업에 대해 총사업비 규모를 추정해 산정하고, 총사업비 중 건설사의 주요 관심사인 해당 시설의 공사비를 대략적으로 산정하는 단계다. 일반적으로 해당 지역의 사업성(분양 또는 수입 요인 등)을 토대로 가능한 총수입을 산정하고, 총사업비를 차감해 해당 사업의 사업성 유무를 판단하게 되는데, 건설사는 총사업비 중 할당된 공사비로 공사 이윤을 창출할 수 있을지 발주 예정 공사 스펙에 따른 공사 원가를 산정하게 된다. 이때 해당 공사비로 발주자가 요구하는 공사 스펙을 충족하고도 적정 공사 이윤을 확보할 수 있다고 판단하게 되면 사업 참여를 결정한다.

• 입찰 준비(제안 단계)

공공 부지 발주 입찰 사업 제안은 보통 컨소시엄 형태로 진행하게 된다. 개발 자금조달을 담당하는 금융 투자자, 해당 시설을 운영하는 운영 투자자, 그리고 건설을 담당하는 건설 투자자가 컨소시엄이 되어 사업을 추진하게 된다. 이때 건설사는 재원 조달, 설계, 운영, 시공 계획 등의 사업제안서를 작성하는 입찰 준비 단계에서부터 건축물의 준공 시까지 주간사로서 역할을 하게 된다.

- 우선협상자 선정 후 협상 단계

사업제안서가 제출되고, 제안서 평가를 위한 심사위원들의 평가가 끝나고, 우선협상대상자로 선정되면, 주무관청과 제안서에 대한 세부 협상이 이루어진다. 제안서의 세부 사항을 재무, 건설, 운영 등 분과별로 주무관청의 협상 담당관들과 줄다리기가 이어진다. 우선협상대상자는 조금이라도 더 유리한 사업 고지를 점령하기 위해 노력하고, 주무관청은 최소의 예산으로 최고의 시설을 유치하려고 노력한다.

- 토지 계약 또는 실시 협약 체결

우선협상대상자와 주무관청 간 쟁점 사항들이 타협점을 찾고, 협상이 마무리되면 확정된 사업제안서 내용에 따라 실시 협약을 체결한다. 실시 협약의 내용에 따라 토지비 등 총사업비가 확정되고, 사업 이행을 위한 세부 내용이 모두 이 실시 협약에 담기게 되므로 실시 협약 체결이 되면 사업이 실질적으로 구속력을 갖는다.

- SPC 법인 설립

실시 협약의 내용에 따라 사업 추진을 하기 위한 SPC 법인을 설립하고, 사전에 협의된 주주 간 출자 규모 및 의무에 대한 주주협약을 체결하는 단계다. 이 내용은 실시 협약에서 다룬 틀 안에서 주주들 간의 세부적인 권리와 의무 사항을 확정하는 단계다.

- 실시 설계 및 인허가

사업 추진을 위한 주체가 정식 사업자로서 등록을 완료하면, 사업 추진을 위한 실제 업무가 시작된다. 사업제안서에서 제안한 기본 설계를 바탕으로 실시 설계를 시작하고, 이때 사업 추진을 위한 세부 법령에 따른 인허가를 받아야 하는 업무가 동시에 진행된다. 공사 착공을 위한 건축허가를 받기 위해 관련 법령, 조례에 따라 각종 영향평가와 허가 사항을 거치게 된다.

• 대출 약정

공사 착공을 위한 모든 절차가 마무리되면, 사업비 확보를 위한 대출 약정이 진행된다. 대출 약정은 실시 협약 당시 사전에 협의된 조건에 따라 SPC 법인과 사업에 자금을 대여하기로 약정한 대주단 간에 진행된다.

• 공사 착공

사업 추진을 위한 대금이 대출 약정을 통해 사업비 계좌에 입금되고, 건설사는 확보된 공사비를 확인하고, 공사 착공을 한다.

• 공사 관리 및 준공

공사 공정률에 따라 공사가 진행되고, 감리자와 건설사, SPC의 대표자의 확인을 통해 공사대금이 지급되는 과정을 통해 공사는 준공을 하게 된다.

• 운영사로 이관 및 엑시트

공사가 준공되고 나면, 공사이윤 확보의 목적을 달성한 건설사는 SPC의 주간사로서의 역할을 다하고, 이후 사업을 주도적으로 이끌어 나갈 운영 투자자에게 주간사의 역할을 넘기고 주간사의 역할을 마감하게 된다.

이런 과정은 건설사가 시행 이윤을 얻기 위한 지분 출자를 고려하지 않은 경우로 지분 출자를 고려할 경우, 투자자 입장에서 추가로 검토할 사항들이 존재하고 검토 사항도 추가될 수 있다. 하지만 이번 장에서는 건설사는 궁극적으로 시공 이윤을 확보하기 위해 사업에 참여한다는 가정에 내용을 기술했다. 최근에는 건설사도 시공 이윤뿐 아니라 지분참여를 통해 직접 분양 수익을 기대하는 사업 모델과 운영을 통해서도 추가 수익을 확보하려는 사업 모델을 보이고 있다.

3) 필요 역량 및 건설사 입사하기

앞에서 살펴본 바와 같이 건설사는 짧게는 2~3년, 길게는 그 이상 동안 다양한 이해 관계자와 협업 및 공조를 통해 프로젝트를 진행한다. 따라서 해당 이해 관계자들의 요구 사항과 이해득실을 적절히 충족시켜 가면서 건설사는 이윤 극대화를 추구하게 되는데, 이때 프로젝트 일정 관리 능력과 다양한 관계자들을 조율하는 능력은 필수적이라 하겠다.

사업성 검토 단계에서 수익성을 분석하고 안정적으로 시공 이윤을 확보할 수 있을지 판단하는데 이러한 작업은 대부분 엑셀을 통해 이루어지고, 그 안에 재무관리 기법들이 다수 이용된다. 이러한 이유로 건설사 개발 분야에서는 건축이나 도시계획 전공자들과 더불어 회계나 경영 전공자들을 선호하는 경향이 있다. 건설사 입사를 희망하는 신입의 경우는 건축 관련 전공이 아니라 하더라도 경영, 회계 관련 전공자들도 능력을 적소에 활용할 수 있는 장점이 있을 것이다.

경력 직원의 경우 대부분 관련 프로젝트 수행 경험을 위주로 선발한다. 필자가 근무하던 건설사의 경우도, 업계 유사 업무를 수행하던 직원들을 대상으로 선발했고, 유사업무 수행 경험과 근무하던 전 직장의 노하우를 접목해 높은 업무 성과를 창출하는 사례를 접했다.

4) 향후 진로

부동산 개발에 있어서 리스크가 건설사로 집중되는 경향이 있고, 이로 인해 건설사는 시공 자체에 국한되지 않고 기획단계부터 엑시트까지 사업 전반에 관여하고, 주간사로서의 역할을 하는 이유로 부동산 개발의 다양한 이해관계 집단으로 이직이 가능하다. 부동산 개발금융을 취급하는 투자은행, 부동산 관련 자산을 운용하는 자산운용사, 부동산 개발 시행사, 많은 부동산 자산을 보유하고 있는 공기업 또는 대기업의 부동산 개발 분야 또는 투자 심사 분야 등, 프로젝트의 기획단계부터 세부적인 경험을 한 건설사의 경험은 부동산 업계 다양한 분야에서 폭넓게 이용되고 있다. 필자는 현재 민간기업의 PF사업 심사부서로 이직해 건설사의 프로젝트 추진 경험을 살려 부동산에 국한되지 않은 다양한 사례의 PF사업 및 지분 투자 사업 심의 업무를 담당하고 있다.

INTERVIEW

롯데자산개발 **이창재** 책임

🎤 본인 소개 부탁드립니다.

💬 안녕하세요. 저는 롯데자산개발 해외사업팀에서 해외부동산 개발을 담당하고 있는 이창재라고 합니다. 2009년 롯데자산개발에 입사했고, 이후 약 5년간 국내 복합개발사업팀에서 리테일, 호텔 등 주로 상업시설 위주로 검토 및 개발 업무를 진행했습니다. 그 후 2년간 해외사업팀 소속으로 베트남, 인도 등 이머징 마켓의 개발 업무를 담당하고 있습니다. 롯데자산개발 입사 전에는 딜로이트 안진회계법인 재무자문본부에서 약 4년 근무했으며 건국대학교 부동산학과를 졸업한 이래 부동산 분야에 몸담은 지는 약 15년 정도 되었습니다.

🎤 귀하가 속한 회사를 소개해주세요.

💬 아무래도 진행되고 있는 대부분의 사업이 그룹 핵심 계열사들과 관련된 사업이다 보니 복합개발 사업의 '지휘자' 혹은 '코디네이터'와 같은 역할을 한다고 보면 이해가 빠를 것 같습니다. 물론 그룹과 직접적인 관계가 없는 개발 사업 또한 수익 사업의 한 형태로 추진하고 있습니다만, 롯데자산개발은 유통, 관광 레저, 건설 등 그룹 내 핵심 계열사들의 노하우를 집결시키고, 사업을 진행하면서 발생하는 여러 이슈와 문제들을 협상과 조정을 통해 해결하고 있습니다. 한마디로 각 그룹사의 역량이 효과적으로 발휘될 수 있는 '플랫폼'을 만드는 중요한 역할이라고 생각합니다. 제가 속해 있는 해외사업팀에서는 베트남, 중국, 인도네시아, 인도, 미얀마 등 이머징 마켓을 중심으로 신규 복합개발 사업을 발굴해 추진 중입니다.

🎙 현재 회사에 입사하게 된 동기는 무엇입니까?

💬 롯데자산개발에 입사하기 전 딜로이트 안진회계법인 재무자문본부에서는 복합개발 사업·쇼핑몰·호텔·리조트·골프장·테마파크·주거 등 여러 개발 사업 분야의 자문 및 컨설팅 업무를 담당했습니다. 훌륭한 선후배님들과 함께 많은 프로젝트를 경험했고, 또 스피디하게 진행되는 업무들 가운데 큰 그림을 그릴 수 있는 능력을 배운 것이 소중한 경험이었다고 생각합니다. 무엇보다 제가 경험하고 배운 것들을 실제로 살아 움직이는 개발 사업에 적용해 움직여 보고 싶다는 열망이 있었고 그러한 생각들이 모여 결국 롯데자산개발에 입사하게 된 것 같습니다.

🎙 입사 후 주로 하는 업무는 어떤 것들이 있습니까?

💬 개발 사업 업무는 크게 '사전 개발 단계'와 '개발 단계' 업무로 나눌 수 있습니다. 사전 개발은 주로 사업 기획과 타당성 검토에 초점이 맞추어져 있는데 이 과정을 통해 사업 추진 여부를 결정하게 됩니다. 앞에서도 말씀드렸지만, 그룹 계열사와 연관된 사업들이 주를 이루다 보니 사업의 타당성과 사업 참여가 가능한 조건 등에 대해 많은 협의를 거쳐야만 하고 이 과정을 통해 사업의 추진 여부를 결정하게 됩니다. 여러 핵심 계열사와의 업무 과정을 통해 유통, 호텔, 리조트, 면세점, 심지어는 야구장 복합개발과 같은 특수한 분야까지 다양한 경험과 지식을 쌓을 수 있다는 점이 상당히 매력적인 부분 같습니다. 현재는 해외 개발 사업 업무를 담당하고 있어서 해외 장기 출장이 잦은 편입니다. 현지 정부와의 대관 및 인허가 업무, 로컬 부동산 관련 전문가들과의 네트워킹 등을 통한 정보수집 등에도 많은 시간을 할애하고 있습니다.

🎙 입사 후 귀사에서 했던 프로젝트 중 중요한 것들을 소개해주시겠습니까?

💬 현재 담당하고 있는 프로젝트는 베트남 호치민에서 추진 중인 대규모 복합개발 사업입니다.

대단지 아파트를 비롯한 리테일, 호텔, 오피스, 서비스드 레지던스 등이 개발될 예정입니다. 이 외에도 인도 뉴델리 복합역사개발 사업, 국내 사업으로는 제주 롯데 시티호텔&면세점, 속초 롯데리조트 등의 개발 업무를 담당했습니다.

🎤 **해당 프로젝트를 잘 수행하기 위해서는 어떤 능력 또는 자질을 키워야 한다고 생각하십니까?**

💬 부동산 개발의 기초부터 차근차근 밟아 나가는 것이 무엇보다 중요하지 않을까 생각합니다. 현장의 정확한 상황을 파악하는 것부터 시작해서, 다양한 정보를 효과적으로 분석할 수 있는 능력이 필요합니다. 이와 더불어 기본적인 회계 지식과 재무 타당성 분석 능력 그리고 기획 능력이 갖추어진다면 충분한 경쟁력이 있지 않을까요? 현장의 개발 경험은 단기간 내 얻을 수 있는 성질의 것이 아니며 직접 몸으로 부딪히며 수많은 시행착오를 통해서만 얻을 수 있기에 '인내'와 '끈기' 그리고 겸손한 마음가짐 또한 필요한 자질이 아닐까 생각합니다.

🎤 **해당 회사에 입사하고 싶은 후배들에게 조언을 한마디 해준다면요?**

💬 다소 생소할 수도 있겠지만, 롯데자산개발은 국내외 복합쇼핑몰 개발 사업을 리딩하고 있는 '리벨로퍼(리테일+디벨로퍼)'입니다. 즉 복합개발 사업을 추진하기 위해 최적화된 다양한 분야의 전문가들이 모인 집단입니다. 해외 및 국내의 개발 담당 부서를 비롯 금융·리싱·디자인·자산관리·건설관리·쇼핑몰 영업 등 개발 사업과 관련된 여러 분야의 업무를 직간접적으로 경험할 수 있는 장점이 있으며, 그 과정을 통해 본인의 적성에 맞는 분야를 선택할 수 있습니다. 창의적인 사고방식과 오픈 마인드, 그리고 부동산 분야에 대한 열정을 가진 후배들이라면 실패를 두려워하지 말고 도전해보라는 말씀을 감히 드리고 싶습니다.

부동산 디벨로퍼로서의 보람

최기헌

한국토지주택공사 차장(마케팅 특채), 키라에셋 컨설팅부 부장,
건국대학교 부동산학 박사과정 수료, MAI, CCIM

나는 디벨로퍼이자 마케터다

국내 부동산 시장은 건설 시장과 밀접하게 연관되어 있다. 부동산 시장은 국부에서 차지하는 비중이 80%를 넘고 있으며, 경기 활성화를 위해서 가장 많은 정책 개입이 이루어지는 영역이기도 하다. 우리나라는 80년대부터 90년대까지 고도성장기를 넘어서면서 주택 부족 문제를 해결하기 위해 일시에 대규모 주택을 공급할 수 있는 신도시 공급 정책을 채택했다. 이를 통해서 분당, 일산, 동탄, 판교, 김포한강, 위례 등 거대 신도시가 태어났으며, 많은 부자들이 탄생하게 되었다. 그러나 이제는 주택보급률이 평균 103%대에 진입했으며, 경제성장률이 저성장 국면으로 진입하면서 대규모 개발보다는 국지적 소규모 개발과 도시재생 분야로 부동산 개발의 방향도 변화하고 있다.

부동산 디벨로퍼는 아주 매력적인 분야다. 도시개발은 물론 개별 필지별 개발을 통해 부를 창출하기 때문이다. 디벨로퍼의 영역은 2가지로 구분된다. 첫째는 LH같은 공공 디벨로퍼이고, 둘째는 개별 필지를 개발하는 민간 디벨로

퍼이다. 공공 영역은 개발 관련 제도를 기반으로 개별 디벨로퍼가 성공적으로 사업할 수 있도록 원재료라 할 수 있는 토지를 공급하며, 기반시설을 제공한다. 개별 디벨로퍼 영역은 개발의 기반이 되는 해당 용지를 어디에서 수급할 것인가를 두고 우량한 토지 확보를 통해 수익을 극대화한다.

필자는 LH에서 토지판매전략 부문에 근무하며 사업을 크게 일으키는 사례를 많이 봤다. 개별 디벨로퍼의 토지개발 유형은 공동주택용지, 상업용지, 단독주택용지, 산업용지 등 다양하게 나누어지며, 디벨로퍼는 이 중 어느 하나에 집중할 필요가 있다. 성공의 유형은 2가지로 압축되는 데 한 가지 아이템으로 전국을 석권하는 방법과 한 지역을 집중적으로 석권하는 방법이 있다. 첫 번째 유형에 대해 부연 설명하자면, 아파트 개발 사업만 하는 디벨로퍼라면 아파트만 개발해야지 상업시설, 단독주택 등 모든 분야에 손을 대면 좋지 않다는 것이다. 두 번째 유형에 대해 부연 설명하자면, 판교면 판교, 위례면 위례 한 도시만 집중적으로 개발하는 경우로 한 지역에 집중할 경우 지역 시장에 대해 누구보다도 잘 알고 있기 때문에 시장 조사나 개발 분야 시 성공 확률도 그만큼 높아지게 된다. 핵심 역량에 집중하는 사업 전략은 경영학에서 제시하는 이론이지만 부동산 개발에서도 적용되는 원리는 동일하다.

첫 번째 유형으로 성공한 기업은 최근 들어 많은 편이다. 조그만 건설사에서 시작해 이제는 그룹사로 성장한 H건설, J건설, B건설 등이 있고 임대주택 사업만 집중적으로 추진해온 B건설 등이 있다. 디벨로퍼로는 주상복합, 오피스텔 중심의 개발 사업을 추진해온 M사가 있으며, 신탁사와 캐피탈 인수 등으로 종합부동산 그룹이 된 경우이다. 두 번째 유형으로 성공한 기업은 중견 디벨로퍼 N사로서 강남보금자리, 위례 등에서 크게 성공해 탄탄한 기반을 다진 기업이다. 하나의 사업 영역에 집중하거나 하나의 지역에 집중할 경우 원가 통제, 최적의 제품 설계, 소비자의 니즈(Needs), 셀링 포인트 등 사업의 핵심 영역에서 경쟁력을 가지게 된다. 여러분이 디벨로퍼 또는 개발금융을 지원해주는 역할이라면 어떤 전략을 취할 것인가 고민해볼 필요가 있다.

성공요건

부동산 개발 사업에서 성공하기 위해서는 마케팅적 개념에 대한 이해가 반드시 필요하다. 마케팅에 대한 개념은 시대 흐름에 따라 변화해 왔으나 현재는 3가지 개념을 반드시 갖춰야 한다. 첫째 소비자에게 교환가치를 줄 수 있을 정도의 좋은 제품이어야 하고, 둘째는 제품의 우수성을 잘 알려야 하며, 셋째는 고객(구매자, 원재료 공급자, 정부, 지자체, 금융기관 등)과의 원활한 커뮤니케이션으로 신뢰를 쌓아야 한다는 것이다. 마케팅 원론 및 개론에서 열거하는 모든 것은 이 3가지 정의를 잘 실천하기 위한 구체적인 로드맵이다. 여기에 부동산이라는 상품이 가진 특성에 대한 이해가 반드시 더해져야 한다. 부동산은 그 수요가 지역적이라는 점, 인접 개발 효과가 나의 상품에도 영향을 미치는 외부 효과성, 움직일 수 없다는 고정성 등이 그 특징이다.

필자는 토지 마케팅을 위해 LH에서 다양한 시도를 했다. 2012년 미매각 토지가 30조 원를 넘어설 때 수의계약 토지를 대상으로 사업성이 괜찮은데 홍보가 안 돼서 미매각된 토지 30개를 선별해 'Best Selection 30'을 제작 설명회를 통해 매각해서 수요자의 높은 관심을 불러일으키기도 했다. 이후 사업 수익 모델이라는 택지지구 주요 토지의 사업성을 간략하게 추정해볼 수 있는 툴을 개발해 건설사와 금융사를 대상으로 설명회를 개최 3,000억 원 이상의 판매 효과를 보기도 했다. 이런 투자 설명회를 활용해 토지 매각을 추진하는 것은 토지가 고가의 제품이고, 관심이 부재한 시장 상황에서는 매우 유용한 판매전략이다. 이러한 투자 설명회를 통해 공공 디벨로퍼는 토지를 홍보, 판매 효과가 상승하게 되고, 개별 디벨로퍼는 우량한 토지를 한번에 검토하고 구매할 기회를 얻게 된다.

향후 전망

시장은 끊임없이 진화한다. 지역도, 개별 건물도, 정부 정책도, 국가 간 상황도 모두 변화하고 있다. 변화하는 시장을 따라잡고 이길 수 있어야 성공할 수 있는 시장이다. 어떻게 변화할 것인가, 물어본다면 나는 사는 곳을 바꾸거나, 만나는 사람을 바꾸거나, 만나는 사람을 못 바꾸면 만나기 어려운 사람이 쓴 책들을 읽으라고 권하고 싶다. 좀 더 나은 미래를 위해 전문지식을 더 공부하는 것도 좋고, 어학을 추가하는 것도 좋다. 그러나 무엇보다 필요한 것은 '꿈꾸는 사람이 되어야 한다'고 말하고 싶다. 꿈은 안주하게 되는 현실을 이길 수 있도록 강한 에너지를 제공해주며, 더 큰 꿈을 꾸는 사람들을 만날 수 있도록 연결해주며, 힘든 일이 닥쳐도 포기하지 않게 해주기 때문이다.

07 | 부동산 신탁사

1. 부동산 신탁사 업계 소개 및 역할

　신탁법상의 신탁은 '위탁자가 특정 재산권을 수탁자에게 이전하고, 수탁자로 하여금 수익자의 이익을 위하는 등의 목적을 위해 그 재산권을 행사하는 법률관계'로 정의된다. 법률적 문장보다 이해하기 쉽게 표현하면 '특정 재산권 소유자가 어떠한 목적을 달성하기 위해 특정 재산권(부동산 등)을 수탁자에게 맡긴다'고 말할 수 있다. 이때 수탁자는 특정하지 않는다. 우리나라 모든 사람, 법인 등 행위 능력자이면 신탁법에 의거 수탁받을 수 있다. 단, 이것을 업으로 할 수는 없다. 업으로 하기 위해서, 즉 신탁업을 하기 위해서는 관계 법령에 따라 금융위원회에 승인을 얻어야 하며, 승인을 얻은 자를 신탁업자라 말한다.

　신탁업자의 종류를 보면 금전신탁기관(은행 등), 재산신탁기관(전업신탁사 등) 등으로 나뉘며, 자본 시장과 금융 투자업에 관한 법률 제103조에 의거 금전, 증권, 금전채권, 동산, 부동산, 부동산 관련 권리 등을 수탁받을 수 있다. 이 중 일반적으로 동산, 부동산, 부동산 관련 권리 등을 수탁받는 기관을 부동산전업신탁회사(이하 '신탁사'라 함)라고 칭한다. 국내에선 은행 20개, 증권 20개, 보험사 6개, 신탁사 11개 등 총 57곳에서 신탁업을 영위히고 있다. 은행, 증권, 보험사 내에도 재산 신탁 또는 부동산 신탁팀이 있으나 다음 재산 신탁 수탁고 현황(부동산 관련 권리 제외)을 보면 신탁사의 수탁고가 현저하게 많음을 알 수 있다. 따라서 현재 국내 부동산 시장에서 신탁의 역할 및 기능에 대해 신탁사 위주로 설명하겠다.

|재산 신탁 수탁고 현황|

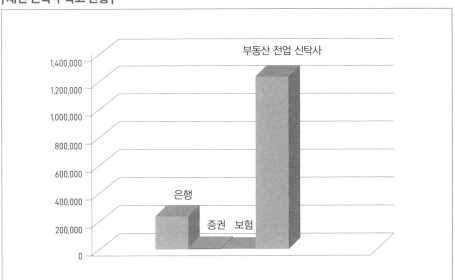

자료 : 금융투자협회, 2015년 02월 기준

IMF 이전 국내 신탁사는 도입 이래로 차입형 토지 신탁(개발 신탁) 위주였으나, IMF 시절 전반적인 경기침체로 많은 고통을 받아 차입형 토지 신탁의 무서움을 절실히 느꼈다. 이후 IMF 극복과 동시에 부동산 경기가 살아나면서 국내 부동산 신탁 시장은 비토지 신탁 중심으로 영업 환경이 바뀌었다. IMF 시절의 답습 효과, 민간 신탁사 신규 시장 진입으로 인해 비토지 신탁 상품이 활황인 시대가 열리게 되었다. 물론 토지 신탁도 꾸준하게 성장은 하고 있었지만 6곳의 중소 신탁사가 설립, 참여하면서 2009년에는 총 11개의 신탁사가 영업했다. 신규 신탁사 진입에 따라 단기적으로 매출 인식이 되는 비토지 신탁 중심으로 영업 환경이 만들어졌으며, 시장 수요 또한, 부동산 시장이 급격히 다시 살아나 PF대출 증가에 따른 담보 신탁 등이 가파르게 증가하게 된 원인도 있다.

2008년 글로벌 금융위기로 인해 국내 신탁 영업 환경이 또다시 변화하는 계기가 되었다. 주로 대외적인 요소에 의해 신탁 환경이 바뀌게 되었는데, 글로벌 금융위기로 인해 금융기관 및 시공사 등 국내 부동산 사업에도 많은 변화가 이루어졌다. PF대출 등 부동산대출이 급격하게 줄어, 더는 비토지 신탁 상품이 탄력을 받기는 어려워졌기 때문이다. 결국, 부동산 사업에 필요한 자금 조달이 어려워 자금조달이 가능한 신탁사로 시행사들의 줄이 이어지는 상황이 되었다. 따라서 자연스럽게 부동산 개발 사업에서 차입형 토지 신탁이 성장할 수 있는 환경이 만들어졌다. 또 다른 이유는 신규 시장에 진입한 중소 신탁사들이 신탁업 인가를 얻을 때 대부분 신탁업자의 고유재산으로부터 금전을 차입하는 차입형 토지 신탁 업무는 일정 기간 유예를 하게 되는데, 2014년 이 부분이 대부분 해제된 것도 이유가 될 수 있다.

마침내 2010년 이후부터는 신탁의 꽃이라 불리는 차입형 토지 신탁(개발 신탁)이 다시 성장하게 되는 계기가 되었다. IMF 때의 아픔을 잘 알고 있어 신탁사들은 더욱더 견고한 차입형 토지 신탁 상품을 만들어냈으며 차입형 토지 신탁 시대가 재탄생하게 되었다.

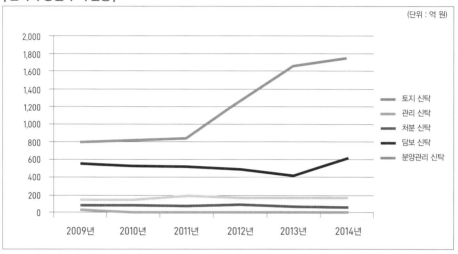

(단위 : 억 원)

- 토지 신탁
- 관리 신탁
- 처분 신탁
- 담보 신탁
- 분양관리 신탁

자료 : 금융감독원, 2014년 말 기준

　신탁사 영업 수익 현황을 살펴보면 2011년까지는 토지신탁보수(차입형 및 관리형 토지신탁 포함)가 1,000억 원 미만이었으나 2012년부터 급격하게 증가하는 모습을 볼 수 있다. 이것이 현대 부동산 신탁의 추세(트렌드)라고 생각하면 좋을 것이다. 단기적으로는 대외적 큰 영향이 없다면 토지 신탁, 그중에서도 차입형 토지 신탁 상품은 시장에서 원하는 수요가 많은 만큼 계속해서 성장할 것으로 보인다.

　최근 부동산 시장 또는 부동산금융 시장에서 신탁사의 역할은 증대되고 있으며, 이제는 부동산 신탁사 없이 부동산 대형 사업을 하는 것을 찾아보기 어려울 정도이다. 그러면 국내 신탁사가 주로 취급하는 상품을 위주로 부동산 시장에서 어떤 역할을 하는지 간단하게 살펴보자. 이 책의 독자들은 취업 준비생 또는 부동산금융 쪽에 관심이 있는 분들이 대부분이다. 따라서 쉽게 이해할 수 있도록 사전적 의미보다는 현재 부동산 업계에서 사용 또는 통용되는 의미로 기술하려고 노력할 것이다.

|신탁 상품별 신탁사 역할|

구분		내용	비고
토지 신탁	차입형 토지 신탁	토지 소유자 또는 시행사를 대신해 신탁사가 법률적·행정적 사업 주체가 되어 신탁사가 사업비를 직접 투입(안정적인 사업비 확보)해 효율적으로 토지를 개발하고 그로 인한 수익 발생 시 다시 수익을 배당하는 상품이며, 신탁의 꽃이라 할 수 있다. 신탁 보수가 상당히 높아 신탁사의 수익 창출의 핵심이 되나 그에 상응하는 리스크도 높다. 따라서 신탁 지식은 기본이고, 부동산 개발 관련 총괄적인 전문가들이 업무를 수행해 그 리스크를 줄여 나아가면서 수행하고 있다. 그 사용 예를 보면 토지주들이 소유 토지에 대해 개발을 하고 싶으나 자본이나 개발 노하우가 없을 때 신탁사가 토지비를 제외한 사업비를 투입하고 그 지상에 최유효 이용에 따라 개발한 후 그 수익을 토지주에게 배당하는 형태다. 이는 절세뿐만 아니라, 재산 가치 증식에도 좋은 개발 형태다. 두 번째는 토지주들 외 전문개발시행사가 토지비를 마련할 능력이 안 되어 주로 계약금 정도로 매수자의 권원 확보 후에 신탁사에 의뢰하는 형태다. 이는 주로 금융기관에 토지비 대출이 어려워 신탁사로 발길을 돌리는 사례인데, 이 중에서 사업성이 높은 개발 사업 같은 경우는 신탁사가 적극적으로 컨설팅해 개발 신탁 사업으로 만드는 사례도 있다.	
	관리형 토지 신탁	차입형 토지 신탁과 비슷하지만, 신탁사가 사업비를 직접 투입하지 않고, 법률적·행정적 사업 주체가 되어 개발 과정에서 발생할 수 있는 위험(우발채권, 시행사 디폴트)으로부터 보호해 개발 사업을 안전(PF 대출기관의 담보 확보, 수분양자의 보호 등)성을 목적으로 하는 상품이다. 차입형 토지 신탁보다 난이도는 다소 낮지만 법적 사업 주체인 만큼 개발 사업의 대부분을 신탁사가 수행 또는 관여하는 상품이다. 주로 부동산 관련 제도권 법인(금융기관, 대형 시공사 등)이 참여하는 대형 개발 사업에 주로 이용된다.	
비토지 신탁	담보 신탁	근저당권, 양도담보와 비슷한 개념으로써 채무자의 채권담보 목적으로 부동산을 신탁받고 채무불이행 등 기한 이익이 상실될 경우 신탁사가 담보 신탁 부동산을 환가(공매로 처분)해 그 처분대금으로 채권자의 채권 만족을 하는 상품이며 비토지 신탁의 주력 상품으로써 활용 사례가 많다. 주로 대출금융기관 또는 기타 대출채권자에 대한 담보 목적으로 설정하는 사례가 많다. IMF 이전 국내 부동산 신탁 시장이 개발 신탁이 주류인 반면에 2000~2010년대 중후반은 비토지 신탁의 성장이 괄목하다.	

비토지 신탁	관리 신탁	관리 신탁은 갑종관리 신탁과 을종관리 신탁으로 나누어지며, 신탁 재산을 신탁사가 적극적으로 관리하는 갑종관리 신탁, 소극적으로 관리하는 을종 관리 신탁이 있으며, 현재 갑종관리 신탁은 업계에서 거의 사라지는 추세다. 이유는 신탁 보수 대비 업무량(시설, 법적, 경제적 관리 등)이 많으며, 그에 대한 책임 즉 위험도 많기 때문에 적극 활용되지 못하고 있다. 을종관리 신탁은 주로 등기부상 소유권만 관리하는 상품이며, 갑종관리 신탁에 비해 신탁사에 대한 리스크가 낮은 편이라 종종 활용되고 있다. 예로는 해외 장기 체류나 신병 등의 사유로 부동산을 직접 관리하지 못하는 경우나 다수의 이해 관계인들이 특정한 재산에 대해 분쟁이 있는 경우 분쟁이 해결될 때까지 신탁으로 소유권을 이전해 소유권 관리가 가능하다. 이는 최근에 법원 판결에서도 이용되고 있을 정도로 활용 예가 좋다.
	분양관리 신탁	"건축물의 분양에 관한 법률(이하 '건분법'이라 함)"에 의거 상가, 오피스텔 등 관계 법령에서 정하지 않는 건축물(공동주택, 아파트형 공장, 숙박시설, 노인복지시설 등)을 제외한 대부분의 국내 건축물에 대해 연면적 3,000㎡ 이상 면적을 선분양하고자 할 경우에는 분양대금의 투명한 관리 및 수분양자로의 안전한 소유권 이전 등의 목적을 위해 부동산 신탁사의 분양관리 신탁 상품 또는 금융기관 등으로부터 분양보증 등을 받아야만 선분양이 가능하다. 현업에서는 비용 등 여러 가지 측면에서 신탁사의 분양관리 신탁 상품이 많이 이용된다.
	처분 신탁	처분 신탁도 관리 신탁과 유사하게 갑종처분 신탁, 을종처분 신탁으로 나누어지며, 신탁사가 적극적으로 처분 활동을 하는 상품이 갑종처분 신탁, 반면에 처분 행위를 소극적으로 활동하며 단순히 신탁사를 비이클(Vehicle)로 이용하기 위한 을종처분 신탁이 있다. 예로는 개발 사업에서 준공 이후 시공사의 미지급 공사비에 대해 대물변제 신탁(미분양분에 대해 대물로 공사비를 받는 경우 시공사는 취득세 등 여러 공과금이 발생하게 되나 처분 신탁을 이용해 시공사가 취득하지 않고 신탁사에 처분 신탁해 그 처분 대금을 수취하는 상품), 토지거래허가구역 내의 부동산 매매계약에 의한 처분 신탁(토지거래허가를 받기 전 매매계약을 체결하고 계약금 및 중도금 등의 보전을 위해 체결하는 상품) 등 그 활용가치가 매우 높다. 즉 매매계약의 이행에 공신력 있는 기관이 개입해 각자의 부족한 부분을 채워주는 역할 등을 제공한다고 이해하면 쉽다. 과거에는 주로 이런 위주의 처분 신탁이 이루어졌으며, 현재는 그 응용사례가 매우 많다.
기타	자금관리 대리 사무	신탁법상의 신탁 상품은 아니며, 민법상의 위임 편에 근거를 두었으며, 현재는 신탁사의 주요 상품이 되었다. 현업에서는 에스크로(Escrow)와 유사한 개념으로 이용되기도 하고, 자금관리란 신탁사 명의의 계좌를 개설해 각종 입출금 등 자금관리를 하는 상품이다. 토지 신탁 및 분양관리 신탁은 자금관리가 필수로 수반되며, 그 외 비토지 신탁 상품에서도 대부분의 신탁 상품과 함께 이용되기도 한다.

각 상품을 살펴본 바, 부동산 시장 또는 개발 시장에서 이제는 신탁사 역할이 점점 증대되고 있다. 정형화된 상품 외 현재 활발하게 진행되고 있는 사업은 부동산 사업 컨설팅, PFV 지분 출자 사업 참여, 리츠 사업, 민관 공공합동 사업 등에 대해서도 선두 신탁사들은 다양하게 수익 창출을 하고 있다.

그 외 유언 신탁, 상속 신탁 등 다양한 연구 활동을 통해 신상품을 개발하려는 움직임도 있다. 물론 아직은 활성화되어 있다고 보기 어렵지만 향후 그 발전 가능성은 매우 크다고 생각한다.

2. 필요 역량

업계에서 간혹 부동산 신탁사는 '호수 위에 떠 있는 백조'라고 표현할 때가 있다. 겉으로는 평온하게 유영을 즐기는 듯 보이지만 신탁사 내부 업무를 살펴보면 그 업무량이 상당하다. 필자의 경험상 토지 신탁 같은 경우를 보면 1개의 신탁 상품이 1개의 개발 사업으로써 모든 업무를 다루기 때문이다. 물론 유관 전문 부서의 도움을 받아 업무 처리를 하는 것도 상당하지만, 기본적으로 갖추어야 할 역량을 살펴보자.

첫째, 일에 대한 열정과 도전정신이다. 이는 어떠한 지식보다 중요하다고 생각한다. 물론 부동산 관련 지식, 올바른 가치관 등 기본적인 것에 충실해야 하는 것은 당연하며, 틀에 박혀있는 사고보다 창조적인 변화를 끌어낼 수 있도록 준비해야 한다. 이는 부동산 개발 중심에 서서 프로젝트 최고 관리자가 되기 위한 필수적인 요소라고 생각한다.

둘째, 법률적 사고는 필수다. 중요도로 보면 ①부동산 관련 법률 지식 및 법적 사고, ②부동산 관련 지식, ③금융 지식, ④건축 및 설계 관련 지식, ⑤세무회계 관련 지식, ⑥마케팅 관련 지식 등이 업무에 상당히 많이 쓰인다. 필자가 보기에 대학교 다니면서 모두 공부하기란 불가능하다. 어떤 업무도 마찬가지겠지만, 실무를 하면서 틈틈이 보충하면 될 것으로 본다. 최근 신탁사 신입 공채 출신 학과를 보면 경제학, 경영학, 회계학 등 경상, 법학, 부동산학 계열이 선호된다.

셋째, 자격증이다. 경영지원 부서(법무팀, 회계팀 등)가 아니고서 신탁사는 신탁 영업인력이 대부분이다. 신탁 영업 업무에 도움이 되는 관련 자격증을 추천하면 공인중개사다. 공인중개사는 개괄적으로 부동산 관련 법률 지식을 살펴볼 좋은 기회를 줄 것이다.

투자자산운용사 자격은 신탁사 업무와 직접 연결되며 법적 의무 사항이다. 신탁 사무처리를 하기 위해서는 투자자산운용 자격이 요구되며, 전반적인 금융지식 확립에 기초가 될 수 있다. 또한, 상업용투자분석사(CCIM)도 업무에 도움이 된다. 이 자격은 현재 전 세계적으로 공인되고 있는 자격으로 미국 CCIM협회에서 인증되고 있으며, 투자용 부동산 실물 투자에 대한 수입지출 분석 등 금융 분석에 많은 도움이 된다. 국내에도 CCIM한국협회가 있으며, 국토해양부 비영리법인으로 등록되어 있다. 학생 신분으로는 적지 않은 수험 비용 및 포트폴리오 수행이 없어 자격 취득이 어려우니 이론교육과정만 이수할 것을 권장한다. 그 외 전문자격증(변호사, 공인회계사, 세무사, 감정평가사 등)은 대부분의 신탁사에서 입사 시 우대해주고 있다.

넷째, 대인 친화력과 사교성 등의 품성이다. 매일 많은 사람을 만나게 되는데, 특히 부동산 업종 중에서도 많은 편이다. 사업 관계자부터 신탁 상품 상담 등으로 만나게 되는데 종일 회의 또는 상담만 하는 날도 일주일에 한두 번 정도다.

다섯째, 강인한 체력이다. 업무에 지치고 영업도 하다 보면 사외 활동도 상당히 많은 편이니 운동을 통한 강인한 체력도 중요한 역량이 되고 있다.

3. 신탁사 입사

국내 11개 부동산 신탁사 중에서 상위 대형 신탁사는 매년 규칙적으로 10명 내외의 신입 사원을 공채로 모집하고, 상대적으로 적은 규모의 신탁사는 경력직 공채 또는 수시 채용을 선호하고 있다. 여타 부동산 관련 금융기관과 비슷하게 보통의 경우 신입 사원이 신탁사로 입사하기란 쉽지는 않다.

하지만, 신탁사의 길은 열려 있다. 경력직으로 입사하는 것도 한 가지 방법이다. 금융기관(은행, 증권, 보험, 자산운용 등)의 부동산금융팀, 시공사의 사업팀, 시행사 등에서 업무 경험을 갖춰 부동산 관련 네트워크를 구축(영업력)하는 것이 신탁사가 가장 좋아하는 채용 항목이다. 5~10년 전 신탁사들은 다양한 경험자 또는 영업력을 선호하는 경향이었으나 현재 신탁사들은 신탁사 경험을 최우선으로 하는 경향이 있다. 이는 신탁 업무가 그만큼 복잡하고 전문성이 날로 높아지고 있기 때문이라고 생각한다.

INTERVIEW

한국자산신탁 **박준철** 차장

🎤 **본인 소개 부탁드립니다.**

💬 한국자산신탁 신탁영업팀에서 근무하는 박준철 차장입니다. 부동산 신탁사에 입사해 부동산 신탁 업무를 11년째 하고 있습니다. 신탁영업팀은 모든 신탁 상품을 취급하지만 현재는 주로 부동산 개발 사업(차입형 토지 신탁) 위주로 업무를 진행하고 있습니다.

🎤 **입사 준비 및 입사 과정은 어떠셨나요?**

💬 대학교(원)에서 부동산금융 관련학을 전공했고, 처음 하나자산신탁 공채 신입으로 입사했습니다. 부동산은 인문, 정책, 경제, 법률, 사회 등과 종합적이고 유기적으로 연관된 실로 방대한 분야라고 생각합니다. 학업뿐 아니라, 저는 뉴스나 신문기사를 통해 조금씩 부동산 시장을 이해하게 되었고, 그것이 거시적이나 미시적으로 부동산을 이해하는 데 많은 도움이 되었습니다. 실제 입사 시에 집단토론 면접에서는 부동산과 상관없는 사회적인 문제를 다루어서 당황하기도 했습니다. 서류 지원 후 실무진·토론·임원 면접 순으로 진행했고 입사 후에는 실무 관련 프로젝트 발표 후 정규직으로 전환하는 과정으로 진행했습니다. 10여 년 전에는 대부분 비슷한 과정이었으니 참고만 하시길 바랍니다.

부동산 관련 용어나 실무에 빨리 익숙하도록 관련 자격증을 취득하는 것을 추천합니다. 실무에서 보다 빨리 이해하면 습득 능력도 높아지고, 그만큼 여유가 생겨 다른 지식을 얻을 수 있기 때문입니다.

제가 근무중인 한국자산신탁은 매년 공채로 선발하고 있습니다. 현재는 서류 지원, 실무진 면접,

임원 면접을 통해 채용하고 있으며, 입사 후에는 약 1~2개월간 현장(분양 현장) 인턴 업무 후 각 팀에 배치되고 있습니다.

🎤 해당 팀에서 맡고 계신 업무와 주요 프로젝트는 무엇인가요?

💬 각 부동산 신탁사 홈페이지에 현재 신탁사들이 취급하는 상품은 대부분 같습니다. 제가 근무하는 영업팀에서는 기본적으로 모든 상품을 취급하고 있습니다. 부동산에서 상황별 발생하는 이벤트에 적합한 상품을 적용해야 하기 때문입니다. 그럼에도 신탁수수료가 가장 높은 차입형(분양형) 토지 신탁 상품 위주로 영업하고 있습니다. 차입형 토지 신탁은 부동산 개발의 핵심인 디벨로퍼라고 생각하시면 될 거 같습니다. 개발을 원하는 또는 개발 경험이 부족한 토지주(시행사, 토지주 등)로부터 의뢰받은 토지에다 최유효 상품을 기획(설계)하고, 소비자가 원하는 상품(기획, 마케팅)으로 만들어(시공)내는 일련의 모든 일이라고 말할 수 있습니다. 개발 사업 전 과정 프로젝트를 관리하는 상품이라고 할 수 있습니다.

🎤 업무에 가장 필요한 지식, 기술, 능력은 무엇인가요?

💬 첫째로 필요한 것은 업무에 대한 열정이며, 진취적인 자세입니다. 열정적인 마인드가 있어야 그에 따른 지식, 기술 등도 취득할 수 있을 것입니다. 신탁 업무 전반적으로 부동산 업무 특성상 실무에서는 부동산금융 및 부동산 관계 법률 지식도 기본적으로 요구하고 있습니다. 차입형 토지 신탁은 부동산 개발 최중심에서 각 협력 업체를 조율해야 하기 때문에 협상력 등도 매우 중요하다고 생각합니다.

🎤 일하면서 느끼는 보람은 무엇인가요?

💬 신탁사에서 차입형 토지 신탁 업무를 하다 보면 매일 이벤트가 일어나고 또 그것을 해결하는

업무가 반복됩니다. 그러나 프로젝트가 끝나고 나면 어느새 토지 위에 멋있는 건축물이 완성되어 있습니다. 저 같은 경우 프로젝트 과정은 힘들었지만, 건축물에 대한 준공(사용승인)을 받으면 보람을 느낍니다. 신탁사 특성상 다수의 프로젝트를 관리하는데 제가 진행해서 완성된 건축물을 많은 사람이 이용하는 모습을 보면 행복을 느끼죠.

🎙 취업 시 가장 중요하게 고려해야 할 부분은 무엇인가요?

💬 취업자 입장에서 지원하는 분야 또는 업무에 열정을 가지고 있어야 합니다. 그 열정을 위해 기본적인 지식, 가치관, 대인관계 등에 충실해야 하며, 기본적인 것을 바탕으로 창조적인 변화를 끌어내는 인재는 어느 회사를 가서라도 인정받을 수 있습니다.

🎙 취업을 준비하는 후배들에게 하고 싶은 말씀은요?

💬 부동산 신탁사는 다른 직군보다 상대적으로 취업 문이 좁다고 생각하실 수 있습니다. 그러나 현재 부동산 업무에도 다양한 파트(설계, 건설, 은행, 증권, 자산운용 등)가 있으며, 각 파트별 근무 경험은 신탁사 경력직 채용에서 상당히 우대하고 있으며, 또한 실제로도 활발하다고 말씀드릴 수 있습니다. 비록 신입으로 취업에 성공 못 했더라도 유사 부동산 업무 경험을 토대로 부동산 신탁 업무 길이 열려 있으니 꼭 도전해보시기 바랍니다.

부동산 컨설팅펌 Real Estate Consulting Firm

컨설팅펌(Consulting Firm)은 종래 부동산 투자에 대한 컨설팅이 주요 업무였으나 최근 대형 컨설팅펌은 컨설팅을 비롯해 임대차(Leasing), 매입매각(Brokerage), 자산관리(Property Management) 등 고객사 부동산 모든 부분의 서비스 제공자(Service Provider) 역할을 포괄해 수행한다. 이러한 서비스들은 각기 업무는 다르나, 매우 밀접하고 유기적인 연관성을 갖고 있다. 이번 장에서는 이러한 업무 분야 중 오피스 빌딩의 매입매각(Brokerage) 부문을 중심으로 설명한다.

1. 부동산 컨설팅 업계 소개 및 역할

1) 컨설팅 및 리서치(Consulting & Research) 업무

종합부동산회사를 리서치 및 컨설팅 회사라고도 부르는 경우가 많다. 이는 업무 수행 및 시장조사를 통해 데이터를 축적하며, 이를 기초로 시장 참여자들에게 수시로 시장에 대한 예측 및 분석과 관련된 보고서를 제공하고 있기 때문이다. 시장 참여자들은 종합부동산회사에서 제공하는 보고서를 기초해서 투자 및 개발 의사 결정, 임대차 업무 수행계획 등을 수립하게 된다. 리서치 보고서는 회사별로 다른 부분이 있으나, 일반적으로 섹터별 정기 리포트

(월별, 분기별)나 특정 산업이나 이벤트에 대한 특별 보고서 등이 있다. 외국계 업체들은 세계 주요 국가와 도시별로 보고서를 제공하고 있지만, 국내 업체의 경우 아직은 기관 투자자들이 접근하기에 투명성이 낮은 시장인 지방의 거점 도시의 오피스 임대료에 대한 자료를 제공하는 특징이 있다. 통상적으로 리서치팀은 독립적으로 운영되거나, 인력이 많지 않기 때문에 컨설팅과 같이 운영되는 예도 있고, 글로벌 리서치팀에 배속되어 근무하기도 한다.

리서치와 달리 컨설팅 업무는 고객사의 특정한 니즈에 부합하도록 다양한 자문 업무를 수행하는 것을 말한다. 디벨로퍼(Developer)에게는 개발 사업의 기획, 프로그램 계획 수립, 개발 전략 수립, 사업 수지 분석 등의 개발 관련 컨설팅 서비스를, 투자자에게는 대상 물건 분석, 시장 및 투자 환경 분석, 매입 및 투자 타당성 분석, 임대 마케팅 실행 전략 수립 등 투자 전략 수립에 대한 서비스를 제공한다. 그 외 입지 분석, 사무실 이전 및 통합 전략 수립 등 다양한 고객층에 많은 자문 업무를 수행하기 때문에 다양한 섹터를 이해하고, 고객의 요구 사항을 정확히 이해하고 컨설턴트의 의견을 정확히 전달하는 소통 능력이 요구된다. 때에 따라서는 회사 내 타 부서 혹은 다른 전문가 집단(호텔&리조트 전문가, 리테일 MD 전문가, 시행사, 건설사, 설계사, 회계법인, 법무법인 등)은 물론 해외 지사 네트워크와 컨소시엄을 구성해서 마스터 컨설턴트(Master Consultant) 역할을 수행하기도 한다.

2) 투자 자문(Investment Advisory 또는 Capital Market) 업무

고객사의 위탁 업무의 내용에 따라 일반적으로 매입 및 매각 자문 업무로 분리된다. 매입 자문에서는 시장조사 및 물건 서치, 매입 타당성 분석, 계약서 작성 등이 포함되며, 매도 자문에서는 투자설명서(Teaser&Information Memorandum) 작성, 가망 매수인 리스트 확보, 매각 마케팅, 협상 자문, 계약서 작성 등의 업무를 진행한다. 매입 자문보다는 물건이 좋은 조건에 거래될 수 있도록 하는 마케팅 활동이 중요하다. 최근에는 국내 오피스 자산가격이 많이 상승하면서, 기존의 국내 시장에서 활동하는 참여자 외에 신규 시장 진입을 검토하는 해외 투자자들을 적극적으로 유치해 좀 더 높은 금액에 매각하려는 시도가 늘고 있다. 또는 반대로, 국내 투자자의 경우 좀 더 많은 투자 기회를 확보하기 위해 해외 진출을 검토하는 경우도 늘고 있다. 그러므로 동시에 투자 요구 사항사들의 역할도 해외 투자자에 대한 마케팅 또는 해외투자의 경우 해외의 부동산 자산과도 연결해 기관 투자자의 투자 및 자산 매각이 원활하게 이루어지도록 하는 업무로 늘어나고 있다.

또한, 투자 요구 사항 업무는 대형 회계법인이나 IB들과도 경쟁 관계를 형성하고 있는데, 종합부동산서비스회사의 경우, 임대차 대행, 자산관리, 컨설팅, 감정평가, 리서치 등 다른 비즈니스 라인과의 협업으로 시너지를 투자자들에게 제공하고 있기 때문에, 투자자들과 지속적인 파트너 관계를 유지하고 있다. 그 외, 최근 투자 요구 사항 수수료 경쟁이 치열해지고, 투자 가능 물건 발굴이 어려워지면서, CBRE, DTZ, 세빌스, 메이트플러스 등 종합부동산서비스회사들은 자체적으로 중개법인을 설립해 중소형 부동산까지 업무 영역을 확장해 거래 프로세스의 신뢰성을 높이고 있다.

3) 감정평가(Valuation 또는 Appraisal) 업무
종합부동산서비스회사 내 감정평가팀에서도 국내외의 전문 감정평가법인과 마찬가지로 평가 업무를 진행하나, 주로 국내기관 투자자들의 투자 활동을 위해 연말 재무제표 작성과 관련한 보고서 또는 보유 포트폴리오에 대한 가격조사 보고서 작성 등의 업무를 제공하고 있다. 이런 업무를 수행하기 위해 주로 영국권에서 통용되는 RICS(Royal Institute of Chartered Surveyors) 자격이나, 미국의 AI(Appraisal Institute) 자격이 요구되는 경우가 많다. 실제 감정평가팀에는 관련 자격자들이 근무하는 경우가 많으며, 때에 따라서는 국내외의 전문 감정평가법인들과 협업을 통해 서비스를 제공하기도 한다. 최근에는 국내 감정평가자격을 가지고 있는 감정평가사들이 종합부동산서비스회사에 취직하거나, DTZ코리아같이 종합부동산서비스회사를 운영하기도 한다.

4) 오피스 임대 대행(Office Agency 또는 Office Leasing) 업무

오피스 자산투자의 운영 성과에 가장 핵심적으로 영향을 미치는 부분은 신규 임차인 유치 및 계약 승계 및 유지다. 이를 위해 임대 대행팀은 신규 임차인 유치를 위한 마케팅 활동 및 임대차계약 체결 업무를 담당한다. 보다 전문적인 서비스를 제공하기 위해 장기적인 시장 데이터 축적 및 임차 마케팅 관련 기획, 협상과 같은 요구 사항 업무도 수행한다. 장기적인 전문가 활동을 통해 시장의 데이터를 축적하고 있다. 특히 최근에는 오피스 공급이 늘어나면서 임차인 우위의 시장(Tenant Market)으로 흐름이 지속되며, 이전 시장보다 임차인 확보의 어려움으로 인해 대행 서비스의 수준이 부동산 실물 투자 성과를 거두기 위한 가장 중요한 요소로 부각되고 있다. 즉 상업용 부동산 투자에서 가장 중요한 현금흐름(Cash Flow) 생성 및 유지를 위해 더욱 적극적이고 창조적인 임차인 유치 전략이 요구되고 있으며, 이를 위해 임대인은 기존보다 높은 임대 마케팅 수수료 및 렌트프리 등을 제공해 임차인 유치를 위해 노력하고 있다.

5) 오피스 임차 대행(Office Tenant representative 또는 Occupier Service) 업무

임대 대행팀이 건물주(혹은 임대인)를 위해 업무를 진행한다면, 임차 대행팀은 반대로 임차인을 위한 임대차 공간을 확보해 계약의 협상 및 이전 과정까지 종합적인 요구 사항 업무를 한다. 즉 임차인에게 적합한 사무 공간을 소개하고, 더욱 좋은 조건으로 임차 공간을 확보하는 것이 업무 과제이며, 이를 위해 평상시에 임대인과 임대 대행팀과 좋은 관계를 유지해 좋은 임차 가능 물건을 지속적으로 확보하고, 좋은 협상력을 유지해야 한다. 국내 업체의 경우, 직접 임차 공간을 물색하거나, 계열사를 활용하는 경우가 많은 편이나, 외국계 기업은 주로 외부 임차 대행사를 선정해 업무를 진행한다. 외국계 기업은 자체적으로 근무하는 임직원의 쾌적한 업무 환경 및 안전을 위해 사무실에 대한 기준 및 기술적 요구 사항을 정책적으로 수립하고 있는 경우가 많으며, 필요한 경우 본국 또는 거점국가에서 직접 임차공간실사를 진행하기도 한다. 해외에서 국내로 신규 진입하는 외국계 기업의 경우 필수적이며, 임차인의 재계약 협상 시 시장에 대한 축적된 정보 및 전문성을 활용한 협상력 증대 및 이전 임차 공간 검토 등을 위해서라도 외부 업체를 주로 활용하는 경우가 많다.

6) 프로젝트 관리(Project Management) 업무

프로젝트 관리란 공사의 발주, 계약, 품질 등 일련의 과정을 관리하는 업무로, 주로 임차인의 신규 임차 공간을 위한 인테리어 공사 진행 시 업무가 진행된다. 일반적으로 공사 발주 및 관리 기능이 모든 임차인에게 있지 않으므로 프로젝트 관리 서비스를 통해 임차인에게 적합한 업무 공간이 일정에 맞게 형성될 수 있도록 관리 업무를 대행하는 것이 임무다. 주로 외국계 임차인이 서비스를 이용하는 빈도가 높다. 또한, 프로젝트 관리 업무 부분이 세분화되어 임대인의 건물 리모델링 업무를 대행하거나, 개발 사업의 공사 및 프로젝트 관리(Construction Management)를 전반적으로 관리 및 요구하는 형태의 업무 분야도 점차 발전하고 있다.

7) 자산 및 시설관리[Property Management/(Integrated)Facility Management] 업무

주로 자산운용사 및 기관 투자자를 클라이언트로 하며 투자자산 운용 시 상업용 부동산 실물을 직접 위탁 운영 및 이에 수반되는 정기적인 보고 업무를 수행한다. 예산 수립, 가치 제고를 통한 시장 가치 향상을 위해 임차인 재계약 협상 전략, 물리적 개선에 대한 전략을 수립 실행하며 시설관리사(Facility Management Company)를 관리 감독한다. 부동산 자산의 물리적인 부분의 관리 업무와 임대료 수취 및 자금의 집행과 관련한 회계지원 업무도 수행한다. 또한, 투자 의사 결정을 위한 관리 운영 관점에서의 자산의 물리적 실사를 진행하며 자산에 대한 투자 결정 후 자산의 인수인계, 세부 관리 정책 수립, 표준 임대차계약 작성 등의 세부 업무도 진행하는 등 실물 부동산 투자의 현금흐름을 가장 가까이서 볼 수 있는 업무를 수행한다.

시설관리는 보안, 주차, 미화, 기계 및 전기 등 시설 운영 등 자산의 일상적인 운영을 위한 관리를 수행하는 팀이다. 주로 PM팀의 관리 감독하에 업무를 수행하게 되며, PM과 같은 회사 소속 또는 별도 외부 전문 용역사를 선정한다. 최근에 외국계 임차인들의 경우 통합시설관리(Integrated Facility Management)라고 하는 서비스를 이용하며, 임차인 시설물, 리셉셔니스트

(Receptionist) 등 아웃 소싱(Out-Sourcing) 인력 등을 관리하는 서비스를 필요로 하는 경우도 늘고 있다.

8) 리테일(Retail) 업무

2000년대 들어 리테일 시장이 발전함에 따라, 대형 쇼핑몰이 등장하기 시작하면서 쇼핑몰 운영과 관련된 전문 서비스가 필요하게 되었다. 수익성 확보와 차별화를 위해 시장 수요 변화의 예측, 리테일 임차인 구성의 계획(MD Plan), 사업 현금흐름 유입 예측, 리테일 임차인 유치, 몰 운영 및 관리 업무를 제공할 수 있는 리테일팀이 생겨나고 있다. 요즘에는 대형 쇼핑몰 외에도 오피스 빌딩 아케이드, 주상복합 저층부 리테일 포디움(Retail Podium) 등 중소 규모 리테일의 체계적이고 전략적인 MD 및 임차인 유치 업무도 늘어났다. 이 프로젝트들이 시장에서 좋은 반응을 얻으며 명소화에 성공하는 등 리테일 분야가 주목을 받고 있으며, 더 나아가 기존 가로수 길이나 이태원, 청담동 등 가두 상권에서 유명한 점포 등을 대상으로 유치 활동을 펼쳐 쇼핑몰 내로 유치하는 적극적인 임차 서비스도 증가하고 있다.

9) 산업용 부동산(Industrial & Logistics) 업무

유통 산업의 변화로 물류의 중요성이 증가하면서, 물류창고 개발과 수요가 늘고 있다. 주로 장기 마스터리스로 운영되어 안정적인 수익 확보가 가능한 물류 부동산의 특성에 따라 대형 물류 부동산의 경우 기관 투자자들의 주요 투자처로 부상하고 있다. 투자가 늘면서 정확한 개발 및 물류 시장 분석과 가치평가, 임차인 유치 업무 등에 대한 투자자들의 요구 사항 니즈도 동시에 늘면서 물류 시장 전문가의 서비스 영역이 구축되고 있다.

이와는 별도로 기존 공장 매각 혹은 공장 부지 확보를 위한 토지 매입 작업 관련해서도 업무가 증가하는 추세다. 이는 M&A나 산업 패러다임 변화에 따른 국내외 제조업체들의 대형 유휴 공장시설 매각 필요성이 대두하거나 신규 공장 개설 수요에 따라 발생한 업무 범위로, 담당자는 주로 산업 단지 또는 수요지와의 교통여건이 우수한 물류 및 산업 거점으로의 현지실사 같은 업무 출장도 발생한다.

10) 호텔 및 레저(Hospitality & Leisure) 업무

호텔 및 레저(Hospitality & Leisure)팀은 호텔, 리조트, 카지노 등 호스피탈리티(Hospitality) 부동산 자산 가치와 운영 수익 가치 극대화를 위해 개발 시점부터 운영과 매각까지, 자산 라이프사이클(Lifecycle) 전체에 대한 요구 사항 업무를 제공하며, 이를 위해서 호스피탈리티 운영, 마케팅, 전략기획 측면의 전문성과 부동산 측면의 전문성이 요구된다. 주로 국내외 호텔·레저 부동산의 소유주, 개발자, 투자자, 운영자 등 다양한 고객에게 관련 전문 서비스를 제공한다. 또 호텔 레저산업 혹은 컨벤션 등 MICE 산업 등을 전략적으로 유치하거나 육성하려고 하는 국가 및 지자체와 업무를 하는 경우도 많다.

종합부동산서비스 기업은 이런 다양한 비즈니스 라인의 전문가를 바탕으로 상업용 부동산의 기획개발, 건설, 관리 운영, 매입, 매각 등 전체 분야에 대한 서비스를 제공해, 성공적인 결과를 도출할 수 있도록 다양한 전문가 서비스(Professional services)를 제공해야 한다. 그러므로 전문가로서의 역량, 클라이언트의 신뢰, 우수한 사업 성과 실적이 종합부동산서비스 기업의 귀중한 자산이다. 프로젝트에 직접 자본투자를 통한 참여보다는 제삼자로서 최대한 객관적인 입장에서 시장 참여자들에게 양질의 서비스를 제공하는 역할을 수행한다. 따라서 관련 서비스산업이 제 역할을 성실히 수행하는 경우, 상업용 부동산 시장이 성장하는 속도와 같이 꾸준히 산업이 안정적으로 성장하는 편이며, 상대적으로 극심한 경기 변동이 아니라면 상업용 부동산의 시장 내 총량이 감소하지 않는 한, 관련 경기의 변동에는 민감하지 않은 편이다.

컨설팅사 수익의 대부분은 부동산 거래에 대한 수수료를 기반으로 한다. 그래서 거래의 규모가 클수록 수수료도 크다. 수수료율은 법적으로 규정되어 있지 않고 케이스별로 요구 사항 업무의 범위를 고려해 고객사와 협의해 결정한다.

고객사가 매입과 매각을 직접 수행하기도 하나 수수료를 지불하면서 의뢰하는 이유는 효율성과 경제성 때문이다. 컨설팅펌은 다수의 매수·매도 고객을 보유하고 있어 거래의 성사 가능성을 높이고, 이러한 다수의 시장 플레이어와의 업무로 인해 시장에 대한 좀 더 정확하고 객관적인 시각을 바탕으로 거래를 진행할 수 있다. 또 보유물건 매각 시 자문사가 고객사를 대신, 다수의 잠재 바이어와의 매각 협상을 통해 고객사의 시간적·경제적 비용을 줄이고 협상에서도 컨설팅펌을 통해 매도·매수자 간 일어날 수 있는 직접적인 분쟁(Conflict) 이슈에 완충 역할을 해줄 수 있다.

규모가 큰 컨설팅펌의 경우 고객사의 부동산 투자 시 적은 지분이긴 하나 지분(Equity) 참여를 하기도 한다. 이를 통해 고객사에 대해 투자 물건 소개(Sourcing)에 대한 신뢰를 줄 수 있고, 고객사 역시 투자 물건을 소개(Sourcing)한 컨설팅펌에 임대차(Leasing), 자산관리(Property management)를 일괄적으로 위탁해 투자자산에 대한 책임감 있는 역할(Role)을 기대한다.

물론 이런 경우 투자한 지분만큼의 투자 이익은 컨설팅펌에게도 배분되기 때문에 좋은 투자 물건의 경우에는 투자에 대한 이익금 분배(Share)도 서비스(Service)에 대한 수수료를 기반으로 하는 컨설팅펌 입장에서는 추가적인 수익이 된다.

종합부동산서비스 분야는 90년대 후반 IMF 외환 위기 이후 기업 구조조정 목적 등으로 상업용 부동산의 매각이 진행됨에 따라 해외 부동산 투자자가 유입되며 전문적인 매입매각 대행, 컨설팅, 자산관리 서비스에 대한 수요가 발생하면서 활성화되기 시작했다. 2000년대 초 CBRE, 쿠시먼앤드웨이크필드, JLL 등의 외국계 종합부동산서비스 업체가 직접 출자 혹은 로컬 법인과 협업의 형태로 외국계 투자자들의 투자 활동을 자문하기 위해 국내 진출하기 시작한 이래, 최근까지 DTZ, 나이트프랭크(Knight Frank) 등의 업체가 추가 진출해 업계를 형성하고 있다.

이와 같은 해외 서비스사의 유입 이전에도 국내 대기업의 자체 자산관리 서비스를 제공하는 계열사들[젠스타, 메이트플러스(구 SAMS), 에스원(구 삼성에버랜드), 한화63시티, 서브원, 교보리얼코 등]이 있어 주로 시설관리 등 자산관리 업무를 제공했다. 현재는 기존의 자체 사옥 자산관리 업무를 벗어나 외국계 종합부동산서비스 업체와 마찬가지로 대부분의 종합부동산서비스 업무를 수행하는 방향으로 발전하며 외국계와 어깨를 나란히 하고 있다. 또한, 최근에는 자산관리의 중요성이 부각되면서 현대엔지니어링, 휴세코 등 새로 종합부동산서비스 업무를 제공하기 시작하는 회사들이 많이 생겨나고 있다.

종합부동산서비스 기업은 일반적으로 부동산 사업에 직접 투자 참여하기보다는(다만, CBRE Global Investors, Lassale Investment Management, Savills Investment Korea 등 자회사 혹은 계열사로 부동산 전문 투자자문사나 자산운용사를 보유하고 있는 경우가 있음) 부동산 기획, 개발, 건설, 투자, 운영을 담당하는 시장 참여자들(개발사, 투자자, 임차인 등)의 사업 목적 달성을 위한 다양한 서비스를 제공하고 있다. 비즈니스 라인의 업무 영역 및 서비스 명칭은 회사마다 약간의 차이가 있는 경우가 많으나, 대체로 업무별이나 고객별로 서비스 라인을 구분하는 경우가 많다. 회사의 특성과 주요 고객들에 따라 차이가 있으나, 대부분 모든 부동산 관련 제 업무 영역을 갖추고 서비스를 제공하고 있다. 이를 일반적인 기준으로 부동산 투자 흐름에 따라 정리해보면 투자 자문, 감정평가, 임대차, 자산관리 및 프로젝트 매니지먼트, 컨설팅 및 리서치 등으로 주요 업무 영역을 정리할 수 있다.

2. 필요 역량

종합부동산서비스 기업은 상업용 부동산 관련한 폭넓은 업무를 제공하고 있어, 세부 비즈니스 라인별로 필요 역량의 차이가 있을 수 있다. 신입의 경우 각 비즈니스 라인의 업무에 대해서 이해하는 것이 매우 중요하다. 이론과 실무 차이가 크게 나기 때문에 이론적인 지식은 물론 실전 경험을 많이 쌓아나가야 하며, 팀별로 업무를 진행하는 경우가 많아서 소통 능력이 중요하다. 반면에 경력직의 경우, 서비스 라인별로 차이가 날 수 있으나, 대부분 업무 실행 및 처리 능력 외에 업무 수주 능력이 우수한 인력이 승진이나 이직 시 유리한 부분이 있으므로, 회사 내외의 업무적인 네트워크 형성이 필요하다.

신입의 경우 국내 대기업 그룹사인 종합부동산서비스 기업은 그룹 공채를 통해서 채용된다. 일부 회사는 인턴으로 채용 후 일정 기간 근무 평가에 따라 전환 여부가 결정되기도 한다. 그룹사 공채의 경우에도 면접 과정에서 내부 실무자 인터뷰를 거치는 경우가 대부분이므로 지원 회사의 어떤 비즈니스 라인에 강점이 있고, 어떤 비즈니스 라인이 보다 노력이 필요한 부분이 있는지에 대해서 이해한다면 더욱 좋은 결과를 기대할 수 있다. 외국계 기업의 경우는 조직 규모상 공채보다는 내부 추천을 선호하며, 주요 채용 사이트 또는 커뮤니티에 공고를 올리기도 한다. 일반적으로 채용하는 부서명과 기본적인 업무에 대한 소개 정도는 오픈되어 있다. 외국계 클라이언트와 업무를 수행하는 빈도가 높은 임차·투자·산업용 부동산 자문, 리서치 업무의 경우 높은 어학 실력이 필수적인 경우가 많다. 전체적으로 부동산, 건축, 도시 및 상경계열 등 부동산과 직간접적으로 관련이 있는 전공의 비율이 높으나, 지원하는 비즈니스 라인에 대한 이해도가 높은 경우에는 관련 전공이 아니더라도 입사하는 케이스가 많다.

부동산 지식을 기반으로 분석 능력과 영업 마인드를 갖춘다면 컨설팅펌에서 성공할 수 있다. 컨설팅펌에서는 기본적으로 부동산 자산에 대한 평가(Valuation) 수행 능력이 필수 조건이기 때문에 다양한 가치평가 방법과 시장조사에 대한 능숙한 필드 스킬(Field Skill)이 필요하다.

부동산의 특성상 평가(Valuation)를 위해 현지 시장조사가 반드시 선행되어야 하기 때문에 낮에는 시장조사, 고객상담, 밤에는 서류 작업을 해야 할 경우도 많다. 그래서 시간을 효율적으로 활용하고 민첩한 정보의 습득과 활용을 비롯한 상시적인 고객에 대한 피드백을 위해 모바일 워커(Mobile Worker)가 되어야 한다. 특히, 고객사의 투자 심사를 위한 컨설팅 보고서 제출 시에는 1차 요약(Draft)본을 거쳐 최종(Final)본에 이르기까지 고객의 니즈에 부합하는 형식이나 내용으로 적시에 제출해야 한다.

그러나 컨설팅펌은 서비스에 대한 수수료를 기반으로 하는 서비스 공급자(Service Provider) 회사이기 때문에 무엇보다도 중요한 성공요소 중의 하나는 다양한 고객의 니즈에 부응할 수 있는 유연한 마인드라고 할 수 있다.

3. 부동산 컨설팅 입사 및 향후 진로

부동산 개발의 기획부터 관리와 운영까지 다양한 업무 실적 경험, 사내 다양한 비즈니스 라인의 전문가 네트워크와 클라이언트의 니즈를 충족하기 위해 노력한 경험이 축적되면, 부동산 실물에 대한 깊은 안목을 가진 전문가로 성장할 수 있다. 해당 분야에서 전문가로 인정받아 임원으로 승진하는 예도 있으나, 자산운용사, 증권회사, 연기금, 보험사 등 국내외 기관 투자자, 회계법인, 개발업체, 건설사 등과 같은 유관 분야로 이직하는 비중이 높은 편이다. 종합부동산서비스 기업 출신들은 전반적인 부동산 관련 산업에 대한 통찰력과 네트워크가 좋아 타 분야로 이직이 쉬운 편이긴 하나, 최근에는 분야별로 관련 근무 경력을 요구하는 경우도 많아 이직 고려 시 사전에 커리어를 적절하게 쌓아나가야 한다.

사내에서 부서 이동 등을 통해 커리어 패스(Career Path)를 이어가거나 타 비즈니스 라인과의 공동 프로젝트 진행 등을 통해 개인의 역량 확장이나, 부동산 시장에 대한 시야를 넓히는 기회로 삼을 수 있다. 내부에서 업무 역량 외에 클라이언트에 대한 네트워크 형성과 우수한 업무 실적(Track Record)을 축적할 기회가 적절히 주어진다면 상업용 부동산의 해당 비즈니스 라인의 업계 선두권의 전문가로 성장할 수 있다. 이 경우 경쟁 종합부동산서비스 기업으로 승진해 이직하는 예도 적지 않다.

INTERVIEW

CBRE코리아 **정원구** 차장

🎤 **본인 소개 부탁드립니다.**

💬 안녕하세요, 정원구입니다. CBRE코리아에서 자산관리(Property Management) 업무를 담당하는 에셋 서비스(Asset Services)팀에서 근무하고 있습니다. 당연히 건축공학을 전공했기에 선택한 건설회사에 재직 중, 보다 장기적인 관점에서의 직업에 대해 고심하다 부동산 석사를 마치고 CBRE코리아에 근무 중입니다.

10여 년 전 현재 현대엔지니어링으로 합병된 현대-기아 자동차 그룹의 계열사인 현대엠코에서 처음 엔지니어로 사회생활을 시작하며, 많은 고민이 있었습니다. 진로 변경이라는 큰 선택을 할 때 생각한 부동산 분야의 가장 큰 매력은 일정 수준 이상의 전문 수준을 갖추면 직장과 관계없이 사회에서 충분한 역할을 할 수 있다는 판단이었으며, 시간이 흐른 지금도 그 생각은 그대로입니다. 지속적으로 그에 벗어나지 않는 커리어를 위해 노력하고 있습니다. 회사 내에서의 경력 관리 외에 현재 박사 과정을 수료하고, 현재 업무와 직접적으로 관련된 논문을 준비하고 있습니다. 2016년 8월에는 세계적인 토지, 부동산, 인프라, 건설 분야의 전문가 협회인 영국왕립평가사협회(Royal Institution of Charted Surveyor)의 멤버 자격을 취득했습니다.

🎤 **해당 팀에서 업무는 무엇인가요?**

💬 CBRE코리아에서 커리어의 시작은 컨설팅 팀원으로서 국내 건설사, 대기업, 투자사를 대상으로 개발 전략 수립, 개발 상품 기획 사업 타당성 검토 등 주로 사업 계획 단계에서 발생하는 자문 업무를 수행했습니다. 이후 현재의 에셋 서비스팀에 합류해, 자산관리(Property Management) 서

비스의 사업 제안 등을 거쳐, 현재는 강남 중심업무 지역의 랜드마크 빌딩인 강남파이낸스센터에서 자산관리 업무를 수행하고 있습니다.

🎤 **업무에 가장 필요한 지식, 기술, 능력은 무엇인가요?**

💬 문제 해결과, 커뮤니케이션 능력이 가장 중요합니다. 학교에서 배운 지식을 곧바로 활용하기에는 상당히 어려운 부분이 많습니다. 기본 소양 정도죠. 그러나 누구에게나 주어진 하루하루 지나가는 시간들을 효율적인 업무 능력으로 변경하기 위해서는 문제 해결 능력이 상당히 중요합니다. 또한, 업무는 조직 내 또는 업무를 진행하는 다양한 조직 간의 협업으로 이루어지기 때문에 높은 커뮤니케이션 능력이 필요합니다.

🎤 **취업을 준비하는 후배들에게 하고 싶은 말씀이 있으시다면?**

💬 어떤 일정 스펙을 충족하는 것이 취업의 필수 조건은 아닙니다. 회사, 직종마다 다양한 스펙트럼의 인재를 원합니다. 부동산은 상당히 실용적인 분야입니다. 그래서 학생 관점에서의 막연하게 이상적인 포부나 계획보다, 적극적인 선배들과의 커뮤니케이션을 통해, 본인에게 적합한 커리어 패스를 찾아가는 것이 상당히 중요합니다.

부동산 분야는 일부 대기업의 그룹 공채와는 달리 좁은 업무 분야를 특정하고 인원을 채용하는 경우가 많기 때문에 신입의 경우 보다 실질적인 자기소개서 준비가 어필하기 좋습니다. 또한, 커리어 패스가 상당히 다양하기 때문에 부동산 투자 분야를 최종 커리어 목표로 계획할지라도 부동산 투자 분야에서 시작할 필요는 전혀 없습니다. 따라서 가능한 업계 선배들에게서 실질적인 조언을 듣고, 그중 본인에게 적합한 사항들을 선택해 효율적으로 준비하는 것이 중요합니다.

마지막으로, 처음 사회 진출하는 시기의 취업은 연애와 같습니다. 연애할 때 모두가 상대방을 정량화해 남녀 각각 앞 순위부터 선택의 기회를 가져나가는 것이 아니듯이 말이죠.

09 | 전문직-감정평가 Valuation

1. 감정평가 업계 소개 및 역할

감정평가에 대한 정의는 감정평가사법 등에서 규정하고 있다. 구체적으로 토지 등의 경제적 가치를 판정하고 그 결과를 가액으로 표시하는 것으로 정의한다. 감정평가 업무는 무척 다양하다. 우리가 흔히 접하는 업무로는 표준지공시지가 공시업무, 대규모 신도시 건설(위례 신도시나 미사강변도시 등)이나 보금자리주택건설(강남보금자리주택 등)과 같은 대규모 택지개발 사업을 위한 보상평가 업무, 도심의 낡은 주택이나 아파트 등에 대한 도심재생 사업(재개발·재건축 사업, 주거환경정비 사업 및 도시환경정비 사업) 개인이 부동산 관련 대출을 받을 때 담보로 제공하는 부동산을 평가하는 담보평가 업무가 있다. 이러한 업무 이외에 부동산 이외의 준부동산, 즉 부동산에 준해 등록을 필요로 하는 항공기, 선박, 기계장치, 자동차 등을 평가하는 업무와 국제회계기준(IFRS) 도입으로 기업 자산평가 등의 업무가 있다.

이러한 업무 외에 대부분 금융기관과 연관된 업무로 금융기관 부동산 관련 대출(PF, Project Financing 포함) 등을 위한 평가나 부동산 담보 신탁, 각종 리츠 설립을 위한 평가, 부동산 펀드(REF) 설립을 위한 평가 등이 있다. 구체적으로 부동산(해외부동산포함)에 대한 평가는 PF사업인 경우 부동산의 가치를 종전과 종후로 평가하면 이 금액을 토대로 대주단(은행, 연기금, 공제회 등)의 자금대출 여부 및 대출 금액을 결정하게 된다. 최근에는 전통적인 감정평가 이외 컨설팅 업무가 새롭게 부각되고 있다. 원래 감정평가 업무 영역이었으나 회계법인이나 신용평가회사 등에서 하고 있는 사업성 검토와 같은 업무가 새롭게 대두되고 있다. 현재 평가 업계에서 주로 하고 있는 컨설팅 업무로는 (종후)부동산가치추정, 사업성 및 분양성 검토 보고서 등이 있다. 또한 LH(한국토지주택공사) 등 공기업에서 마케팅을 위해 작성되는 보고서나 크라우드펀드(부동산)에 대한 자문 보고서 등 점점 그 종류도 다양해지고 있다.

부동산금융과 관련한 감정평가 업무는 당해 부동산 사업에서 부동산의 현재 가치나 미래 가치(종후 가치)를 판단해 이 사업에 투자하는 투자자들이 자금을 대여하는 데 판단 기준을 제공하는 주된 목적이 있다. 이러한 감정평가는 주로 관련 법률에 따라 이루어지는 예도 있고, 대주단의 자금 대출 여부에 관한 판단 기준 및 위험 회피의 수단으로 평가하는 경우도 있다.

구분	업무 내용
부동산금융 관련 업무	· 사업 타당성 평가, 사업부지에 대한 매입매각 등 예산 추정을 위한 예비 평가 · 리츠, REF 관련 평가 · 초기자금 대출을 위한 브릿지론 관련 평가 · 부동산 투자 자문 관련 업무 · 부동산 개발 및 임대사업 등에 대한 사업 타당성 분석 업무 · PF 실행을 위한 각종 컨설팅 업무
기업 관련 업무	· 기업 자산평가, 수익성 평가 · 비상장 주식평가, 영업권 평가 · 계열사 간 자산 이동 시 평가 · 현물 출자, 기업합병, 기업해산 시 자산평가

자산관리 업무	· 금융기관, 정부투자기관, 기타 공공단체의 자산 매입, 매각, 담보 및 관리를 위한 평가 · 사립학교, 사회복지법 등의 법률에 의한 자산 매입, 매각 등을 위한 평가
재개발·재건축	· 도심재개발·재건축, 재건축의 관리 처분 계획 수립에 필요한 가격 및 분양가격 산정을 위한 평가 · 부가가치세 등 재건축 관련 조세 컨설팅 업무 · 일조권 조망권 관련 평가
기타	· 조세 관련 평가 · 각종 신도시 산업단지 조성을 위한 보상평가 · 금융기관 담보평가 · 법원 및 한국자산관리공사에 계류 중인 경·공매평가 · 공시지가평가 업무 등

감정평가를 비롯한 각종 전문직 업무의 경우, 대부분의 수입은 수수료 수입이 대부분이다. 감정평가수수료는 종가제를 적용해 평가금액에 대한 일정률로 적용되며, 예외적으로 보상평가 업무의 경우 종량제를 병용해 수수료를 산정한다. 또한, 감정평가의 수수료 준수에 관한 규정이 대통령령으로 규정되어 있다.

부동산금융 관련 평가의 경우 대부분 종가제를 적용하되 용역 의뢰자와의 협의로 일부 조정되는 때도 있다. 일반적으로 PF 평가의 경우 착수금 명목으로 일부를 받고 나머지는 일의 진행 경과에 따라 받는 경우도 있다. 다만 평가 업무가 아닌 컨설팅(사업 타당성 검토 등)인 경우에는 용역 의뢰인과의 협의를 통해 소요 시간, 소요 인원 업무 난이도 등을 감안해 별도 수수료를 산정하는 것이 일반적이다.

2. 필요 역량

감정평가사 시험에 합격한 후 다양한 분야에 대한 경험과 이론적 지식이 무엇보다 중요하며 부동산 관련 다양한 분야에 종사하는 각각의 담당자들과 충분한 인적 교류 등을 통해 감정평가사로서 성장할 수 있다. 감정평가사는 다른 어떤 자격자보다 다양한 분야의 사람을 접하게 되고 다양한 업무를 하게 된다. 신규 감정평가사가 되었을 때는 다양한 분야의 사람과의 인적 네트워킹도 중요하지만 그 전에 다양한 업무에 대한 지식 습득이 중요하다.

감정평가는 단순히 토지나 건물 등을 평가하는 업무를 행하지만, 토지도 그 건물의 용도에 따라 가치가 달라지고, 평가 목적에 따라 가치가 달라지는 등 가치의 다양성이 존재한다. 또한, 부동산의 시간 경과에 따라 가치를 달리하며 무엇보다 부동산의 미래가치를 구하는 데는 다양한 전문지식이 필요하다. 예를 들어 부동산 개발 사업에 대한 PF 평가인 경우 보통 현재 상태의 가격을 평가하고(종전 자산평가), 사업 시행자가 제시한 사업계획에 의거 당해 사업이 진행되었을 경우 가치를 평가(종후 자산평가)한다.

종전 자산평가의 경우 현 상태의 가격을 평가하는 것으로 그리 어렵지 않으나 종후 자산평가의 경우는 다르다. 아파트, 오피스 빌딩, 실버타운, 대형마트 및 호텔 리조트 개발 사업 등 다양한 목적으로 의뢰될 수 있기 때문에 각각의 사업 목적에 따라 당해 부동산의 가치는 달라짐을 감안해 각종 사업에 대한 충분한 지식과 경험이 있어야 정확한 평가를 할 수 있다. 부동산금융 관련 평가로 다양한 사업에 대한 지식이 요구되는데 그 종류로 오피스 빌딩,

아파트 사업, 대규모 쇼핑센터, 극장 등 문화예술 공간, 리조트, 각종 테마파크, 물류창고, 골프장 등 다양한 종류의 사업에 대한 평가가 있을 수 있다. 따라서 사업별, 평가 목적별로 평가를 수행함에 있어 다양한 지식을 가지고 있어야 한다. 예를 들어 골프장 개발 사업 PF 평가인 경우 골프장 건설 비용, 골프장 수입, 전국의 골프장 현황, 대중제 골프장인지 회원제인지 등 다양한 지식을 바탕으로 평가 업무를 수행해야 한다. 또한, 요즘처럼 저금리 시대에 부동산의 가치를 수익적 측면에서 접근할 때 필수적인 환원이율(Cap Rate) 등의 변화, 오피스 등의 공실률 변화, 수요공급 과잉 여부 등도 정확하게 파악하고 있어야 한다.

또한, 과거에는 감정평가의 업무 영역이면서도 실제로 별로 행하지 않았던 사업 타당성 검토와 관련해서도 관련 제반 지식을 충분히 갖추고 있어야 한다. 입지 분석, 상권 분석, SWOT 분석, 소지 구입의 적정성 검토, 투자자 요구 수익률의 적정성 검토, 현금 수지 분석, 재무 타당성 검토(NPV, IRR, PI법 등) 관련 업무에 대해 충분한 경험을 통해 해당 업무를 숙지해야 한다.

3. 감정평가법인 입사 및 향후 진로

1) 감정평가사 되기

다른 자격시험과 유사하게 1차 및 2차 시험 합격한 후 평가법인 등에서 1년간 이론 및 실무연수를 마치면 감정평가 사업을 행할 수 있다. 1차 시험은 매년 3월 초에 치러지며, 영어는 공익 어학 점수로(토익의 경우 700점) 대체된다.

민법, 회계학, 경제학, 부동산관계 법규 4과목 객관식 시험으로 평균 60점 이상(40점 미만 과락)이면 합격하는 절대 평가제를 시행하고 있다.

2차 시험의 경우 매년 7월경에 치러지며 감정평가 실무, 감정평가 이론, 감정평가 및 보상 법규 이상 3과목이고 주관식이다. 상대평가제를 시행하되, 합격자가 일정 수에 미달하는 경우 최소 인원제를 도입해 합격자 수를 결정한다. 최소 인원은 종전에 200명 수준이었으나 최근에 150명 정도다. 실제 감정평가사 시험은 1차 시험 난이도보다 2차 시험 난이도가 훨씬 높아 1차 시험을 쉽게 통과하더라도 2차 시험에서 고전하는 경우가 많다.

구체적으로 1차는 보통 인터넷 강의를 많이 이용하며, 2차는 대학동의 고시학원(합격의법학원, 한림법학원, 삼일법학원, 서울법학원 등) 등을 주로 활용한다.

2) 이후의 진로

감정평가사는 관련 시험을 통해 합격하면 대부분 평가법인에 취직한다. 다만 현재 대부분 평가법인의 경우 그 인원이 한정되어 있기 때문에 추가로 신규 평가사를 채용하지 않는 경우도 점점 많아지고 있다. 보통은 1년간의 수습평가 기간을 거치고 해당 평가 기관의 소속 평가사로 남거나 이직하게 된다.

법인에 남아서 소속 평가사로 있기도 하고 일부는 파트너 평가사로 가기도 하지만 평가법인에서 경험을 쌓은 후 외부 관련 회사로 나가서 근무하기도 한다. 제일 많은 경우가 시중은행, 건설사 등이며 이외에도 일부 자산운용사, 공제회, 공기업, 보험사 등에 취직하는 경우도 늘어나고 있다.

과거에는 평가사 자격 획득 후 평가 업무만 했지만, 지금은 다양한 부동산 업무를 행하는 다양한 기관에 취직해 업무를 수행할 수 있다. 해당 기관에서 충분한 업무를 행한 후 나중에 평가 관련 법인에 취직하는 것도 좋은 방향이라 할 수 있다. 또는 반대로 평가 기관에 취직해 어느 정도 경험을 쌓은 후 부동산 관련 직종에 취직하는 것도 다른 방법일 수 있다. 일부의 기관에서는 평가 관련 법인에서 경험을 쌓은 평가사를 원하는 경우도 있기 때문이다.

INTERVIEW

메이트플러스감정평가법인 **강재성** 평가사

🎙️ **본인 소개 부탁드립니다.**

💬 안녕하세요, 강재성 감정평가사라고 합니다. 저는 현재 메이트플러스감정평가법인 소속 이사[감정평가사, 공인중개사, 경영지도사, MAI(미국평가사), CCIM, CIM 자격 보유]로 근무하고 있습니다. 회사 구조상 컬리어스코리아의 VAS(Valuation & Advisory Service Team) 팀장도 겸직하고 있습니다.

🎙️ **감정평가사가 되기 위해 어떤 준비를 하셨으며, 입사 과정은 어떤가요?**

💬 군 제대 후 복학 준비 중에 감정평가사라는 자격을 알게 되었고, 전공을 살릴 수 있는 전문자격증이라고 생각해서 자격증 취득 준비를 시작했습니다. 1, 2차 각각 1년씩 학업과 병행해 준비해 졸업과 동시에 감정평가사 자격을 취득하게 되었습니다. 자격증 취득 후 프라임감정평가법인에서 수습 평가사를 모집해서 지원해 합격하고 입사했죠. 프라임감정평가법인이 평가 업계에서는 나름 외국계 고객에 특화되어 있었는데, 관심이 있어 지원하게 되었고, 저의 스펙도 프라임에 도움이 될 수 있어서 들어가게 된 것 같습니다.

🎙️ **해당 팀에서 업무는 무엇이며, 주로 어떤 업무를 하게 되나요?**

💬 올해 이직하기 전까지 10년 동안 프라임감정평가법인 DTZ Korea에서 감정평가 및 컨설팅 업무(Valuation & Advisory Service, VAS)를 수행했고, 이직 후에도 같은 업무를 하고 있습니다. VAS 팀에서는 주로 기관 투자자들이 자산(부동산-오피스, 리테일, 물류창고, 호텔 등) 매입 시 '시장 분석 및 타당성 분석(Market Study & Feasibility Study)' 또는 '담보 목적 및 일반시가 목적의 감정평가

(Valuation)' 업무를 수행하거나, 회계 보고 목적의 연간 가치분석 보고서(Annual Valuation Report)를 수행합니다. 일반기업들이 자산을 매입·매각 또는 자산재평가 목적으로 보유 자산의 평가를 의뢰하기도 하는데, 이때는 부동산 외에 기계 기구 등 유형자산은 물론, 특허권, 상표권 등 무형자산 및 기업가치를 평가하기도 합니다.

그 외 전통적인 평가 영역인 보상·경매·담보·국유재산매입매각 평가 등도 수행합니다.

🎤 업무에 가장 필요한 지식, 기술, 능력은 무엇인가요?

💬 감정평가사라는 직업은 가치를 산정하는 업무를 수행합니다. 그러므로 투자가 이루어지는 부동산 시장의 메커니즘(Capital Market & Space Market)과 가치 형성 요인에 대한 기본적인 이해(경제학 및 금융의 기초)가 필요하고, 부동산 수익원인 캐시 플로우를 분석(Excel 활용 능력)할 수 있는 수리적 능력을 배양해야 합니다. 그 외에 실제 시장에서 활용되는 평가 가정치들을 추출하고 입력하기 위해서는 지속적으로 캐피탈 마켓(Capital market)과 스페이스 마켓 플레이어(Space market player)들과 커뮤니케이션할 수 있는 친화력도 필요한 것 같습니다.

🎤 일하면서 느끼는 보람은 무엇인가요?

💬 부동산은 실체가 있는 자산으로, 직접 평가 대상을 눈으로 확인할 수 있는 점이 일하는 데 도움이 되는 것 같습니다. 최근 CBD에 소재한 '센터포인트'라는 빌딩의 시장 분석 업무를 수행했는데, 저희의 업무가 도움이 되어 순조롭게 자산 매입을 했다는 이야기를 자산운용사에서 들었을 때 보람을 느꼈습니다. 그 건물을 지나갈 때마다 누군가에게 그 빌딩에 대해 설명해줄 수도 있어 가끔 생각이 납니다.

🎙 **취업 시 가장 중요하게 고려해야 할 부분은 무엇인가요?**

💬 감정평가사라는 직업은 전문 자격자이기 때문에, 기본적으로 감정평가사자격증 취득이 필요합니다. 그러므로 자격을 취득하는 것이 가장 중요합니다. 다만, 제가 속한 VAS팀 업무는 꼭 평가사가 아니더라도 시장 분석 능력과 타당성 분석 능력만 있으면, 업무를 수행할 수 있습니다. 이를 위해서는 앞에서도 설명한 바와 같이, 부동산 시장과 금융 시장에 대한 이해, 수리적 분석 능력, 커뮤니케이션 능력이 필요합니다. 이를 위해서 요즘 국내외 부동산 대학원에 진학하는 후배들도 많은 것 같습니다.

🎙 **취업을 준비하는 후배들에게 하고 싶은 말은?**

💬 부동산 산업의 분야도 무척 다양하고, 출신도 다양합니다. 부동산을 투자 대상으로 보는 사람도 있고, 부동산을 살아가고 근무하는 공간으로 보는 사람도 있고, 규제의 대상으로 보기도 하고, 관리·개발의 대상이 되기도 합니다. 그 사이에서 필요로 하는 사람도 다양합니다. 그러나 그 사이에 연결고리는 항상 존재합니다.

지금 본인이 알고 있는 분야와 회사만이 정답은 아닐 수 있다는 이야기를 하고 싶습니다. 젊을수록 다양한 도전을 해보고 겪어보길 추천합니다. 그래야 나중에 어떤 분야가 자신에게 맞는지 더 정확하게 알게 되고, 더 잘 적응해나갈 수 있을 것입니다.

10 | 부동산금융 시장 이해

　광의의 의미에서 부동산금융은 부동산의 투자, 대출 및 관련 파생 상품 등 부동산과 관련된 모든 금융 활동을 의미하나 이 책에서는 부동산금융 커리어 가이드로써의 취지에 맞게 부동산금융을 부동산 개발금융과 실물 부동산 투자금융으로 한정하고자 한다.

1. 부동산 개발금융

　부동산 개발금융은 부동산 개발 사업의 투자 및 대출 등 사업을 진행하는 데 필요한 자금을 조달하는 금융으로 주로 대출을 PF(Project Finance)라고 한다. 개발 사업의 주체인 디벨로퍼는 자기자금 또는 투자자로부터 자금을 모집해 자기자본(Equity)을 조달하고 나머지 사업비를 PF대출을 통해 조달한다.
　과거에는 부동산 개발 사업의 자기자본은 디벨로퍼가 직접 조달했으나 최근에는 개발 리츠가 디벨로퍼 역할을 직접 수행하거나 금융기관이 개발 사업 주체(SPC)에 지분을 투자하고 프로젝트 운영에 직접 참여하는 등 FI(Financial Investor) 역할이 확대되고 있다.
　PF대출 조달은 은행, 보험 등 대출기관을 통한 직접 대출과 부동산 펀드를 통한 간접 대출이 있으며, 금융기관이 보유한 대출 채권을 대상으로 한 리파이낸싱(Refinancing)이 있다. 직접 대출은 대출자인 은행 또는 보험사 등 금융기관이 디벨로퍼에게 직접 PF대출을 해주는 방식이고, 간접 대출은 자산운용사가 투자자들로부터 자금을 모아 부동산 펀드를 통해 디벨로퍼에서 PF대출을 해주는 방식이다. 대표적인 리파이낸싱 상품으로는 PF-ABS, PF-ABCP 등이 있으며 증권사가 주도한다.

2. 실물 부동산

부동산금융의 또 다른 한 축은 실물 부동산 투자금융이다. 오피스, 유통시설, 물류시설 등 수익형 부동산에 투자 후 보유하는 동안 건물 리모델링, 임차인 변경, 체계적인 자산관리 등을 통해 순운영수익(NOI) 및 자산 가치를 높인 후 매각을 통해 투자 수익을 극대화하는 방식이다.

IMF 이후 외국계 투자기관들이 국내 오피스 빌딩에 투자해 막대한 이익을 거둔 이후 국내에도 부동산투자회사법, 간접투자자산운용업법(현재 자본시장법)이 도입되어 리츠, 부동산 펀드를 통해 국내 투자자들도 수익형 부동산 투자에 참여하고 있다.

실물 부동산 투자자로는 외국계 투자기관, 국내 기관 투자자, 연기금, 실수요자 등 직접 투자자와 리츠 AMC, 자산운용사 등 간접 투자자가 있다. 직접 투자자가 물건을 발굴해 투자하는 경우에도 금융 구조화 및 세제 혜택 등의 목적으로 리츠 또는 펀드(Vehicle)를 활용한다.

이 책 후반부에 부동산 PF대출 및 실물 부동산 위주로 처음 부동산금융을 접하는 사람이 가상 체험을 할 수 있도록 사례 위주의 설명을 담았다.

P&P는 부동산금융, 개발, 컨설팅, 전문직 등 종사자들로 구성되어 있는 '부동산금융 전문가 네트워크'로 국내외 부동산금융 시장의 정보 공유 및 인적 네트워크 구축을 위해 설립되었다. 2008년 네이버 카페로 시작해 현재 온라인 회원 2만여 명, 현업 전문가 회원 500여 명을 보유한 국내 최대 규모의 부동산금융 커뮤니티로 성장했다.

P&P를 통해 부동산금융, 개발, 시장 상황 정보뿐만 아니라 채용공고, 교육/세미나 일정 등 다양한 업계 동향을 실시간으로 공유할 수 있고 업계 전문가 간의 인적 네트워크 공유도 가능하다. 현재 외국계 투자회사, 은행, 보험, 증권, 자산운용, 리츠 AMC 등 금융회사, 건설사, 디벨로퍼, 컨설팅, 법무법인, 회계법인, 감정평가법인 등 부동산 각 분야에 근무하는 전문가들이 활발하게 교류하고 있다.

취업 준비생들에게 부동산금융 분야로의 진출을 위한 가이드북 《부동산금융 커리어 바이블》을 출간했고 2012년부터 취업 준비생에게 실질적인 도움을 주기 위해 P&P 멘토링 클래스를 진행하고 있다. 멘토링 클래스에 대한 자세한 설명은 STEP 05를 확인하기 바란다.

이 책의 주요 독자인 취업 준비생들이 좁은 채용 문턱을 넘어 업계에 진입 후 전문가로 성장하기 위해서는 현업의 생생한 정보를 공유하고 인적 네트워크를 구축하는 것이 필수적이다. 또한, 현업 종사자로 본인 이외의 분야에 대한 이해도를 높여 업무 능력을 향상시키고 싶거나, 부동산금융 분야로의 이직을 희망하는 직장인들의 많은 참여를 기대한다.

www.pnpglobal.net

STEP

02

가상 종합 프로젝트

01 | 실물형 펀드 가상 프로젝트

자산운용사 : **박자산** 과장, **최운용** 팀장
연기금(N연금공단) : **곽기금** 과장
보험사(H보험사) : **장보험** 매니저
투자자문사 : **황중개** 이사
매도자(C전자) : **정매각** 차장, **유상무** 상무, **오성실** 대리
법률 : **공** 변호사

서울 강남 오피스 빌딩 투자 사업(부동산 펀드 구조)

K대 부동산학과를 졸업한 박자산 과장은 글로벌 투자 자문 및 자산관리회사인 C사에 신입 사원으로 입사해 경력을 쌓은 뒤 업무 관계에서 알게 된 G자산운용사에 스카우트되어 이직한 부동산 펀드 매니저다. G운용사 입사 전에 근무한 C사(글로벌 부동산 자산관리회사)에서는 국내 최대 연기금인 N사가 투자한 종로 소재 K빌딩의 현장 자산관리(Property Management, PM) 역할을 3년간 수행했다. 이후 본사로 돌아와 신규 매각 물건을 발굴해 국내 주요 자산운용사들에게 매도자를 대신해 신규 투자 건을 소개하고 마케팅하는 역할을 3년간 수행했다. 특히 가장 최근에 진행한 여의도 소재 S빌딩의 매각 대행 자문 시 빈틈없는 업무 처리 및 여러 이해 관계자들의 요구에 유연하고 기민하게 대응해 신속하고 깔끔한 거래 종결(Deal Closing)로 좋은 평판을 얻었다. 그 결과 최근 공격적으로 부동산 펀드 사업 부문을 확대하고 있는 국내 유수 대기업 계열의 자산운용사인 G사로부터 스카우트 제의를 받아 기존 급

여보다 30% 이상 인상된 연봉에 이직하게 되었다.

박자산 과장의 업무는 신규 투자 건을 발굴(Deal Sourcing)해 투자 타당성을 분석하고, 적정 매입 가격을 산정해 매도자에게 제시함으로써 투자 건에 대한 우선협상권(Exclusivity)을 확보한 후에 투자자를 유치해 거래를 종결(Closing)하는 작업이다. 박 과장이 속한 G운용사는 자본시장법에 따라 인가를 득한 부동산 펀드나 특별자산펀드를 위주로 하는 자산운용사로, 개발 사업에 대한 PF펀드를 주로 취급하는 투자1팀과 이미 준공되어 운영 중인 수익형 부동산(Hard Asset)을 다루는 투자2팀으로 나뉘어 있다. 박 과장은 투자2팀 소속으로 주로 수익형 부동산 매입을 통한 부동산 펀드 설정이 주된 업무 과제였다.

투자2팀을 담당하고 있는 최운용 팀장은 Y대 건축공학과를 졸업하고 미국 유수 대학의 부동산 석사(MRED) 학위를 취득한 후 글로벌 자산운용사의 한국 지사에 근무하다가 G자산운용사로 이직해 5년간 근무 중인 투자 전문가다. 서울 도심의 오피스 빌딩 외에도 전국에 산재한 할인점과 백화점들을 포트폴리오로 묶어서 부동산 펀드로 유동화하는 대형 프로젝트를 국내 최초로 성공리에 수행한 바 있다. 최근에는 해외 부동산에 대한 국내 투자자의 관심이 높아지면서 영국 런던에 소재한 오피스 빌딩 거래 건을 클로징한 바 있다. 꼼꼼한 업무 처리와 일 중독에 가까운 근무, 스파르타식에 가까운 혹독한 후배 사원 교육 등의 단점도 있지만, 업계에서 손꼽히는 대표적인 부동산 투자 운용 전문가다. 최근 입사한 박자산 과장에게도 많은 관심은 있으나 겉으로는 냉정하게 업무적으로 대하면서 헝그리 정신을 키워줄 생각이다.

최근 활발한 부동산 투자 활동을 전개하고 있는 N연금공단 소속의 곽기금 과장과 H보험사에 근무하는 장보험 매니저는 각각 경영학과 경제학을 전공한 투자전문가다. 곽 차장은 회계법인에서 부동산 및 대체 투자 관련 사업 타당성 평가 및 현금흐름 추정 등을 주로 담당하다가 N연금의 경력직 채용에 응시해 입사한 지 5년이 지났다. 장보험 매니저는 H보험사에 신입으로 입사해 소매금융사업부에서 주택담보대출 업무를 3년간 거친 후 대체투자사업부로 옮겨 부동산 위주의 투융자 업무를 3년째 담당하고 있는 중견급 대리다. K연기금과 H보험사 모두 보유 자산 규모로는 국내에서 Top 5에 드는 대표적인 '큰손' 기관 투자자다. 자산운용사나 증권사, 자문사들이 신규 프로젝트 발굴 시에 우선적으로 찾아와 투자 의향을 타진(Tapping)하고 있기 때문에 곽 차장과 장 매니저 모두 쏟아지는 신규 투자 제안 중에서 최적의 투자 건을 판단해야 하는 것이 최대의 숙제다.

강남 테헤란로에 있는 오피스 빌딩의 소유주인 C전자는 최근 관련 업종의 성장성 저하 및 이에 따른 부채 비율 증가에 따라 부득이하게 본사 사옥의 매각 후 재임차(Sale & Leaseback)를 추진하게 되었다. 총무팀의 정매각 차장이 실무 담당자로, 재정팀의 유상무 상무가 매각 총괄 임원으로 내정되어 공식적인 '사옥 매각 T/F'를 출범하게 되었다. 재정팀장인 유 상무는 재정팀과 회계팀에서만 근무한 탓에 부동산에 대해서는 거의 문외한이므로 실질적인 매각 거래(Deal)는 총무팀 부동산 파트를 맡은 정매각 차장이 리드할 예정이며, 최고가로 처분하는 것이 T/F의 절대적인 지상과제였다.

이번 사례에서는 C전자가 매각을 추진 중인 본사 사옥의 매입을 검토하고 있는 G자산운용사의 실무 담당자 박자산 과장이 최운용 팀장의 지도로 K연기금 곽기금 과장과 H보험사 장보험 매니저 등 업무 관계자들을 만나 협력하고 투자를 끌어내는 과정을 담았다. 이 과정에서 자산운용사는 어떻게 딜을 발굴하고 매도자와 협상하며 금융기관들로부터 어떻게 투융자를 유치해 성공적인 딜 클로징을 끌어내는지를 살펴보도록 한다. 또한, 각 프로세스별로 발생하는 다양한 외부 전문가들과의 협업 상황을 예시를 통해 그려 보고자 한다.

1) C전자, 본사 사옥 매각 T/F 발족

평소 월요일보다 이른 시각에 회사에 출근한 정매각 차장의 얼굴에는 근심이 가득했다. 동료 직원들의 아침 인사를 귓전으로 흘려들으며 분주히 발걸음을 옮겨 15층 회의실 문을 열고 들어서자, 이미 상석에 앉아 있는 재정팀 유상무 상무, 사장 비서실 소속 김의전 부장, 경영기획팀 이경영 차장, 그리고 낯선 얼굴의 젊은 직원까지, 모두 4명의 시선이 그에게 꽂혔다. 가볍게 아침 인사를 주고는 받았지만 모두 어떤 사안으로 이 자리에 모이게 됐는지 알고 있기에 금세 유 상무가 말문을 열었다.

"모두 이번 프로젝트가 우리 회사에 얼마나 중요한 의미가 있는지는 알고 있으리라 생각됩니다. 최근 매출 부진 및 금융 비용 증대에 따라 당사 회사채의 신용등급이 1단계 낮아져 특단의 대책이 없다면 투기등급까지 내려갈 가능성도 없지 않습니다. 속칭 '찌라시'라고도 불리는 증권 시장 정보지에도 이런저런 안 좋은 소문이 나돌고 있죠. 이런 상황인지라 마지막 보루로 생각하던 본사 사옥까지도 매각을 추진하게 되었습니다."

잠시 커피 한 모금으로 목을 축인 후 유 상무의 말은 계속되었다.

"사장님의 특단의 지시에 따라 오늘부터 본사 사옥 매각을 위한 태스크포스(TF)팀이 발족했고, 상근 인력으로서 그간 회사 부동산관리 업무를 담당하던 정매각 차장과 최근 유학을 마치고 입사한 오성실 대리가 참여하고, 경영기획팀의 이경영 차장과 비서실 김의전 부장이 비상근으로서 이 프로젝트의 성공적인 수행을 지원할 예정입니다. 총괄은 내가 맡고 있으나 아무래도 부동산 업무에는 경험이 일천한 탓에 정 차장 주도로 TF가 돌아갈 계획이니, 정 차장은 직급에 관계없이 참여자 모두에게 적극적으로 임해주세요. 혹시라도 유관 부서 간 갈등이 있을 경우 내게 보고하면 최대한 신속히 정리할 수 있도록 힘쓰겠습니다."

유 상무의 말이 끝나자마자 모든 사람은 정 차장에게 시선을 모았다. 살짝 긴장한 표정으로 상기된 정 차장이 어색하게 말문을 연다.

"말씀 감사합니다. 저 역시 이 건의 중요성을 실감하고 있는지라 요즘은 잠이 잘 오지 않더군요. 그런데 제가 오 대리는 처음 접한 탓에 이력을 모르는데 간단하게 자기소개를 해주겠어요?"

"저는 런던에서 MBA 과정을 마치고 몇 달 전에 입사했습니다. 많이 부족합니다만 최선을 다해 노력하도록 하겠습니다."

오 대리의 짧막한 소개가 끝나자마자 유 상무가 말을 이었다.

"아마 생면부지의 오 대리를 TF로 보낸 까닭이 정 차장도 궁금할 텐데, 오 대리가 MBA 과정에서 금융 공학을 전공한 것도 이유지만, 유학 전에 근무한 곳이 수익형 부동산 매각과 매입을 전문적으로 하는 외국계 브로커리지(Brokerage) 회사였어요. 거기서 오피스 부동산의 매각 자문 업무를 맛보았다고 하니까 정 차장에게도 도움이 될 겁니다."

살짝 안도의 표정을 떠올린 정 차장을 흘낏 쳐다본 후 유 상무의 말은 이어졌다.

"우리 TF의 목표는 간단합니다. 가장 빨리 최고의 가격으로 매각하는 겁니다. 간단하게 들리지만, 결코 만만찮은 목표지요."

경영기획팀 이경영 차장이 말을 덧붙였다.

"아마도 데드라인은 올해 말까지가 될 겁니다. 올해 회계 연도 마감일까지 매각대금을 받아야만 회계상 이익으로 계상되고 신용등급 하락을 막을 수 있으니까요. 이제 5개월 남짓 남았군요…."

갑자기 정 차장은 속이 타들어 가는 느낌이 들었다. 마치 회사의 미래를 책임진 듯한 부담감에 더해 시간은 고작 몇 개월 남지 않았고, 함께 일하는 실무진은 이제 막 유학에서 돌아온 신병밖에 없으니 '멘탈 붕괴'가 왔다. 그 후로도 10여 분간 대화가 이어졌으나 정 차장에게는 '올해 말까지'라는 단어만 입속에 맴돌았다. '앞으로 5개월….'

2) 매각 절차 개시 : 매각자문사 선정

TF 사무실을 별도로 열면서 PC와 프린터 등을 설치하고 기존 업무들의 인수인계를 마치고 나니 벌써 다가온 퇴근 시간. 정 차장과 오 대리, 이 차장은 조촐한 킥오프(Kick-off) 미팅을 겸해 저녁을 하러 나갔다. 아직은 서먹하지만 서로 의지할 수밖에 없는 관계라 술잔은 계속 돌아갔다.

"오 대리, 솔직히 나도 빌딩 관리가 전문이지, 이렇게 큰 빌딩의 매각은 처음이야. 그래도 오 대리가 예전 회사에서 경험이 있다고 들었는데, 어떤 식으로 방향을 잡아야 할까?"

"저도 그 당시 신입 사원이어서 경험이 많지 않아 조심스럽습니다만, 우선 매각자문사를 선정해야 할 것 같습니다."

"매각자문사? 우리가 있는데 그게 또 필요할까? 괜한 예산 낭비 아닐지?" 정 차장은 고개를 갸우뚱했다.

"이런 대형 빌딩은 아파트와 달리 금액도 많고 절차가 복잡해서 매입할 수 있는 원매자가 한정적이라 잠재적 매수자를 견인해내는 역할이 중요하거든요. 저희가 사내에서는 상대적으로 경험이 있다고는 하지만 전문적으로 매각자문 업무를 수행하는 자문사에 비할 바는 아니죠."

"그렇다면 신문에 매각공고 내고 진행하는 것에 비해 어떤 장점이 있는 거지? 보기에는 차이가 별로 없을 듯한데…."

정 차장은 비할 바가 아니라는 표현에 살짝 기분이 상하고, 이런 언짢은 표정을 읽은 오 대리는 잔을 비운 후에 설명했다.

"물론 적정한 가격에 매각하는 것이 목표라면 신문 매각공고만으로도 가능하리라 생각됩니다. 다만, 유 상무님의 지시처럼 빨리 매각가를 극대화해 파는 것이 목표라면 좀 더 적극적인 역할을 할 수 있는 자문사가 필요할지도 모르겠습니다."

"적극적인 역할?"

"네, 몇천억 원이 넘는 이런 대형 부동산 거래는 개인이 접근하기 어려우니까 주로 대기업이나 부동산 펀드, 외국계 투자회사 등이 잠재 매수자가 될 것 같아요. 그들은 투자 검토를 위해서 여러 데이터나 자료를 요청하고 자체적인 실사(Due Diligence)를 진행할 텐데, 신문공고만을 보고 관심을 두는 게 아니라 우리 쪽에서 끌어들여야 하거든요. 그런데 우리는 차장님과 저 단

둘밖에 없으니 이런 매수 의향자가 누군지, 어디에 있는지, 어떻게 접근할지 등에 대해 알지 못하니까요. 결국은 이런 과정을 맡아줄 외부 전문가들이 필요한 거죠. 신문에 나오는 기업 인수합병(M&A) 건도 모두 매각자문사를 쓰는 것처럼요."

"하긴 나도 예전에 우리 회사가 전자부품 기업을 M&A 할 때 비슷한 과정을 겪기는 했어."

가만히 듣고 있던 경영기획팀 이 차장이 말을 거들자, 고개를 끄덕이며 정 차장의 질문이 이어진다.

"부동산 거래를 M&A와 비교하니까 신기하기는 한데 따지고 보면 거액의 자산을 사고파는 건 비슷하니까 말은 되는군. 하긴 우리도 그런 전문가들이 도와준다면 훨씬 더 힘이 되겠지. 오 대리는 내일 매각자문사 선정의 장단점을 정리해서 나한테 주고, 유 상무님께 가서 보고 드리자고. 이 차장도 경영기획팀에서 관련 예산 좀 챙겨줘."

3) 매각 절차 개시 : 티저(Teaser) 및 비밀유지약정서

일주일 후 정 차장과 오 대리는 매각자문사로 선정한 S사와 미팅했다. 유사한 규모의 오피스 빌딩 거래에서 타사 대비 우월한 실적을 보유하고 있어서 선정했으나, 아직 전체적인 매각 프로세스(Deal Flow)에 대한 감을 잡고 있지 못한 정 차장은 S사에게 여러 질문을 던졌다.

"그럼 이제부터는 어떤 절차가 진행되죠?"

"이제부터 저희는 매우 간략한 소개 자료를 담은 티저(Teaser)를 준비할 계획입니다. 작성이 완료되는 대로 관심이 있을 만한 잠재 매수자들에게 비밀유지약정서(Confidentiality Agreement)와 함께 이메일로 보내고 전화로 연락할 예정이에요." S사의 담당 팀장인 황중개 이사가 대답했다.

"흠, 그러고 나서는요?"

"부동산이 누구나 아는 위치에 있는 대형 오피스기 때문에 요즘처럼 좋은 투자 건이 부족한 상황에서는 많은 관심을 끌 것 같습니다. 비밀유지약정서를 제출한 잠재 매수자들에게는 좀 더 상세한 정보가 담겨 있는 'IM'이라고 부르는 투자설명서를 제공할 겁니다."

"IM이요?"

"인포메이션 메모랜덤(Information Memorandum)의 약자로, 매수자들이 가치를 평가하고 투자 수익률을 가늠할 수 있도록 주요 임대차 정보(임대료, 관리비 등) 및 각 층의 평면도, 빌딩의 사양과 역사 등을 정리한 소개 자료를 의미합니다."

정 차장이 고개를 살짝 갸우뚱하더니 다시 질문했다.

"말씀 중에 계속 '투자'라고 하시는데, 납득이 안 가는군요. 저도 사옥관리를 담당하고 있습니다만 투자라고 생각한 적은 없는데, 나중에 가격이 많이 오르면 이익은 되겠지만, 그것만으로 투자라고 하기에는 좀…."

조용히 듣고 있던 오 대리가 끼어들었다.

"차장님, 우리 입장에서 사옥은 임대료 수입이 발생하지 않는 자가 사용 목적의 부동산입니다만, 매수자 입장에서는 임대료라는 현금흐름을 지닌 금융상품일 수도 있거든요. 따라서 매입 가격 대비 수익률을 추산할 것이고 자기들의 목표 수익률에 맞는 가격을 우리에게 제시할 것 같습니다."

여전히 이해가 가지 않는다는 표정인 정 차장에게 황 이사가 부연 설명했다.

"요즘 저금리 기조가 심해지면서 월세 수입을 임차인에게 받을 수 있는 오피스텔 투자가 인기라는 뉴스가 눈에 띄던데, 이런 맥락에서 살펴보시죠. 매각 후에 C전자는 이전할 계획이 없으니까 임차인으로서 그동안 내지 않던 임대료를 매수자에게 지불하게 되겠죠. 이런 거래 방식을 '매각 후 재임차' 또는 영어로 '세일 앤 리스백(Sale&Leaseback)'이라고 합니다. 임대료는 월세 방식으로 매월 지불되니까 매수인(건물주) 입장에서는 고정적인 현금 수입이 계속 들어오는 것이므로 하나의 금융 투자가 되는 셈입니다. 대표적인 투자 상품인 채권투자와 비교해 보면 더 쉽게 이해가 되겠죠."

"그렇다면 주로 어떤 매수자들이 관심을 가지고 실제로 매입할 수 있을까요? 몇천억 원이라는 금액이 만만치는 않을 텐데…."

"가장 먼저 떠오르는 곳은 자산운용사와 해외 투자자가 있겠군요. 자산운용사는 개인이나 기관의 자금을 모아 펀드를 조성한 후 부동산에 투자해 수익을 다시 투자자들에게 배분하는 업무를 하며, 해외 투자자의 경우 국외에 이미 조성된 펀드나 자기자금을 동원해 오피스 빌딩 등에 투자하고 있습니다. 그 외에 일반 기업체나 거액의 자금을 지닌 개인도 생각할 수 있겠지만, 이 경우에는 대부분 사옥 용도를 염두에 두고 있어서 C전자가 다시 매각 후 재임차(Sale&Leaseback)해서 실제 입주할 수 없는 건에는 관심도가 상대적으로 낮을 겁니다."

정 차장이 뭔가 생각났다는 표정으로 말을 이었다.

"해외 투자자라면 예전에 IMF 위기 직후 국내 부동산이나 부실채권 등을 헐값에 사서 비싸게 팔아 막대한 이익을 챙겨, 먹튀라고 불리는 론스타(Lone Star) 같은 곳을 말하나요? 그리고 저도 부자 아빠 만들기 같은 적립식 펀드는 가입돼 있는데, 지금 말한 자산운용사의 펀드가 그것과 비슷한 것 같네요."

"맞습니다. 다만 부자 아빠 같은 적립식 펀드는 주식이나 채권 같은 시장성 있는 유가증권 위주입니다. 일반 대중이 가입할 수 있는 공모형(公募) 펀드라면, 부동산 펀드의 경우 일반적으로 구체적인 부동산 프로젝트를 대상으로 해서 자금을 유치해 펀드를 만들어 해당 프로젝트를 펀딩하는 데다가, 부동산을 다시 재매각하기 전까지는 환매(還賣)가 제한적이어서 주로 투자 리스크를 분석할 수 있는 전문 투자자들 위주로 펀드를 조성한다는 특징이 있죠."

점점 전문용어가 등장하면서 머리가 더욱 복잡해진 정 차장의 표정을 살피던 오 대리가 끼어들었다.

"이론적인 차이는 앞으로 차차 겪어 가면서 저절로 알게 될 것 같으니까요. 황 이사님, 일단 티저 작업을 하신 후 보내주시고, 잠재 투자자 리스트와 투자설명서(IM)를 만들어서 저희와 공유해주시면 고맙겠습니다."

"투자설명서 완료 후에는 각 실사 기관들을 선정해 법률실사, 물리실사 등을 진행할 생각입니다. 법률실사에서는 소유권이나 각종 법적 제약 사항, 임대차계약 등의 주요 계약을 법적 측면에서 검토할 것이며, 물리실사에서는 기계적, 물리적 하자 사항이나 추후 교체가 필요한 항목들을 찾아 대응 방안을 강구할 계획입니다."

"그런 실사가 왜 필요하죠? 그리고 매수자 쪽에서 하면 되는 거 아닌가요?" 정 차장의 질문이 이어졌다.

"잠재 매수자 입장에서는 법적, 물리적 리스크를 분석해야 하는데 아직 소유권이 없기 때문에 정보가 제한적이므로 기본적인 정보를 매도자 측에서 외부 전문기관의 공정한 실사를 통해 제공해줘야 하거든요. 거액의 투자가 이뤄지는데 우리 말만 믿고 베팅할 수는 없겠죠."

익숙지 않은 절차들이 앞으로 펼쳐질 거라는 설명에 정 차장의 가슴은 답답해졌지만, 그나마 눈을 반짝이며 경청하고 있는 오 대리를 보면서 조금이나마 마음이 놓이는 듯했다. 예전에 이런 업무를 겪어봤다고 하니까 도움은 될 거라며 애써 위안하면서도, 가슴 한구석은 여전히 꽉 막혀 있는 듯한 느낌을 지울 수 없었다.

4) 자산운용사 : 투자 검토 개시

아침부터 G자산운용 최운용 팀장과 박자산 과장은 회의실에 마주 앉았다. 전날 S자문사로부터 C전자의 강남 본사 사옥 매각 건에 대한 소개 자료(Teaser)를 받았고, 최근 보기 드문 우수한 입지에 있는 그레이드 A급 오피스 빌딩이라 군침이 도는 게 사실이었다.

최 팀장이 티저를 보며 입을 열었다.

"올해 들어 대형 우량 물건의 거래가 줄어든 상황인데 정말 괜찮은 투자건 같아. 물론 경쟁입찰 건이어서 경쟁은 만만치 않겠지만."

"그러게 말입니다. 최근 C전자의 실적이 다소 주춤한 상황이라고는 하지만 워낙 다양한 사업 분야에 걸친 우량 기업인지라 세일 앤 리스백 임대료를 내지 못할 임차인은 절대 아니거든요. 게다가 강남 테헤란로에 있는 이 정도 규모의 오피스 빌딩이라면 최악의 경우라도 쉽게 재임대(Lease-up)할 수 있을 듯합니다."

"앞으로의 일정(Timeline)은 어떻게 될 것 같아?"

"오늘 비밀유지약정서를 날인해서 보내면 곧장 투자설명서(IM)를 받을 수 있고, 현장실사(Site Inspection)는 2주 후에 있을 예정입니다. 그사이에 수령한 자료를 바탕으로 가격 산출(Pricing; Valuation)을 진행하고, 매도자 측이 제공할 실사 보고서를 검토하겠습니다. 동시에 관심이 있을 만한 기관 투자자들에 대한 의향 타진(Tapping)도 병행할 계획이에요."

"오케이! 이제 게임이 시작됐으니 박 과장이 리드해서 진행하면서 계속 나와 협의하자고. 이번 건은 꼭 우리가 멋지게 이겨 보자!"

　본인이 리드해서 진행해야 한다는 말에 놀란 박 과장은 자리를 고쳐 앉았다. 자산운용사 입사 전에 매각자문사에서 근무하며 유사 경험을 한 적은 있지만, 운용사에서 실제 투자 업무를 진행하는 것은 처음인데 이렇게 빅딜의 담당(Deal Leader)이 됐다는 것이 엄청난 부담이었다. 이런 박 과장의 속내를 읽기라도 한듯 최 팀장이 말문을 열었다.

　"아직 경험이 많지 않아서 부담스럽기는 하겠지만, 이러면서 배우는 거지. 어차피 우리 업계에서는 누가 옆에 앉혀 놓고 친절하게 OJT(On-the-Job Training)를 해주기는 어려우니까, 딜하면서 배운다고 생각하라고. 전반적인 가이드라인은 내가 줄 테니까 너무 스트레스받지는 마. 그나저나 지금 가장 먼저 해야 할 일이 뭐지?"

　"비밀유지약정서에 날인해서 보내고 IM을 받고 임대차 현황을 분석하겠습니다. 주변에 최근 거래된 오피스 빌딩의 매매가와 임대료 수준도 조사해 놓겠습니다."

　"좋았어. C전자가 대부분을 리스백(Leaseback) 하는 건이니까 임대차 현황 분석보다는 인근 빌딩의 매매 사례를 조사하는 게 시급할 것 같아. 결국 자본환원율(Cap Rate)을 얼마로 보느냐가 중요한 포인트가 될 듯해."

　자리로 돌아온 박 과장은 티저를 바탕으로 투자 검토에 들어갔다. 연면적 15,000평, 지상 20층, 지하 4층 빌딩으로 인근에 최근 거래된 사례들의 평당 매입가는 평균 2,000만 원 수준이며 캡레이트는 5% 초반이었다. 좀 더 자세한 자료를 매도자에게 받아야 그 이상의 분석이 가능하므로 그동안에 경쟁사들의 움직임을 조사해야겠다는 생각이 들었다.

5) IM 수령 및 현장실사

며칠 후 IM을 받아 본격적으로 평가(Pricing)를 시작한 G자산운용의 박 과장은 매도자로부터 제시받은 향후 임대료 수준이 인근 유사 수준의 빌딩과 비교해 적정한 수준인지 파악하기로 했다. 다행히 전체 건물의 50% 정도만을 C전자가 사용하고 있었고 나머지 절반은 외부 임차인들이 쓰고 있어 그들이 내는 임대료 수준이 적정한지를 먼저 비교했다. 위치가 우량한 물건이고 건물이 지어진 지도 10년밖에 되지 않아 외부 임차인들의 임대료는 인근 A급 빌딩과 비슷한 수준이었고, 일부 층의 경우 더 높은 임대료를 받는 것으로 파악되었다.

다음 날 박 과장은 전반적인 내용을 정리해 최 팀장, 자산관리팀장, 투자사업본부장이 배석한 가운데 투자 검토 미팅(Deal Screen Meeting)에 참석했다. 우선 투자의 전반적인 개요, 시장 환경, 수익성, 주요 리스크 요인 및 예상 적정 매입 가격 등을 보고했다.

자산관리팀장은 박 과장이 제시한 적정 임대료에 대해 최근 임대 시장 현황을 보수적으로 반영한 것인지, 그리고 캡레이트를 너무 공격적으로 잡은 것은 아닌지 의문을 표했고, 투자사업본부장은 어떤 기관 투자자가 적극적일지 질문을 던졌다. 이에 대해 최 팀장이 지난달에 거래된 강남 테헤란로의 오피스 빌딩 사례를 들어 적정한 임대료 및 캡레이트 수준임을 설명했다.

"최근 한국은행 기준금리가 역사상 최저점을 찍으면서 담보대출 금리가

3% 초반까지 하향한 상황이므로 대출 금리 하락분만큼의 자기자본 투자 수익률 상승 효과(Leverage Effect)를 감안하면 나름 합리적인 가정입니다."

특히 요즘처럼 신규 투자처가 부족한 상황에서 이 건만큼 우량한 투자 건은 공격적인 프라이싱(Pricing)을 해야만 입찰에서 우선협상대상자(Winning Bidder)가 될 수 있고, 기관 투자자들로부터 자금 유치(Funding)가 가능할 것이라고 부연했다. 투자사업본부장 역시 수긍하며 최선을 다해 우선협상자가 되도록 노력하자는 독려성 발언으로 미팅은 끝났다.

며칠 후 현장실사가 예정되어 강남으로 향한 박 과장은 C전자의 실무 담당자인 오 대리를 만나 함께 빌딩 안으로 들어갔다. 보안이 생명인 전자회사 본사를 들어가야 하는 탓에 현장실사(Site Visit)는 사전에 승인된 인원들만 대상으로 하며, C전자 외의 다른 임차인 사용 공간에 대해서도 각사의 사전 승인을 득해야 했기에 오 대리는 일주일 전부터 방문 일정을 맞추느라 정신이 없었다. 1층 로비에서 시작해 기준층이라고 불리는 10층을 방문해 C전자의 사용 현황을 확인하고 최고층인 20층으로 옮겨 임차인인 D제약 회사의 사무 공간을 둘러보았다.

"확실히 최근에 지은 건물이라 층고도 높고 내부 스펙도 괜찮네요." 박 과장이 운을 떼었다.

"최첨단 설비를 투입한 IBS 빌딩이라 임차인의 만족도도 높고, 층 내에 기둥을 없애서 공간 배치(Lay-out)를 효율적으로 할 수 있도록 설계했어요. 전면이 테헤란로고 후면이 저층 건물이라 시야를 가로막는 다른 건물도 없고요." 신이 난 오 대리가 말을 이었다.

사무 공간을 둘러본 후 지하의 주차장과 기계실을 방문한 박 과장이 다시 질문했다.

"주요 기계설비들은 추후 제공될 상세 내역서에 있을 테니까 그걸 보면 될 것 같은데, 노후화 정도는 어떻게 파악하면 될까요?"

딱히 설명할 말이 없어 당황하던 오 대리 곁에 있던 매각자문사의 황 이사가 대신 답했다.

"그래서 저희가 외부 전문물리실사 업체를 붙여서 각 기계 기구의 노후 정도 및 향후 보수, 교체 비용을 추정할 계획입니다. 공신력 있는 전문기관이므로 의도적으로 숫자를 왜곡하는 상황은 없을 겁니다."

현장실사를 끝내고 회사로 돌아가기 전에 박 과장은 인근에 있는 주요 빌딩을 직접 방문했다. 보안 때문에 사무실 내부로 들어가지는 못했으나 외부와 1층 로비, 각 층의 공용 공간인 엘리베이터 홀을 둘러보면서 C전자 사옥과 비교했다. 특히 직접 만든 비교표에 각 비교 대상 빌딩의 정보를 기재하면서 C전자 빌딩이 비교 건에 비해 어떤 측면에서 얼마나 우위 또는 열세인지 분석했다. 특히 최근에 거래가 진행된 건들은 꼼꼼히 둘러보면서 입지나 사양, 빌딩 구조, 공간 배치, 노후도 등을 자세히 조사했다. 인근에 새로 짓고 있는 오피스 빌딩의 경우 향후 경쟁 대상이 될 수 있으므로 입지 매력도를 중심으로 특징을 살펴보았다. 10여 건 이상의 비교 대상 건들 중에서 해당 물건이 Top 3에 들어가는 것으로 판단되면서 향후 신규 임차 가능성이나 임대료 수준에 대해 좀 더 확신이 들기 시작했다.

6) 현금흐름 추정 및 투자 구조 수립

2주의 시간이 지나면서 최 팀장과 박 과장은 많은 준비를 거쳤다. 최적의 캡레이트와 적정 임대료 산출을 위해 비교 사례 분석 및 시장조사를 자세히 진행했다. 예상 공실률이나 운영 비용, 관리회사 경비 등의 추정을 위해 여러 시장조사 업체 및 빌딩관리회사(Property Manager)와 미팅했다. 이와는 별도로 많은 입찰자가 예견되는 상황에서 업계 지인들로부터 예상 경쟁자들의 리스트와 관심도를 체크했고, 가능한 수준에서 최고가 제시를 위해 보험사나 은행 같은 예비 대주(Lender)들을 접촉하며 담보대출 금리를 취합했다.

박 과장으로부터 경과보고를 받은 최 팀장이 질문했다.

"투자 구조는 어떻게 생각하고 있나?"

"투자 구조요? LTV 55% 정도로 담보대출을 받고 금리는 3% 중반 정도로 가정했습니다."

"그 밖에는?"

목소리가 심상치 않음을 느낀 박 과장이 머뭇거리며 답했다.

"기존에 투자했던 건들을 보니 상당수가 이런 구조여서 그 외에는 아직 구체적으로 고민은 못 해 봤습니다."

"겨우 이 정도로 준비해서 수많은 경쟁을 뚫고 낙찰자로 선정될 수 있을 것 같나? 똑같은 투자 건이더라도 투자 구조(Capital Structure)를 어떻게 만드냐에 따라 투자자에게 더 많은 수익이 돌아올 수 있는데, 여태껏 그 점을 고민하지 않았다는 게 이해가 안 되네…."

최 팀장의 깐깐한 성격을 알고는 있었으나 이렇게 질타한 적은 별로 없는 탓에 매우 당황한 박 과장의 손에서는 땀이 나기 시작했다.

"제가 투자 자문 업무는 익히 겪어봤지만, 자산운용사에서 직접 투자 업무는 처음인지라 부족한 게 많아서 죄송합니다. 팀장님께서 방향을 알려 주시면 고맙겠습니다."

진심 어린 사과를 하는 박 과장을 보며 최 팀장의 표정은 누그러졌다.

"박 과장도 이미 잘 알고 있는 거라 설명하기도 좀 겸연쩍지만, 예를 들어 아파트를 살 때는 은행에서 LTV 50% 정도로 대출(Debt)받고 자기 돈(Equity)으로 사면 되겠지. 하지만 투자 건에 따라 좀 더 다양한 구조가 가능하거든. 레버리지(차입) 효과라는 말을 잘 알 테니까, 차입(대출)을 많이 받으면 받을수록(LTV가 높아질수록) 레버리지 효과가 커져서 투자자는 더 적은 금액으로도 매입할 수 있고 수익률 제고가 가능해지니까 유리할 수도 있지. 하지만 실제로는 금융 비용(이자 비용)이 너무 커져서 만약의 위기 상황에 제대로 대출 원리금을 상환하지 못하는 상황(Default)이 발생하면 원금(Equity)의 상당 부분을 잃을 수 있기 때문에, 적정한 수준에서 자기자본과 부채 비율을 조정해야 돼. 다만 요즘처럼 금리가 낮은 상황에서는 LTV를 높이는 것이 상대적으로 장점이 많으니까, 현금흐름 추정(Cash Flow Projection) 시에 다양한 시나리오로 가정을 바꿔 가면서 최악의 상황에도 금융 비용 상환이 가능한 수준으로 LTV를 맞춰야 하거든."

"그래서 민감도 추정(Sensitivity Test)이 필요하군요?"

"그렇지. 어차피 우리의 현금흐름 추정은 상당 부분 미래에 대한 가정(Assumption)에 기반을 두고 있기 때문에 최악의 상황에 대한 변수(Stress)를 적용해 그 시나리오에서도 현금흐름의 부족(Shortfall)이 발생하지 않는 수준으로 투자 구조를 설계해야 하거든. 그래야만 투자자들에게도 어필할 수 있는 거야. 이번에는 처음일 테니까 내 방에 들어와서 함께 재무 모델을 돌려 보자고. 민감도 추정에 대해서는 많은 투자자가 궁금해하기 때문에 꼼꼼히 준비해야 해."

질책으로 끝날 줄 알았던 보고가 생산적인 토론으로 진행되자 박 과장의 표정은 금세 밝아졌다. 이론적으로는 익히 알고 있으나 현금흐름의 민감도 추정을 실제로 해보는 것은 처음이나 마찬가지여서 내심 긴장되는 심정도 없지 않았다. 역시 딜을 직접 추진하는 입장에서 겪어보지 않은 게 많은 상황이라 앞으로 남은 기간 더 열심히 배우고 익히면서 한 걸음 더 도약하겠다는 다짐을 되뇌어보았다.

7) 기관 투자자 검토 개시

주말 동안의 달콤한 휴식이 끝난 월요일 오전, N연금공단(연기금)의 회의실에서는 투자금융부 직원들이 모여 주간 업무 회의를 시작했다. 이번 한 주에 진행되고 있는 주요 사업들을 공유하고 진척도를 부서장에게 보고하는 자리로, 올해 투자 실적이 예년보다 눈에 띄게 줄어든 상황에서 부서장의 투자 프로젝트 소싱(Sourcing)에 대한 압박이 늘어나고 있는 요즘인지라 다들 약간은 긴장한 표정이었다. 곽기금 과장은 G자산운용의 최 팀장으로부터 며칠 전 소개 받은 C전자 강남사옥 투자 건의 주요 내용을 마음속으로 정리하면서 이번 주 회의에서 신규 건으로 제시하려는 계획이었다.

투자금융부를 총괄하는 부서장인 오 실장이 곽 과장에게 질문을 던졌다.
"업무계획표를 보니 C전자 사옥 투자 건이 곽 과장 담당으로 올라와 있는데, 어떤 내용이지?"
"여러 측면에서 투자가 상당히 안정적이고 향후 재매각 시 투자 이익도 기대할 수 있으므로 우리 기금에서 지분(Equity) 투자를 검토할 만한 건으로 생각됩니다."

"최근 보기 드문 괜찮은 물건이군. 그럼 곽 과장은 우리 기금이 얼마나 투자하면 좋을 것 같나?"

"일단 투자의향서(LOI)는 좀 더 큰 금액으로 제시하는 게 어떨까 싶습니다. 1,000억 원 정도 어떨지요?"

"1,000억 원? 우리 기금 규모를 감안할 때 단일 투자 건에 그렇게 투자하는 건 좀 그런데? 게다가 대출이 아니라 지분 투자 아닌가? 나중에 만에 하나라도 가격이 떨어진다면 감당하기 힘든 리스크가 될 수도 있을 텐데….."

약간은 놀란 듯한 오 실장의 반응을 바라본 곽 과장이 설명했다.

"실제로 우리가 그렇게 희망해도 투자자들 사이에 상당히 인기가 있을 것으로 예측되므로 투자자들이 몰리면 저희가 희망하는 금액만큼 배정받기 힘들 겁니다. 1,000억 원 적어 내면 최종적으로 500억 원 정도 물량이 주어질 것 같은데요. 그렇다고 처음부터 너무 적게 써내면 나중에는 더 적게 배정되니까요….."

잠시 생각하던 오 실장이 말했다.

"오케이! 이런 건 잡아야 하니까, 일단 질러보자고. 자산운용사는 어디를 생각하고 있나?"

"G자산운용으로부터 소개를 받았으며, 그 밖에도 여러 운용사가 검토하고 있고 조만간 1차 입찰이 있으니까 그 결과를 보고 유력한 운용사를 잡아서 최종입찰 전에 투자의향서를 제공하면 될 것 같습니다." 예상대로 보고가 잘 진행된 것 같아 기분이 들뜬 곽 과장이 신속하게 답했다.

"Good! 안 그래도 상반기에 투자실적이 부진해서 지난주 임원회의에서 본부장님께 한소리 들었는데, 이번 건으로 만회해보자고. 게다가 이런 안정적인 현금흐름이 예상되는 딜은 우리 기금의 입맛(Appetite)에도 잘 맞으니까.

곽 과장, 좋은 결과 낳을 수 있도록 잘 추진해봐!"

회의가 끝난 후 곽 과장은 G자산운용의 최 팀장에게 전화해 N연금이 관심이 있다는 의사를 전달하며 향후 일정에 대해 문의했다. 자료를 읽다 몇 주 전부터 점심 약속이 잡혀 있던 H보험사의 장보험 매니저와 식사를 했다. 업계에서 처음 만난 사이지만 나이가 같아 친구처럼 지내고 있는 장 매니저는 마당발로 소문날 정도로 업계와 시장 소식에 정통한 탓에 매번 만날 때마다 유익한 정보를 얻을 수 있었다. 그래서 C전자 사옥에 대해서도 슬쩍 물어보기로 했다.

"C전자 빌딩 건 말이지? 요즘 시장에서 가장 핫한 딜? 여러 운용사가 보고 있고 우리도 웬만하면 지분이나 대출 모두 참여하려고 생각 중이야. 그런데 어제 들은 이야기인데, 정말 강력한 매수 희망자가 있다더라고."

"누구? 요즘 시장 분위기로 봐서 다들 적극적으로 나올 것 같기는 한데."

"요즘 막대한 오일머니를 보유한 중동 국부펀드들이 국내 그레이드 A급 우량 빌딩에 관심이 많다는 뉴스가 종종 뜨잖아? 내가 아는 중동 펀드도 그중 하나인데 벌써 그쪽 귀에 들어갔나 봐. 중동에 있는 투자 책임자가 직접 서울로 와서 이 빌딩을 보고 갔다는 소문이 있어."

곽 과장이 놀란 표정으로 되물었다.

"국부펀드라, 나도 연기금에서 근무하고 있어 공공의 자금을 운용한다는 점에서는 공통점이 있지만, 우리와 중동 국부펀드는 투자 규모나 자금력 측면에서 차이가 상당한데…. 게다가 걔들은 투자 기간을 최소 10년 이상 보는 초장기 투자자여서 수익률에도 그리 민감하지 않아 가격도 시원하게 제시할 수 있거든."

"그러게 말이야. 작년 말에도 도심에 있는 오피스 빌딩을 엄청난 가격에 투자했잖아. 워낙 자금이 많으니까 국내 자금(Local Financing)이 불필요해서 걔들이 매입하면 우리 국내 기관들은 모두 손가락만 빠는 거지."

점심은 맛있게 먹었지만, 국부펀드 참여 소식으로 기분이 찜찜했던 곽 과장이 자리로 돌아오자 전화벨이 울렸다.
"안녕하세요? 저는 G자산운용사 박자산 과장이라고 합니다. 저희 최 팀장님으로부터 N연금이 C전자 빌딩 투자 건에 대해 관심이 많다는 말씀을 듣고, 금주 중에 시간 되시면 찾아뵙고 자세한 설명을 드릴까 싶어 전화 드렸습니다."
안 그래도 구체적인 내용이 궁금했던 곽 과장은 반가웠다.
"좋죠. 내일 아무 때나 시간 가능하니까, 저희 사무실에서 뵙겠습니다."

다음 날 N연금을 방문한 박자산 과장은 기다리고 있던 곽 과장과 N연금 투자 심사 담당자를 만나 전반적인 딜의 특징과 현금흐름 추정 논리, 주요 가정 등에 대한 협의를 나누었다. 아직 입찰이 진행되기 전이라 최종 입찰가격은 확정되지 않았으나 전반적인 논리를 점검할 수 있었고 심사 담당자의 반응도 호의적이어서 곽 과장은 흡족했다. 또한, 초면인 데다가 경험이 많아 보이지 않던 박자산 과장이 뜻밖에 많은 준비를 했고, 특히 민감도 가정에 대한 예리한 심사 담당자의 질문에 조리 있게 답변하는 모습에 신뢰가 갔다.

8) 입찰 준비
밤 10시가 넘었지만, 그간 계속된 투자자 설명(PT) 회의 및 경쟁 동향 파악 결과 등을 컴퓨터로 정리하는 박자산 과장의 자리에는 아직 불이 밝혀져 있다. 입찰이 임박해지면서 최 팀장에게도 매일 보고해야 하는 상황인지라 야근은 당분간 계속될 예정이었다. 그 순간 갑자기 걸려온 핸드폰 전화, 최 팀장이었다.

"아직 퇴근 안 했다면서? 고생 많아. 이러면서 배우는 거야. 그나저나 입찰이 1주일도 안 남았으니까 이제부터는 가격을 더 짜낼 수 있는 논리가 있을지 여러 가정을 재검토(Revisit)해보자고. 가령, 우리가 받을 선순위 담보대출 차입금리는 얼마로 가정했지?"

"최근 시장 추세를 감안해 3.8% 정도로 잡았습니다."

"그래? 조금 더 푸시할 수 있겠군. 최근 국고채 금리가 계속 낮아지는 추세라서 국고채 대비 스프레드(Spread)를 보는 보험사들은 조금 더 금리를 낮게 제시할 여지가 있을 거야. 3% 중반 정도로 차입금리를 돌려 보자고. 레버리지 효과가 더 발생해서 수익률이 조금이라도 더 올라갈 거고, 목표 수익률이 같다면 그만큼 매입 가격을 더 높일 수 있을 테니까. 뭐, 이런 이야기는 내일 제대로 하고 인제 그만 퇴근하라고. 아, 입찰서 준비는 하고 있겠지?"

별로 생각지 않았던 입찰서 준비라는 말에 놀란 박 과장이 되물었다.

"그냥 주요 조건과 가격 기재해서 제출하면 되지 않나요?"

"어허, 입찰서 패키지에는 우리가 제안하는 다양한 내용이 반영될 거고 제출 후에는 우리에게도 모두 법적인 책임이 발생할 수 있으니까 사전에 법무법인에 검토를 부탁해야 돼. 그런 기본을 놓치고 있었다니 살짝 실망스러운데?"

웃으며 말하는 최 팀장의 목소리가 전화기 너머에서 들려왔다. 얼굴이 붉어진 박 과장은 전화를 끊고 다이어리를 펼쳐 입찰 전까지 해야 할 업무들을 다시 리스트업했다. 혹시라도 빠진 사항이 있는지 내일 최 팀장에게 문의해야겠다는 생각을 하면서….

9) 입찰서 제출(前)

드디어 입찰일이 다가왔다. C전자 빌딩 회의실에 사옥 매각 TF 전원과 매각자문사의 황 이사가 모였다. 담당 실무자인 정 차장과 오 대리는 사뭇 긴장된 표정으로 TF 책임자인 유 상무에게 그간의 현황을 보고했고, 이어 황 이사가 그동안 진행된 매각 마케팅 활동에 관해 설명했다. 유 상무 역시 입찰당일인 탓에 최저매각가능가격(Minimum Reserve Price)으로 표시된 숫자를 한참 동안 바라보다 입을 열었다.

"이 최저매각 금액이 어떻게 산출됐다고 했지?"

"감정평가법인 2개의 시세평가를 받았으며 매각자문사로부터 최근 매각된 오피스 빌딩의 투자 수익률(Cap Rate) 등을 추가로 감안했습니다. 더불어 당사 회계상 이 빌딩의 장부가액을 감안해 매각으로 발생할 매각 이익(Capital Gain)으로 상환할 수 있는 우리 회사의 부채 등을 종합적으로 고려해 결정했습니다. 즉 이 금액 이상으로 팔린다면 매각의 목적을 달성하는 셈이 됩니다." 정 차장이 대답했다.

유 상무는 황 이사 쪽으로 고개를 돌렸다.

"이 가격 이상으로 팔릴 가능성이 얼마나 있죠?"

"요즘 시장 분위기를 보면 상당히 높습니다. 워낙 우량 물건인지라 진지한 관심을 표명하고 적극적으로 투자를 검토한 자산운용사나 외국계 투자자가 10개에 가깝고, 실제 입찰에도 최소 다섯 군데 이상은 참여할 것으로 어제 일일이 통화하며 파악했습니다."

"이제 그야말로 진인사대천명이군요. 입찰 마감이 5시니까 끝나는 대로 곧장 나한테 경과를 알려줘요."

정 차장과 오 대리를 한 번 더 바라보면서 유 상무는 회의실을 나섰다. 그 순간 느껴지는 전화벨 진동, 정 차장의 핸드폰이었다.

"정 차장님, 안녕하세요? 저는 G자산운용의 최운용 팀장입니다. 입찰서 제출을 위해 방문했는데 몇 층으로 가면 될까요?"

10) 입찰서 제출(後)

최 팀장과 함께 입찰서를 제출하고 나온 G자산운용의 박자산 과장은 깊게 숨을 내쉬었다. 지난 1개월간 투자 준비를 위해 들였던 많은 시간과 노력이 스쳤다. 그런 기분을 아는지 한 마디 던지는 최 팀장.

"입찰을 직접 하는 건 이번이 처음이랬지? 기분이 살짝 묘할 거야. 이제 기나긴 야근이 끝났으니 빨리 집에 가서 쉬고 싶다는 생각도 들 거고, 이기면 좋겠다는 승부욕도 있을 거고. 약간 미묘한 느낌일걸?"

"그러게 말입니다. 무엇보다도 가격을 좀 더 올려 쓰면 어땠을까 하는 생각도 들어요. 아슬아슬한 차이로 1등이 못 된다면 너무 억울할 것 같거든요."

"그렇겠지. 하지만 투자자들이 납득할 수 없는 논리로 가격을 쓰는 건 딜클로징도 못하면서 괜한 헛심만 쓰는 거니까, 우리가 낸 숫자에 자신 있게 결과를 기다려 보자고. 우리는 최선을 다했잖아?"

싱긋 미소를 짓는 최 팀장을 보며 위안을 느끼자 피로가 밀려왔고 박 과장은 집으로 향했다. 좋은 결과를 듣기만을 고대하면서.

11) 우선협상자 선정(前)

다음 날 C전자 TF 회의실에서는 열띤 협의가 펼쳐졌다. 입찰에 참여한 기관은 모두 7개사. 애초 예상과 크게 다르지 않았으며 그중 5개사의 입찰가격이 최저매각가능가액을 넘었다.

유 상무가 먼저 입을 열었다.

"최고가를 제시한 곳이 어떤 회사랬지?"

"공교롭게 G자산운용과 T자산운용의 제시액이 몇억 원밖에 차이가 나지 않습니다. 둘 다 저희의 희망 가격에 근접하므로 입찰 결과는 양호한 것으로 판단되며, 이제 우선협상자를 선정하는 것만 남은 듯싶습니다."

황 이사를 바라보면 유 상무가 질문했다.

"단돈 1원이라도 더 높은 가격을 제시한 곳을 선정하는 게 당연한 거 아닌가요? 고민할 게 없을 것 같은데…."

"원칙적으로는 말씀하신 게 맞습니다. 다만 입찰자들이 입찰서에 다양한 매입 조건(Terms&Conditions)을 제시하고 있기 때문에 입찰 조건들을 서로 비교해보는 작업도 필요할 것 같습니다. 가령 A사가 가격은 좀 더 높지만, 추가 제시 조건에서 우리에게 불리하거나 수용하기 어려운 게 있다면 빛 좋은 개살구가 아닐까 싶습니다. 따라서 조건 비교 후에 결정하는 게 적절할 듯합니다."

"알겠습니다. 어차피 양사가 제시 가격 면에서는 큰 비교 우위가 없으니까 다른 조건들을 꼼꼼히 따져봅시다. 필요하면 두 회사를 불러 회의도 하고요. 그때는 나도 참석할 테니 시간 정해지면 알려주세요."

얼마 후 G자산운용의 최 팀장과 박 과장은 C전자 TF팀과 마주 앉았다. 정 차장의 주도로 자금조달계획, 제시한 매입 조건에 대한 추가 설명 및 확인,

향후 운영 계획 등에 대한 날카로운 질문이 이어졌고, 최 팀장은 각각의 질문에 답변했다. 이번 인터뷰가 입찰 결과를 좌우하게 될 거라는 생각에 박 과장의 입은 바싹 말랐지만, 풍부한 경험을 보유한 최 팀장의 노련하고 논리적인 답변을 들으며 고개를 끄덕이는 C전자 TF팀의 반응을 보면서 안도의 느낌을 감출 수 없었다.

12) 우선협상자 선정(後)

매도자인 C전자와의 인터뷰 후 박 과장은 전화벨이 울릴 때마다 긴장될 정도로 며칠간 일이 제대로 손에 잡히지 않았다. 업계에서도 여러 지인 네트워크를 통해 누가 우선협상자로 선정될지 레이다를 돌려 보았다. 박 과장 회사인 G자산운용과 T자산운용의 입찰가격이 비슷하고, 중동 국부펀드인 A사가 입찰가는 3등이지만 막강한 자금력을 바탕으로 자금조달 능력의 우위를 내세워 C전자에게 어필하고 있다는 후문이었다. 최 팀장 역시 "주사위는 던져졌으니까 이제 다른 프로젝트 열심히 찾아보면서 진인사대천명 하자"는 말을 거듭했지만, 상반기 최대 딜을 반드시 잡고 싶은 욕심은 마찬가지였다.

한편, C전자 TF 사무실에서는 우선협상자 선정 대표이사 보고를 위한 마지막 회의가 열리고 있었다. 담당 책임자인 정 차장이 유 상무에게 보고했다.
"아시다시피 최근 며칠간 가격 면에서 수위인 G자산운용과 T자산운용, 그리고 자금조달 측면에서 강점을 지닌 중동 국부펀드 A사와 인터뷰하면서 각사의 장단점을 파악했습니다. 결론적으로, 저희 실무팀에서는 G자산운용을 우선협상자로 선정하고자 합니다."
"각사의 장단점이 무엇이고, 왜 G자산운용으로 선정했지?"

"우선, T자산운용은 입찰가는 가장 높지만, 당사가 매각 후 재임차(Sale & Leaseback) 할 때 새로운 건물주인 T자산운용에게 지불해야 하는 임대료 수준이 상대적으로 높습니다. 당사가 매각 후에 떠나는 것이라면 매각가격이 높은 것이 무조건 최고입니다만 앞으로 임대료를 내면서 계속 빌딩을 써야 합니다. 순현재가치법(Net Present Value, NPV)을 적용해 현금흐름을 비교해본 바로는, 비록 매각가격이 조금 더 낮더라도 향후 5년간 지급해야 하는 임대료가 상대적으로 낮기 때문에 미래 현금흐름의 현재 가치를 고려했을 시 G자산운용의 제안이 우월한 것으로 판단됩니다."

"그 외에 다른 차별 요인은 없나?"

"자산운용사의 특성상 아직 매입을 위한 자금 확보가 완료되지 않았기 때문에 저희가 별도로 자금조달계획을 제출할 것을 요구했고, 제출된 자금조달계획이나 과거 딜 클로징 실적(Track Record) 등을 비교할 때 G사가 좀 더 현실적으로 가능한 제안을 제시했습니다. 비록 아직은 구속력이 없는(Non-binding) 것이기는 하지만 투자에 관심 있는 여러 기관 투자자들의 투자의향서(LOI)를 함께 첨부했고, 실제로 저희가 자문사나 미디어를 통해 파악한 바로도 최근 5개년간 우선협상자로 선정된 모든 투자 건에 대해서는 성공적으로 거래 종결(Closing)한 것으로 파악됐습니다."

"그렇다면 중동 국부펀드는 어떤가? 자금조달 능력만 보자면 가장 나을 텐데?"

"입찰가격 면에서 2개사와 차이가 상당히 있었고, 또한, 기타 입찰 조건에 대해 명확히 제시하지 않으면서 대부분의 사항을 '추후 협의(To be Deter-mined, TBD)'로 밝힘에 따라 향후 협상에 대한 예측 가능성이 떨어진다고 여겨져 일단 우선협상자 풀(Pool)에서 제외했습니다."

회의가 끝난 후 유 상무는 대표이사 보고를 진행했고, 다행히 TF팀의 의견이 수용되어 최종 우선협상자로 G자산운용이 선정됐다. TF팀의 오 대리는 G자산운용의 최 팀장에게 전화해 결과를 통보했다. 최 팀장은 박 과장을 불러 하이파이브를 하며 선정의 기쁨을 나누었다.

"끝날 때까지 아직 끝난 게 아니라는 말처럼, 이제 다시 시작이야. 투자자 방문 일정을 빨리 수립해 자금조달을 신속하게 진행해야 하고, 정밀실사를 위해 법무법인, 회계법인을 비롯한 여러 실사 기관들을 준비시키자고. 앞으로 일정은 매우 타이트할 테니까 휴가는 딜 끝나고 간다고 생각하고 정신 바짝 차려."

마냥 들떠 있는 박 과장과 달리 최 팀장의 머릿속에는 앞으로 해야 할 과정들이 그려지면서 기쁨과 긴장이 교차했다.

"오늘 저녁은 내가 쏠 테니까 간만에 한번 달려 보자고!"

13) 정밀실사 개시

전날 최 팀장 및 팀원들과 함께 밤늦게까지 폭탄주를 나눈 탓에 숙취가 가시지 않았지만, 박 과장은 정밀실사를 위해 그간 여러 프로젝트를 함께 진행한 실사 기관에 전화했다. 자산실사는 크게 물리적, 재무, 회계 및 법률실사로 나뉘는데, 물리실사는 빌딩의 시설 현황 등의 하자 여부와 건물 내외부의 총체적인 상태 파악을 통해 건물 매입 후의 추가적인 보수 비용 발생 여부 및 예상 비용을 판단하는 절차다. 기존 매도자가 제공한 자료와 달리 본 실사를 통해 발견된 물리적 하자 요인은 최종 매매 가격 조정을 위한 요인이 된다.

재무실사는 각종 제세공과금과 임대료 등의 체납 여부와 더불어 빌딩의 연도별 수입과 비용의 항목별 세부적 현황과 재무적 현황을 실사함으로써 투자 검토 시에 추정한 현금흐름이 앞으로도 지속 가능한 것인지를 살펴보는 절차다. 법률실사는 주요한 계약 사항(임대차계약, 시설관리계약 등)과 각종 인허가 사항(토지사용허가, 용도별 사용 적정성 여부 등의 법적 저촉 사항 확인)을 법무법인이 계약서나 공적 서류 검토를 통해 향후 발생할 수 있는 법적 하자 사항이 있는지 파악하는 단계다. 또한, 담보대출 차입을 일으키기 위해서는 대주에게 제출할 감정평가서가 필요하므로 감정평가도 별도로 필요하다.

여러 전문실사 기관으로부터 제안받아 법률실사는 S법무법인, 재무실사는 K회계법인, 물리실사는 P사, 감정평가는 N감정평가법인으로 선정했다. 실사를 위해서는 매도자가 주요 문서 및 자료를 공개하고 우선협상자 측 실사 기관이 직접 빌딩에 들어가 기계 기구나 하자 사항을 육안으로 확인하는 절차가 필수적이어서, 박 과장은 C전자 TF의 오 대리에게 연락해 현장 방문 일정 및 자료 제공에 대해 협조를 구했다.

14) 투자자 PT

정밀실사가 본격적인 궤도에 오르자 박 과장은 입찰 전에 투자의향서(LOI)를 제출한 여러 기관 투자자들에 연락해 투자에 대한 정식 심사를 요청했다. 오랜만에 다시 듣는 N연금공단의 곽기금 과장의 목소리는 경쾌했다.

"박 과장님, 시장에서 소식 접했습니다. 축하드립니다. 저희도 LOI를 써 드린 보람이 있는 것 같아 기쁘네요. 입찰 전에 저희 투자 부서에서는 기본적인 검토는 했기 때문에 다음 달에 있을 투자위원회(Investment Committee)에 투자를 부의하기 위해 심사 부서에 공식 의뢰할 예정입니다. 그러려면 본 실사 보고서가 있어야 하는데 언제쯤 마무리가 될까요?"

전날에 실사 기관을 확정한 박 과장은 곽 과장의 첫 반응이 실사 관련 질문이어서 최우선으로 실사 기관 선정을 마무리한 게 다행스럽게 느껴졌다. 곧장 시작해서 한 달 내에 실사 보고서 패키지의 초안이 나온다는 설명을 하자 "조금만 앞당기면 안 될까요? 저희는 실사 보고서가 있어야 공식 심사 의뢰가 가능하다는 내부 규정이 있습니다"라는 곽 과장의 질문이 이어졌다. 빠듯하기는 하지만 투자의 자금조달에서 키(Key)라고 할 수 있는 N연금공단의 요청 사항이라 그렇게 하겠다고 답했다.

각 실사 기관에 변경된 스케줄을 전달하자 너무 촉박하다는 반발도 있었으나 결국 최대한 맞춰 보겠다는 동의를 확보했다. 자산운용사라는 직종에서 투자자나 실사 기관, 기타 여러 이해 관계자들의 의사를 조율하고 합의를 이끄는 과정이 업무의 절반 이상이라는 선배들의 말이 떠올랐다. 동시에 며칠 전 술자리에서 최 팀장에게서 들은 "그래서 우리는 오케스트라의 마에스트로(지휘자)야!"라는 일장연설이 떠올라 혼자 웃음 지었다.

며칠 후 N연금공단으로부터 투자에 대해 브리핑을 해달라는 요청이 들어와 박 과장은 N연금을 방문했다. 회의실에는 투자 부서인 곽 과장 외에도 심사 부서 담당자들이 함께 배석해 있었고, 박 과장은 그간 추가로 보완한 설명 자료를 배포한 후에 PT를 시작했다.

"인근 매각 사례를 바탕으로 캡레이트와 적정 임대료를 추정했다고 말씀하셨는데, 너무 공격적으로 보신 건 아닌가요? C전자 사옥도 우량 물건이지만 비교 사례로 제시한 K빌딩은 준공 연도 면에서나 지하철역 접근성 면에서 좀더 우월한 것으로 보이는데 K빌딩을 기준으로 추정한 것 같아 좀 부담스럽네요." 심사 부서 담당자의 질문이었다.

"말씀하신 것도 타당합니다만, 제시된 K빌딩 거래 사례가 작년 상반기여서 최근 1년간의 기준금리 인하 추이나 전반적인 거래가 상승 추세를 감안해 시간 보정을 한 것이므로 현재 시세를 반영하고 있다고 생각됩니다. 감정평가법인에 조언을 요청한 바로도 유사한 의견이었고, 작년 동기 대비 캡레이트가 0.4% 정도는 더 낮아졌다는 분석이었습니다."

"비슷한 퀄리티의 오피스 빌딩에 비해 빌딩 관리(Property Management, PM) 수수료가 너무 낮다는 느낌이 드는데요. 낮으면 투자자인 우리 입장에 좋기는 하지만, 우리가 작년에 투자한 강남에 있는 다른 오피스 빌딩은 평당 수수료가 800원 정도였는데 평당 600원 미만이라면, 입찰가를 높이기 위해 과도하게 비현실적인 수수료율을 적용한 건 아닌가요? 그랬다가 실제 운용 기간에 빌딩 관리 퀄리티가 낮아질 수도 있잖아요?" 또 다른 질문이 이어졌다.

"굴지의 C전자가 사옥 목적으로 첨단의 스펙을 적용해 건축한 인텔리전스 빌딩(Intelligent Building System, IBS)으로 타 빌딩에 비해 뛰어난 자동제어 시스템을 갖추고 있어 빌딩 관리 수수료(PM)의 상당 부분을 차지하는 인건비를 최소화할 수 있습니다. 따라서 그만큼 낮은 수수료율을 적용했고 통상적인 IBS 빌딩의 PM 수수료와 비슷한 수준입니다."

한 시간이 넘는 답변을 마치고 나오는 박 과장의 핸드폰이 울리기 시작했다. H보험사의 장보험 매니저였다. 우선협상자 선정 소식을 접했다면서 방문해달라는 요청이었고, 다음 날 박 과장은 H보험사를 방문했다.

"아무래도 보험사는 대출에 관심이 많을 수밖에 없기 때문에 저희는 지분출자(Equity)와 대출(Loan)을 함께 고려하고 있는데, 어느 정도 비율로 참여할 수 있을까요?"

낯선 질문이어서 잠시 생각하던 박 과장은 며칠 전 최 팀장에게서 들었던말이 생각났다. 은행이나 보험사의 경우 목표 수익률이 연기금이나 공제회보다 낮아서 수익률은 상대적으로 낮더라도 투자 안전성이 높은 대출(Loan)을지분 투자(Equity)보다 더 선호하는 경향이 있어서 론 물량을 받아가면서 그보다는 적은 비중으로 지분 투자에 참여하는 방식으로 리스크 관리를 한다는언급이었다. 그 내용을 상기하면서 답변했다.

"론과 에쿼티를 2:1 비율로 투자 가능할지요? 아직 이르기는 하지만 론을받는 데는 그다지 어려움이 없을 것으로 예상되기 때문에 저희의 초점은 에쿼티 모집에 있습니다. 에쿼티에 좀 더 많이 참여해주신다면 론 배정 물량을좀 더 확보하실 수 있을 것 같습니다."

살짝 난처한 표정을 지은 장보험 매니저가 답했다.

"2:1은 론에 비해 에쿼티 물량이 너무 많게 느껴지는데, 3:1 정도는 어떨까요? 통상적으로는 4:1 이하로는 잘 안 하는데, 누가 봐도 우량한 투자 건이라 심사팀에 잘 설득해볼게요. 하지만 2:1은 여태껏 선례가 없는 탓에 쉽지 않을 듯싶습니다."

회사로 돌아가서 회신하겠다는 답변을 하고 투자 건에 대한 간략한 브리핑을 마치고 나니 이미 어둠이 자욱하게 내린 밤이다. 아내에게서 온 "오늘도늦어?"라는 문자 메시지를 확인하며, 해야 할 일은 쌓여 있는데 종일 사무실에 들어가 보지도 못했음을 깨달았다. 비록 가족에게는 미안하지만 자기가 맡은 역할은 완벽히 수행하는 것이 프로페셔널의 덕목 아니겠냐고 애써 자신을 위안하며 다시 사무실로 향했다.

15) 담보대출 협의

N연금공단을 비롯해 여러 기관 투자자들과의 미팅을 어느 정도 마무리한 후 박 과장은 대주(Lender) 협의를 준비했다. 최근의 저금리 기조에서 가장 경쟁력 있는 조건, 즉 낮은 대출 금리와 높은 LTV를 제시하는 대주를 확보해야만 지분 투자자(Equity Investor)의 수익률을 레버리지 효과를 통해 극대화할 수 있기 때문에 자금조달에서 투자자 모집만큼 중요도가 높다는 최 팀장의 조언이 떠올라 신경이 많이 쓰이는 게 사실이었다. 다행히 대표적인 수익형 부동산 대주인 보험권에서는 상당히 좋은 반응을 보여서 내일까지 제출하기로 한 투자 조건 서류(Term Sheet)는 무난히 들어올 것으로 예측되었다.

다음 날, H보험사를 비롯해 5개 이상의 금융기관으로부터 텀시트(Term Sheet)가 접수되었다. 좋은 매물(담보)이 부족한 시장 상황인지라 모든 기관이 상당히 공격적인 대출 금리(즉 낮은 금리)를 제시했고, 그중에서도 에쿼티를 일부라도 함께하겠다는 의사를 밝힌 기관도 꽤 있었다. 최 팀장과 함께 각 대출 조건을 자세히 검토한 후에 조건이 우수한 4개사를 추렸다. 각 사에 연락해 그중에서도 가장 낮은 금리를 제시한 금융기관의 조건을 기준으로 타 기관에서도 그 조건에 맞출 수 있는지를 문의해 최대한 노력하겠다는 긍정적인 답변을 들었다.

16) 실사 보고서 수령

오늘은 각 실사 기관들이 G자산운용에 실사 보고서 초안을 제출하는 날이다. 실사에서 발견된 이슈나 하자 사항에 대해서는 신속하게 매도자와 협의해 해결 방안을 찾아야 했다. 가장 먼저 법률실사 보고서가 도착했고, 이어서 감정평가서, 물리실사 보고서와 재무실사 보고서가 도착했다.

다행히 본사 사옥으로 굴지의 C전자에 의해 잘 관리되고 있었고, 애초 신축 시에도 여러 가지 법적 이슈를 확인하고 진행한 건이어서 중요한 문제점이나 하자는 지적되지 않았다. 몇 가지 눈에 띄는 점이라면 법률실사 보고서에 주차 공간이 부족해 일부 지상 공간을 주차시설로 전용해 사용 중인데 이에 대한 담당 구청의 인허가가 있었는지 서류를 통해 추가 확인해야 한다는 지적이 있었다. 또 C전자가 제공한 현재 임대차계약서를 검토한 결과 현금흐름 추정 시 반영된 데이터와 동일하다는 확인도 포함돼 있었다. 물리실사 보고서에는 수선이나 교체가 필요한 주요 하자 사항은 없으나 건물의 노후화 진행으로 향후 5년간 일부 공조 시설과 냉방 설비의 교체에 따라 약 15억 원 수준의 수선 비용이 발생할 수 있다는 지적이었다. 특히 기계 설비의 교체는 엔지니어링 전문가들만이 파악할 수 있는 내용이라 애초 현금흐름 추정에는 비용으로 잡혀 있지 않기 때문에 현금흐름에 추가로 반영하거나 매도자와 협상해 매매 가격에서 차감해야 하는 항목이었다.

재무실사 보고서에도 특이점은 없으나 지하층에 있는 일부 식당(임차인)이 임대료를 연체하고 있다는 점이 회계법인의 재무자료실사를 통해 파악되었고, 감정평가서에는 G자산운용이 제시한 입찰가격과 그리 차이가 나지 않는 금액이 시장가(Fair Market Value) 기준의 감정평가액으로 기재되어 있었다.

중대한 문제점이 발견되지는 않아 다행스러워하며 컴퓨터 앞에 앉아 이메일을 확인하자, N연금공단과 K보험사를 비롯한 여러 금융기관에서 Q&A 메일이 도착해 있었다. 함께 일하는 신 대리가 상당 부분을 커버하는 것으로 업무를 나누기는 했지만, 본인이 직접 처리해야 하는 질문도 꽤 있어서 서둘러 답변 메일을 작성했다. 질문 사안에 따라 매도자인 C전자의 오 대리에게도 전화해 확인을 받았다. 일부 사안은 단순 확인이 아니라 추가 협상이 요구되는 것이었기 때문에 매도자 C전자와의 미팅도 급히 잡았다. 최 팀장에게 보고하자 "보통 지금이 가장 바쁜 시기니까 정신 바짝 차리고 대응하자"는 언급이 있었다. 이제 딜도 클라이맥스를 향해 치닫는 느낌이었다.

17) 매매계약서 협의

오늘은 매도자인 C전자 측과 매매계약서 관련 회의가 있는 날이다. 회의실에는 G자산운용의 최 팀장과 박 과장 및 매수자 측 법률자문사인 T법무법인 변호사가 자리 잡았고, 매도자 쪽에서는 C전자 TF 팀원들과 매도자 측 법률자문사인 S법무법인 변호사들이 참석했다.

매도자로부터 제공된 매매계약서 초안에 대해 매수자 측 T법무법인의 공 변호사가 먼저 입을 열었다.

"보내주신 초안에 저희 매수자 측 의견을 부기(Mark-Up)했습니다. 저희의 코멘트가 있는 조항에 대해 1조부터 협의하시죠."

일반적인 주택 거래와는 달리 오피스 빌딩 같은 대형 수익형 부동산은 인수합병(M&A) 거래와 비슷할 정도로 방대한 계약서와 상세 조항이 있다. 특히 부동산 거래에서는 매도자에게 소유권을 이전받은 후에는 추가적인 요구를 더는 할 수가 없기 때문에 정밀실사를 통해 파악된 여러 이슈나 금전적, 비금전적 조치를 사전에 정하고 계약서에 반영해야 했다. 계약서 협상 시에는 경험이 많은 최 팀장이 직접 협의를 이끌었고, 매도자와 매수자 간 이의 발생

시에는 배석한 법률 전문가들이 각자의 고객을 위해 법리적 공방을 펼치기도 했다. 무엇보다도 매도자의 진술 및 보장(Representations & Warranties)은 향후 소유권 이전 후에 발견될 수 있는 리스크를 사전에 매도자에게 보장시킴으로써 매수자의 경제적, 법적 부담을 최소화하는 조항이므로, 첨예한 논쟁의 대상이 되는 항목이었다.

3시간에 걸친 난상 토론이 진행된 후 T법무법인의 공 변호사가 말했다.

"저희가 마크업한 항목 중에서 절반 정도는 합의에 이른 듯하니까 합의된 내용에 대해 다시 조항(Wording)을 수정해 보내드리겠습니다. 남은 사안들에 대해서는 좀 더 검토 후에 다음 주 2차 회의 시 다시 논의하시죠."

함께 G자산운용으로 이동하는 택시를 탄 공 변호사와 최 팀장은 주요 안건에 대해 매수자 측 의견을 정리했다. 아직 상대적으로 경험이 짧은 박 과장은 100% 이해가 되지는 않았으나(특히 몇몇 조항은 자신의 눈에는 중요성이 높지 않은 것처럼 느껴졌음), 최 팀장의 단호한 말투로 보아 뭔가 자신이 모르는 사유가 있지 않을까 여겨졌다.

18) 투자위원회 승인

N연금공단의 곽기금 과장 역시 며칠 남지 않은 투자위원회 준비를 위해 분주했다. G자산운용으로부터 받은 투자제안서(IM)와 현지실사 결과를 바탕으로 심사의뢰서 작성을 완료해 심사 부서에 제출했고, 최근 며칠 간은 담당 심사역의 여러 가지 질문과 확인 사항에 대해 G자산운용에게 확인해 신속하게 답변했다. N연금공단은 1,000억 원의 큰 금액으로 지분 투자를 고려하고 있기 때문에 담당 심사역은 꼼꼼하게 검토를 진행했고, 때로는 너무 상세한 질

문으로 G자산운용의 박 과장을 귀찮게 한듯한 느낌마저 들었다. 그래도 심사역을 충분히 이해시키지 못하면 투자위원회에서 좋은 결론이 나올 가능성이 현저히 작아지므로 박 과장을 다그칠 수밖에 없는 상황이었다.

투자위원회는 최고 투자 책임자(Chief Investment Officer, CIO)인 본부장이 의장이 되고 각 유관 부서의 담당 임원이나 사업부장들이 투자위원으로서 부의된 투자 건의 적정성 여부를 평가해 의결 또는 부결하는 절차로 투자 건에 대한 공식적인 의사 결정 기구다. 심사역의 반응은 전반적으로 긍정적이었지만 투자위원회에서 어떤 질문이 있을지 몰라 곽 과장은 예상 질문을 미리 뽑고 답변을 준비했다. 투자위원회에서는 예상했던 질문들 위주여서 곽 과장과 담당 심사역은 적절한 답변을 할 수 있었고, 다행히 전원 가결로 1,000억 원의 지분 투자에 대한 승인을 득했다.

N연금공단에 이어 K보험사, H보험사, M공제회 등에서 투자위원회 승인이 계속 진행되었고, 어느덧 목표했던 지분 투자 모집 금액의 대부분이 순조롭게 승인을 받았다. 투자자 모집 현황을 계속 집계하고 있던 G자산운용의 최 팀장이 박 과장의 어깨를 두드리며 말했다.

"이제 7부 능선은 넘었으니 매매계약에 집중하자. 계약서만 잘 합의가 된다면 클로징이 얼마 남지 않았어."

19) 매매계약서 합의

오늘은 3차 매매계약서 협의가 진행되는 날이다. 대부분 주요 조항에 대해서는 매도자와 매수자 간 합의가 이뤄진 상황이나 일부 추가 협의가 필요한 부분에 대해 협의를 거쳤고, 변호사들의 조율을 거쳐 매도자와 매수자가 각각 일부 양보하면서 모든 조항을 합의했다.

매도자인 C전자 측 S법무법인 양 변호사가 말했다.

"이제 모든 조항에 대해 합의했으므로 오늘 정리된 내용을 반영한 매매계약서 최종 날인본을 내일까지 메일로 보내드리겠습니다. 혹시라도 이의가 있으면 신속히 알려주시기 바라며, 그렇지 않다면 이것으로 매매계약서 협의는 종료되는 것으로 하겠습니다. 공 변호사님, 동의하시는지요?"

매수자 측 T법무법인 공 변호사가 답했다.

"잠깐 저희 클라이언트와 말씀 나누겠습니다. 잠시만 휴식 시간을 주시겠습니까?"

매도자 측 인원들이 잠시 퇴장한 후 공 변호사는 G자산운용의 최 팀장과 박 과장에게 오늘 진행된 협의 사항에 대해 한 번 더 설명했다. 최 팀장은 투자 심의를 진행하고 있는 기관 투자자들과 대주단의 요청 사항 중에 혹시라도 매매계약서에 빠진 조항이 있는지 거듭 확인했다.

20분이 지난 후 매도자 측 협상단이 회의실에 다시 입장했다.

"공 변호사님, 합의됐다고 봐도 될지요?"

"네, 저희 매수자 측에서도 매매계약서에 동의하는 바입니다."

말이 떨어지자마자 박수 소리가 터져 나왔다. 박수의 주인공은 C전자 TF의 정매각 차장과 G자산운용 실무 책임자인 박운용 과장이었다. 머쓱한 느낌에 박수 소리가 잠시 잦아들었으나, 곧장 모든 인원이 박수를 치면서 자리에서 일어나 악수하기 시작했다. 박 과장은 감격에 겨워 얼굴이 붉게 달아올랐고 최 팀장이나 정 차장 역시 미소가 가득한 얼굴이었다.

C전자 사무실을 나온 후 최 팀장은 박 과장의 어깨에 팔을 얹으며 말했다.

"정말 고생 많았어. 박 과장의 노력과 수고가 아니었다면 지금 같은 희열은 느끼지 못했을 거야. 사실 두둑한 보너스 봉투를 받는 것도 좋지만, 우리 같은 딜 가이(Deal Guy)들의 최대 보람은 오늘처럼 딜 참여자들이 모두 손뼉 치고 악수하는 그 순간의 감동인 것 같아. 무언가를 함께 성취했다는 그 보람. 이 마약 같은 매력 때문에 우리가 끊임없이 야근하고 힘들게 사는 하루를 버텨낼 수 있지 않을까 싶어."

"저도 그런 희열을 지금 처음이나마 제대로 느꼈습니다. 정말 잊을 수 없는 순간이에요"

"그런데 이제 우리는 넘어야 할 산이 아직도 남았어. 매매계약은 완료됐지만, 투자자들로부터 자금 모집을 완료하고 부동산 펀드 구조를 통해 잘 클로징해야 하거든. 자금 모집은 이미 승인이 완료된 금액만 합산해도 충분한 수준까지 됐으니까 금융감독원에 펀드 설정을 위한 보고를 하고 잘 마무리하자. 마지막까지 최선을 다하자고!"

20) 매매계약서 체결 및 자금 인출

금융감독원 보고는 잘 마무리되었고, 이제 매매계약서에 기재된 거래 종결일(Closing Date)이 하루 앞으로 다가왔다. 목표했던 투자 금액 조달은 모두 마무리되었고, 담보대출 차입 역시 기대 이상으로 좋은 조건에 대주단이 합의하면서 이제 남은 절차는 내일로 다가온 매매계약서 체결과 매매 대금 지급이었다(매매 대금 납부 시 계약금과 잔금으로 나누어 진행하는 것이 일반적이나, 설명의 편의상 일시불로 지급하는 것으로 가정함).

드디어 약정일이 다가왔다. 매도자 측 S법무법인 회의실에 양 변호사, 매각

TF의 정 차장과 오 대리, G자산운용의 최 팀장, 공 변호사 등 거래에 참여한 여러 관계자가 모였다. 각 담당자는 법무법인 변호사들의 확인을 거쳐 법인 등기부등본 등의 거래 종결 서류를 교환하고 법인인감을 계약서에 날인했다. 부동산 펀드의 경우 법인격(法人格)이 없기 때문에 수탁은행이 매수자 자격 으로 날인하고 이를 근거로 부동산 펀드의 투자자들이 투자약정서에 날인하 는 절차를 밟는 게 일반적이므로, G자산운용 직원들은 각 기관을 돌면서 날 인을 받기 시작했다. 모든 절차가 반드시 당일에 종료되어야 하기 때문에 이 동 동선까지 사전 체크하면서 여러 지역을 돌아야 했다.

매매계약 완료 후에는 대금 지급이 이뤄져야 하므로 각 투자자 및 대출기 관들은 투자, 인출 선행 조건을 확인한 후 판매사(증권사)가 개설한 계좌로 자 금 송금을 시작했다. 박 과장은 자금 이동의 현황을 실시간으로 파악하기 위 해 사무실에 대기하며 계속 전화를 돌렸고, 몇 가지 우여곡절이 있었다. 하지 만 다행히 빠진 금액 없이 은행 업무 종료 마감 전에 부동산 펀드 계좌에 자 금이 모두 입금되어 매도자에게 이체를 시작했고, 소유권이전등기도 정상적 으로 접수되었다는 연락을 법무사에게 받았다. 이제 사실상 딜 클로징이 목 전에 다가왔다.

그 시간 C전자 TF팀 정 차장과 오 대리는 재정팀에 10분 단위로 계속 전화 를 하고 있었다. G자산운용으로부터 송금이 시작했다는 연락은 받았지만, 이 거래처럼 엄청난 자금의 이동은 한국은행 지급준비금(지준) 이체를 통해 일 어나기 때문에 시간이 예상보다 더 걸리는 경우가 있다. 매매 대금이 입금되 는 것을 확인해야만 비로소 매각이 종결된 것이므로 TF팀 사무실에는 유 상 무까지 내려와 함께 재정팀의 전화를 기다렸다.

드디어 전화벨이 울렸고 오 대리가 얼른 받았다.

"입금 됐다고요? 전체 금액이 ○○○억 원인데 전액 입금된 게 맞습니까? 한 번 더 확인 부탁드립니다."

잠시 후 오 대리가 팔을 번쩍 들며 수화기를 내려놓았다.

"드디어 딜 던(Deal Done)입니다! 전액 입금 확인됐습니다!"

TF팀원들도 모두 악수를 주고받으며 서로를 축하했고, 긴장되어 있던 정 차장의 얼굴은 드디어 화색이 만연했다. 유 상무는 "바로 사장님께 보고 드리러 갑니다. 수고 정말 많았어요, 다들!"이라며 자리에서 일어섰다. 드디어 끝난 것이다.

21) 차기 프로젝트(Next Project)

G자산운용의 박 과장은 클로징 다음 날에도 여전히 분주했다. 새로운 자산관리회사(Property Manager, PM)로 선정된 D사와의 킥오프(Kick-Off) 미팅이 있었고, 법무법인으로부터 받은 거래 종결 증빙 서류들을 정리했다. 내일부터 있을 달콤한 1주일간의 휴가를 생각하며 들떠 있는데 지나가던 최 팀장이 싱긋 웃으며 오라고 손짓을 했다.

팀장 집무실에 들어간 박 과장에게 최 팀장은 낯선 서류 패키지를 안겨줬다. 처음 보는 IM과 투자 건 설명 자료 등이 패키지에 들어 있었고, 특히 영어로 작성된 여러 문서가 눈에 띄었다. 의아한 표정으로 쳐다보던 박 과장에게 최 팀장이 웃으며 말했다.

"내일부터 미국으로 휴가 간댔지? 뉴욕이라고 들은 것 같은데…."

"네, 저희 형님이 뉴욕에서 일하고 있어서 오랜만에 가보려고요. 바람도 쐬고 머리도 식히고요."

"잘됐네. 이번에 박 과장 일하는 거 계속 지켜봤는데, 어려운 딜을 정말 잘 해냈어. 그래서 말인데, 알다시피 요즘 국내 자산운용 업계에서 가장 뜨거운 화두가 해외 부동산 투자잖아? 다음 프로젝트로 미국 뉴욕의 오피스 빌딩 중 순위 대출(Mezzanine Loan) 투자 건을 제안받았거든. 맨해튼에서도 가장 핵심 지역인 미드타운(Midtown) 한복판에 있는 건물이니까 혹시 뉴욕에 있을 때 지나칠 기회가 있으면 한번 둘러봐. 복귀하면 박 과장이 맡아서 해야 할 프로젝트니까…."

"네? 해외 부동산 투자요? 제가 아직 그런 경험은 없는데…."

최 팀장은 그냥 웃기만 하면서 박 과장의 어깨를 두드렸다.

"내가 있으니까 너무 걱정하지 말라고. 그리고 다음 주에 돌아오면 근사한 저녁 한 번 쏠 테니까 기대해. 멋진 휴가 보내고!"

박 과장은 퇴근길에 오랜만에 친구들과의 약속 자리로 향했다. 강남에서의 약속이라 차를 몰고 이동하던 중 문득 저 멀리 보이는 C전자 빌딩. 최근 여러 회의 때문에 자주 방문했지만, 밤에는 제대로 본 적이 없었기에 방향을 돌려 빌딩 앞으로 갔다. 환하게 밤거리를 밝히는 당당한 모습에 살짝 감격스러운 느낌마저 들었다. 세상 누구도 자신이 어떤 역할을 했는지 모르겠지만, 이 거대하고 웅장한 빌딩이 자기 손을 거쳐 새로운 주인을 맞게 되었다는 뿌듯함이 가슴을 채웠다. 앞으로 지금의 모습을 유지할 수 있게끔 잘 관리하고 운영해야겠다는 새삼스러운 다짐을 하며 다시 차에 올랐다.

오피스텔 개발 사업 가상 프로젝트

시행 : **김시행** 과장, **김개발** 팀장
시공 : **이시공** 과장
신탁 : **박신탁** 과장
은행 : **윤은행** 차장
증권 : **최증권** 팀장
법률 : **이** 변호사
신평 : **정** 연구원

위례 신도시 오피스텔 개발 사업(미분양 담보대출 확약 구조)

김시행 과장은 H대 도시공학과를 졸업하고 국내 최대 규모 디벨로퍼인 P개발에 신입 사원으로 입사해 올해 과장으로 승진한 5년 차 직장인이다. 입사 후 마케팅팀에서 회사 자체 사업의 분양 마케팅 및 외주사업 분양 마케팅 대행 등의 업무를 하다가 작년에 개발사업2팀으로 부서를 옮기게 되어 현재는 개발 사업 수주를 담당하고 있다. 개발사업부의 업무를 간단히 소개하면 신규 사업부지 정보를 발굴(Deal sourcing)해 사업성 검토 후 우량 부지를 매입, 개발, 분양 등 개발 사업을 총괄적으로 추진하는 영업부서다.

김개발 팀장은 K대 건축학과 졸업 후 대기업 계열 S건설에서 공사 및 개발 사업 수주를 10년간 경험한 후 좀 더 액티브하게 개발 사업을 추진하기 위해 P개발로 이직한 부동산 개발 전문가다. 작년에 개발사업2팀 팀장으로 진급했고 김시행 과장을 포함한 3명의 팀원과 함께 신규 사업을 적극적으로 검토하고 있다. 김개발 팀장은 인간적으로는 끈끈하고 정이 있는 사람이지만 팀장으로서 팀원들을 트레이닝하기 위해 업무적으로 냉철하게 대하는 편이다.

윤은행 차장은 S대 경영학과를 졸업하고 K은행에 신입으로 입행해 올해 차장으로 승진한 10년 차 은행원이다. 3년간 지점에서 기업대출 업무를 담당한 후, 본점 프로젝트금융부로 배치되어 부동산 PF대출 업무를 7년째 담당하고 있는 베테랑이다. 글로벌 금융위기 이후 기존 PF대출의 부실화와 그 이후 몇 년간의 신규 PF 공백 기간을 직접 몸으로 겪어왔기 때문에 은행 내 영업부서(Front 부서)긴 하지만 리스크 관리에도 상당한 노하우를 갖고 있다.

최근 P개발이 위례 신도시 내 업무시설용지(준주거지역)를 낙찰받아 오피스텔 개발 사업을 추진 중인데 실무 담당자인 김시행 과장이 PF대출을 받기 위해 K은행 윤은행 차장 및 여러 관계자를 만나 다양한 단계를 거쳐 최종 클로징되는 과정을 살펴보겠다. 개발 사업이 어떻게 진행되는지, PF대출이 어떤 과정으로 진행되는지, 그리고 시공사, 신탁사, 증권사, 법무법인, 신용평가사 등 유관 기관과 어떻게 협업하는지 알아보자.

1) 용지 공급 공고
김시행 과장은 작년 개발사업2팀으로 이동발령 후 수십 개의 부지를 검토했으나 아직 수주에 성공한 사업이 없었다. 그러던 차에 지속적으로 관심을 갖고 지켜보던 위례 신도시에 한국토지주택공사(LH공사)에서 오피스텔 개발이 가능한 업무시설용지(준주거지역)를 공급한다는 입찰 공고가 나왔다. 김시행 과장이 학창 시절을 보낸 곳이 송파구 가락동이라 주변 현황 및 개발 계획 등을 잘 알고 있고, 위례 신도시가 최근 가장 주목받는 지역 중 하나라 사업성에 대한 확신이 있었다.

2) 개발사업2팀 주간 회의

매주 월요일 아침마다 열리는 회사 주간 회의의 최근 주요 이슈는 신규 사업 수주다. P개발은 국내 최대 규모와 실적을 자랑하는 디벨로퍼이긴 하나 2010년 이후 주택 경기 하락 시점에 분양한 사업들의 미분양으로 한동안 고생하다 최근 미분양 정리가 완료되어 신규 사업에 투자할 자금이 충분하지 못한 상태다. 따라서 반드시 성공할 수 있는 우량 사업을 수주해 회사의 수익을 창출하고 예전의 명성을 다시 회복해야 하는 상황이었다. 그 분위기는 개발사업2팀의 주간 회의에도 그대로 이어졌다.

"팀원 여러분들도 잘 알겠지만 최근 우리 회사의 주요 이슈는 우량 신규 사업 수주입니다. 최근 주택 경기의 활황에 따라 타 건설사들이 신규 분양에 성공하고 있습니다. 우리도 매달 10건 이상의 신규 사업을 검토했지만, 올해 들어 내부 수주 심의를 통과한 사업이 없습니다. 그만큼 회사의 눈높이가 높고 우리 개발사업2팀에 거는 기대도 큽니다. 따라서 힘들겠지만, 우량 신규 사업 발굴을 위해 최선을 다해주시기 바랍니다."

김개발 팀장의 말에 팀원들은 침묵에 빠졌다. 그동안 열심히 딜 소싱을 했는데 한 건도 사업 진행이 되지 않자 힘이 빠진 상태였다. 그중 몇 개의 사업은 타 시행사(시공사)에서 토지 매입 후 분양에 성공해, 빡빡한 내부 수주 심의 기준에 불만을 나타내는 팀원들도 있었다. 이때 침묵을 깨고 김시행 과장이 말했다.

"팀장님, 지난주에 LH공사에서 위례 신도시 업무시설용지(준주거지역) 공급 공고가 났습니다. 오피스텔 개발 가능한 업무시설용지(준주거지역)이긴 하나 위례 신도시가 분양성도 좋고, 주변 개발 호재도 풍부하므로 사업성이 뛰어나다고 판단됩니다."

"최근 위례 신도시가 가장 핫한 지역이긴 하지. 언제 입찰일이지?"

"다음 주 금요일 입찰이니까 2주 남아 있습니다. 목요일까지 검토 보고서 준비해서 금요일에는 보고드릴 수 있도록 준비하겠습니다."

"OK, 김 과장. 최근 수주 심의 빡빡한 거 알지? 철저히 준비하도록!"

김시행 과장의 자신 있는 답변에 김개발 팀장은 내심 기분 좋았지만 김시행 과장이 방심하지 않도록 주의 주는 것을 잊지 않았다.

3) 사업성 검토

김 과장은 바로 수주 심의용 보고서 작성에 들어갔다. 우선 사업 수지(엑셀)와 사업 검토 보고서(파워포인트) 작성을 시작했다. LH공사의 용지 공급 안내 자료(매매가, 납부 조건, 토지이용계획, 지구단위계획 등)를 확인 후 개략 사업 수지 검토를 시작했다. 우선 토지이용계획과 지구단위계획(용적률, 건폐율 등)을 감안해 규모(분양면적)를 산출한 후 주변 시세를 감안한 목표 분양가 곱해 매출을 산정했다. 그리고 토지비, 공사비, 용역비(설계비, 감리비 등), 판매비(분양대행수수료, 홍보비 등), 간접 경비(제세공과금, 부담금 등), 예비비 등 매출 원가와 PF대출 관련 금융 비용을 차감해 사업 이익을 산출했다. 검토 결과 사업 이익이 15% 정도로 추정되었다. 개략 사업 수지 검토 결과 사업 이익이 양호해 정밀한 사업 수지 작성을 위해 오피스텔 설계(규모 검토)를 H건축에 의뢰했다. 통상적으로 1주일 이상 소요되는데 그동안 친분이 있는 H건축 담당 소장님에게 중요한 건이고 택지지구라 난이도가 높지 않아 수요일까지 급행으로 진행해달라고 요청했다.

이어서 사업검토보고서(파워포인트) 작성에 들어갔다. 보고서에는 부지 개요, 법규 검토(인허가, 토지 확보), 주변 환경 분석(분양성, 시세 등) 및 사업 수지 등이 포함된다. LH공사가 공급하는 택지로서 인허가 및 토지 확보에는 문제가 없을 것으로 판단되었다. 위례 신도시가 최근 가장 이목이 쏠리고 있는 택지지구로 위례-신사선(지하철), 위례선(트램), 도로 확장 등 교통 인프라가 확충될 예정이고 제2롯데월드, 문정지구(법조타운 외), 가락시장 현대화 등 주변 개발 호재도 많다. 최근 아파트, 오피스텔 및 상가 분양 성공을 이어가고 있어 시장 전망은 양호할 것으로 판단했다.

다음으로 주변 시장 상황 확인 및 적정 분양가 산정을 위해 현장을 방문했다. 현장 및 인근 부동산 조사 결과 위례 신도시 상당수의 아파트가 입주했고 향후 1년 내 공사 중인 아파트가 입주 완료 예정이다. 입주 시점에는 주변 인프라도 상당 부분 갖춰져 있을 것으로 판단되었고 아파트, 상가, 오피스텔 모두 분양가 대비 프리미엄이 형성되어 있었다

수요일 오후 H건축으로부터 설계(안)가 나와 김 과장은 본격적으로 사업 수지 검토에 들어갔다. 대지 면적 4,000평, 연면적 26,000평(용적률 299%), 지하 5층, 지상 15층으로 오피스텔 550실 및 상업시설(지하 1층~지상 2층)로 구성했다. 김 과장은 새벽까지 야근해서 사업 수지와 보고서를 마무리하고서야 퇴근할 수 있었다.

목요일 아침 김 과장은 준비한 사업 수지와 사업 검토 보고서를 김개발 팀장에게 보고했다. 김 팀장은 분양가, 공사비 등 가정 사항에 대해 유관 부서와 사전 협의를 진행하고, 다음 주 수주 심의 진행 시 예상 질문을 뽑아 Q&A를 작성하라고 지시하며 몇 가지 질문을 했다.

"김 과장, 분양가 산정은 어떻게 했고, 수분양자 입장에서 오피스텔 투자 수익률은 얼마나 나오지?"

"팀장님, 분양가는 위례 신도시 내 기분양한 오피스텔 분양가와 인근 문정동 오피스텔 분양가 및 시세를 기준으로 보정해 산출했습니다. 그런데 수분양자 입장에서 투자 수익률은 아직 준비 못 했습니다."

김 과장은 새벽까지 야근하며 겨우 보고서 완성했는데 보고서에 들어가지 않는 투자 수익률까지 물어보는 김 팀장이 야속했다. 김 팀장은 책상 위에 놓여있는 서류를 김 과장에게 주며 말했다.

"오피스텔이나 상가 같은 수익형 부동산의 경우 수분양자 입장에서 투자 수익률 분석은 기본이니까 Q&A에 포함해야 돼. 내가 다른 프로젝트 Q&A 샘플 줄 테니까 수정해서 준비해."

김 팀장은 개발담당 본부장과 대표이사에게 보고했고, 다음 주 월요일 임원회의 후 수주 심의를 진행하기로 결정되었다.

4) 수주 심의

드디어 다음 주 월요일 아침, 김 과장은 대표이사, 마케팅본부, 상품기획본부, 엔지니어링본부, 재경본부 담당 부서장들이 배석한 가운데 실무 담당자로 수주 심의에 참석했다. 우선 김개발 팀장이 보고를 시작했다.

"위례 신도시에 대지면적 4,000평, 연면적 26,000평, 지하 5층, 지상 15층 규모로 오피스텔 550실과 지하 1층~지상 2층 상업시설을 개발하는 사업입니다. 토지는 LH에서 공급하는 택지로 소유권 이전 및 인허가 관련 이슈가 없고 주변 아파트, 오피스텔 및 상가가 분양 완료되었고 프리미엄이 형성되어 있어 사업성이 매우 뛰어납니다. 분양성 및 사업 수지 관련 세부 사항은 김시행 과장이 보고 드리겠습니다."

김시행 과장은 준비한 사업 검토 보고서의 내용을 위례 신도시 및 주변 개발 계획, 분양가 적정성, 사업 수지 순서로 설명했다. 처음에는 살짝 떨리기도 했지만, 사업 내용을 확실히 숙지했고 지난 주말 혼자 가상 프레젠테이션 연습도 해서 무난하게 보고를 마칠 수 있었다.

김 과장의 보고가 끝나고 유관 부서 부서장들의 질의가 쏟아졌다. 마케팅팀에서는 분양가의 적정성에 대해서 질의했고, 상품기획팀에서는 설계 및 인허가 진행 상황에 관해 물은 후 건물 외관 및 내부 인테리어 특화를 추진해야 한다고 요청했다. 엔지니어링팀은 그 경우 공사비 증가가 예상되므로 공사도급 계약 시 사업 수지상 공사비 범위 내로 맞춰야 한다고 요청했다.

각 부서의 질의가 끝난 후 대표이사님이 자기자본 및 PF대출 규모와 조달 계획에 대해서 질문을 했다.

"과거에는 PF대출 조달 관련 사항은 수주 심의할 때 다루지 않고 수주가 완료된 후 검토했는데 그로 인해 당사가 어려움을 겪은 걸 여러분들이 잘 알고 있을 겁니다. 이 건의 경우 수주가 되면 PF대출에 이상 없나요?"

"위례 신도시의 사업성이 뛰어나 PF대출은 가능할 것으로 보이나 신용등급이 우량한 건설사의 책임준공 및 금융 구조가 필수적입니다. 사업을 수주하게 되면 초기부터 개발사업팀과 협의해 건설사 및 주관 금융기관을 접촉하도록 하겠습니다." 재경팀 김금융 팀장이 답변했다.

"OK, 그리고 수분양자 입장에서 이 오피스텔 투자 수익률이 어떻게 되나요?"

"18평형 오피스텔의 분양가 1억 8,000만 원이고 보증금 1,000만 원, 월 임대료 60만 원 적용 시 투자 수익률 4.2%이고, 담보대출 레버리지 활용 시 5.5% 내외의 수익을 목표로 하고 있습니다." 김개발 팀장이 답변했다.

"OK, 최근 저금리 감안 시 수익형 부동산으로 괜찮겠군. 계열법인 3개 모두 입찰에 참여하고 재경팀은 입찰보증금 준비하세요."

다행히 미리 준비한 예상 Q&A 범위를 벗어나지 않아 수주 심의가 통과되었고 입찰에 참여하기로 했다. 김시행 과장은 지난주 김개발 팀장의 지시 사항을 따르기를 잘했구나, 안도의 한숨을 쉬었다.

5) 입찰

드디어 금요일 입찰일이 됐다. 김 과장은 LH 토지청약시스템에 계열법인 3개의 입찰을 신청하고 입찰보증금을 납부했다. 예상대로 많은 업체가 입찰에 참여했고 운 좋게도 P개발이 수십 대 일의 경쟁률을 뚫고 낙찰자로 선정되었다.

6) 계약

주말 동안 달콤한 휴식을 취한 김 과장은 월요일 아침 재경팀과 협의해 토지 계약금 10%를 납부하고 계약을 체결했다. 나머지 중도금 및 잔금은 6개월 단위로 6회 분할 납부하는 조건으로 PF대출을 받아 선납하면 할인을 받을 수 있다. 김 과장은 지난 2주간 계속된 야근으로 몸은 힘들었지만, 드디어 해 냈다는 성취감으로 뿌듯했다.

7) 설계 및 인허가 검토

김 과장은 이어서 설계(안)을 작성했던 H건축, 회사 상품기획팀과 설계, 인 허가 관련 미팅을 했다. 어떻게 하면 기존 오피스텔들과 차별화된 평면을 뽑 아낼 수 있을지, 최초 설계안보다 용적률을 상향시킬 방법이 없는지에 대해 서 협의했다. 그리고 교통영향분석, 건축허가신청 등 인허가 일정 및 준비 사 항에 대해 협의했다.

8) 시공사 검토

다음으로 김 과장은 도급 순위 10위권 내 메이저 건설사 몇 곳에 공사 참 여 의향이 있는지 타진했다. 그런데 사업 수지 작성 시 평당 430만 원의 공 사비를 책정했는데 협의를 해보니 대부분의 건설사에서 평당 460~480만 원 을 요구했다. 게다가 분양률과 관계없이 공사비의 80% 이상을 사전에 확보 해 달라고 요구해왔다.

김 과장은 머리를 한대 얻어맞은 느낌이었다. 지금까지 수십 건 사업성 검 토를 하면서 기계적으로 오피스텔은 평당 430만 원 공사비 책정했고 그 기준 으로 수주 심의까지 완료한 상황에서 공사비를 맞출 수 없다니… 눈앞이 캄 캄해졌다. 예전에 외부 PF 교육받으러 갔을 때 강사가 했던 말이 떠올랐다. 책상에 앉아 엑셀로 사업 수지 검토 시 원하는 숫자가 나오지 않으면 분양가 를 높이거나 공사비 등 원가를 낮춰서 수지를 맞추는데 그런 숫자놀이가 나중에는 현실로 다가오니 주의해야 한다던 말! 이제야 그 말이 무슨 말이었는지 가슴에 와 닿았다.

김 과장은 김개발 팀장을 통해 공사관리(CM)를 담당하는 엔지니어링팀 김공사 팀장에게 우리 조건에 맞는 시공사 선정을 위해 협조해달라고 부탁했다. 김공사 팀장은 국내 대기업 계열 H건설 출신이라 경험이 많고 시공사 인적 네트워크가 풍부한 사람이다.

9) PF대출 검토

다음날 오전 김 과장은 PF대출 관련 협의를 위해 재경팀 김금융 팀장이 소개한 K은행 윤은행 차장을 만나기 위해 은행 본점을 방문했다.

"안녕하세요, P개발 김시행 과장입니다. 만나서 반갑습니다."

"반갑습니다, K은행 윤은행 차장입니다."

김시행 과장이 먼저 사업에 대해 설명했다.

"위례 신도시에 오피스텔 개발하는 사업인데 위례 신도시 주변 개발 호재, 최근 분양사례 감안 시 분양률 매우 양호하고 사업 수지상 사업 이익도 15% 수준이므로 은행 입장에서 리스크가 거의 없으실 겁니다. 또한, 저희 P개발은 국내 최고의 디벨로퍼로 사업 실적도 많고 재무 상태도 양호하니 PF대출 부탁드립니다."

"축하드립니다. 정말 좋은 사업을 수주하셨네요. 말씀하신 대로 분양성도 양호하고 사업 이익률도 높은 편이네요. 그런데 저희뿐만 아니라 1금융권에서 PF대출 받기 위해서는 몇 가지 선행되어야 하는 조건이 있습니다. 과장님도 잘 아시겠지만, 과거 금융권에서 시공사 보증만 믿고 무리하게 PF대출 해줬다가 부실이 많이 발생했잖아요? 그래서 최근 1금융권에서는 토지 매입,

인허가 및 시공사 선정이 완료되어야 PF대출 추진이 가능합니다."

"그럼 현재 상태에서는 PF대출 진행이 어려운가요? PF대출을 위해서는 어떤 준비가 되어야 하나요?"

"우선 인허가와 시공사 선정을 진행하셔야 합니다. 인허가 진행을 위해서는 토지 소유권을 확보하거나 계약 후 매도인으로부터 토지사용승낙서를 받아야 하고, 시공사는 책임준공 가능한 우량 건설사로 선정하시는 게 PF대출 추진에 유리합니다. 원하시면 브릿지론 기관이나 시공사 몇 군데 소개해드릴 수 있습니다."

"그런데 브릿지론이 뭔가요?"

"네, 브릿지론은 인허가, 시공사 선정 등이 안 된 상태에서 단기로 대출을 받아 인허가, 시공사 선정 등을 추진하기 위한 대출로 향후 PF대출을 받기 위한 가교 역할을 하므로 통상적으로 브릿지론이라고 합니다."

"감사합니다. 회사 재경팀과 협의한 후에 다시 연락드리겠습니다"

김시행 과장은 또 한 번 머리를 맞은 느낌이 들었다. 이렇게 우량한 사업지를 확보했는데 무슨 절차가 이렇게 복잡하고 어려운 건지… 서둘러 회의를 마치고 은행 문을 나섰다.

회사로 돌아온 김시행 과장은 김개발 팀장과 재경팀 김금융 팀장에게 보고 후 이 상황을 어떻게 해결해야 할지 고민에 빠졌다. 지금까지 프로젝트의 입지, 분양성, 사업 수지 등 사업성 위주로 생각해 왔는데 앞으로는 사업 초기부터 자금조달 방안에 대해 검토해야겠다고 생각했다.

10) 인허가 협의

며칠 후 김 과장은 인허가 협의를 위해 구청 담당자를 만났다. 구청 담당자는 교통영향분석 개선대책 수립, 건축 사전 결정, 건축허가 순으로 진행되는데 인허가 진행을 위해서는 토지 소유권을 확보하거나 토지사용승낙서를 확보해야 한다고 했다.

이어서 김 과장은 토지 매도자인 LH공사를 방문해 토지사용승낙서 관련 협의를 했다. 과거 타 사업의 경우 공공택지는 토지비 잔금을 완납하지 않더라도 중도금 일부만 납부하면 인허가용 토지사용승낙서 발급이 가능했기에 발급 가능할 것으로 생각했다. 하지만 토지 매매 대금을 완납하거나 납부하지 않은 잔여 대금에 대해 담보를 제공해야 토지사용승낙을 받을 수 있다는 답변을 받았다. K은행 윤은행 차장의 말대로 브릿지론을 받을 수밖에 없는 상황이었다.

11) 브릿지론 협의

회사로 돌아온 김 과장이 재경팀에 브릿지론을 협의하러 갔다. 다행히 경험 많은 김금융 팀장이 이미 S캐피탈과 사전 협의를 해놓았다고 한다. S캐피탈이 기존 거래처라 우리 회사 재무 상황, 사업 실적 등을 잘 알고 있고 이번 사업이 공공택지에 위치하고 분양성이 양호할 것으로 판단되어 브릿지론은 무리 없을 것이라는 답변을 듣고 한숨 돌렸다. 재경팀장은 회사가 보유하고 있는 다른 부동산을 추가로 담보 제공 예정이라고 귀띔해줬다.

12) 설계 확정

며칠 후 H건축에서 설계안을 확정해서 보내왔다. 용적률은 기존 설계안 대비 약간 상향되었고 평형은 분양성이 양호한 소형 평형 위주로 구성하기로 했으며 위례 신도시 상가 분양이 활성화되어 있으므로 근생시설을 지하 1층 ~지상 2층까지 구성하기로 했다.

13) 브릿지론 및 토지 중도금 납부

P개발은 사업을 본격적으로 추진하기 위해서 S캐피탈에서 브릿지론을 대출받아 토지비를 납부하고 선납할인을 받았다. 정신없이 하루를 보낸 김 과장은 퇴근 준비를 하다 재경팀 김금융 팀장과 마주쳤다.

"팀장님, 정말 감사합니다. LH공사에서 토지사용승낙서를 발급해주지 않아 마음고생 심했었는데 팀장님 덕분에 한 시름 덜었습니다."

"김 과장, 이제부터 본격적으로 사업 시작이야. 브릿지론은 내가 알아서 처리해줬지만 PF 받으려면 인허가, 시공사 선정 등 할 일이 많아. 최근에는 사업 따로 금융 따로 아니라 사업 초기 단계부터 PF대출에 적합한 조건을 충족시켜야 돼. 다음 주에 바로 K은행 윤은행 차장과 협의하고 진행 사항을 우리 재경팀이나 엔지니어링팀에 계속 공유해야 해. 알겠지?"

"네, 팀장님. 꼭 그렇게 하겠습니다."

14) PF대출 협의

다음 주 월요일 김 과장은 PF대출 관련 협의를 위해 K은행 윤은행 차장을 찾아갔다.

"차장님, 조언해 주신대로 브릿지론으로 토지비 납부하고 인허가 진행하고 있습니다. 본격적으로 PF대출 진행 부탁드립니다."

"과장님, 수고 많으셨네요. 당행에서 PF대출 검토를 위해서 기초 자료 몇 가지 요청하겠습니다. 사업 수지와 사업 검토 보고서, 그리고 자기자금 및 필요하신 대출 규모 등 관련 자료 보내주시면 검토 후 진행 가능한지 회신 드리겠습니다."

김시행 과장은 윤은행 차장이 요청한 자료를 메일로 보냈고 윤 차장은 검토 및 내부 보고 후 다음 날 김 과장에게 전화했다.

"과장님, 보내주신 자료 검토 결과 사업성이 양호해 PF 추진하기로 했습니다. 우선 PF대출이 필요한 시기가 언제이신가요?"

"3개월 후 분양 목표라 2개월 내 PF대출 받고 싶습니다."

"네, 그럼 빠르게 진행해야겠네요. 공공택지 내 토지 계약을 하셨고, 인허가는 진행 중이시니 우선 시공사를 선정하고, 외부 사업성 평가를 의뢰하셔야 합니다. 그리고 시행 주체가 확정되어야 하는데 저희는 관리형 토지 신탁 구조로 진행하시는 것을 추천합니다."

"윤 차장님, 시공사 선정 시 유의 사항 있나요?"

"일단은 회사 자체적으로 찾아보시고 만약 적합한 시공사를 못 찾으시면 추천해 드리겠습니다. 일반적으로 1금융권에서 PF대출 시 선호하는 기준은 도급 순위 10위권, 회사채 등급 A 이상의 업체입니다. 무조건은 아니고 상황에 따라 협의할 수 있지만 이런 기준에 맞는 업체를 선정하시면 좀 더 원활하게 PF 진행이 가능합니다."

"그리고 사업성 평가는 어느 기관에 의뢰해야 하나요? 추천해주실 곳 있나요?"

"외부 사업성 평가는 신용평가사와 회계법인에서 진행하는데 통상적으로 3대 신용평가사(한국기업평가, 한국신용평가, Nice신용평가)의 평가 보고서를 더 선호합니다."

"네, 알겠습니다. 그리고 관리형 토지 신탁은 무엇인가요?"

"관리형 토지 신탁은 부동산 신탁의 일종으로 은행 입장에서는 관련 담보권 및 시행권 확보로 사업의 안정성을 확보하기 위해 필수적입니다. 관리형 토지 신탁으로 사업 추진 시 신탁회사가 인허가의 주체가 되므로 사업 초기에 관리형 토지 신탁으로 진행할지 사업 구조를 확정하셔야 합니다."

"네, 알겠습니다."

"그리고 본격적으로 PF대출을 추진하기 위해서는 당행과 P개발 간 금융자문계약을 체결해야 합니다. 자문계약서 주요 내용은 대출 추진 관련 당행에 독점적 권한을 부여한다는 내용과 비용 부담의 주체를 명확하게 하자는 것입니다."

김 과장은 회사로 돌아와 협의 내용을 내부 보고 후 K은행과 금융자문계약을 체결하기로 했고 서둘러 시공사, 신용평가회사, 신탁사와 협의를 시작했다.

15) 시공사 협의

드디어 엔지니어링팀 김공사 팀장이 평당 430만 원에 공사 가능한 시공사를 물색해 김 과장에게 연결해주었다. T건설사인데 도급 순위는 10위권이고 회사채 등급 A의 우량 업체였다. 김 과장은 바로 K은행 윤은행 차장에게 전화해 확인하니 T건설사로 PF 추진에 무리 없다는 답변을 받았다.

이어서 김 과장은 T건설 이시공 과장에게 전화를 걸었다.

"안녕하세요, P개발 김시행 과장입니다. 저희 회사 김공사 팀장님 소개로 연락 드렸습니다."

"네, 안녕하세요. 위례 신도시에 오피스텔 개발하신다고 김공사 팀장님께 말씀 들었습니다. 제가 개략 검토해봤는데 사업성이 양호할 것 같아 공사 참여 진행해 보려고 합니다. 저희도 내부 검토를 진행해야 하는데 사업 수지, 사업 검토 보고서와 확정된 설계안을 보내주시면 검토 후 연락 드리겠습니다."

김시행 과장은 이시공 과장에게 자료를 이메일로 송부했다.

16) 사업성 평가 의뢰

이어서 김 과장은 3대 신용평가회사에 사업성 평가 관련 문의를 했고 가격이 적정하고 빠른 보고서 작성이 가능한 N신용평가에 사업성 평가를 의뢰했다. 통상적으로 보고서가 나오는데 3~4주 소요되는데 N신용평가는 위례 신도시 내 타 사업장 사업성 평가 사례가 있어 3주 이내에 보고서 작성 가능하다는 답변을 받았다.

17) 신탁 협의

김시행 과장은 윤은행 차장으로부터 3곳의 부동산 신탁사를 추천받았고 그중 재무 상태가 우량하고 관리형 토지 신탁 실적이 많으며 적정 수수료를 제안한 H부동산신탁에 의뢰하기로 했다. H부동산신탁 담당자에게 관련 자료를 보내주고 관리형 토지 신탁 추진을 검토해달라고 요청했고 며칠 후 H신탁 박신탁 과장으로부터 참여 의사를 통지받았다.

18) 텀시트 협의

K은행 윤은행 차장은 텀시트(Terms&Conditionst) 초안이 완성되어 김시행 과장에게 전화했다.

"과장님, 당행에서 대출 진행을 위해 텀시트 초안을 작성해서 보냈으니 검토 부탁드립니다. 세부적인 조건 협의를 위해서는 당행, P개발, 시공사가 함께 미팅하는 게 좋을 것 같습니다. 시공사에도 텀시트 전달해주시고 시간, 장소 정하셔서 알려주시기 바랍니다."

김시행 과장은 T건설 담당자인 이시공 과장과 통화 후 다음 날 오후에 K은행 회의실에서 미팅하기로 했다.

다음 날 K은행 회의실에서 윤은행 차장, 김시행 과장, 이시공 과장이 만나 텀시트 협의를 진행했다.

"반갑습니다, K은행 윤은행 차장입니다. 위례 신도시 오피스텔 개발 사업 텀시트를 보내드렸는데 P개발, T건설의 의견 수렴해 수정안을 작성하려고 오늘 미팅 자리를 마련했습니다. 먼저 P개발 김시행 과장님께서 간단히 사업 개요 및 진행 상황 설명 부탁드립니다."

"안녕하세요, P개발 김시행 과장입니다. 위례 신도시에 대지면적 4,000평, 연면적 26,000평, 지하 5층/ 지상 15층 규모의 오피스텔 550실 및 지하 1층~지상 2층 규모의 상업시설을 개발하는 사업입니다. 매출 3,020억 원, 토지비 700억 원, 공사비 990억 원, 사업 이익 445억 원(14.8%)입니다. 에쿼티(Equity) 100억 원, PF대출 800억 원으로 사업비 조달해 사업 추진 예정이고 공사비는 평당 430만 원으로 계획하고 있습니다. 다들 아시다시피 위례 신도시가 최근 가장 주목받는 지역으로 주변 아파트, 상가는 100% 분양 완료된 상태로 분양성 매우 우수합니다. 현재 LH공사에 토지비 납부 후 인허가 진행 중으로 약 1개월 내 건축허가 완료 예정이고 T건설에서 공사도급 검토 중입니다."

"네, 그럼 관련 T건설 내부 진행 상황 및 텀시트 수정 요청 사항 부탁드립니다."

"반갑습니다, T건설 이시공 과장입니다. 저희 T건설도 사업의 분양성이 매우 좋을 것으로 예상해 적극적으로 검토 중입니다. 다만 최근 내부 공사 수주 기준이 분양률과 상관없이 공사비의 80% 이상을 선 확보해야 하므로 금융 구조 작성 시 반영 부탁드립니다."

"네, 역시 예상했던 요청 사항이네요. 최근 대부분의 건설사에서 비슷한 요청을 하고 있습니다. 최초 P개발의 PF대출 제안은 에쿼티 100억 원, PF대출 800억 원이었는데 T건설의 요청 사항을 반영하기 위해서는 에쿼티와 PF대출 금액을 증액해야 할 것 같습니다. 김시행 과장님께서는 조건 수용이 가능하신지 확인 부탁드립니다." 윤은행 차장이 김시행 과장에게 물었다.

"아까 말씀드린 대로 위례 신도시 내 오피스텔 개발 사업으로 수십 대 1의 입찰 경쟁률을 뚫고 확보한 부지로 주변 분양 결과 매우 좋습니다. 이 사업의 특성을 감안하지 않고 일반적인 기준을 적용해 사업성에 부담을 주지 않았으면 좋겠습니다. 추가 에쿼티 투입, PF대출 증액 모두 자금 및 사업 수지에 영향을 미치는 요소로 이 자리에서 바로 답변하기는 어려울 것 같고 내부 보고 후 답변 드리겠습니다." 김시행 과장은 순간 식은땀이 흘렀다.

"네, 김시행 과장님 말씀도 이해가 가네요. 그럼 각자 돌아가셔서 내부 보고 후 결과를 저희 은행으로 통보해주시면 반영해서 텀시트 작성 후 연락드리겠습니다." 윤은행 차장이 미팅을 정리했다.

김시행 과장은 무거운 마음으로 회사로 복귀해 미팅 결과를 팀장에게 보고했다. 김개발 팀장은 금융권 및 타 건설사에 근무하는 지인들에게 전화를 걸어 T건설 요청 사항의 적정성에 관해 확인했고 최근 건설사들이 일반적으로 요구하는 조건이라는 것을 확인 후 내부 보고를 진행했다. 예상대로 보고 시 상황은 매우 좋지 않았다. 에쿼티가 늘어날 경우 추가 자금 마련의 부담도 있고 자기자본 대비 투자 수익률이 낮아지게 되며 PF대출이 증가하는 경우 관련 금융 비용이 증가하기 때문이다.

P개발은 국내 최대 디벨로퍼이나 주로 사업을 추진했던 글로벌 금융위기 전에는 시공사 보증 중심, 분양 수입금에 의존하는 기존 방식의 PF대출로 사업을 추진해왔다. 그러나 2008년 이후 글로벌 금융위기와 부동산 경기 침체 등에 따라 한동안 신규 사업을 추진하지 않았기 때문에 최근 PF대출 트렌드가 바뀐 것을 인지하지 못했던 것이었다.

P개발 내부 의사 결정 사항은 에쿼티 증액 불가, PF대출 규모는 협의해 적정 범위 내에서 증액할 수 있고 위 조건 수용이 불가한 경우 시공사 교체 검토로 결정되었고 김시행 과장은 윤은행 차장과 이시공 과장에게 내부 입장을 정리해 메일로 보냈다.

이시공 과장은 김시행 과장이 보낸 이메일을 받은 후 담당 팀장에게 보고했다. 담당 팀장은 P개발이 접촉했던 도급 순위 20~30위권 건설사 중에 더 낮은 공사단가에 공사 참여 의향이 있는 업체가 두세 군데 있었다는 사실을 확인했다. 또한, T건설이 위례 신도시에 기분양한 아파트가 성공적으로 분양되었고 분양성도 우수할 것으로 확신했다.

T건설은 신규 사업수주 시 T건설이 보증을 서는 경우에는 재경본부가 관여하지만, 보증 없는 도급공사의 경우 영업본부 자체 심의로 수주 의사 결정이 가능한 상황이었다. 따라서 분양성이 양호할 것으로 판단되므로 영업본부에서 의사 결정 가능한 조건인 책임준공 조건으로 진행하기로 했고 이시공 과장은 이 사항을 윤은행 차장과 김시행 과장에게 통지했다.

P개발과 T건설 측의 회신을 받은 윤은행 차장은 텀시트 보완 후 은행 내 심사부와 협의를 진행했다. 심사부는 사업의 분양성은 우수하나 시행사의 자기자본 규모가 작고 시공사의 보증이 없으므로 사업의 안정성과 채권보전을 위해 미분양 담보대출 확약을 할 것을 제안했다.

윤은행 차장은 관계자들의 요청 사항을 반영해 에쿼티 100억 원, PF대출 1,200억 원, 우량 증권사가 미분양 담보대출 확약하고 준공 전 분양수입의 40%, 준공 후 분양 수입의 100% 대출상환 조건으로 텀시트를 수정해 관계자들에게 메일을 보냈다.

19) 미분양 담보대출 확약 협의

윤은행 차장은 김시행 과장에게 전화를 걸어 미분양 담보대출 확약 구조에 대해 설명했고 김시행 과장은 내부 보고 후 미분양 담보대출 확약 구조로 진행해달라고 통지했다. 윤은행 차장은 M증권 최증권 팀장에게 미분양 담보대출 확약을 검토해달라고 요청했고 그 다음 날 최증권 팀장, 윤은행 차장, 김시행 과장은 미팅했다.

"안녕하세요, M증권 최증권 팀장입니다. 먼저 미분양 담보대출 확약 구조에 대해 간단히 설명해 드리겠습니다. PF대출 만기일로부터 1개월 전날에 미분양이 존재하고 PF대출금 중 미상환 잔액이 남아 있는 경우 차주 또는 은행이 담보대출을 서면통지하면 저희 M증권이 담보대출을 실행해 PF대출을 상환하는 구조입니다. 단, 미분양 부동산에 대한 소유권 보존등기가 경료되고, 미분양 부동산에 대해 부동산 담보 신탁이 체결되고 1순위 우선 수익권이 담보대출기관에 부여되어야 합니다."

이어서 윤은행 차장이 부연 설명했다.

"총사업비 2,575억 원을 에쿼티 100억 원, PF대출 1,200억 원 그리고 분양 수입으로 사업비 조달 예정입니다. 분양 후 준공 전에는 분양 수입이 계좌로 입금되면 그중 40%는 대출상환하고 나머지 60%는 사업비로 사용되고 준공 후 입금되는 분양 수입은 100% 대출상환 됩니다. 이 경우 분양률 65% 달성 시 분양 수입으로 PF대출 상환이 완료됩니다. 그런데 분양률이 65%에 미달하는 경우, 미분양 담보대출 확약기관에서 PF대출을 상환시킬 수 있는 금액의 담보대출을 실행해서 PF대출을 상환하는 구조입니다. 예를 들면 준공 시 분양률 50%라면 미분양 담보대출 확약기관이 미분양분(50%)을 LTV 30%로 담보대출을 실행하면 분양률 65%인 경우의 현금흐름이 유입되어 PF대출 상환이 가능합니다."

"네, 설명 잘 들었습니다. 그런데 미분양 담보대출 확약 구조로 진행하는 경우 추가로 발생하는 비용이 얼마나 되나요?" 김시행 과장이 물었다.

"미분양 담보대출 확약금액에 수수료율을 곱해서 정해지는데 3% 내외입니다. 사업성, LTV 비율 등에 따라 조정 가능하니 협의해서 결정하시죠" 최증권 팀장이 답변했다.

김시행 과장은 미팅 참석 전 미분양 담보대출 확약 수수료율을 검토해 내부 보고하고 왔는데 보고 시 범위 내라 다행이라고 생각했다.

20) 텀시트 확정

K은행 윤은행 차장은 P개발, T건설, M증권 및 H신탁 담당자들에게 텀시트 수정안을 메일로 보냈고 수차례의 내부 보고 및 협의 과정을 거쳐 텀시트를 확정했다. 텀시트는 회사별로 내부 심의 진행 시 기본 자료가 되고 향후 대출 약정서의 기초가 되므로 매우 중요하다.

21) 사업성 평가 완료

N신용평가 정 연구원으로부터 윤은행 차장에게 사업성 평가 보고서 초안이 완성됐다고 연락이 왔다. 사업성 평가 보고서는 사업성에 대한 객관성을 확보하기 위해 전문 기관에 의뢰하는 보고서로 사업개요, 사업 참여자(시행사, 시공사) 분석, 입지환경, 사업환경 분석, 분양성 분석, 대출상환 가능성 검토(DSCR) 등으로 구성된다. 윤은행 차장은 은행 내부 심사를 위해 작성한 보고서상의 내용과 비교 검토 후 사업 수지와 주변 분양결과가 상이한 것을 발견했다. 최근 텀시트 확정에 따라 변경된 사업 수지가 아닌 P개발이 최초 제공한 사업 수지 기준으로 검토되어 있었다. 그리고 인근 분양결과는 시행사에서 제공한 자료와 N신용평가가 시장조사업체에 의뢰해 받은 결과가 상이했다. 윤은행 차장은 정 연구원에게 사업 수지를 최신 버전으로 업데이트하고 분양 결과는 2곳의 조사 결과 비교 후 보수적인 수치를 적용해달라고 요청했다.

22) PF대출 승인 준비

텀시트 확정, 미분양 담보대출 확약 협의 등이 진행되고 사업성 평가 보고서 초안도 완성되어 윤은행 차장은 본격적으로 PF대출 승인 준비에 들어갔다. PF대출 승인 절차는 크게 1차 본부 승인, 2차 여신위원회 승인이고 그 중간에 리스크, 법률 검토 등 유관 부서들과의 협의 절차가 있다. 승인 추진을 위해서는 사업 개요, 사업성 분석, 리스크 검토, 대출 구조, 상환 가능성 검토 및 사업 참여자 현황 등의 내용이 포함된 승인신청서를 작성해야 한다. 또한, 승인신청서상의 내용을 모두 이해하고 관련 질문이 나오는 경우 답변할 수 있도록 철저히 준비해야 하며, 주변 환경, 인근 시세 및 분양 사례 등에 대한 현장조사는 필수적이다.

23) 현장 방문

윤은행 차장은 심사부 심사역들과 함께 현장 시장조사를 위해 김시행 과장에게 현장 안내를 요청했고 김시행 과장은 마케팅팀장과 동행하기로 했다. 윤 차장과 심사역은 약속 시간 1시간 전에 도착해 인근 부동산 2~3곳을 방문했다. 보고서상의 인근 시세, 분양률 등이 맞는지 주변 개발 호재 또는 리스크 요인이 없는지, 분양성에 대해서 어떻게 예상하는지 등을 점검 후 현장으로 향했다. 현장에는 김시행 과장과 마케팅팀장이 기다리고 있었다. 마케팅팀장이 사업지를 안내하며 현장 위치, 주변 시장 상황에 대해 브리핑 후 심사역이 궁금했던 점들을 질문하고 마케팅팀장이 답변했다. 현장 방문을 마치고 돌아오는 길에 윤 차장이 심사역에게 물으니 긍정적으로 보고 있다는 답변을 들었다.

24) 인허가 완료

며칠 후 윤은행 차장은 김시행 과장으로부터 건축허가가 완료됐다고 연락을 받고 건축허가서를 스캔해서 보내 달라고 요청했다. 윤 차장은 메일을 받고 건축허가서상의 구청 건축과 담당자에게 전화를 걸어 건축허가 완료 여부를 다시 한 번 확인했다.

25) 시공사 수주 심의

이어서 김시행 과장은 T건설 이시공 과장으로부터 수주 심의가 통과되었다고 연락을 받았다. T시공이 PF대출 관련 보증을 제공하지는 않지만, 책임준공 의무가 있어 재경팀에서 공사비 추가 확보를 요청해 이시공 과장이 고생했다는 후문이다. 김시행 과장은 윤은행 차장에게 T건설 수주 심의 통과를 통지했고 공사도급계약 체결 후 계약서를 전달하기로 했다.

26) 증권사 담보대출 확약 승인

시공사 수주 심의에 이어 M증권의 미분양 담보대출 확약도 내부 승인이 완료되었다. 최증권 팀장은 윤은행 차장, 김시행 과장, 이시공 과장 등 관계자들에게 승인 결과를 통지했다.

27) PF대출 승인

윤은행 차장은 인허가 완료 후 1차 본부 승인을 완료했고, 시공사 수주 심의 및 증권사 담보대출 확약 승인, 사업성 평가 보고서 최종본이 완료되었으므로 2차 여신위원회 승인 작업에 들어갔다. 여신위원회는 부행장들로 구성된 은행 내 최고 의사결정기구로 승인 진행을 위해서는 철저한 준비가 필요하다. 위원들이 경험 많은 부행장들이다 보니 시야가 넓어 사업에 대한 질문뿐만 아니라 전반적인 경제 상황, 부동산 정책 및 사업 관계자 최근 동향 등에 대해서도 질문이 나올 수 있으므로 폭넓게 준비해야 한다.

이번 승인 과정에서는 "향후 우리나라 경제전망이 불투명한데 경기 불황이 지속된다고 가정하더라도 대출금 상환에 무리가 없겠는가?", "최근 몇 년간 오피스텔, 도시형생활주택 등 수익형 부동산이 과잉 공급되었는데 분양성에 확신이 있는가?", "인근 문정동 가든파이브가 장기간 활성화되지 못했는데 상업시설 분양에 문제가 없는가?", "최근 건설사들의 해외공사 저가수주로 건설사 신용 리스크가 높아졌는데 T건설은 이상 없는가?" 등 다양한 질문이 나왔고 담당 팀장 및 윤 차장이 잘 대응해 승인이 완료되었다. 윤 차장은 승인 결과를 김시행 과장, 이시공 과장, 박신탁 과장, 최증권 팀장 등 관계자들에게 통지했다.

28) PF대출 약정 협의

윤 차장은 P개발과 협의해 N법무법인을 선정하고 사업 및 대출 약정 초안 작성을 요청했다. 며칠 후 N법무법인 이 변호사는 약정서 초안을 윤 차장에게 메일 송부했고, 윤 차장은 김시행 과장, 이시공 과장, 박신탁 과장, 최증권 팀장 등 관계자들에게 전달하고 다음 주 월요일에 N법무법인 회의실에서 약정 관련 미팅을 하기로 했다.

각 담당자는 약정서 초안의 내용을 검토 후 약정 관련 미팅에 참석했다. 사업 및 대출약정서는 수백 페이지로 사업의 개요, 용어의 정의, 업무 역할 및 범위, 대출 조건, 사업시행, 진술 및 보장, 준수 사항, 채무불이행 등의 내용을 담고 있다. 윤은행 차장이 조항별로 회사별 의견이 있는지 회의를 진행했고 각 담당자는 수정 사항을 요청했다. 각각 자기 회사의 입장을 대변하다 보니 상대방의 입장에서는 받아들이기 어려운 수정 요청 사항에 대해서는 이 변호사가 법률적 해석 및 중재를 제시했고 그래도 이견이 있는 부분은 정리해 회사별로 내부 보고하기로 했다.

각 회사 담당들은 내부 보고 결과를 반영한 수정안을 이메일로 주고받았고 그 수정 사항을 반영한 사업 및 대출약정서는 버전 10까지 나왔다. 약정 날인을 앞두고 마지막으로 관계자들이 미팅을 위해 다시 한자리에 모였다. 대부분 이슈는 정리됐는데 책임준공 관련 K은행과 T건설의 입장 차가 있었다.

윤은행 차장이 먼저 K은행의 입장을 말했다.

"PF 추진 시 통상적으로 '책임준공'은 시공사가 천재지변, 내란, 전쟁 등 불가항력을 제외하고는 차주의 부도, 파산, 회생 등의 사유 및 사업의 인허가 또는 설계 변경 등 여하한 사유에도 불구하고 공사도급계약 및 분양계약에 정한 바에 따라 유치권이 없는 상태로 최초 인출일로부터 28개월 이내에 관계 법령에 부합하도록 사용승인을 완료하는 것을 말합니다. 그리고 T건설이 기한 내 책임준공을 이행하지 못할 경우 채무 인수하는 것으로 문구를 넣기 원합니다"

이어서 이시공 과장이 말했다.

"네. 저희도 통상적인 책임준공의 정의는 알고 있습니다. 그러나 저희 T건설 내부 수주 기준이 공사비의 80% 이상 선확보입니다. 사업 초기 검토 시에도 그 사항을 요청했고요. 그러나 P개발에서 그 조건의 수용이 불가하다고 하셔서 사업의 분양성을 믿고 공사비 확보 없이 공사 참여하기로 영업본부 자체 심의로 결정했습니다. 당시 회사 내부 설득 논리가 당사 신용공여(채무 인수) 없이 책임준공만 하면 된다는 것이었으므로 책임준공 미이행 시 채무 인수 문구가 들어가는 경우 본사 심의 건이 되어 수주 심의를 재추진해야 합니다. 따라서 채무 인수 대신 손해배상 문구로 변경해주시기 바랍니다."

양측의 입장을 들은 이 변호사가 중재안을 제시했다.

"채무 인수와 손해배상의 가장 큰 차이는 대주가 손해배상 금액에 대한 입증 책임이 있다는 것입니다. 따라서 손해배상 금액의 내용을 명확하게 대출약정서에 표기하면 채무 인수와 유사한 법적 효력을 갖게 됩니다. 지금 우리와 같은 사례가 H은행과 P건설의 PF대출 진행 시에도 있었는데 손해배상 금액을 명확히 표기하고 채무 인수 대신 손해배상으로 처리한 사례가 있습니다."

"초기에 T건설이 공사비 확보 조건을 양보했고 시공사 재심의 시 기간이 지연될 것이므로 K은행에서 손해배상 문구를 받아들여 주시면 좋겠습니다." 김시행 과장이 말했고 다른 참여자들도 동조하는 분위기가 되었다.

"네. 그럼 내부 법률 검토를 통해 문구 수용이 가능한지 확인 후 통지하겠습니다. 그럼 다른 이슈 사항 없으면 이것으로 오늘 약정 관련 회의는 마치겠습니다."

윤은행 차장이 회의를 정리했다.

29) PF대출 약정

윤은행 차장은 H은행 담당자에게 연락해 관련 사례 확인 후 N법무법인 이 변호사에게 법률검토 의견을 요청해 받았다. 그리고 내부 변호사와 협의해 법률적으로 이상 없음을 확인 후 채무 인수 대신 손해배상 문구를 수용하기로 했다. 이 변호사는 이 사항이 반영된 최종 약정서를 관계자들에게 메일 보냈다. 약정일은 다음 주 월요일 오전에 진행하기로 하고 각 담당자는 회사별로 품의를 진행했다.

드디어 약정일이 되었다. N법무법인 대회의실에 이 변호사, 김시행 과장, 이시공 과장, 박신탁 과장, 윤은행 차장, 최증권 팀장 등 관계자가 다 모였다. 각 담당자는 소속된 회사를 대표해 법인등기부등본, 법인인감증명서, 인감도장 및 대리인 위임장을 지참하고 참석했다. 단, 법인인감 외부 반출이 불가한 K은행은 다른 기관들 날인이 완료된 후 은행으로 약정서를 가져가 날인 후 법무법인에 전달하기로 했다.

간혹 약정서 날인 당일 약정서 문구 수정을 요구해 한바탕 소동이 벌어지기도 하는데 다행히 오늘은 무사히 약정 날인이 진행됐다. 그만큼 약정서 협의 기간 동안 충분한 논의가 있었기 때문이었다.

30) PF대출 인출

약정일 다음 날 PF대출을 인출하기로 했다. 윤은행 차장은 아침 일찍 인출을 위한 내부 품의를 마치고 대출약정서에 포함된 인출 선행 조건을 다시 한번 체크했다. 인출 선행 조건은 차주 관련 사항(등기사항전부증명서, 정관, 사업자등록증 및 주주명부 사본, 법인인감증명서, 이사회 의사록, 주주총회 의사록, 토지매매계약서, 공사도급계약서, 건축허가서류 등), 시공사 관련 사항(등기사항전부증명서, 정관 및 사업자등록증 사본, 법인인감증명서, 내부수권절차이행 확인서류 등), 그리고 N법무법인의 법률의견서 등이다.

윤 차장은 인출 선행 조건 확인 후 인출 직전 차주에 대한 신용조회를 했다. 물론 어제 대출 약정 시 차주 신용조회를 위한 정보제공동의서 등을 미리 받아놓았다. 경험 많은 윤 차장이 사전에 인출 선행 조건 체크, 차주 신용조회 및 내부 품의 준비를 완료해 오전 중에 PF대출 인출을 마무리할 수 있었다.

PF대출처럼 큰 금액의 자금 집행은 지준 이체를 통해 이루어진다. 지준 이체는 은행 본점 자금부를 통해 한국은행을 거쳐 타행 또는 타지점으로 자금을 이체하는 방식이므로 직접 이체하는 전금(소액 위주)에 비해 단계가 복잡하고 시간이 오래 소요된다. 또한, 한국은행 시스템을 이용해야 하므로 이체 마감 시간이 지나면 이체를 할 수 없다. 따라서 인출 당일 서류 미비 등으로 인해 자금 집행이 늦어져 지준 이체 시간이 마감되면 당일 인출이 되지 못하는 경우도 있으므로 유의해야 한다.

　윤은행 차장은 김신탁 과장, 이시공 과장, 박신탁 과장, 최증권 팀장 등 관계자들에게 PF대출이 인출됐다고 통지했다. 그러나 자금 인출은 PF대출 실행의 끝이기도 하지만 사업의 시작을 의미하기도 한다. 윤 차장은 자금 집행 후 통지의무 등 빠진 것은 없는지, 인출 후행 조건 등을 확인 후에야 한숨을 돌릴 수 있었다.

31) 차기 프로젝트

　규모가 크고 의미 있는 딜이 성사된 후에는 딜 클로징 세리머니를 진행한다. 호텔 회의실 등을 대관하고 시행사, 시공사, 금융사, 신탁사, 증권사, 변호사 등 관계자들을 초대해 대표자들 간에 PF대출 약정에 서명 후 사진촬영을 한다. 간혹 신문기사에서 각사 임원들이 서로 악수하며 찍은 사진을 본 적 있을 것이다.

　보통 테이블별로 직급이 비슷한 사람들끼리 앉게 되어 윤은행 차장, 김시행 과장, 이시공 과장은 한 테이블에 앉게 되었다.

　먼저 윤은행 차장이 말을 열었다.

　"두 분 과장님 수고 많으셨습니다. 두 분 덕분에 무사히 대출 약정 및 인출할 수 있었습니다."

　"두 분 덕분에 좋은 사업에 시공 참여하게 되어 감사합니다." 이시공 과장이 대답했다.

　"경험 많은 두 분 덕분이죠. 이번에 많이 배웠습니다. 감사합니다." 김시행 과장도 대답했다.

이어서 윤 차장이 사업 진행 일정에 대해 물었다

"김시행 과장님, 향후 사업 진행 일정 확정됐나요? 분양은 언제 하나요?"

"다음 주에 분양승인 접수 들어갈 예정입니다. 모델하우스 공사도 거의 마무리 됐으니 가능한 빨리 진행하고자 합니다. 내부적으로는 다음 달 중순에 분양할 계획입니다. 최근 위례 신도시 시장 상황이 좋으니까 가능한 빨리 분양하려고 합니다."

"네, 분양일정 확정되면 통지 부탁드립니다."

"네, 알겠습니다. 윤 차장님, 그리고 여쭤볼 게 있는데 호텔이나 상업시설 개발 사업 PF대출도 가능하신가요? 회사 내부적으로 신사업으로 추진하려고 검토 중인데 PF대출이 가능한지 궁금합니다."

"호텔이나 상업시설의 경우 분양으로 추진 시 PF대출은 쉽지 않고, 선매입자를 사전에 확보하고 임대 운영방식으로 추진하는 경우 PF대출이 가능합니다. 신라호텔, 롯데호텔의 마스터리스(장기 임대차계약)를 바탕으로 부동산 펀드 등 투자자가 선매입한 사례가 다수 있었습니다. 다만 최근 신라호텔, 롯데호텔이 마스터리스를 하는 경우가 제한적이므로 신용도가 우량한 호텔 운영사를 사전에 확보하는 것이 중요합니다. 예를 들어 CM, PM 전문회사인 한미글로벌이 PFV 구조로 을지로에 호텔 개발 사업을 시행했는데 한국투자신탁운용 펀드가 개발 선매입 약정을 했습니다. 대림산업 호텔 자회사인 오라관광(브랜드 홀리데이인)이 15년 마스터리스 계약을 했고, 군인공제회 등이 사업성 및 오라관광의 마스터리스(신용도)를 보고 한국투자신탁운용 펀드에 투자자로 참여했습니다. 그리고 상업시설의 경우도 유사한데 롯데마트, 홈플러스, GS리테일 등 신용도가 우량한 리테일 운영사의 마스터리스를 기반으로 선매입 기관을 확보하고 개발 사업을 추진하면 PF대출도 용이하고 분양 리스크를 사전에 최소화 할 수 있습니다." 윤은행 차장이 대답했다.

이어서 이시공 과장이 말했다.

"윤 차장님 말씀대로 신용도 높은 우량 운영사의 마스터리스를 기반으로 한 사업이 많이 진행되었습니다. 그러나 기관 투자자들이 그 구조를 선호하다 보니 최근에는 우량 운영사의 마스터리스를 찾기 쉽지 않고 찾는다고 하더라도 요구 조건이 까다로워 투자 수익률을 맞추기가 어렵습니다. 따라서 최근에는 우량 시공사, 시행사를 중심으로 상가를 선분양하지 않고 준공 후 직접 임대해 안정화한 후 전체를 일괄 매각하는 사업모델들이 나오고 있습니다."

"이시공 과장님 말씀이 맞습니다. 최근 저금리, 노령화 등 경제 환경 변화에 따라 장기 임대형 부동산 투자가 활성화될 것으로 예상합니다. 따라서 아직은 제한적이지만 향후 상업시설의 임대가 안정화되어 현금흐름 추정이 가능하게 되면 우량 운영사의 마스터리스 없는 호텔, 상업시설 유동화도 활성화 될 것으로 생각합니다." 윤은행 차장이 대답했다.

김시행 과장은 세리머니 행사를 마무리하고 나오며 지금 진행하는 위례 프로젝트를 잘 마무리한 후에 마스터리스를 기반으로 한 호텔, 상업시설 개발 사업을 추진하겠다고 결심했다.

STEP

03

회사별 가상 프로젝트

01 | 보험사 |
미분양 아파트 담보대출

보험사에서는 보험 고객의 자산을 운용하기 때문에 안정적인 프로젝트를 추구한다. 그래서 담보가 있는 대출을 선호하는 편이다. 예를 들면, 오피스 담보대출, 미분양 아파트 담보대출 등이다. 이번 장에서는 미분양 아파트 담보대출 사례를 예로 들어 실제로 어떤 프로세스를 거쳐 대출이 집행되는지 살펴보겠다.

1. D-15 전략적 자산운용 결정 및 미팅

출근하자마자 컴퓨터를 켜고 부동산 주요 뉴스를 살펴봤다. 전세 시세는 계속 오르고 있으며, 수도권 미분양은 점차 해소되는 모습을 보인다고 한다. 여전히 경기는 좋지 않지만, 저금리 기조를 유지하기 때문인지 할인된 미분양 아파트는 인기가 좋은 편인 것 같다.

이런저런 생각을 하고 있는데, 팀장의 회의 미팅 통지가 왔다. 주제는 향후 영업 방향에 대한 것이다. 우리가 할 수 있는 여신은 제한적이다. RBC 규제를 고려하지 않을 수가 없기 때문이다. 저금리로 인한 구조적 손실을 보험사는 감당해야 하고, 향후 금리 상승에 대한 방어적 자산운용도 신경 써야 한다. 결국, 우리가 할 수 있는 것은 우량 건설사의 부동산 PF, 미분양 아파트 담보대출밖에 없다는 결론을 내렸다.

미팅이 끝나자마자 ○○ 과장이 오후에 KTB증권과의 미팅이 있다고 같이 참석하자고 한다. 미분양 담보대출 건이라고 한다. "산 앞에 다다르면 반드시 길이 있기 마련이다"라는 중국 속담이 있다. 어찌 이리 적절한 타이밍이 있단 말인가?

사실 ○○ 과장의 수완에 더 놀라웠다. '나도 과장이 되면 이런 네트워크와 업무 능력을 갖출 수 있을까?' 하는 생각을 해본다. 이건 단지 자격증 같은 것으로 해결될 수 있는 것이 아니다. 매일 새로운 만남과 영업을 즐길 줄 알아야 한다. 사실 난 이 부분에서 늘 갈등을 겪는 편이다. 술을 못하는 편은 아니나 즐길 수 없었기 때문이다.

어쨌든 KTB와의 미팅은 1시간 정도로 끝냈다. 주요 내용은 ○○지역 대형 평형대의 미분양 아파트에 대한 담보대출 의뢰였다. 우리가 찾던 바로 그런 상품이었다. LTV도 매우 낮았고, 금리도 만족할 만한 수준이었다. 자세한 실사 자료는 메일로 받기로 했다. ○○지역은 한때 대형 평형 아파트 분양의 무덤이었다. 2008~2010년 리먼 사태로 부동산 시장이 무너지고 있었기 때문에 대형 아파트는 더욱더 분양이 안 되었다. 물건은 2010년 준공이 된 아파트이고 물량 대부분이 미분양으로 남았었다. 다행히 시행사가 자금이 충분한 상태(사실 전세 전환으로 자금을 마련할 수 있었는데도 불구하고 미분양으로 남겨놓았다)여서 유동화로 버티고 있었다.

2. D-14 자료 수령

우리는 매일 입금되는 이자를 확인하고 받는 절차를 수행한다. 대리 금융 기관이 보내온 이자 내역을 확인하고자 메일을 열어보는데 어제 만난 최 과장이 보낸 메일이 도착해 있다. 주요 금융 조건을 포함한 텀시트와 IM 자료가 포함되어 있었다. 이 딜의 가장 큰 단점은 클로징 기간이 2주라는 것이다. 대부분 중소 여신 기관에 접수되는 딜은 주어지는 시간이 짧다. 어쨌든 지금과 같은 시장 상황에서는 딜을 가려서 받을 형편이 아니다. '내 손에 주어진 문제는 내 손에서 끝내자'는 심정으로 최대한 집중하기로 마음먹었다.

우선 텀시트를 열어 주요 금융 조건들을 확인한다. 금리, 기간, 담보 등을 확인해보니 어제 미팅에서 했던 조건들과 일치했다. 이를 바탕으로 재무기획팀에 ROA를 산정 요청하기로 했다. ROA는 당사에서만 사용하는 투자 기준이다. 하지만 이 투자 기준으로만 의사 결정을 하지 않는다(사실 그게 문제이긴 하다). 우선은 심사 보고서에 들어갈 내용이므로 미리미리 확인하고 기준치에 미달 시 여신 여부를 다시 생각해야 한다. 재무기획팀에 텀시트와 IM 자료를 전달하고 일단 회의 자료를 만들기 시작했다. 이번 프로젝트는 아파트 담보대출이므로 현재 감정가와 시세, 전세가가 가장 키포인트라고 생각되었다. 감정가는 감정평가사로부터 제출받기로 했고, 일단 급한 마음에 실제 거래 시세를 확인해보기로 한다. 국토부에서 운영하는 실거래 사이트에 접속해 ○○시 ○○단지 거래 시세를 확인해서 정리해본다. 현재 시세는 4년 전 분양가에서 15~20% 정도 할인 분양된 가격에 거래되고 있었다.

부동산은 특히 현장에 가봐야 한다는 말을 이 분야 종사자라면 귀에 딱지가 앉을 정도로 들었을 것이다. 인터넷이 발달해 자리에 앉아서도 현장 사진을 볼 수 있지만, 현장에 가야만 느낄 수 있는 것들이 많으므로 현장 답사는 반드시 필요하다. 어차피 우리는 해외 프로젝트는 검토하지 않으니 접수된 프로젝트는 꼭 현장을 가고자 하는 편이다(해외 프로젝트는 RBC가 높으므로 상대적으로 우선순위에서 밀려난다). ○○ 과장과 현장 방문 날짜를 잡고 팀장님께도 보고한다. 이번 건은 분양한 지 4년이 지난 미분양 아파트기 때문에 현장 관리가 가장 궁금하고 입주율도 궁금했다. 우선 수령한 자료들을 바탕으로 보고서를 작성하기 시작한다.

3. **D-10** 현장방문

아침에 도착해서 메일을 열어보니 약정서 초안이 도착해 있다. 점심을 먹고 KTB증권 앞에서 만나기로 한 최 과장에게 확인차 전화하니 갑자기 급한 미팅이 생겨 가지 못한다고 한다. 다른 대주들은 이미 어제 현장을 다녀왔기에 다른 날짜를 잡기도 모호한 상황이다. "저 대신에 우리 부장님하고 같이 가시면 될 것 같아요." 부담스럽지만(?) 12시 30분에 만나기로 했다. B부장님은 예전 미팅에서 처음 뵀던 분인데 인상이 좋았다. 오전에 보고서를 좀 더 보충해놓고, 텀시트와 IM 자료를 출력해서 준비한다.

점심을 일찍 먹고 KTB증권 앞에서 부장님을 만나 인사하고 바로 출발했다. 용인서울 고속도로를 달려 현장에 도착하니 1시간 30분 정도 걸렸는데, 차가 안 막히면 1시간 안에 도착할 수 있는 거리다. 우선 접근성 면에서는 고속도로 IC와 인접해 있어서 양호하다고 생각이 되었다. '우리 가족도 이곳에서 살면 좋겠다'는 생각이 들 정도로 조용하고 쾌적한 곳이지만 대형 평형(51평) 위주로 단지가 구성되어 있어서 가격이 만만치 않았다. 우린 현장 직원의 안내를 받아 현재 공실인 곳을 둘러보았다. 2달마다 정기적으로 청소해서인지 생각보다 관리가 잘 되어 있었다.

주변 중개업소를 방문해서 물어보니 최근에 분양도 조금씩 되고 있으며 전세는 없어서 못 판다고 한다. 주변에 초등학교와 편의시설들이 잘 갖추어져 있고 교통이 편리해 강남 접근성이 양호해 전세로 전환하더라도 채권회수는 가능해 보였다. 분양 담당자와 이런저런 현장 분위기를 듣고 다시 서울로 돌아왔다. 부동산 상품은 현장을 보고 나면 자신 있게 보고서를 쓸 수 있는 것 같다. 언제나 그렇지만 외근하고 오면 사무실이 따뜻하다는 생각이 든다. 익숙해져서 그렇지만 사무실에 앉아서 일하는 것은 편하다는 생각을 해본다.

4. D-8 전략회의 부의

어느 정도 보고서가 마무리되었다. 담보대출이나 아파트 PF는 어느 정도 정형화되어 있어서 빠르게 보고서를 마무리할 수 있었다. 마지막까지 팀장님의 질의에 응답하고 이번 딜의 핵심과 팩트를 전달해드렸다. 마지막까지 긴장을 늦출 수 없다. 오후 2시, 모든 자료(Material)를 출력해서 팀장님께 드리고 자리에 앉자마자 최 과장에게서 전화가 왔다. 결과가 궁금해서다. 회의는 4시 정도에 끝나니까 그때 연락을 주기로 했다. 내심 통과되리라 생각하지만, 100% 확신할 수도 없는 거니까 명확한 대답은 피했다. 그렇게 2시간 정도가 흐르고 팀장님이 지친 얼굴로 올라오셨다. 내심 마음이 덜컹했으나 별 의견 없이 통과되었다고 한다. LTV 48% 수준의 아파트 담보대출이므로 당연한 결과지만 그래도 이제야 마음이 놓인다.

최 과장에게 소식을 전하고 투자심의위원회 준비를 한다. 계약서도 최종본을 요청했다. 투자 전략회의에서 통과되면 이제 본격적으로 바빠지기 시작한다. 계약서 검토 및 준법팀에 계약서 의뢰도 해야 하기 때문이다. 이번 건은 계약서가 늦게 도착해서 검토할 시간이 더더욱 없다는 것이 마음을 조급하게 한다. 그래도 텀시트와 금융 조건이 일치하는지 체크하고 대주에게 불리한 조항이 없는지, 용어들은 바르게 정의되고 있는지 등을 검토하고 준법팀에 의뢰해야 한다.

5. D-4 준법감시팀 계약서 협조 의뢰 및 집행 품의

엊그제 계약서 최종본을 수령하고 일차적인 수정 사항을 확인하고 최 과장에게 요청했다. 바로 피드백이 왔다. 인출일까지 시간이 얼마 남지 않았기에 피드백도 빠르다. 이렇게 시간이 없을 때는 서로 호흡이 잘 맞는 최 과장에게 감사하다. 최종본을 준법팀에게 검토 의뢰한 결과가 있어야 집행 품의할 수 있으므로 최종 관문은 준법팀과의 협조다. 이번 프로젝트는 단순한 담보대출이라서 특이한 이견은 없었다. 이대로 집행 품의를 진행한다.

6. **D-1** 승인 완료 및 날인

드디어 임원들 최종 승인까지 결재가 난 것을 확인했다. 메일로 최 과장이 날인 시 필요한 서류들을 잘 정리해 보내왔다. 우리 회사는 인감 반출이 안 되기 때문에 우리 회사가 날인할 부분만 출력해 날인을 진행한다. 우선 법인 인감은 회계팀에, 인감증명서 및 법인등기부등본은 기업문화팀에 의뢰해 수령해야 한다. 이런 일들은 프로젝트와 관련 없는 행정적인 일이어서 하기 싫지만, 인력이 많지 않은 관계로 내가 직접 해야 한다는 점이 아쉽긴 하다. 내일이면 결재가 나겠지 생각하고, 내일 집행될 자금을 회계팀에 신청해놓는다. 그리고 오후에 날인한 대출 서류들을 법무법인에게 보내고 최 과장에게 확인 부탁요청을 했다.

7. **D-day** 드디어 인출

어제 날인까지 무사히 끝내고 오늘은 최종 인출요청서를 받아 자금 집행을 해야 할 차례다. 숫자 하나하나 실수는 없는지 체크해야 하니, 긴장될 수밖에 없다. 회계팀과 재무기획팀에 서류를 보내고 전화를 한다. 실수 없게 제시간에 인출해주기를 협조 요청하고 기다리고 있으니 메신저로 인출되었음을 알려준다. 이제야 한시름 놓고 팀장님과 최 과장에게 결과를 알려준다.

02 | 자산운용사 |
상가 구분건물 실물 매입 프로젝트

    자산운용사에서 딜을 신청받는 경로는 공적인 네트워크와 사적인 네트워크를 통한 두 가지로 구분된다. 공적인 네트워크와 관련해 자산운용사는 펀드 업무 특성상 판매사(증권사), 펀드자산관리 PM사, 회계법인 및 부동산 관련 회사 등 매각 주간사로부터 매각절차안내서를 받아 경쟁입찰 방식으로 물건을 받아 올 수 있다. 또 다른 방법이 있는데 사적인 네트워크를 통하는 방법이다. 펀드를 신규로 설정하거나 딜을 추진하다 보면 펀드 관련 회사의 담당자들과 친분이 쌓일 수 있으며, 그런 분들을 통해 물건을 접수하게 된다. 전자는 공공연하게 알려진 절차를 거쳐 바인딩을 통해 우선협상대상자로 선정(선정되기까지는 정말 어렵다)되며, 실사 후 매매 가격 및 기타 불측의 이슈만 발생하지 않는다면, 후자보다 상대적으로 딜 브레이크(Deal brake) 위험은 낮고 성공 확률이 높다. 후자의 경우는 딜을 진행하면서도 수많은 허수가 존재하며, 복잡한 문제들과 시시각각 변화무쌍한 상황 및 변수들을 해결해 나가야 하고 딜 던(Deal Done)까지 확률도 낮고 정말 어렵고 힘들다. 여기서는 후자의 경우 딜 던까지 어떠한 과정이 있는지 간략하게 소개하고자 한다.

1. 딜 소싱 단계

운용사에서 신규 펀드 설정 업무를 담당하다 보면, PM사, 증권사, 부동산 신탁사, 타운용사, 은행 등 담당자들과 점심 및 저녁 자리가 많다. 그 시간에 담당자들끼리는 서로의 어려움이나 진행에 대해 논의도 많이 하고 요즘 돌아가는 부동산 이야기도 나누게 된다. 여러 이야기를 하다 보면, 서로 간의 니즈에 따라 딜을 만들어내기도 하며 가끔 상대방의 요청에 따라 본인의 브로커들을 소개해주기도 한다. 브로커를 소개받거나 소개하거나 하다 보면, 의도하든 의도하지 않든 물건을 받게 된다. 사적인 방법으로 딜을 하다 보면, 딜 소싱(Deal Sourcing)의 단계에서부터 무엇보다 중요한 것이 신뢰다. 처음 만나는 사람들을 어떻게 믿고 일을 진행하겠는가.

예전에 자산운용사에서 함께 근무했던 ○○부동산신탁회사의 영업팀 팀장님과 점심을 먹고 요즘 부동산 경기 돌아가는 이야기며, 어디서 무슨 딜을 하고 있고 딜 턴을 했다는 등 이런저런 담소를 나눴다. 그날도 얘기하는 과정에서 준공을 앞둔 상가 물건이 하나 있다고 혹시 관심이 있냐고 해 매도인 측 자문사를 소개해달라고 했다. 오랜 시간 동안 신뢰관계를 쌓아왔던 팀장님이기에 자문사 담당자와 아는 사이는 아니지만, 누가 소개해주는가도 참으로 중요하기 때문에 소개해달라고 한 것이다. CBD, YBD 등 메인 오피스 및 상권 속한 물건은 아니지만, 위치가 나쁘지는 않았다. 역세권에 유동인구가 많고 서울 시내에 있는 물건이며 준공을 앞두고 있어서 구분건물이지만 매입 구도를 잘 짜보면, 뭐라도 되겠다고 싶었다. 가끔은 느낌이 중요하다.

2. 딜 미팅 및 익스클루시브(Exclusive)

이런 케이스는 분석하기가 쉽지 않고, 자료들이 준비된 경우도 드물다. 설령, 자료가 있다고 해도 신뢰도는 낮다. 건물 개요만 보고 그동안의 경험을 통해서 될 만하다 싶으면, 무조건 미팅부터 가지는 것이 우선이다. 매도인은 대개 여러 자문사 등 브로커들을 통해 딜을 뿌려놓기 때문에 결국 시간이 생명이다. 먼저 잡는 놈이 우선이다.

역시 그 물건도 매도인 측 자문사에서 준 자료는 운용사에서 초기 검토할 만한 자료는 되지 못하고 한참 부족했다. 그냥 건물 개요만 확인할 수 있는 자료만 있었다. 그런데도 바로 미팅을 잡았다. 매도인은 무조건 참석하도록 한다. 첫 미팅부터 매도인이 참석하지 않는 경우, 딜 성공률은 확률상 낮은 경우가 많다. 브로커를 통해 매도인과 함께 오라고 했으며 매도인을 직접 만나도록 했다. 미팅시간이 되어 참석자와 한 테이블에 앉아서 보니 매도인 및 브로커 2명이 참석했다. 매도인과 매도인 브로커 그리고 우리 쪽 브로커까지 총 3명이다. 일을 진행하는 과정에서 복잡한 문제를 사전에 차단하려면, 정리가 필요하다. 중간에 브로커가 딜에 대한 맨데이트(Mandate)를 가지게 되면, 딜 메이킹하는 데 거의 끝까지 왔을 때 곤란한 경우가 많아진다. 자문수수료 지급에 대한 이슈가 막판에 등장하게 되면, 수수료 배분을 어떻게 하느냐에 따라 딜 던과는 거리가 멀어 딜이 산으로 가버리는 경우가 많다. 머리가 아픈 상황이나 결과를 피하기 위해서는 매도인과 직접 연락하게 구도를 짜고 미팅 석상에서는 익스클루시브(Exclusive)를 무조건 우리 쪽으로 받으면 진행할 수 있다고 얘기하는 것이다. 브로커들은 모두 정리하는 것으로 합의했고, 당일 혹은 다음날 오전까지 딜에 대한 익스클루시브를 운용사로 받아냈다. 이제부터 진짜 전쟁 시작이다.

3. 자료 검토 및 매입 구조

IM 자료도 없고 딜을 구체적으로 검토할 만한 자료도 부족해 친분 있는 PM사 및 부동산 컨설팅회사에 전화를 돌린다. 미분양 상가를 매입하는 것은 정말 어렵다. 그런데 이 딜은 미분양 상가 전체를 매입하는 것도 아니고 구분으로 매입인 경우라 더더욱 어렵다.

PM사와 컨설팅회사에 계신 분들께 최근 사례에 대해 여쭙고 케이스 스터디를 빠르게 진행한다. 신축이기 때문에 매도인의 PF대출 및 공사 대금 지급과 관련해 전체 사업 구도를 크게 체크하고 모니터링을 지속적으로 해야 한다. 결국, 신축이기 때문에 PF 구조상 미지급 공사비가 있는지와 대주 PF대출 채권상 연체나 만기 구조가 어떻게 되어 있는지 등 시행사가 혹시나 세금 등 가압류가 없는지 세금에 대한 부분도 체크해야 한다. 등기부등본은 현재 기준으로 출력한다. 딜과 관련된 부동산의 권리에 혹시 문제가 없는지도 당연히 체크해야 한다. 상기와 같은 개괄적인 자료를 세팅하고 나서야 이제부터 본 게임 시작이다. 사업성 검토를 위한 대략적인 캐시 플로우를 작성한다. 캐시 플로우는 보유 기간 텍스도 중요하기 때문에 다른 딜을 진행하면서 알게 된 회계법인에 다시 한 번 확인한다. 기초 자료를 확인하고 시행사에 요청할 자료를 빠르게 요청하면서 접수된 모든 자료를 기준으로 다시 재가공하면서 진행해야 한다.

캐시 플로우를 돌려보니 임차인들의 임차료 조건 수준이 낮다. 매도인과 다시 매매 가격을 조정해야 하니 주변 부동산 현황이 어떠한지 투자자의 콘셉트에 맞는 부동산인지 투자자가 요구하는 수익률 수준 및 요구하는 자료가 무엇인지 사전 확인이 필요하다. 나중에 준비하고자 하면, 항상 늦다. 감정평가법인에 연락해 주변 시세 및 유사한 상가건물의 매매 사례 등을 빠르게 조사하도록 한다. 펀드로 실물을 매입하고자 하는 경우, 수익률을 극대화하려면 선순위 금융기관으로부터 부동산을 담보로 차입을 일으켜야 한다. 선순위 금융기관도 미리 아는 곳으로 태핑해서 수익률 폭을 받아서 캐시 플로우에 반영하고 나서야 매도인과 매매 가격 조정 및 이견 조율을 다시 한다. 매번 하는 과정이지만 참 어렵고 힘난하다. 협의하고 조율하고 때로는 반강제적으로 요구해 가면서 여러 자료를 만들어가는 과정이 힘들다. 그러나, 결국 딜을 만들어가는 과정은 언제나 즐겁다. 왜 즐거운지는 딜을 하는 사람이라면, 누구나 알 수 있다. 마약과도 같은 것이 바로 딜이다.

4. 현장조사와 세부 검토 단계

기초 자료 및 캐시 플로우를 확인했으니, 이제 현장을 다녀와야 한다. 데스크로 보는 건물과 현장에서 확인하게 되는 건물과 주변 환경은 차원이 다른 세상의 산물이다. 현장을 다녀오고 나면, 산혹 빠뜨린 것도 생각나고 리프레시되기 마련이다. 서울 시내라 그나마 시간을 단축할 수 있어서 참 다행이다. 외근을 가면 항상 전화가 온다. 선순위 금융기관에서 등기부를 확인하는 과정에서 건물 임차인이 건물에 선순위로 담보를 설정했다고 한다. 지난주가 준공일이라 건물 등기부등본이 정리되었지 싶었다. 그런데 왜 갑자기 근저당권 담보를 설정했을까. 매도인 측의 자금이 부족해 임차인의 보증금을 우선적으로 사용한 것이다. 선순위 금융기관과 콘플릭트(Conflict)가 있을 수 있어 매도인에게 바로 전화해 확인해달라고 했고, 문제가 없도록 처리했다. 시시각각 변화무쌍하다.

현장에 도착해 외부 및 층별 사진을 모두 찍고 매도인과 잠깐 차 한잔했다. 뭐가 변경되거나 문제가 있으면, 무조건 먼저 얘기해달라고, 나보다 연배가 높은 매도인에게도 큰 소리로 얘기해야 할 때가 있다. 언제나 마음이 편치 않지만, 딜을 위해서는 가끔 화도 내고 감정을 보여줄 필요가 있다. 미팅 끝에 매도인은 오늘도 자꾸 언제 매각 작업이 완료되냐고 물어본다. 익스클루시브가 있는 것만 가지고 방심하면 절대 안 된다. 그리고 매도인의 매각 스케줄에 깊이 관여되어서도 안 된다. 우리는 우리 스케줄대로 가야 한다. 투자자가 최종 확정되지 않았기 때문에 대략적인 스케줄만 주고 추후에 적정한 일자가 나오면 바로 얘기해주겠다고 해야 한다.

사무실에 도착하니 각종 자료가 도착했다. 사업성 등 예상 캐시 플로우에 추가하고 나니 딜 신청받고 3주가 되어서야 투자자에게 초기에 줄 수 있는 자료가 세팅되었다.

5. 투자자 모집 단계

이제 IM과 캐시 플로우를 수정해서 마케팅을 나갔다. 사이즈가 애매하다 보니 투자 규모가 큰 공제회는 안 되고 작은 규모로 운용하는 공제회 및 조

합을 찾아봐야 했다. IM 자료 초안이라는 점을 얘기하고 투자자분들께 양해를 구해 PT 일정을 잡는다. 판매사와 코워크(Co-Work)해 그나마 참 편하다. 딜 소싱은 운용사에서 했지만, 판매사의 고유 업무이기도 하고 판매사가 기관 네트워크가 좋기 때문에 IM 자료를 확인하고 자신들이 관리하는 기관에 자료를 뿌려주고 잡아주는 PT 일정에 참석해서 상품을 설명한다. 리스폰스(Response)는 판매사를 통해 하면 간편한데 운용사 입장에서 정리할 사항들이 많기 때문에 업무가 편하다. 그래도 투자자는 결국 운용사와 친한 곳에서 빠르게 확인이 온다.

투자자별로 참으로 다양한 의견이 있다. 일반적인 의견 외 투자자 내부 투자 기준 등 가이드라인이 다르기 때문인지 코멘트가 많다. 매번 하는 일이지만, 투자자의 질의에 답하다 보면 참 많이 배운다. 내가 클리어하지 않기 때문에 질의에 바로 회신하지 못했던 부분이 있어서 또 한 번 반성하고 자료를 업데이트하고 질의에 회신한다. 투자자 심의 일정이 나오면, 한편으로는 조바심을 내기도 하면서 다른 한편으로는 '진인사대천명'이라고 마음속으로 연호하면서 기다린다.

6. 투자집행 및 딜 클로징 단계

각종 이슈 질의에 모두 답하고 나면, 어느새 투자자들의 투자 심의가 끝나게 된다. 미리 법무법인에 접촉해 매매계약서 등 제반 계약서들을 리뷰하고 투자자의 투자 심의 조건에 따라 결정된 사안을 계약서에 반영해 수정을 반복한다. 매도인 측과 계약서 문구에 대해서도 또 한 번 홍역을 치르고 나서야 체결할 수 있는 계약서 확정본이 작성된다. 계약서 작업은 언제나 잘 해결된다고 믿고 있으나, 계약서 체결 직전까지 방심하기엔 이르다. 어떤 변수가 계약서 체결 막판에 등장할지까지 감안해서 미리 깊게 고민해야 한다. 계약서 체결 당일에도 계약서 문구에 대한 협의가 없었다는 등 이슈가 발생하기도 하기 때문이다. 제반 계약서 체결에 관한 약정식과 관련된 공지를 띄우고 법무법인에서 준비서류를 보내고 나면 계약서가 완성된다. 매매계약이 체결되고 나서야 자금 집행을 위한 준비가 모두 마무리되었다.

각종 실사 보고서와 계약서의 최종본에 대해 확정하고 나면, 자금 집행 일정을 잡고 투자자에게 캐피털 콜(Capital Call) 일정을 판매사를 통해 공지하게 된다. 절대 방심해서는 안 된다. 자금이 집행되는 날까지도 자금이 어디까지 집행되었고 매도인 측에 전달되고 나서도 법무사를 통해 소유권 이전 등 등기 서류의 접수가 마무리되었는지 체크하고 또 체크해야 한다. 무사히 자금 집행이 완료되었고 상가의 소유권 이전 접수도 마무리되었다. 인출 선행 조건과 후행 조건을 구분해 챙기고 나서야 투자자들에게 마무리되었다고 연락을 한다. 진행을 도와준 실사 업체 및 법무법인에도 잘 끝났고 감사하다는 문자, 통화 및 이메일을 보낸다.

힘들었지만, 딜이 마무리되고 나면 언제나 즐겁다. 아무 생각 없이 며칠을 보내는 여유도 찾게 된다. 그동안 바쁜 일정에 챙기지 못했던 가족에게 미안한 마음도 들면서 힘든 시간 동안 잘 참아줘서 무한하게 고맙다. 오늘도 감사하고 또 감사하며, 하늘을 한번 쳐다보며 무념무상의 시간을 즐긴다.

| 증권사 |
역세권 오피스텔 신축 프로젝트

증권사에서는 하루에도 여러 건의 프로젝트를 접수, 검토하기 때문에 사업성 있는 프로젝트를 가려내는 것이 중요하다. 또한, 정제되지 않은 상태의 날것과 같은 프로젝트를 가공 및 금융 구조를 덧붙여서 대주단이 취급할 수 있는 대출 상품이나 유동화 상품으로 재포장하는 작업이 필요하다. 이 과정은 의외로 긴 호흡이 필요하기도 하다. 오피스텔 신축사업의 사례를 들어서 프로젝트 접수 단계부터 최종 사업 종료 단계까지 일련의 프로세스를 확인해보도록 한다.

1. D-180 프로젝트 접수 및 사업성 검토

아침에 여러 가지 뉴스 및 신문을 체크하며, 부동산 동향을 체크하는 와중 신문에 다음과 같은 내용의 기사가 나왔다.

"최근 저금리 기조 하에 저축을 통한 수익률이 지속적으로 하락해 시중 은행들이 정기예금 금리를 1%대로 낮추기 시작하면서 예금 금리의 추가 하락 가능성도 점쳐지고 있다. 지방 은행과 외국계 은행은 지난해부터 1%대의 금리를 적용하고 있다. 사정이 이렇다 보니 은행 저축을 대체할 투자처에 관심이 증가하고 있다. 그중에서도 수익형 부동산의 관심이 실제 높은 상황이다. 은행 금리와 비교하면 약 2~3배 이상의 수익이 가능하기 때문. 실제 수익형 부동산이 크게 인기를 끌고 있다."

부동산의 특성상 단기간에 공급이 불가능하고, 특정 상품이 인기를 끌면 과도하게 그 유형으로 몰리는 경향이 있기 때문에 오피스텔 같은 경우도 분양 뉴스나 시공사 지인 등을 통해 공급 동향을 자세히 체크하며, 포화 상태가 아닌지 점검해야 한다.

이때 팀장님을 통해 프로젝트가 접수되어 팀 회의를 열게 되었다. 평소 알고 지내던 PM(Project Management)사를 통해 접수된 사항인데, 도심지 역세권 사업부지 활용 방안이었다. 내용인즉슨, 여러 가지 사업을 통해 성공해 토지를 확보하고 있던 아버지가 아들에게 토지를 증여하고자 하는데, 절세 방안에 대한 문의였다. 준주거지역이어서, 상가가 일부 섞인 오피스텔을 신축할 수 있는 부지다. 오피스텔을 지으면 분양성은 문제없을 것 같은 부지였다. PM사도 이 오피스텔 개발 사업 PM사 역할을 맡기 위해, 대략적인 사업 수지를 작성해보아서, 같이 검토하게 되었다.

회의 결과, 결론이 도출되었다. 우선 토지 증여를 하되, 토지비를 전액 지급하면, 사업성이 평범한 흔한 사업지가 되어, 자금조달이 힘들 수도 있다. 확실히 매력적인 사업성을 만들려면, 자금 여유가 있어 크게 자금이 급하지 않은 아버지가 토지비 50%를 받고 소유권을 이전해주고, 잔금 50%는 사업 정산 이후 받는 것으로 한다. 그럴 경우, 대주 및 시공사의 입장에서 사업 수지

버퍼(Buffer)가 크게 올라가서, 금융 및 시공 참여에서 유리한 입장에 설 수 있다. 지주로서도 먼저 토지를 증여받은 후 오피스텔을 개발하게 되면, 토지분에 대해서만 과세하고, 사업 개발 이익은 모두 누릴 수 있기에 좋은 방안이 될 수 있다.

이러한 내용을 바탕으로 금융제안서를 작성하기로 했다. 최근에 지점에서 옮겨온 대리에게 업무를 가르치는 중이라서, 취지를 설명해주고 제안서 작성에 들어갔다.

2. D-170 제안서 제출 및 금융자문계약 체결

간단한 제안서였지만 다른 프로젝트 기표 일정 등이 겹쳐서 야근해야 했다. 내부 보고 후 지주를 만나서 제안서를 제출하며 간단한 PT를 통해 금융 제안을 했다. 지주의 반응은 긍정적이었다. 토지를 증여받기 위한 브릿지 대출은 물론이고, 사업지 개발을 위한 시공사 선정 및 대주단 선정까지 당사에서 일임해 자문해주기로 했기 때문에, 가만히 앉아서 모든 것을 해결할 수 있는 일석삼조 이상 되는 조건이었다.

바로 금융자문계약을 체결하기로 했다. 금융자문계약을 통해 독점권을 확보하지 않을 경우, 다른 경쟁 업체에서 금융 구조를 카피해 치고 들어올 수 있기 때문에 프로젝트 개시 시점에서 통상 금융자문계약을 체결해, 독점적인 주선권을 확보하게 된다.

3. D-160 브릿지 대출 주선 개시 및 제반 용역 의뢰

사업 진행을 위해서는 우선 토지 확보를 해야 하므로, 매매계약 및 브릿지 대출을 진행하기로 한다. 우선 감정평가사에 의뢰해, 대략적인 감정가 수준을 파악한 후, 브릿지 대출 텀시트를 작성해 시중 저축은행을 방문하기로 했다.

대출 희망액은 예상 감정가 대비 50~60% 수준으로 서울 도심지에 이 정도 LTV(Loan To Value)면 충분히 대주단 모집이 가능할 것으로 보인다. 다만 금액이 커서 3~4개 저축은행은 모집해야 할 것으로 보인다. 최초 접촉한 저축은행 담당 지점장이 본인이 아는 저축은행들 서너 군데를 모아오겠다고 해서, 맡기기로 했다. 하지만, 예비 대주단도 몇 개 따로 알아보는 것이 좋을 것 같다.

4. D-130 브릿지 대출 승인 및 기표

1주일간 세부 텀시트 작성, 대주단 요청자료 팔로우-업(Follow-Up), 현장 실사, 감정평가서 및 토지 조서 등 검토로 정신없이 보냈다. 오늘은 대주단들이 승인을 올리는 날이다. 시행사 쪽에서 자료를 계속 늦게 줘서 가까스로 승인 일정을 맞출 수 있었다.

그런데, 오후 심사 결과, 호언장담했던 저축은행에서 내부 사정으로 대출 한도를 축소해 승인이 났다. 결국, 기표를 위한 금액이 조금 모자라게 되었고, 내일 심의하는 예비 대주단의 결과에 의존할 수밖에 없게 되었다.

익일, 추가 대주단 심사는 다행히 정상적으로 통과했다. 항상 막바지까지 가슴 졸이는 순간이다. 승인 금액이 다소 오버 펀딩(Over-Funding)되어 대주단 간에 금액을 다소 축소 배분했다. 금액 일부 축소 조정은 대주단도 용인해주는 편이다. 금액이 부족한 것보다는 훨씬 나은 점이다.

약정서 작업까지 완료한 기표 당일이다. 대주단 중 한 곳에서 내부 절차에 시간이 걸려서, 입금이 계속 늦어지고 있다. 담보대출이므로, 6시 전에 신탁등기를 완료해야지 인출 선행 조건(내지 동시 조건)이 완료되므로, 다른 대주단에서도 계속 연락이 오고, 시행사도 계속 독촉 전화를 하는 긴박한 순간이다.

4시를 넘기고, 대출금 전액이 입금되었고, 기표 및 신탁등기 접수가 완료되었다. 사업 진행을 위한 1차 관문을 통과한 셈이다. 금융자문수수료 수취를 통해 팀 목표 수익을 달성해 팀 회식을 했다. 시원한 맥주 한잔에 그동안의 고생이 보상받는 듯하다.

여러 가지 이야기가 오가던 중에, 수익 극대화 및 안정적인 자금조달을 위해서 당사가 일부 후순위 투자를 진행하기로 했다. 내부 심사팀과 접촉해, 일단 긍정적인 반응을 받아서, 내부 투자 심사를 위한 보고서 작성에 들어갔다.

5. D-100 시공사 선정 및 사업성 검토

브릿지 대출 전에 협의한 몇 개의 시공사와 지속적으로 도급 조건 등을 협의한 끝에, 2개 시공사로 정리되었다. 최근에 우량 사업지 수주 건이 줄어서 시공사에서도 적극적으로 시공 참여를 요청하고 있다.

당사는 주로 금융 조달에 있어서 시공사의 역할 관련 협의를 하고, 시행사 및 PM사 측에서 시공사와 협의해 최종적으로 한 곳을 선정해, 도급계약을 체결했다. 시공사 참여 조건이 정리되는 대로, 기존에 미리 협의해두었던 대주단에 시공사 선정 소식을 알리고, 내부 승인 절차에 필요한 서류 리스트를 받기로 했다.

추가로 신용평가사 사업성 평가 부서를 찾아가 사업성 검토 보고서 작성을 의뢰했다. 통상적인 오피스텔 사업성 검토라서 한 달 내로 초안이 나올 것으로 예상했다. 신용평가사에서 요청한 사업계획서, 사업 수지 및 캐시 플로우 파일 등을 전달했다. 캐시 플로우는 시행사가 준 초안을 금융 조건을 반영해 상당 부분 수정한 파일이다.

6. D-40 내부 투자 심의 및 대주단 승인 진행

사업성 검토 보고서 초안 후 여러 번 수정을 통해, 어느 정도 최종본을 수령했고, 이를 바탕으로 당사 내부 및 선순위 대주단 내부 심사를 진행해, 크게 무리 없이 심사가 완료되었다. 그러나, 대주단 한곳이 조금 무리한 조건을 추가해서, 협의가 필요할 것 같다.

7. D-20 당사자 간 최종 조건 조율

시공사 쪽에서 도급 공사비 지급 관련 이견이 있어서, 시공사, 대주단, 시행사, 당사 모두 법무법인에 모여서 의견 조율을 했다. 시공사 측에서 도급 공사비 지급 조건 관련 놓친 부분이 있었지만, 대주단 쪽에 양보를 요청해서 상당한 진통이 예상되었고, 마라톤 회의 끝에 어느 정도 합의점을 찾고 내부적으로 각자 보고하기로 했다.

8. D-day 날인 및 기표

전날 성공적으로 날인이 완료되었고, 오늘 기표가 진행된다. 당사는 증권사라서 직접적인 대출 대신에 SPC를 통한 유동화 ABCP 발행을 통한 유동화 대출을 진행했다.

| 리츠 AMC |
실물 오피스 매입 프로젝트

자산관리회사에서 투자 부동산을 매입하기 위한 프로세스를 실물 오피스를 바탕으로 재구성했다.

1. **D-6개월** 매각 정보 입수

PM사의 직원과 점심을 함께하는 자리에서 서울에 있는 A빌딩을 매각할 예정이라는 정보를 입수했다. 2주 정도 뒤에 매각자문사를 선정할 예정이라고 한다. A빌딩의 임대차 현황뿐만 아니라 인근 빌딩들의 임대차 현황을 파악해 초기 분석을 진행해 입찰 참여 여부를 결정해야겠다. 또한, 부동산의 가장 기본인 현장 방문도 해서 내 눈으로 직접 A빌딩의 상태를 확인해봐야겠다.

2. **D-5개월** 입찰 참여

매각자문사로 선정된 B사로부터 매각 안내문을 수령해 보다 본격적인 분석을 한다. A빌딩의 임대차 현황은 최근 불경기 때문인지 공실률이 상당히 높은 것으로 보인다. 그러나 앞으로 시장 상황이 좋아질 수 있어서 임대차 업무를 직접 진행하는 LM사 직원을 직접 만나 현재 시장 상황 및 향후 시장 전망을 들어보기로 했다.

임대차 시장에서 직접 현장을 발로 뛰는 LM사 직원과의 미팅을 통해 현재 A빌딩의 공실은 단기 공실로써 시간이 조금 더 지나면 금방 임대를 채울 수 있을 것 같다는 의견을 들었다. 물론 개인적인 견해기는 하지만 현장의 목소리를 중요시하는 스타일상 보다 공격적으로 입찰에 참여할 수 있겠다는 자신감이 들었다.

입찰 마감 당일까지 아직 입찰금액을 결정하지 못하고 있다. 소문에 의하면 우리 말고 다른 경쟁사들도 열 군데 이상 참가할 것이라고 한다. 이 정도 규모의 빌딩이 올해 안에 매물로 나오기 어렵다는 판단 아래 다들 공격적으로 접근할 것으로 판단되며, 과연 우리는 입찰금액을 얼마로 적어낼지 계속해 고민이다. 높은 가격을 제출하면 물론 우선협상자로 선정될 가능성이 크나 투자 유치가 어려워 실제 매입이 어려울 것으로 보이며, 낮은 금액으로 제출할 경우 우선협상자로 선정되지 않아 매입 시도 자체를 못할 수도 있어서 입찰금액을 정하는 것은 항상 고민이다.

드디어 입찰금액을 팀장과 결정하고, 입찰 현장으로 출발했다. 서류를 작성하고 매각자문사 담당자와 이런저런 이야기를 나누고 좋은 결과가 있기를 기대한다는 덕담을 나누고 돌아왔다.

매각자문사로부터 우리 회사가 인터뷰 대상에 포함되었다는 연락을 받았다. 우리 회사를 포함해 총 3개사를 매도자와 인터뷰할 예정이라고 한다. 인터뷰를 대비하기 위해 예상 Q&A를 작성하고 자료를 준비한다.

3. **D-4개월** 우선협상자 선정

매각자문사로부터 며칠 전 실시한 인터뷰에서 우리 회사가 가장 높은 득점을 해 우선협상자로 선정되었다는 소식을 들었다. 입찰금액은 우리가 제일 높지는 않았지만, 매매 완결에 대한 의지를 강하게 제시한 것이 우선협상자 선정에 주요 요인으로 보인다.

매도자와 양해각서를 체결하고 3개월간 독점적 협상권을 부여받았다. 이제부터 본격적인 리츠 매입 업무를 진행해야 한다. 우선 자산실사를 위해 법무법인, 회계법인, 감정평가법인의 담당자들과 킥오프 미팅해서 프로젝트에 대한 개략적인 설명을 하고 자산실사 업무를 개시했다.

자산실사 초안 자료들이 속속 도착하고 있다. 간단할 줄 알았던 구조였는데, 법률은 법률대로, 회계는 회계대로 처음 생각했던 구조에 문제점이 있다는 의견들이다. 난제를 해결하기 위해 다시 한 번 변호사, 회계사와 함께 미팅을 진행하며 법률적, 회계적으로 문제가 없으면서 처음 생각했던 것과 비슷한 구조로 진행할 수 있다는 결론을 얻었다.

이번엔 감정평가서 초안을 받았는데 다행히 우리가 생각했던 금액과 비슷한 감정평가금액이다. 만약 감정평가금액이 우리가 생각한 금액보다 적은 금액이라면, LTV에 따라 대출 금액이 적어질 수밖에 없고, 어렵게 고안한 투자 구조를 또다시 바꿔야 해서 상당한 어려움이 따른다. 다행스럽게도 매입 예정금액이 감정평가금액과 비슷한 금액이라서 수월하게 업무를 진행할 수 있을 것 같다.

4. [D-3개월] 투자기관 및 대출기관 초기 미팅 및 매매 조건 변경 협의

자산실사 초기 자료를 바탕으로 티저(Teaser, 투자제안서 전 단계의 투자 상품의 약식 설명서)를 작성해 투자기관 및 대출기관과의 미팅을 잡았다. 우선 우리가 주요 투자처로 생각하고 있는 C사를 방문해 티저를 바탕으로 리츠 상품을 설명했다. C사의 초기 의견은 투자 부동산인 A빌딩에 대한 관심은 있으나 매매금액이 자신들 생각보다 다소 높다는 의견이다. 주요 대출기관으로 생각하고 있는 D사에서도 C사와 같이 매매금액이 자신들이 생각하고 있는 금액보다 다소 높으며 매매 대금이 일부 조정되면 충분히 대출이 가능할 것 같다는 의견이다. 투자 및 대출기관 담당자들 또한, 내부 심의를 거쳐 투자 및 대출이 확정되기 때문에 매매 대금이 어느 정도 수준이면 가능하다는 확답을 주지는 못하지만, 평소 우리와 관계가 좋은 기관들이므로 담당자들의 개인 의견임을 전제로, 내부 심의를 올려볼 수 있다는 이야기를 나누었다.

또한, 여러 군데 투자 및 대출기관을 만나며 A빌딩에 대한 다양한 반응을 들을 수 있었다. 특히 지금과 같은 저금리 시대에 부동산을 포함한 대체 투자에 대한 수요가 상당히 많다는 것을 직접 알 수 있었으며, 매매금액을 포함한 투자 구조를 좀 더 정밀하게 만든다면 충분히 매매 완결이 될 수 있을 것 같다는 긍정적인 느낌을 받았다.

예상 투자자 및 대출기관의 의견을 바탕으로 매도자와 매매 조건을 변경할 자료를 작성했다. 단순히 매매금액을 깎아달라고 할 순 없기 때문에 매도자에게 설득할 수 있을 만한 논리를 만들어 협상에 돌입했다. 예상했던 대로 매매 조건 변경에 대한 협상은 쉽지 않았다. 매도자는 당연히 우리에게 입찰금액으로 진행하기를 바라며, 매수인 입장인 우리는 미안하지만, 입찰금액으로는 투자자 모집이 어려울 것으로 보이며, 시시각각 변하는 시장 환경이 입찰 참가 당시와 변한 점을 고려해달라고 주장했다. 3시간 가까운 협상 끝에 우리가 원했던 100%는 아니지만, 어느 정도 투자기관 및 대출기관을 설득할 수 있는 금액으로 협의를 완료했다.

5. D-2개월 리츠 법인 설립 및 영업인가 신청

리츠는 상법상의 주식회사인 관계로 3억 원을 최저 자본금으로 하는 법인을 설립해야 한다. 현재 투자자 구성이 완료되지 않은 상태이기 때문에 최저 자본금 3억 원은 우리 회사에서 먼저 출자하고 나중에 투자자가 증자할 때 주식 양도를 진행할 예정이다.

3억 원이라는 금액이 많다면 많을 수도 있고, 적다면 적을 수도 있다. 통상 매매 완결이 되지 않더라도 법인등록세 및 법무사 수수료 등 1,000만 원 이하의 실비가 지출되기 때문에 내부 심의를 통과해야 출자할 수 있다. 회사에서 요구하는 심의 보고서를 작성하고, 심의위원들과 심의 일자를 잡아 투자심의위원회를 개최했다. 위원들의 A부동산에 대한 다양한 질문들이 쏟아졌다. 매매금액의 적정성, 주변 임대차 현황, 매매 완결 가능성 등 날카로운 질문에 대비해 미리 준비한 Q&A 자료를 바탕으로 답변했다. 심의 결과 다행히 의결되어 최소 자본금 3억 원을 우리 회사에서 출자할 수 있게 되었다.

심의 통과 후 법인 설립을 위해 법무사와 미팅을 진행했다. 예전부터 거래했던 법무사라 최대한 신속하게 업무를 처리해 법인 등기까지 무사히 완료되었다.

우리가 추진하고 있는 기업 구조조정 리츠는 감독기관인 국토교통부의 영업인가를 받아야 리츠로서의 각종 세제 혜택도 받을 수 있고, 비로소 리츠로 인정받게 된다. 부동산 투자회사 등에 관한 감독 규정에 나와 있는 영업인가신청서 양식을 바탕으로 각종 자산실사 자료와 함께 영업인가신청서를 작성했다. 감독기관에 제출하는 자료인 만큼 오타가 없는지, 내용에 오류는 없는지 꼼꼼히 검토한 후 내부 결재를 득해 드디어 영업인가신청서를 완료했다. 우리 회사 국토부 담당자와 신청서 제출일을 협의해 세종시를 방문해 신청서를 제출했다. 통상 제출 후 1개월 내외의 기간이 소요되는데, 고맙게도 국토부 담당자는 최대한 빨리 검토해서 영업인가 여부를 알려 주겠다고 했다.

6. D-1개월 투자기관 및 대출기관 모집

매매 완결일로 잡은 일자가 1개월 후로 다가왔다. 계속해서 투자기관 및 대출기관의 요청 자료를 백업하고 담당자들과 미팅을 진행해왔다. 주요 투자처로 예상되는 C사는 내부 투자 심의를 2주일 후에 진행하겠다는 연락이 왔다. C사는 투자 예정금액도 모집 금액의 약 50% 수준으로 상당히 크기 때문에 제일 신경 쓰이는 기관이며, 다른 투자기관들도 C사의 심의 여부에 촉각을 세우고 있는 듯하다. 만약 C사에서 심의가 부결될 경우 매매 완결이 안 될 가능성이 크기 때문에 다른 투자기관들도 부정적인 견해를 내세울 가능성이 커 보인다.

투자기관 모집과 함께 대출기관 모집에도 계속해서 신경을 써야 한다. 요즘 같이 저금리에 유동성이 풍부한 시장에서는 대출기관은 투자자 모집에 비해 수월한 편이지만, 대출 심의가 완료되는 마지막까지 긴장의 끈을 놓아서는 안 된다. 대출총액이 한 기관에서 전부 집행하기에 부담스럽기에 세 군데 기관에서 나누어서 신디케이트 형태로 진행할 예정이다. 대출을 요청한 기관들에 연락해보니, 우리가 요청한 금리로 내부 심의가 가능할 것 같다는 긍정적인 답변을 받았고, 매매 완결까지 1개월이 남았으니, 내부 심의를 진행해달라고 요청했다.

예상 투자기관과 대출기관이 각각 3개씩인 관계로 총 6개 기관의 요청 자료를 작성하고 대응하다 보면 하루가 어떻게 지나갔는지 모를 정도로 요즘 하루하루가 너무 바쁘고 정신이 없다. 요즘 야근도 잦아 육체적으로나 정신적으로 지쳐있지만, 한 달만 참으면 매매 완결이 눈앞에 있으니 클로징 파티를 생각하며 꾹 참고 업무를 진행해야겠다.

7. [D-14일] 투자기관 투자 심의 및 대출기관 대출 심의

C사의 최종 투자 심의일이다. 다행스럽게도 1차 심의는 통과되었고, 2차 투자 심의에서 최종 승인이 되어야 C사의 투자가 확정된다. 아침부터 C사의 투자 담당자와 긴밀히 연락하며 최종 심의 보고서 자료를 백업했다. 투자 심의는 오후 2시라고 하고 통상 1시간 정도가 소요되니 오후 3시면 투자 여부가 확정된다.

C사 담당자로부터 연락이 왔다. 투자 심의가 완료되었으며, 매매예정일에 꼭 클로징 될 수 있도록 마지막까지 힘내라는 격려를 해주었다. 함께 고생한 C사 투자 담당자에게 고맙다는 말을 전하며, 내부 보고를 했다.

C사의 투자 결정이 확정된 후 3일간에 걸쳐 다행스럽게도 나머지 2개 투자기관에서도 투자 심의가 통과되었다는 낭보가 들려왔다. 두 군데 대출기관도 대출 심의가 완료되었고, 한 곳 대출기관만 대출이 완료되면 이제 계약서 및 약정서들을 확정 짓는 일만 남았다.

그러나 한 대출기관에서 우리가 요청한 대출 금액의 70%만 승인이 났다는 비보가 들려왔다. 매매 완결일까지 2주밖에 남지 않은 현재 발등에 불이 떨어졌다. 다른 프로젝트를 진행하면서 대출심사 기간이 상대적으로 짧은 기관들을 상대로 급하게 대출 의뢰를 진행했고, 다행스럽게도 D 대출기관에서 매매 완결일 전에 대출 승인을 할 수 있을 것 같다는 의견을 받아 한시름 놓았다.

8. D-7일 매매계약서 및 대출약정서

D사가 대출 승인이 난다는 전제로 매도자와 매매계약서를 협의했다. 거래 금액이 2,000억 원 가까운 대형 오피스인 관계로 매매계약서의 문구 하나하나 매도자와 협상을 하고 최대한 우리 쪽에 유리한 내용으로 매매계약서 내용을 협의했다. 특히 매매계약에 있어 각종 세금 및 관리비 등과 관련된 정산은 매매 완결일에 매매 대금에서 차감하고 지급하기 때문에 숫자 하나하나를 매도자와 맞춰보아야 한다.

D사에서 대출 승인이 완료되었다고 한다. 이제 총 4개의 대출기관과 대출약정서 초안을 보내고 약정 내용에 대해 의견을 주고받았다. 기존에 대출기관에 제출한 텀시트를 바탕으로 대출약정서를 작성했기 때문에 큰 이견 없이 약정서 안에 대해 협의를 완료했다.

9. D-1일 자본금 증자

상법에 따라 자본금을 증자할 때는 하루 동안은 주금납입계좌(별단 계좌)에 자금을 이체해 놓아야 한다. 따라서 투자자들에게 투자자금 납입 공문을 매매 완결일 전에 보내고, D-1일에는 대출금을 제외한 모든 투자자금이 우리의 주금납입계좌에 다 모여 있어야 매매 완결에 무리가 없다.

3곳의 투자기관 담당자에게 납입 요청 공문을 보내고 통화해 오늘 중에 자금이체 완료를 부탁했다. 다들 3시 이전에 이체가 완료될 예정이니 3시 이후에 확인해보고 자금이 들어오지 않았을 경우 다시 연락해달라고 한다. 4시경에 자산보관회사에 문의해보니 모든 투자자금이 주금납입계좌에 다 들어왔다고 한다. 이제 내일 대출금을 받고 매매 대금 및 관련 비용을 지급하고 소유권 이전을 무사히 진행하면 이번 프로젝트도 마무리될 예정이다.

10. **D-day** 대출금 기표 및 매매 대금 지급, 그리고 소유권 이전

평소보다 일찍 출근해 오늘 할 일들을 정리해보았다. 역시 매매 완결일은 정신이 없을 정도로 바쁜 스케줄이나 오늘 하루만 열심히 하자는 각오를 다시 새기며 업무를 시작했다. 우선 대출금 기표를 위해 대주단에 대출금 인출 요청서를 발송하고, 담당자들에게 최대한 빨리 대출금 기표를 요청했다. 소유권이전등기를 최소한 오후 5시까지는 접수해야 하기 때문에 대출금을 빨리 수령하는 것이 오후 업무 처리에 상당히 유리하기 때문이다.

대주단들의 협조로 오후 2시경 모든 대출금을 수령해 매매 대금을 매도자에게 지급했다. 오후 3시경 매도자 측에서 매매 대금 입금을 확인했으며, 소유권 이전과 관련한 서류를 전달받았다. 우리의 관계 기관 중 하나인 법무사에게 소유권 이전 서류를 전달했으며, 소유권이전등기 접수를 완료했다는 소식을 접하며 드디어 프로젝트의 매매 완결이 되었다.

관련 기관 및 유관 부서에 무사히 매매가 완결되었다는 소식을 알리며, 또한, 도움을 주셔서 감사하다는 말을 전했다.

05 | 건설사 |
아쿠아리움 민간투자 개발

1. D-200 발주 정보 수집 단계

　미국계 대형 펀드에서 서울 인근에 대형 아쿠아리움 건립을 위해 투자한 다는 보도가 알려진 가운데 시공사로서 해당 사업을 예의주시하던 중, 투자 자가 투자를 철회한다는 정보를 입수하게 되었다. 투자자의 투자 철회에 따 라 해당 지자체가 부지를 민간에 경쟁입찰 공고한다는 정보를 수집하고, 더 욱 자세한 내용을 파악하기 위해 관련 건축설계사, PM사, 전시 디자인 전문 회사 등 파트너사들과 정보 입수를 위해 주무관청과 타당성 조사기관을 방문 해 사업 정보 입수를 위한 질의를 준비한다. 하지만 우리나라 공무원들의 투 철한 보안의식 덕택에 정보는 얻지 못하고, 이미 알고 있는 내용만 재확인하 고 돌아올 뿐이었다. 다만, 해당 주무관청에 A, B 경쟁사가 방문했다는 사실 을 알게 되었고, 대략적인 경쟁 구도를 추정할 수 있었다. 이를 토대로 사무 실로 돌아가 수주 정보 보고서를 작성하고, 사업 추진을 위한 기본 사항을 담 당 상무에게 보고할 준비를 한다.

　보고 자료에는 대략적인 사업 개요와 사업으로부터 얻을 수 있는 예상 수익, 그리고 총사업비와 기대되는 사업 이익이 포함되어 있다. 물론 해당 수치는 예상 수치이지만, 최대한 합리적인 근거에 의해 추정하고 산정한다.

2. D-150 발주 정보를 통한 컨소시엄 구성 단계

주무관청 담당자를 확인하고, 지속적으로 방문해 질의하면서 발주가 임박했다는 정보를 입수하게 된다. 물론 이 정보는 경쟁사도 고스란히 알게 되는 내용이라 정보라고 말하기 힘들 것이다. 하지만 단 며칠, 아니 몇 시간 차이의 정보로 사업의 주도권을 선점할 수도 있다. 컨소시엄 구성의 경우 사업의 추진 방향에 따라 평가의 방침이 달라지고, 빠른 평가 방침의 습득은 더욱 경쟁력 있는 컨소시엄을 구성할 수 있는 키가 되기도 한다. 따라서 관련 업계 사업 담당자들 간의 인적 네트워크는 이렇게 긴급하게 컨소시엄을 구성하는 데 있어서 큰 도움이 될 뿐만 아니라 결정적인 요인이 될 수 있다.

아쿠아리움 사업 컨소시엄 구성 시, 사업의 성패를 결정할 수 있는 사항은 수족관 운영 경험이 풍부한 운영사를 컨소시엄 구성사로 영입하는 것이다. 한국에 많지 않은 수족관 운영사 중 오랫동안 안정적인 운영을 해온 A수족관 운영사를 우리 컨소시엄에 참여하도록 설득하는 작업이 우리 사업의 성패를 결정한다고 판단하고, A운영사를 만나 참여 조건을 저울질한다. 역시 A운영사는 한국의 많지 않은 수족관 운영사 중 하나로 경쟁사들로부터도 러브콜을 받은 상황이라 운영 기간 동안 높은 수익률 보장을 참여 조건으로 내세우고, 건설공사 및 설계 업무도 추가로 요구하는 상황이었다.

A운영사의 주가는 날로 높아지고 참여 조건은 날로 까다로워졌다. 이러한 상황에서 운영사 한 곳만 바라보다가는 낙동강 오리알이 될 수도 있는 상황이었다. 그래서 운영 규모는 다소 떨어지지만, 지방 대도시의 유명 아쿠아리움과 해외 우수 아쿠아리움사를 보완해 복합 운영 구도를 대안으로 하고, 지방 대도시의 아쿠아리움을 방문해 해당 팀장과 우리 회사 팀장과의 미팅을 주선하게 되었다. 하지만 A운영사와 경쟁하기엔 복수의 운영 구도는 각각의 이해관계에 따라 넘어야 할 산이 많았다. 결국, A운영사를 반드시 컨소시엄사로 참여하도록 하는 것에 사업의 성패가 달려있음을 인지하고, 우리 회사에서 준비 중인 차기 아쿠아리움 프로젝트에 A운영사가 함께 참여하는 조건으로 우리 컨소시엄에 들어오게 되었다.

금융대주단은 가장 경쟁적인 금리 조건을 제시한 A은행으로 참여가 결정되고, 지역 건설사 참여 가산점에서 높은 점수를 얻고 또한, 인허가 진행 시해당 지역 사정에 밝은 지역 건설사를 컨소시엄에 참여하도록 해 대략적인 컨소시엄 구성을 마치게 되었다. 컨소시엄으로 참여하기로 결정한 회사 간에는 비밀유지각서와 공동추진협약서를 날인해 본격적인 컨소시엄 구성을 마치게 된다.

3. D-90 입찰공고 및 내부 사업 참여 심의 준비

사전에 주무관청 담당자를 통해 확인한 내용에 몇 가지 추가되고, 수정된 내용의 입찰 공고가 나고, 본격적인 사업 준비가 시작되었다. 사업을 추진하기 위해서는 사업 추진 예산과 인력이 필요하다. 이러한 추진 예산과 인력은 내부 투자 심의를 통해 결정된다. 이 사업을 통해 수익을 창출할 가능성이 있는지, 회사에 리스크를 줄 염려는 없는지 등을 투자심의위원회 안건 상정을 통해 사업 추진 여부를 결정하게 된다. 법무팀, 견적팀, 구매팀, 계약팀, 마케팅팀 등 사업 관련 팀장들과 투자심의위원장의 강도 높은 질문 공세가 이어지고, 구체적인 데이터를 통한 답변과 우리 컨소시엄의 경쟁력에 대한 상대사와의 비교 분석 등을 통해 투자 심의 안건은 가결로 마무리된다. 물론 이 가결을 받기 위해 각 심의위원에게 미리 개별적으로 설명하고, 사업 추진 타당성에 대해 어필해야 한다. 심의하는 당일은 사전에 확정된 것을 공식화하는 시간으로 사전에 준비하고 설득하는 것이 매우 중요하다.

4. D-80 제안 단계

투자 심의가 통과되고 사업 추진 예산이 배정되었다. 훌륭한 사업 제안을 하기 위해서는 우수한 협력사와 함께 일하는 것이 무엇보다도 중요하다. 건축, 토목, 기계, 설비 및 전시, 마케팅 분야 등 각 분야의 우수 협력사를 우리 회사의 견적팀 및 마케팅팀으로부터 정외 협력사 추천을 받고, 영업 부서에서도 해당 사업에 경쟁력을 확보한 협력사를 리스트업하고 평가해 사업 추진을 위한 조직을 확정하게 된다.

건설사 영업팀의 담당자는 건축, 토목, 기계, 설비 등 협력사를 회사의 분야별 담당자와 함께 조율하고, 균형 있는 사업 제안이 이루어지도록 총괄하는 역할을 한다. 전체 사업을 조율하고, 총괄하기 위해서는 각 분야 전문 공종에 대해서도 지식이 필요하다. 필자는 전문 공종에 대한 전공자는 아니지만, 유사 사업 추진 사례 분석과 해당 분야 건설사 담당자, 그리고 협력사와의 지속적 회의를 통해 각 분야의 제안이 서로 유기적으로 이어지고 완전한 제안이 이루어질 수 있도록 역할을 할 수 있었다.

건설회사의 주요 관심사인 공사비가 각 전문 공사 공종별 원가 취합으로 확정되고, 총사업비의 각 항목이 해당 법령 및 사전 견적 등을 통해 확정되었다. 이제 최종 제안을 위한 디자인 작업과 인쇄 단계를 통해 제안서를 최종 제출하게 된다. 제안서를 제출하는 곳이 인쇄소와 멀지 않아 제출을 하는 데 큰 어려움은 없었다. 지난달 대전 조달청에 제안서를 제출하던 당시를 떠올리면 지금도 아찔한 생각이 든다. 사업계획서 30박스를 싣고 가던 화물차가 고속도로 중간에 멈춰서는 대형 사고가 발생했다. 사업제안서 제출 마감 시점까지 검토에 검토를 거듭하다가 제출 시간 1~2시간을 앞두고 벌어진 사고라, 자칫 경쟁도 못 하고 실격되는 대형 참사를 겪을 뻔했다. 다행히 가까운 곳에서 예비 화물차를 섭외해 무사히 제출할 수 있었지만 지금 생각하면 아찔한 순간이다. 사업 제안을 위한 3개월간의 노고와 수억 원에 이르는 제안 비용을 한순간에 허공에 날리는 순간이 될 수도 있었다.

그래서 그 사건 이후로 지방으로 사업제안서를 제출하는 사업에서는 항상 예비 화물차를 뒤따르게 하고 있다. 대도시의 경우 출근 시간 차량이 정체되어 제출이 어려운 경우도 있었다고 한다. 출근 시간 정체가 극심해 제출이 불확실한 상황에서 오토바이 15대에 사업제안서 30박스를 나눠서 싣고 제출했다는 이야기를 들었다. 일하다 보면 뜻하지 않게 긴박한 상황을 겪게 되는 일이 있는데, 이러한 상황에서도 끝까지 포기하지 않고, 고민하고 해결하기 위해 노력한다면 해결 방안이 보인다는 교훈을 얻었고, 선배들의 경험이 괜히 쌓인 것이 아니라는 생각이 들었다.

5. D-Day 우선협상 대상 선정 및 협상 단계

3개월여간의 기나긴 제안 작업이 마무리되고, 사업제안서 제출에 따른 PT를 거쳐 우선협상대상자를 선정하는 날 우리는 평가가 이루어진다는 서울 시내의 모 호텔의 주변에 대기하고 있다. 제안서를 제출한 경쟁사는 최종 두 군데다. 애초 3파전으로 알고 있었는데, 국내 아쿠아리움 운영사를 컨소시엄사로 잡지 못한 한 곳이 결국 드롭(Drop)했다. 평가위원들의 사업제안서 평가 중 의문점이나 질의 사항은 컨소시엄 대표사의 사업담당자를 통해 연락해온다. 평가가 이루어지고 있는 호텔 인근에 대기하던 컨소시엄사 직원들과 각 전문 분야 담당자가 질의에 대해 평가장에서 서면 또는 구두 답변을 한다. 오전 5시부터 저녁 6시까지 긴 하루 동안의 평가가 끝나고, 결과가 윤곽을 나타내는 순간이다. 공식 발표는 문서로 알려준다고 하지만, 주무관청 담당자는 사업 제안사의 각 대표를 부르고 결과를 알려 준다.

우리 컨소시엄이 우선협상대상자로 선정되었다는 소식을 접하는 순간, 지난 3개월의 고생이 한순간에 씻겨 나가는 듯한 희열을 느낄 수 있었다. 드라마 '미생'에서도 영업 3팀에서 사업을 수주하고 기뻐서 환호하는 모습을 볼 수 있었는데, 정말 지금 생각해도 짜릿한 순간이었다. 그날 회사 사장님으로부터 수고했다는 전화와 함께 건축사업본부 임원들 대부분이 회식에 동참해 고생한 담당자들에게 술 한 잔씩 주신 기억이 난다. 물론 그날은 맨정신으로 집에 들어가기는 어려운 날이다.

우선협상대상자가 되고 나서 사업제안서 내 각 전문 공종별로 협상단이 꾸려지고, 분야별 협상이 이루어진다. 주무관청은 더욱 합리적인 예산 범위 내에서 최적의 시설물을 구축하고, 운영되도록 협상을 계획하고, 우선협상대상자는 합리적인 비용으로 최고의 시설물을 구축하면서 이윤을 극대화하도록 협상을 준비한다.

6. `D+60` 실시 협약 및 토지 계약

분야별 협상이 마무리되고 실시 협약 문구 하나하나를 주무관청과 우선협상대상자 측 변호사와 함께 확정하는 단계다. 정부에서 권장하는 표준 실시협약안과 유사사업 실시협약을 토대로 실시협약 초안을 잡고, 사업을 하기 위한 실시협약 최종안을 작성하게 된다. 처음 실시협약서를 접했을 때는 수많은 조항이 어떻게 만들어졌는지 어렵고 이해가 잘되지 않았지만, 정부의 표준 실시협약을 검토하고, 만들어지게 된 배경을 파악하면서 기본적인 틀을 볼 수 있게 되었고, 유사 사업 실시협약을 검토하면서 어느 정도 규칙적인 패턴을 읽을 수 있게 되었다.

각종 계약서 및 협약서를 보면 신입 사원들은 매우 당황스럽고 어렵게 느껴질 것이다. 하지만 법 또는 업계에서 권장하는 표준 계약 및 협약서를 기본으로 해 실제 사례에서 협약서 문구가 확정된 배경을 추적 검토하고 익힌다면 협상하는 데 있어서 법률 전문가인 변호사보다도 더 전문적인 능력을 보여 줄 수 있을 것이다.

7. **D+90** SPC 법인 설립

실시협약이 체결되고 사업을 본격적으로 추진하기 위해 사업 시행을 위한 법인 설립 단계이다. 확정된 사업제안서 내용과 실시협약을 토대로 주주들 간의 세부 권리 의무 관계를 주주협약을 통해 확정하고, 아쿠아리움 사업을 위한 법인을 설립하는 단계다. 처음 사업을 할 때는 왜 굳이 SPC법인을 설립해서 추진하는지 궁금했는데, 실제 SPC법인 설립을 하지 않고 사업을 진행하려니, 회사 내부적으로 검토받아야 할 사항들이 많고 각종 법률상 제약이나 불편 사항들이 많았다.

8. **D+90** 실시 설계 및 인허가 관리

SPC법인이 설립되면 사업을 본격적으로 진행하는 단계에 이른다. 사업 시행자는 사업 제안 당시 제출된 기본 설계를 바탕으로 세부 설계에 해당하는 실시 설계를 하게 되고 이때까지 건설사는 사업의 주간사로서 실시 설계가 적절히 이루어지도록 현장에서 공사를 수행할 현장소장 및 공사 총괄 담당자와 함께 실시 설계 검토를 하고, 관련 인허가가 적절히 이루어지도록 지속적으로 지원 관리하게 된다. 이때 관련 법령에 따른 인허가 사항이라든지 각종 영향평가를 해야 하는 이유에 대해 궁금증을 갖고 임하는 자세의 중요성에 대해 강조하고자 한다. 인허가 및 각종 영향평가의 대부분 관련 전문기관을 통해 이루어진다. 이때 수동적인 결과에만 관심을 기울일 것이 아니라, 인허가의 과정에 대해 깊이 있게 검토한다면, 공공사업뿐만 아니라 민간 부지를 개발하는 사업에서도 전문가로 성장하는 데 큰 도움이 될 것이다.

9. D+150 대출 약정

주무관청으로부터 공사 착공을 위한 건축허가공문이 드디어 우편으로 도착했다. 드디어 대출 약정을 위한 조건이 충족되어 대출 약정을 하는 순간이다. 대출 약정을 위한 각종 인허가 승인서류와 공사 도급계약 그리고 대출 약정에 필요한 각종 요청 서류를 대주단 측 변호사로부터 전달받고 대출 약정을 위한 준비를 한다. SPC와 대출기관 간에는 이미 협의한 내용에 따라 대출 실행을 위한 약정을 체결하게 된다.

10. D+180 공사 현장 인계 및 준공 관리

공사 착공을 위한 사업비가 확보되었으니 건축영업팀의 업무는 공사 현장 조직으로 대부분 인계되고, 준공 시 최종 정산을 위해 수주한 프로젝트는 준공 시까지 영업한 담당자가 모니터링하게 된다. 내가 참여한 프로젝트가 되고, 수주 확정이 되고, 준공된 것을 볼 수 있다는 사실은 건설사 직원으로서 큰 매력이 아닌가 생각된다. 또한, 아무것도 없는 백지에서 건물을 준공하고 운영되는 단계까지 하나의 프로젝트 전 과정을 경험할 수 있는 건설사에서의 경험은 부동산의 다양한 분야로 업무 영역을 확대하는 데 있어서도 매우 큰 도움이 될 것이다. 모쪼록 짧게나마 경험한 건설 프로젝트 리뷰가 부동산 업계에 뛰어들고자 하는 후배들에게 도움이 되길 기원한다.

06 | 대기업 디벨로퍼 |
복합리조트 개발 사업

리조트는 대표적인 장치산업이다. 작게는 2~3만 평, 크게는 10만 평에 달하는 부지를 관광지 또는 관광단지의 형태로 오랜 기간 개발하게 된다. 또한, 타 사업에 비해 사업비에서 토지비가 차지하는 비중이 작다. 토지비가 높게 되면, 회수 기간이 오래 소요되는 리조트의 경우, 수익성을 맞추기 어렵기 때문이다. 과거 리조트 개발은 숙박 외 취사가 가능한 콘도와 간단한 부대시설 정도로 구성되어 있었다. 그러나 최근의 리조트 개발은 호텔, 호텔형 콘도, 워터파크, 골프장, 쇼핑시설 등이 어우러진 복합개발 형태로 진행되었거나 진행되고 있는 사례가 많다. 과거와 같이 단순한 숙박 기능만으로는 집객 자체가 어려운 것은 물론, 경쟁에서 살아남기도 어렵기 때문이다. 한국에서의 리조트 사업은 계절성이라는 풀기 어려운 과제를 가지고 있다. 어려운 여건 속에서 살아남기 위해 리조트사업은 계속 진화하고 있다. 도심의 복합개발 사업과 비할 바는 아니지만, 비교적 큰 규모의 투자가 수반되고 오픈까지 장기간 소요되는 복합리조트 개발 사업의 진행 절차에 대해 간략히 살펴보기로 하자.

1. 업체 선정

　사업부지를 확보한 지는 꽤 오랜 시간이 지났음에도 개발이 진행되고 있지 않은 상황이었으나, 내부 검토 결과 사업 진행의 최적 시기라 판단해 착수한 케이스다. 따라서 본격적인 복합리조트 개발을 위한 업체 선정에 착수했다. 우선 적정한 개발 규모를 산정하기 위한 시장조사 및 사업 타당성 검토를 위한 컨설팅 업체를 시설별로 선정해야 한다. 숙박시설과 위락시설로 구분해 후보 업체를 접촉하고 제안요청서를 업체별로 발송한다. 업체별 제안서와 프레젠테이션 평가를 바탕으로 최종 업체를 선정, 해당 용역 범위의 업무를 수행하게 된다. 시장조사 및 사업 타당성 검토 결과를 바탕으로 사업성 확보가 가능한 개발 규모를 도출하게 되면 이를 바탕으로 건축계획을 수립하는 설계 업체를 선정하게 된다. 설계 업체를 통해 보다 정밀한 개발 규모와 법에 부합하는 계획안을 수립할 수 있게 된다. 설계는 보통 개발 사업의 진행에 따라 콘셉트, 계획, 기본, 실시 설계의 단계로 진행되며 준공 및 승인 시점까지 필요한 인허가 업무와 도면 작성 등을 수행하게 된다. 이 외에도 복합리조트 개발에 필요한 각 인허가 단계마다 문화재 시·발굴 업체, 관광지 조성계획, 환경영향평가, 교통영향분석 및 개선대책, 재해영향평가 등의 업무를 수행하는 업체를 선정한다.

2. 문화재 시·발굴 조사

　문화재 시·발굴 조사는 조사계획 수립, 시굴 조사, 문화재위원회 검토, 보존대책 통보, 이행결과 제출확인 순으로 진행된다. 업체 선정 기간을 제외하면 약 5~6개월 정도의 기간이 소요되며 이마저도 문화재청 문화재위원회의 심의가 아니라 검토 수준으로 종결되고, 보존대책 수립 등 특별한 조치가 없이 기록 보존 등으로 진행될 경우에 한해 5~6개월 정도의 시간이 소요된다. 당 사업지의 경우, 지표조사 결과 청동기 시대의 유물이 존재할 수도 있다는 의견이 있어 시굴조사를 진행했으나 발굴된 토기 등이 심하게 파손되어 보존의 가치가 현저히 떨어진다고 판단, 문서에 기록 보존하는 방향으로 정리되었다. 문화재 조사는 사업 기간에도 큰 영향을 주고, 보존 가치가 높은 문화재가 발굴될 경우, 사업이 중단될 수 있을 정도로 리스크가 큰 인허가 절차다. 또한, 시·발굴 행위 자체가 날씨의 영향을 많이 받기 때문에, 사업 기간에도 영향을 끼치는 경우가 많다.

3. 환경영향평가

당 사업부지는 해변에 직접 접해 있는데, 부지의 50% 정도가 해송군락 밀집지로 지정되어 있다. 녹지자연도등급이라는 제도가 있는데, 0에서 11등급으로 구분되어 있다. 등급이 올라갈수록 자연림에 가까운 식생으로 실제 8등급 이상의 지역은 개발 사업이 허용되지 않고 있다. 해당 부지의 경우도 7~8등급의 보존가치가 높은 해송이 많이 분포하고 있어, 실제 2만 평 규모의 부지 가운데 가용할 수 있는 부지는 50% 정도밖에 되지 않는 약점이 있었다. 보통 리조트 개발은 밀도 있는 개발보다는 스카이라인을 살리는 저층 형태의 개발이 주를 이루는데, 해당 부지의 경우, 가용 부지가 협소한 관계로 저층 형태의 개발보다는 부지의 형상을 최대한 활용하며 자연훼손을 최소화한 개발계획을 수립했다. 환경영향평가는 해당 지역의 지방환경청과의 협의가 필요하며 환경청은 보통 30~40일 이내 해당 관청에 협의 의견을 통보하게 된다. 당 사업의 경우, 환경청 의견을 충족하는 범위 내에서 개발계획안을 제출했고, 큰 잡음 없이 해당 절차를 마무리할 수 있었다.

4. 교통영향분석 및 개선대책

사업부지는 해변에 접한 구릉지의 형태를 띠고 있다. 해수면을 기준으로 평균 30~40m 정도의 높이에 복합리조트가 위치하게 된다. 따라서 기존 해변도로에서 리조트로 진입하는 도로의 개설이 상당한 난제였다. 진입도로의 길이 자체는 130미터 정도로 긴 편은 아니었으나 오히려 길지 않은 도로의 연장으로 인해 급한 경사도를 최대한 완화해야 하는 과제를 풀어야만 했다. 교통영향분석 및 개선대책 심의는 ○○도청 공무원과 건축, 토목, 엔지니어링 업계에 종사하는 각 분야의 전문가들이 심의위원으로 구성, 심의를 진행하게 된다. 심의를 위한 교통종합개선안도를 작성, 사전에 ○○도청 도로철도교통과와 협의를 거치고, 보완이 필요한 사항에 대해 심의 전에 보완 및 수정 업무를 진행하게 되며, 최종 보완된 자료를 가지고 교통영향분석 및 개선대책 심의를 진행하게 된다. 8~10명의 심의위원이 날카로운 질문을 던지는데 사전에 교통영향평가 업체와 예상 질문 리스트를 작성하고 내부적으로 모범답안을 준비한다. 당 사업부지는 진입도로의 경사도가 주된 현안이었고, 위원들의 집중적인 질문에 대해 다양한 안전조치에 대해 구체적으로 대응한 결과,

큰 보완 사항 없이 수정의결 되었다.

5. 관광지 조성계획 승인

　관광지 조성계획 승인 절차는 복합리조트가 개발되는 관광지의 경계와 면적 그리고 토지이용계획을 확정하는 인허가 절차다. 이를 규제하는 법은 관광진흥법이며 관광지 조성계획 승인 서류 제출 시 관련 법에 따른 개별 인허가 사항들은 의제 처리가 가능하다. 당 사업지는 관광진흥법에 의한 관광지이면서 동시에 도시계획시설 중 하나인 유원지이기도 해 국토의 계획 및 이용에 관한 법률의 적용도 받게 되며 해당 법에 의거 도시관리계획(유원지) 결정에 필요한 서류도 함께 준비, 실시계획인가를 득해야 한다. 다만, 관광지 조성계획 승인을 득할 경우, 국계법에 의한 실시계획인가도 득한 것으로 간주되며 준비해야 하는 서류도 크게 다르지 않아 서류 작성 업무는 관련 협력 업체와의 협업만 잘 이루어진다면 크게 어려운 작업은 아니다. 관광지 조성계획 승인을 위한 서류는 다음과 같이 이루어진다.

- 조성계획 개요
- 대상지 현황 및 개발 여건 분석
- 개발 기본 구상(도입 시설 및 기능, 주요 시설의 규모를 산정)
- 관광지 조성계획(토지 이용, 시설 배치, 교통, 기반시설, 건축, 조경, 전기통신 계획 등)
- 투자 및 관리운영 계획(투자 및 재원 조달 계획, 안전관리 계획)
- 관련 도면(토지 이용 계획도, 시설물 배치 계획도, 상수·우수·오수·전기통신 등 기반시설 계획도, 조경 계획도)

담당 시청의 관광과, 도시과 등 여러 유관 부서와의 협의 및 조정 과정을 거치며 약 5개월의 기간이 소요되었으며, 큰 걸림돌 없이 도지사의 승인허가를 득했다.

6. 사업계획승인

사업계획 승인을 한마디로 정의하면 관광진흥법에 따른 '관광숙박업을 영위할 수 있는 권한'을 취득하는 절차라고 볼 수 있다. 관광숙박업이란 '호텔 및 콘도미니엄업'을 의미한다. 채무 인수 승인과 사업시행 허가를 득하게 되면, 이후 시점부터 사업주는 건축 등 개발 행위의 착수가 가능하게 된다. 사업주의 토지임을 증명하는 등기부 등 관련 서류와 조감도 등을 포함하는 각종 도서가 필요하며 콘도미니엄 등이 있을 경우 분양 또는 회원 모집에 대한 계획서를 작성해야 한다. 사업계획 승인 절차에 든 기간은 약 1개월, 서류 작성 등 유관 부서와의 긴밀한 사전 협의가 기간 단축에 결정적인 영향을 준 것 같다.

7. 건축허가 및 착공

앞서 모든 인허가 절차는 마무리되고, 착공을 위한 건축심의 절차만 남았다. 진입도로의 경우, 관련 도시계획시설 결정을 위한 실시계획 인가를 득하고 먼저 공사를 진행할 수 있었으나, 리조트 공사의 경우 건축 심의를 거쳐야만 착수가 가능했다. 사업지는 해변에 인접해 있어 해안 경관 및 스카이라인 등과 건축물의 외관, 색상 등 디자인이 잘 조화되어야만 했다. 앞서 이야기한 바와 같이 가용할 수 있는 부지의 면적이 매우 협소하고 부지의 해발고도가 평균 30미터 이상으로 높아서 어느 정도 밀도 있는 개발은 불가피한 상황이었다. 불리한 물리적 조건에서 최상의 결과물을 만들어내기 위해 건축설계 업체와의 마라톤 미팅이 밤늦게까지 이어지곤 했다. 100% 완벽할 수는 없지만, 최소한 조건부 심의의결이라는 결과를 얻어내기 위해 집중했다. 약 3개월 정도의 준비 기간을 거쳐 건축심의를 진행했고, 결과적으로 무리한 수정 및 보완 사항 없이 원안의결에 가까운 결론을 끌어낼 수 있었다.

8. 에피소드

이 사업이 착공되기까지는 준비 기간부터 만 5년의 기간이 소요되었다. 회사가 보유한 부지였지만, 여러 가지 내부적인 사정으로 인해 오랜 기간 개발되지 못했고, 때마침 주변 여건이 무르익어 사업을 현실화할 수 있었다. 다양한 이해 관계자들과의 협의, 의견 충돌과 조정 과정 등을 거치며 사람을 상대하는 법을 조금이나마 경험할 소중한 기회였다고 본다. 흔히들 대관, 인허가 업무라고 하면 1차원적이고 단순할 것이라는 생각들을 한다. 하지만 필자의 생각은 다르다. 인허가 업무야말로 대단히 '전략적'인 접근이 필요한 분야다. 서류상으로 만들어진 수많은 계획을 실행시키기 위한 필수불가결한 절차이며 상당한 인내심을 필요로 하는 업무다.

필자가 개발 사업 업무를 담당하는 동안, 해당 시청과 도청을 방문한 횟수만 해도 어림잡아 약 300회가 넘는다. 사전 협의나 관련 서류를 제출하기 위해 방문한 적도 많았지만, 그보다는 관련 업무를 수행하는 해당 시청의 담당자들과의 신뢰관계를 쌓기 위한 시간이 더 많았던 것 같다. 처음엔 옆자리도 열어주지 않던 담당자들도 꾸준히 얼굴을 비치며 단순히 개발 사업을 통한 이익 창출만이 아닌 지역공동체와 공생할 수 있다는 확신과 비전을 심어 주었던 것이 주요했던 것 같다. 협의 과정 중 곤란한 상황도 많았지만, 진심으로 정면돌파한 것이 좋은 결과를 얻을 수 있었던 이유가 아니었나 생각한다.

07 | 신탁사 | 공동주택 개발 사업

신탁사 입장에서 신탁사의 정형화된 상품 중 가장 보수가 높은 상품은 차입형 토지 신탁(개발 신탁)이다. 반면에 업무 난이도가 가장 높고, 리스크가 많은 상품이다. 따라서 프로젝트도 검토할 시간이 상당히 소요되고 신탁사가 많은 사업비를 투입하게 되므로 프로젝트별로 차이가 있지만, 심의 절차도 까다롭다. 보통 2~3개월 소요가 된다. 최근 공동주택 개발 사업 차입형 토지 신탁 사례를 예로 들어 실제로 어떤 프로세스를 거쳐 신탁 계약이 이루어지는 살펴보자.

1. D-60 사업 발굴 및 사업 접수

사전에 유선상으로 사업 상담을 한 시행사와 회의 미팅이 있는 날이다. 오전에 출근해 시행사로부터 이메일로 받은 사업계획서와 사업 수지표를 검토하고 미팅 준비를 한다. 시행사가 당사로 방문해 미팅을 시작한다. 간단히 인사를 한 후 프로젝트와 관련 회의를 시작한다. 먼저 시행사가 프로젝트에 대해 간략히 진행 경과 및 프로젝트 전반적인 설명을 듣는다. 시행사로부터 제출받은 자료를 검토함에 따라 시행사에게 질문한다. 보통 프로젝트 진행 경위, 사업부지 확보 문제, 사업비 확보 방안 위주로 질문이 오고 가며, 미팅을 마친다.

시행사와의 미팅을 마친 후, 본격적으로 사업 검토를 한다. 사업 검토 방법 등에는 ①사업성(사업 이익이 적정한지), ②거시적 접근(지역 환경, 공동주택 공급 동향, 관계 법령 등), ③미시적 접근(사업의 특성, 토지관계, 건축 환경 및 조건 등)을 위주로 검토한다.

2. D-55 사업 구도 결정

프로젝트에 대한 기본적 검토가 완료되어 사업성 및 수탁사업으로 적정하다고 판단되면 사업별 관계자(시공사, 금융기관)가 참여하기 쉽게 사업 구조화(Structuring)를 해 사업 참여자를 물색한다. 신탁사업에 참여하기 위해 토지 등에 제한권리말소비용 등 토지대 사용을 위해 PF대출금융기관을 선정한다. 주로 인맥 또는 계속적 거래처와 유선 접촉해 참여를 유도한다. 동시에 시공사 또한, 참여하기 좋은 조건을 구조화해 재무적으로 안정적인 시공사의 참여를 이끌어 책임준공 리스크를 분산화한다.

사업별 관계자들에게 사업 자료를 공유하며, 계속적인 참여 유도를 한다.

3. [D-50] 사업 참여자 결정 및 내부 보고

시공사 및 금융기관으로부터 참여 의향을 받으면 간단하게 내부 보고를 한다. 간단한 보고서로 사업 개요 및 당사 역할, 예정 사업 관계인 등을 보고한 후 이제 정식 내부 수주 심의 절차를 시작하게 된다. 내부 요약 보고상 상급자로부터 특별한 지시 또는 이슈가 있으면 수주 심의 전까지 반영토록 한다.

또한, 각 사업 참여자와 계약서 등 제반 서류와 관련해 협의를 시작하게 된다. 이 시기에는 각 사의 이익을 위해 각 사의 담당자들끼리 신경전이 대단하다. 이 협상을 잘 풀어 나아가야만 1건의 프로젝트를 완성(클로징)할 수 있다. 개인적으로 이 부분이 만만치가 않다. 각 사의 담당자들 또한, 내부에 설득시켜야만 프로젝트를 수주할 수 있게 때문이다.

4. [D-45] 주관 부서(담당자 포함) 현장 답사 및 분양성 검토(마케팅 분석) 용역 의뢰

사업부지 현장조사를 위해 현장으로 출발. 우선 사업부지 관찰하면서 인허가 상황이나, 주변 여건을 검토해 건축에 무리가 없는지 등을 살펴 건축 여건을 분석한다. 분석 시 설계도면은 꼭 챙겨가도록 한다. 신탁사의 고유 영역은 아니지만, 설계도면 이해 능력이 요구된다. 이 부분은 건축전문가가 아니기 때문에 때로는 설계 업체나 시공 업체를 동반하는 때도 있으며, 시행사 측의 설명이 필요할 경우 도움을 요청하기도 한다. 일정상 혼자 사업부지 분석을 하게 될 경우에는 그동안 업무 경험을 통해 볼 수밖에 없다. 건축 여건을 본 후 개발 이후 모습을 상상하게 된다. 상업시설, 주거시설 등 상품별 별도 분석을 하나 해당 사업은 공동주택으로서 주변 혐오시설이나, 쾌적성, 생활 편리성 등 위주로 사업부지를 분석하며 메모한다. 향후 심의자료로 사용하기 위해 동영상 촬영이나 사진촬영은 필수다.

다음은 마케팅 분석이다. 상품을 만드는 단계를 분석한 이후에 이제는 어떻게 팔 것인가를 고민해야 한다. 우선적으로 사업화를 시키기 위해서는 소속 회사를 설득해야 한다. 소속 회사를 설득 못 시키면 실제로 수요자들에게도 안 팔리게 마련이다. 심의를 하기 위해서는 사전에 마케팅 전문기관에 용역을 주어 마케팅 보고서를 받아야만 한다. 그래서 심의 절차를 진행하기 위한 분양성 검토(마케팅 분석) 용역 의뢰를 신청한다. 빠르면 2~3주, 늦으면 1개월 정도 소요되니 심의 스케줄에 영향이 없도록 준비해야 한다.

향후 분양성 검토 보고서가 당사로 제출되면 내가 분석한 것과 비교하면서 평가를 하게 된다. 마케팅 보고서가 정답은 아니지만 중요한 판단 자료로 사용되기 때문이다. 최종 판단은 소속 회사의 심의의결기구다. 마지막으로 주변에 중요한 시설이나 특이점이 있으면 동반 분석을 위해 방문하기도 한다. 인허가 궁금 사항은 관할관청을 통해 알아보고, 주요 수요 모집단(산업단지 등)이 될 수 있는 곳이 있다면 직접 방문해 개발 상황이라든지 현황을 파악해보는 것도 중요하다.

5. D-30 내부 수주 심의 준비

내부 수주 심의를 위한 수주 심의 자료를 작성하게 된다. 보름 전에 신청한 분양성 검토 보고서가 도착하게 되면 이를 참고해 분양성 관련 파트를 작성하게 된다. 보통 심의문서는 ①내부 규정에 따른 부의 의결 근거, ②사업 개요, ③참여자 재무 분석 및 역할, ④사업성 분석[사업 수지, 현금흐름, 분양률에 따른 BEP(손익분기점) 민감도 분석 및 리스크 분석], ⑤마케팅 분석[인문 환경, 사업지 분석, 분양성 검토 분석(내부 규정에 따른 대외 용역기관 자료 인용)], ⑥당사 엑시트(EXIT) 분석, ⑦신탁계약서, ⑧관련자 재무제표 등이 주요 심의 자료로 사용되므로 이런 자료들은 보통 10~15일 정도로 작성한다. 아울러, 내부 수주 심의를 위해 심의위원 현장조사를 신청한다.

6. D-20 1차[실무 및 리스크(RM) 회의] 수주 심의 진행

심의위원 현장조사가 완료되면, 정식으로 수주 심의 부의를 하게 되고, 심의 일자를 기다린다. 수주 심의는 내규에 따라 2번 또는 차입 규모에 따라 3번이 될 수도 있다. 보통 1차 심의는 각 유관 부서 팀장들로 구성되어 심의를 받게 된다. 사업성 및 여러 가지 리스크에 대해 헷지 방안을 논의한다. 대부분 심의의 난이도에 따라 다르지만, 보완 사항이 나온다. 보완 사항에 대해 사업 관계자와 긴밀히 협의해 보완토록 해야 한다.

7. D-10 2차(경영 의사 결정 회의) 수주 심의 진행

2차 심의는 1차 심의인 실무적 리스크보다는 1차 심의 의사 결정을 토대로 경영 의사 결정을 판단하는 기구다. 주로 경영진들이 참가해 의사 결정을 하게 된다. 원안 가결을 하게 되면 드디어 내부 심의가 완료해 수주에 다다르게 된다.

8. D-2 내부 계약 체결 및 집행 품의

드디어 모든 심의 절차를 마치며 이제는 심의 내용을 토대로 계약서 심사를 받기 위해 내부 계약 체결 및 계정대(사업비 차입금) 집행 품의를 신청한다. 전결권자에게 승인을 얻은 후 계약 체결을 준비하게 된다. 대부분의 계약 체결을 위한 준비를 마치게 된다. 그러나 아직 끝난 것은 아니다. 이 시점에서 참여자의 한 기관에서 심의가 지연되거나 부결, 또는 시행사의 계약 체결 거부 등 다양한 일이 벌어질 수 있다. 필자는 많은 경험을 했다. 힘들게 고생해서 두 달여 간의 심의 절차를 진행하고 이런 일이 벌어지면 앞이 캄캄해지는 기분이 들게 마련이다. 요즘은 이런 일을 방지하기 위해 신탁가등기, MOU 등을 체결해 진행하기도 하나 원천적으로 방어하기는 실무적으로는 매우 힘들다.

9. D-day 계약 체결

계약 체결 내부 승인을 얻은 후 계약 체결 장소로 이동한다. 각 사들은 내부 수권 절차에 따라 심의 또는 결재를 승인받은 후 약정식에 참여한다. 약정식에는 보통 그간 어려웠던 점들을 이야기하고 가벼운 마음으로 인증된 계약서 및 협약서에 인장날인을 한다. 이제 모든 수주 절차가 완료되고 사업의 프로젝트에 한 걸음을 내딛는 순간이기도 하다.

| 법무법인 |
프로젝트 체험하기 오피스 매입 및 담보대출 자문

부동산 간접 투자의 대표적인 투자기구로는 자본 시장과 금융 투자업에 관한 법률에 따른 부동산집합투자기구(이하 '부동산 펀드')와 부동산투자회사법에 따른 부동산 투자회사(이하 '리츠')를 들 수 있다. 최근 부동산 간접 투자 시장은 전통적인 투자 대상이었던 오피스 빌딩과 대형 상가에서 호텔, 물류센터, 임대주택 등으로 외연을 확대해 나가고 있으며, 실물 위주의 투자 패턴에서 벗어나 부동산 펀드와 리츠가 시행 주체가 되어 직접 부동산 개발 사업을 추진하는 사례들이 늘어나고 있다. 이번 장에서는 부동산 펀드와 리츠의 대표적인 투자 대상인 오피스 빌딩 거래 사례를 가지고 실제로 법무법인의 업무가 어떻게 진행되는지에 대해 살펴보자.

1. 양해각서(MOU) 작성 및 체결

월요일 아침 잰걸음으로 사무실에 출근해 컴퓨터를 켜고 책상 위에 놓인 서류들을 정리하고 있는데, A자산운용의 B팀장으로부터 전화가 왔다. 지난주에 이야기 나눴던 C오피스 빌딩에 대한 입찰이 진행되었고 A자산운용이 우선협상대상자로 선정되었으며, 매도인 측에서 양해각서(MOU) 초안을 만들어서 보냈는데, 매수인 입장에서 검토를 진행해달라고 한다.

전화를 끊고 조금 지나니 B팀장이 보낸 메일이 오고 매도인 측으로부터 받았다는 양해각서 초안이 첨부되어 있다. 양해각서 파일을 열고 내용 검토를 시작한다. 매도인 측 또한, 부동산 펀드이고 양해각서 유효기간은 2개월로 정해져 있으며, 그 기간 동안 A자산운용은 배타적 협상권을 갖는다는 내용이 주된 내용이다. 그러나 C오피스 빌딩을 매수할 A자산운용 입장에서는 유효기간을 단순히 2개월로 한정하기보다는 쌍방 합의로 1개월 연장할 수 있는 단서를 추가하는 게 유리하므로 해당 내용을 추가한다. 또한, 매도인 측이 배타적 협상권을 부여했으나 해당 조건을 위반하더라도 특별한 불이익을 받지 않는다면 강제성이 없을 수밖에 없다. A자산운용이 어렵게 우선협상자가 되었고 매매 완결까지 관계사들이 상당한 노고를 들여야 함을 감안해 매도인 측에서 배타적 협상권 위반 시 일정액의 위약벌을 부담한다는 조건을 추가한다. 기타 A자산운용 입장에서 반영이 필요한 부분을 추가로 반영한 후 양해각서 수정본을 B팀장에게 보내면서 이번 거래에 대한 이해를 위해 IM(Information Memorandum)이 작성되면 보내달라고 요청한다. 추가로 우리 법무법인에서는 법률실사 요청 자료 리스트를 작성해서 보내주기로 한다.

2. 법률실사의 진행

이틀 전 B팀장에게 보냈던 법률실사 요청 자료 리스트에 따라 매각자문사에서 자료 준비가 되었다는 연락이 왔다. 매각자문사 담당자가 보낸 메일이 들어오고 대용량 첨부 파일로 실사 자료들이 첨부되어 있다. 해당 자료들을 우리 직원에게 전달하고 프린트해서 실사 자료로 꾸려달라고 요청한다.

실물 부동산에 관한 법률실사는 크게 매도인에 대한 정보, 부동산의 소유 관계 및 제한물권 내역, 부동산 관련 인허가 사항, 임대차계약서에 대한 검토, 부동산관리 현황 파악, 소송 등 분쟁 상황 파악, 조세 및 부담금 납부 확인과 같은 내용으로 구성된다. 각 항목에 맞춰 실사 자료를 분류하고 해당 실사 자료를 분석함으로써 법률적인 리스크들을 도출하고 그에 대한 해결책을 제시하는 일련의 과정이라 할 수 있다. 특히, 법률실사 과정에서 법률 위반 사항이나 문제점이 발견될 경우 그로 인한 리스크를 적시한 후 그에 대한 해결책을 마련해주어야 한다. 그러한 해결책의 구체적인 모습은 매매계약서 상의 진술 및 보장 사항이나 매도인의 매매 완결 전 의무 사항으로 반영되어 나타나게 된다.

3. 매매계약서 준비

약 7일간의 법률실사를 통해 법률실사 보고서 초안이 나왔다. 실사 결과 C 오피스 빌딩은 부동산 펀드가 소유 및 관리하는 만큼 큰 하자나 문제점은 발견되지 않았다. 다만, 지하층 일부에 용도 위반의 문제가 확인되었는데 B팀장에게 메일로 실사 보고서 초안을 보낸 후 전화를 걸어 몇 가지 쟁점에 관해 이야기를 나눈다. B팀장은 실사 보고서 초안을 읽고 추가로 궁금한 점이 있으면 연락을 드리겠다고 하면서 매매계약서 초안 작성도 진행해달라고 한다.

실물 부동산 거래를 위한 매매계약서는 크게 매매 목적물, 매매 대금 및 그 지급 일정, 매매 완결 전의 의무 사항, 매매 완결일의 의무 사항, 수익·비용 등의 정산, 진술 및 보장 사항, 계약 해제, 손해배상, 비밀유지, 분쟁의 해결 방식 조항으로 구성되며 사안마다 차이가 있지만, 계약서 본문과 별지를 포함해 20페이지 내외의 분량으로 구성된다. 특히 법률실사를 통해 매수인 관점에서 조치가 필요한 사항들이 정리되었으므로 해당 내용을 매매계약서의 적재적소에 반영해준다. 이튿날 매매계약서 초안을 완성해 B팀장에게 메일로 보내면서 일단 매수인 관점에서 초안을 검토해달라고 요청한다.

다음 날 B팀장으로부터 매매계약서 초안과 관련해 연락이 왔다. 전체적으로 내용이 잘 반영되었으며 물리실사 과정에서 발견된 몇 가지 보완 사항을 매매계약서에 추가로 반영해달라고 한다. B팀장의 요청 사항을 반영해 매매계약서 수정본을 보내고 매도인 측에 전달해 검토 의견을 받아 달라고 요청한다.

4. 담보대출약정서 준비

한 주를 마무리하는 금요일 아침 B팀장으로부터 연락이 와 우리 법무법인에서 법률실사를 진행하는 동안 매입자금을 대여해 줄 금융기관이 선임한 법무법인에서 대출약정서와 담보계약서 초안을 작성했으니 차주 입장에서 검토해달라고 한다. 대주 측에서 매수 자문을 하는 법무법인에 담보대출약정서의 작성을 의뢰하는 경우가 빈번하지만, 변호사의 입장에서 보면 차주와 대주 쌍방의 동의를 받더라도 양측을 동시에 대리하는 것은 이해 상충의 문제 때문에 곤란이 상황이 생기게 마련이다. 이번 딜의 경우 대주 측에서 별도로 법무법인을 선임했다고 하므로 우리 법무법인은 차주(매수인) 입장에서만 계약서 검토를 진행하면 된다.

　메일로 들어온 담보대출약정서 파일을 열어보니, 해당 약정서를 작성한 법무법인도 실물 부동산 거래와 관련한 경험을 다수 보유하고 있어서인지 통상적인 수준을 벗어나지 않는 선에서 담보대출약정서가 작성되어 있다. 다만, B팀장으로부터 특별한 요청이 있었는데 부동산 펀드의 경우 자산운용회사 및 신탁업자가 펀드 자산을 관리하므로 자금 통제나 차주의 의무 사항이 일반 회사에 대한 담보대출의 경우보다 약하게 구성되도록 수정해달라고 한다. 금전을 대여해준 대주 입장에서야 여지가 없는 계약서를 원하겠지만, 우리 법무법인은 차주를 위해 자문을 하고 있으므로 B팀장의 요청 사항을 반영해 대주와 부딪혀보기로 한다.

5. 매매계약서 협상

　담보대출약정서에 대한 검토가 진행되는 동안 매매계약서에 대한 매도인 측의 검토가 일차적으로 마무리되어 매도인 측의 의견이 반영된 매매계약서 수정본이 들어왔다. 매도인 측에서 수정한 사항에 대해 B팀장과 유선으로 의견을 교환한 후 매도인 측과 만나서 매매계약서 조건에 대한 추가적인 협상을 진행하기로 한다. B팀장은 매도인 측과 일정을 조율해본 후 다시 연락을 주겠다고 하더니 내일 오후 2시에 매도인 측 법무법인 사무실에서 만나 매매계약서 회의를 하자고 한다. 일단 내일 오후 1시 30분까지 매도인 측 법무법인 사무실이 있는 건물 1층 로비에서 만나 협상 전략을 이야기해본 후 약속 장소로 이동하기로 한다.

다음 날 오후 1시 30분 1층 로비에 도착하니 B팀장이 벌써 와서 기다리고 있다. 어제 받은 매도인 측의 수정안을 펼친 후 매수인 측에서 꼭 얻어내야 할 조건과 포기할 수 있는 조건들을 구분한다. 그리고 매도인 측에서 수정한 내용을 통해 매도인 측에서 꼭 얻어내야 하는 조건이 무엇인지를 추측해본다. 매도인 측에서 수정한 부분이 매매 완결 이후 매도인 측에서 책임을 지지 않는다는 내용에 집중되어 있다는 점을 통해 C오피스 빌딩 매각 후 매도인 측 부동산 펀드가 바로 청산에 들어갈 예정이라는 소문이 사실이라는 점을 상호 확인한다. 또한, 매수인 측에서 포기해도 무방한 조건이라도 매수인 측에서 꼭 얻어내야 하는 다른 조건을 성취하기 위해 일단은 쉽게 포기하지 않고 협상을 계속한 후 꼭 얻어내야 하는 조건과 교환하는 전략을 쓰기로 합의한다.

2시가 되어 매도인 측 법무법인의 회의실에 들어가니 매도인 측 담당자와 매각자문사 직원, 매도인 측 변호사들이 속속들이 자리를 잡는다. 상호 명함 교환과 인사가 이루어진 후 본격적인 조건 협상에 들어간다. 매매계약서 초안을 우리 법무법인에서 작성했으므로 회의 진행은 우리 법무법인에서 하고 매도인 측에서 필요할 때마다 의견을 제시하기로 한다. 2시간 정도 시간이 흐르자 대부분 조건에 대한 협상이 마무리되었으나 3가지 조건에 대한 견해차가 좁혀지지 않는다. 이럴 때는 분위기 전환이 필요하므로 10분 동안 쉴 것을 제안하니 모두 반기는 분위기다.

건물 1층에서 B팀장과 커피를 마시면서 견해차가 좁혀지지 않는 조건들에 대해 논의한다. 협상 과정에서 내가 원하는 100%를 모두 얻으면 좋겠으나 그럴 수 없는 게 현실이다. B팀장 또한, 이 점을 잘 알고 있으므로 꼭 필요하지는 않은 2가지 조건은 양보하고 1가지 조건을 얻어내기로 한다. 휴식 시간이 끝나고 관계자들이 회의실로 모여 협상을 재개한다. 협의가 안 된 3가지 조건에 대해 상호 허심탄회하게 의견을 교환하니 B팀장이 원했던 결과가 나왔다. 회의를 마무리하면서 오늘 협상 내용을 반영해 우리 법무법인에서 매매계약서 문구를 조정하고 매도인 측 법무법인에서 재확인해 매매계약서 작업을 마무리하기로 한다.

6. 담보대출약정서 협의

이틀 뒤 B팀장으로부터 연락이 왔다 대주들의 대출약정서 검토가 어느 정도 마무리되었으므로 대주들과 만나 대출약정서 수정을 마무리하자고 한다. 대출약정서 회의는 다음 주 월요일 오후 2시부터 우리 법무법인 회의실에서 진행하기로 한다.

월요일 오후 2시경이 되자 대주 측 담당자들과 대주 측 법무법인 변호사, B

팀장을 비롯한 A자산운용 직원들이 회의실에 자리를 잡는다. 담보대출약정서의 경우 내용 대부분이 대주에게 유리한 내용으로 구성되기 때문에 매매계약서와 달리 차주 입장에서 많은 수정을 가할 수 없는 한계가 있다. 다만, 이전에 B팀장이 요구했던 바와 같이 부동산 펀드의 경우 자산운용회사 및 신탁업자가 펀드자산을 관리하므로 자금 통제나 차주의 의무 사항을 일반 회사에 대한 담보대출의 경우보다 약하게 구성해줄 것을 요청한다. C오피스 빌딩의 경우 공실이 없고 우량 임차인들로 구성된 까닭에 금융기관들 또한, B팀장의 요청에 큰 거부감을 표시하지는 않는 눈치다. 다만, 대출금이 제일 많은 보험사에서 이자지급력지수를 3개월 단위로 평가해 1.3 미만일 경우 이자유보계좌에 3개월 치 이자를 유보하는 내용은 대출 승인 조건이므로 삭제할 수 없다고 한다. B팀장은 현재 공실이 없는 상태이므로 해당 조건은 충분히 수용 가능하다고 답변한다. 나머지 담보설정 방식이나 변제순서, 인출 선행·후행 조건 등에 대해 추가 협의 후 회의를 마무리한다. 대출약정서 등은 대주 측 법무법인에서 작성했으므로 해당 법무법인이 수정 작업을 진행하고 우리 법무법인은 수정된 대출약정서 등을 검토한 후 의견을 주기로 한다.

7. 매매 완결

드디어 지루한 계약서 협의 과정이 마무리되어 매도인과 매수인 사이에 매매 완결 일자가 확정되었다. 매매 완결일은 지금까지의 노고가 결실을 보는 순간이기에 모두 예민할 수밖에 없다. 다만, 부동산을 인도받거나 매매 완결에 필요한 서류를 챙기고 정산금을 정산하는 업무는 매각자문사와 매수인 측

PM사에서 많은 부분을 처리하기 때문에 그나마 A자산운용의 업무 부담이 덜어지는 셈이다. 하지만 매입자금 대출 자문을 담당하는 법무법인은 매매 완결일 전날 또는 매매 완결일에 대출약정서 등 계약서 날인과 인출 선행 조건 서류 수령, 대출의견서 발급을 모두 처리해야 하므로 담당 변호사가 온종일 해당 업무에 매달려 있어야 하는 부담이 따를 수밖에 없다.

매매 완결일 오후 늦게 B팀장으로부터 전화가 왔다. 자금 인출과 매매 대금 지급이 문제없이 이루어졌고 소유권이전등기 신청도 들어가 거래가 성공적으로 잘 마무리되었다고 한다. 거래가 잘 마무리될 수 있도록 도와주셔서 감사하다는 인사말에 다시 한 번 보람을 느끼며 퇴근을 준비한다.

09 LH 우량 토지 베스트 컬렉션 2012~2014

해당 프로젝트는 2012년 LH(한국토지주택공사) 판매기획처의 의뢰로 전국에 LH가 조성 중인 신도시 혁신도시 및 기타 택지개발 사업지구에서 미 매각 토지 중 수익성이 양호한 토지(상업, 업무용지중심)를 선택해 마케팅 보고서를 작성하는 것이다. 2012년 8월부터 10월 말까지 약 3개월 동안 진행되었고, 보고서는 금융권이나 부동산 투자자들에게 책자로 배포되었다. 이후 해당 업무는 2014년까지 계속 진행했다. 다음은 2012년 해당 업무를 진행한 과정이다.

1. 킥오프 미팅(업무 시작)

2012년 평소 잘 알고 지내던 LH 판매기획처 C차장님으로부터 연락을 받고 LH 판매기획처에 방문했다. C차장님으로부터 해당 프로젝트에 대해 대략적인 설명을 듣고 약간 당황했다. 업무량이 너무 방대하고 시간도 오래 걸릴 것 같고, 무엇보다 기존 평가 업계에서 해본 적이 없는 프로젝트였기 때문이다.

미팅이 끝나고 사무실로 복귀했을 때 머릿속이 약간 복잡했다. 보고서를 어떤 식으로 만들어야 할지 감이 오질 않았다. 처음 하는 일이라 전체적인 윤곽을 어떻게 잡을지 고민스러웠다. 다행인 건 LH에서 체크 리스트를 주어 각 사업지구에서 일단 양호한 토지 약 30여 필지를 선택한 후 해당 체크 리스트를 통해 점수를 부여해 15필지 토지를 선정하는 것으로 방향을 잡았다.

2. 현장 방문 전 사전 준비 단계

해당 프로젝트는 내가 속한 경일감정평가법인과 ○○법인이 공동으로 참여하는 프로젝트로 일단 2개 팀이 맡을 지역을 먼저 구분해야 했다. 나는 차장님 두 분과 한 팀이 되었고, 파트너 법인은 K부장님과 한 팀이 되었다. 마침 K부장님은 회의 참석이 많아 수도권을 맡고 우리 팀이 지방권을 맡는 것으로 했다. 이번 기회에 전국 투어는 제대로 할 수 있겠구나, 하는 기대와 그곳을 모두 돌아다니려면 출장 거리만 해도 엄청날 거라는 걱정이 동시에 생겼다.

일단 지역 분할을 끝내고 나서 현장에 가기 전에 사전 조사 대상을 확정했다. K부장님께서 요구하신 내용을 기본으로 하되 우리가 약간의 융통성을 발휘해 조사하기로 했다. 물론 LH가 준 체크 리스트를 기본으로 하되 이번 프로젝트가 해당 토지에 대한 수익성 검토에 있는 만큼 평소 우리가 익숙한 포맷을 기준으로 조사 목록을 잡았다.

3. 현장 출장

일단 LH에서 차장님 두 분, 우리 회사에서 나와 후배 평가사 1명, 총 4명이 현장을 돌기로 했고 출장 일정을 사전에 잡아야 했다. 우리가 방문할 LH 각 사업단의 일정도 감안해야 했기 때문에 LH C차장님이 먼저 해당 사업단과 일정 조율을 한 후 출발하기로 했다. 제일 먼저 출발한 곳은 강원도 원주에 있는 원주 혁신도시였다. 처음 방문이고 해서 이 지역에서 먼저 꼼꼼히 조사하면서 경험을 쌓기로 했다.

4. 강원권 출장

강원권은 원주 1개 도시를 1박 2일로 가는 일정이었다. 원주에는 LH가 개발하는 곳이 두 군데가 있었는데 원주 혁신도시와 원주 무실지구였다. 먼저 원주 무실지구를 방문했고 해당 사업단에서 먼저 담당자의 브리핑을 듣고 해당 사이트를 방문한 후 주변 전문가들의 의견을 듣는 단계로 진행했다. 이하 모든 지구의 사이트는 동일한 절차를 밟았다.

원주 해당 사업단에서 보여준 사이트는 대로변 코너(각지)에 위치한, 얼핏 보면 아주 좋은 땅처럼 보였다. 시작부터 느낌이 좋았다. 해당 사업단에서 좋은 토지를 추천해준 거라 생각하고 해당 사이트를 찾았을 때 약간 당황했다. 현장에 가보니 사전에 도면에서 볼 때랑 느낌이 많이 달랐기 때문이다. 일단 해당 사이트로 직접 진입이 불가능했고 한참 후면지로 돌아서 들어가야 했으며, 상업용지 앞에 완충 녹지가 크게 자리 잡고 있었다. 그리고 무엇보다 해당 토지의 면적이 생각보다 굉장히 커서 원주 지역에서 소화하기 힘든 규모라 실망감이 컸다. 역시 처음부터 너무 기대가 컸던 탓일까?

실망감을 뒤로하고 원주에서 가장 번화한 곳에서 1박하고 다음날 원주 혁신도시로 향했다. 원주 혁신도시는 당시만 해도 공정률이 20% 정도밖에 안되는 완전 공사판으로 도로도 완성되지 않아, 이런 데서 좋은 땅을 고를 수 있을까 하는 의구심이 들었다. 그런데 막상 해당 사업단의 설명을 듣고 사이트에 방문했을 때 생각이 많이 바뀌었다. 지금은 공사 현장이지만 나중에 모두 조성되었을 경우를 상상해보니 굉장히 괜찮은 땅이라는 것을 느낄 수 있었다. 현장을 가보지 않고 도면이나 다음 지도 같은 것을 보고 판단하는 것이 얼마나 어리석은지 새삼 깨달았다. 원주에서 한 필지를 드디어 수확하고 그 주를 마무리했다.

5. 충청권과 전라권 출장

원주에서의 일정을 마치고 주말을 보내고 나니 이제 본격적인 출장이 기다리고 있었다. 4박 5일 일정으로 충청권과 전라권을 순회하는 것이었다. 장기 출장인 만큼 5일 출장분에 해당하는 짐을 단단히 챙겨서 후배 평가사와 같이 LH 본사로 향했다. 두 분 차장님과 같이 드디어 충청도로 향했다. 충청권은 주로 신도시 산업단지, 택지개발지구, 혁신도시 등을 방문했다. 주요 방문지로는 KTX 천안아산역이 소재한 아산신도시, 내포 신도시(충남도청 이전 지역), 석문국가산업단지, 청주 강서지구, 대전 도안지구, 대전 노은지구, 세종시 등이었다. 전라권의 경우 개발하는 곳이 많지 않아 전북 혁신도시와 광주전남 혁신도시, 여수 엑스포 배후단지 등을 방문했다.

현장 방문은 기계적으로 짜인 일정대로 움직였다. 지방을 유람하면서 경치 구경도 하고 중간중간 맛집에 들러 맛있는 음식도 먹고 다닐 거라는 생각은 여지없이 빗나갔다. 하루에 두 군데 지구를 들려야 하는 일정은 말 그대로 보통 일정이 아니었다. 각 지구가 가까이 있는 것도 아니고 적게는 몇십에서 많게는 $100km$ 이상 떨어져 있어, 한 개 지구를 보고 다음 지구로 이동해서 사업단 미팅, 사이트 방문, 사이트 주변 현장조사를 하고 나면 어느새 날이 저물었다.

주변 경치 구경은 언감생심, 맛집 투어는 더더욱 말도 안 되었다. 유일한 위안은 오후에 방문한 사업지구의 경우 LH C차장님과 친분이 있는 경우가 많아서 해당 사업단에서 먼 길 왔다면 식당도 예약해주시고 융숭한 식사 대접을 해주셨을 때다. 물론 업무가 끝난 시점이라 반주도 한잔 곁들여 가며….

이렇게 충청권과 전라권 출장을 모두 마치고 상경했을 때 우리 모두 파김치가 되어 있었다. 그러나 출장은 아직 남아 있었다. 다음 주는 경상권 출장이었다.

6. 경상권 출장

경상권은 크게 부산울산 경남지역과 대구경북으로 나누어져 있는데 우리는 가장 남쪽인 부산으로 먼저 가서 점점 위로 올라가는 일정을 잡았다. 부산과 양산 울산으로 이어진 일정을 소화한 후 대구 혁신도시와 경북 혁신도시를 끝으로 대망의 출장 일정은 끝을 보았다.

약 10박 11일 정도의 일정을 소화한 후 다시 회사로 복귀했다. 장기 출장이고 공사 중인 지역을 많이 방문해야 해서 SUV 차량을 렌트했는데 주행거리가 4,000km가 넘게 나왔다. 렌트 회사에 미안해서 세차까지 해서 돌려주고 황급히 나왔다.

현장 방문은 끝이 났지만 이제 더 큰 일이 남아 있었다. 보고서를 작성하는 일이었다.

7. 중간 보고서 작성

두 개 법인이 수도권과 지방권을 나누어 돌았는데 보고서 형식이 통일되어야 해서 먼저 두 개 법인 평가사가 만나 형식을 통일한 후 LH로 향했다. 그런데 우리가 만든 보고서 초안이 담당 부장님 생각과 많이 달랐다. 그래서 부장님과 상의를 하는데 담당 부장님 말씀을 듣고 요즘 말로 멘붕이었다. 부장님은 우리가 생각하는 것보다 훨씬 복잡한 포맷을 요구했다. 물론 담당 부장님이 말씀하신 포맷이 좋긴 하지만 우리에게 시간과 인력의 한계가 있었다. 우리의 의견을 말씀드렸지만, 담당 부장님의 의견은 확고부동했다.

결국, 우린 담당 부장님의 요구대로 보고서 포맷을 수정했고 모든 필지를 시간 안에 만들려면 거의 매일 야근을 해야 했다. 일단 1개의 샘플을 만들어 다시 LH를 방문했다. 보고서를 여러 개 만들어서 가져갔다 수정 사항이 나오면 진짜 난감한 상황이 올 것 같아 두 개 법인이 합심해 각각 1개의 보고서를 만들고 나서 다시 미팅을 했다. 긴장되는 순간이었다. 이것도 부족하다고 하면 정말 어려운 상황이었다. 다행히 우리의 걱정은 기우로 담당 부장님은 만족하셨고 이 정도면 되겠다고 하셨다. 우린 안도의 한숨을 쉬며 나머지 보고서도 만들 수 있었다.

8. 최종 보고서 작성 및 클로징

두 개의 평가법인이 각각 약 30필지의 사이트를 분석한 후 우수한 토지 각각 15필지를 선별해 보고서를 작성해 최종 30필지의 토지를 분석했다. 우리가 분석한 내용을 LH에 납품했고 LH는 각 사업단에 우리가 만든 초안을 보내어 오타 및 오기 등을 검토하는 과정을 거쳤다. 이 작업이 끝난 후 인쇄 작업을 거쳐 드디어 책자로 나오게 되었다.

일을 의뢰한 날로부터 약 3개월 반 정도의 노력 끝에 얻은 결실이었다. 지금 생각하면 많이 부족한 보고서였지만 그래도 최선을 다했기에 후회는 없었다.

9. 마치며

다행인 점은 우리가 추천한 토지들이 잘 팔려서 지방권에서 추천한 토지 15필지 중 14필지가 팔리는 성과를 거두었다. 그러한 성과에 힘입어(?) 2013년에도 해당 작업을 다시 하게 되었다. 해당 보고서 작업을 다시 해야 한다고 했을 때 그리 반갑지만은 않았다. 작년에 했던 고생을 또 해야 한다는 생각에 잠시 망설이기도 했다. 그러나 해당 용역을 수락하고 작년의 작업을 다시 반복했다. 이번엔 수도권도 일부를 맡아 작년에 못 한 수도권 소재 사업지의 토지들을 볼 수 있어서 좋았다. 시간도 작년보다 한 달 정도 앞당겨서 끝낼 수 있었다. 2013년에 소개한 토지들도 약 75%가 팔렸고 나름 우리가 한 작업이 의미가 있었다고 생각했다. 2014년에도 해당 작업을 다시 수행했다.

지나고 보면 무척이나 고통스러운 작업이었다. 하지만 이렇게 전국을 다니면서 다양한 지역의 토지를 단기간에 볼 수 있는 프로젝트가 과연 얼마나 있을까 생각하면 나에게는 무척 소중한 시간이었다. 덕분에 LH공사에서 공급하는 토지를 보는 시야도 많이 넓어졌다.

2015년 초에 LH공사는 본사를 분당에서 진주로 옮겼다. LH공사의 경영투자심사위원회 위원으로 진주에서 개최하는 경영투자심사위원회 회의차 진주를 방문해서 작년에 업무를 같이 한 담당자들을 만났다. 몇 년 동안 땅을 부지런히 팔아 우리가 업무를 처음 했을 때 105조 원에 달했던 LH 부채가 약 10조 원이 줄어든 95조 원대였다. 나도 조금은 기여한 거 같아 뿌듯했다. 우리가 작년에 추천한 토지가 약 70% 정도 팔렸다는 반가운 소식을 들었다. 1년이 지난 2016년에도 회의 참석차 LH 본사에 방문했을 때 2015년에 비해 부채가 약 10조 원이 또 줄어 있었다.

케이스 스터디

01

실물형 펀드 Case Study

1. CBD Y빌딩 프로젝트

CBD 권역 내 소재하는 연면적 1만 평 규모의 오피스 빌딩으로 K자산운용이 펀드로 보유하다 2013년 P자산운용에 매각한 자산이다. K자산운용은 이건을 준공 전 선매입했고 준공 이후 우량 임차인으로 임대를 완료하고 4년이 경과한 시점에서 매각했다. 전형적인 오피스 실물 부동산 딜(Deal)이라는 점에서 좋은 사례라고 판단되어 당시 매각자문사인 N사로부터 받은 매각자료를 바탕으로 펀드투자제안서를 작성했다. 2013년 케이스라 대출 금리나 오피스 시장 및 금융 환경은 당시 상황을 기준으로 했고, 2년이 지난 2015년 시점에서 이 딜을 리뷰하고자 한다. 사례에 제시되는 내용은 실제 사례를 케이스 스터디에 맞게 다소 변경했음을 밝혀둔다.

1) 건물 개요

연면적 약 1만 평으로 투자 목적형 자산에 적정 규모일 뿐만 아니라 실수요 법인이 사옥용으로 매입하기에도 적정한 규모라고 판단된다. 통상 연면적 규모가 1만 평 이상이 되어야 서울 기준 자산 규모가 최소 1,000억 원 이상은 되므로 운용사 입장에서도 어느 정도의 운용 보수를 기대할 수 있고, 실수요 법인 입장에서도 기업의 대외적 인지도를 드러내기에 적합한 규모로 선호되

건물명	Y빌딩
지번/용도 지역	서울시 중구 ○○동 ○○○/ 준주거지역
대지 면적/연면적	2,732.70㎡(826.64평)/ 34,124.76㎡(10,322.74평)
건물 규모	지하 6층~지상 17층
건폐율/용적률	52.85%/776.71%
전용률/준공 연월	51.11%/2010.11
주차대수/엘리베이터	총 245대/승객용 6대, 비상용 1대

기 때문이다. 이러한 적정 규모의 오피스는 향후 매각 시 투자 회사와 실수요 법인 간 경쟁을 통해 매각 차익을 극대화할 수 있는 가능성이 크다.

2) 위치

위치	· 도심과 인접하고 각종 공공·금융기관, 교통시설, 공원 등 기반 인프라 이용이 용이해 업무 편의성이 높음. · CBD와 금융 중심지인 YBD 간 중간 지점에 위치해 접근성이 우수함. · 충정로의 임차 수요 대부분은 도심부보다 낮은 수준의 임대가를 희망하고 있으므로 도심 지역의 공급량 변화에 둔감하며, 다른 지역으로의 빈번한 이전 없이 지역에 대한 강한 충성도를 보이고 있음.
교통	· 왕복 6차선 도로(서소문로, 30m)에 접하고 있어 뛰어난 교통 접근성 및 가시성을 보유하고 있음. · 지하철 2, 5호선 환승역인 충정로역(1분) 인접한 거리에 위치하고 있음. · 대상지 인근으로 20개 이상의 버스노선이 경유하고 있어 버스를 이용한 접근성도 우수함. · 서울역과 인접해 KTX 및 공항철도를 이용한 광역 접근성 또한 양호함.

위치적으로 보면 비록 도심 핵심지에서는 다소 벗어나 있지만 더블 역세권에 소재하고 있고 대로변에 접해 있으며, 비교적 신축 빌딩이라는 점에서 임차인 유치에는 큰 어려움이 없었던 것으로 판단된다. 충정로 지역은 도심권, 여의도, 마포의 중간 지대 역할을 해 같은 권역에서 이전 또는 파생 수요가 많은 반면 임대료는 상대적으로 저렴하다고 볼 수 있다.

3) 투자 포인트

1	**안정적인 임대 수익 기대** – 현 임대율 99.54%(지하 일부 면적 공실)로 매우 안정적인 임대 현황 – A생명, B코리아, G카드, I사 등 신용도가 우수한 우량 기업이 다수 임차
2	**우수한 교통 접근성** – 더블 역세권인(2호선 및 5호선) 충정로역 도보 1분 거리에 소재해 대중교통이 편리하며 서울역이 도보 5분 거리에 소재 – 여의도~마포권역과 도심 권역 사이에 위치해 양 권역으로 이동성이 우수
3	**자산 가치 상승 잠재력 보유** – 1만 평 규모의 신축 빌딩으로 실사용자에 매각 시 시장가 이상의 매각 이익(Capital Gain) 기대 – 현 임차인의 임대료가 근린 임대 가격보다 낮은 수준으로 임대 가격 인상 시 자산 가치 상승 여력 내재

이 투자의 핵심은 비교적 신축 건물로 안정적인 임대 현황(임대율 99.54%)을 보이고, 우수한 지하철 접근성, 경쟁 빌딩 대비 낮은 임대가로 꾸준한 임차 수요가 예상되어 향후 임대 가격 인상 시 자산 가치의 상승을 기대할 수 있다는 점이다.

4) 펀드 개요

투자 대상	서울시 중구 중림동 ○○○ 오피스 빌딩 1개 동	**목표 수익률**	연 7.54%(투자 기간 평균 배당수익률 기준) ※ 매각 이익 제외 시 연 6.47%
상품 유형	부동산 투자 신탁형, 폐쇄형, 단위형, 사모형	**투자 기간**	5년 ※ 운용 기간 1년 이후 목표 매각 이익 발생 시 조기 청산 가능
총모집 금액 (신탁 원본)	651억 원(부동산 취득가와 관련 부대 비용의 합계액의 약 40% 수준)	**배당 시기**	매 6개월 지급
설정 예정일	2013년 2월	**펀드 청산**	펀드 만기 시 투자 대상 부동산 시장 매각
펀드 보수	· 운용 보수 　– 매입 보수 : 매입 금액의 0.5% 　– 기본 보수 : 운용 보수로써 펀드 총자산 금액의 연 0.24%(24bp) 　– 성과 보수 : 매각 이익의 10.0% 　– 매각 보수 : 매각 금액의 0.5%(매각자문수수료 포함) 　– 판매·수탁·일반 사무 보수 : 펀드 총자산 금액의 연 0.04%(4bp)		

연평균 목표 배당수익률은 매각 차익을 제외할 경우 6.47%, 매각 차익 포함 시 연평균 7.54%다. 투자 기간은 5년으로 매입 보수는 매입 금액의 0.5%, 운용 보수는 펀드 총자산 금액의 0.24%, 성과 보수는 매각 이익의 10%, 배당 주기는 6개월로 설정했다.

5) 펀드 구조

투자에 드는 1,514억 원의 자금을 대출(Loan) 60%, 자기자본(Equity) 40%를 통해 조달하고자 한다. 담보대출이자율은 5년 고정금리 연 4.5%로 조달한다.

|펀드 구조|

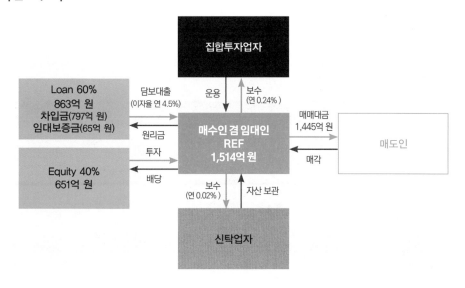

6) 투자 금액

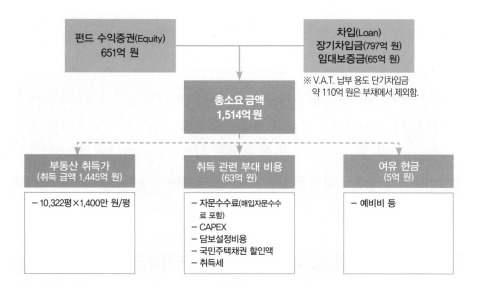

매매 가격은 1,445억 원으로 평당 1,400만 원이고 취득 관련 부대 비용과 여유 현금을 총 68억 원으로 해 총조달 금액은 1,514억 원으로 산정되었다.

7) 펀드 설정 일정

내용	일정
매입의향서(LOI) 제출	2012년 12월 1주차
매매양해각서(MOU) 체결	2012년 12월 2주차
자산실사	2012년 12월 2주차
투자 승인	2013년 1월 4주차
대출 승인	2013년 2월 1주차
펀드 설정	2013년 2월 2주차
매매 본 계약(SPA) 체결	2013년 2월 2주차
대출금 인출 및 매매 대금 지급	2013년 2월 2주차

매입의향서 제출부터 매매 대금 지급(소유권 이전)까지 약 3개월의 스케줄을 예상했다. 실사까지는 예상 스케줄대로 진행이 원활하지만, 투자자 모집이 지연될 경우 펀드 설정 시점 역시 다소 지연될 것이다. 양해각서 기간이 통상 3개월인 점을 감안하면 같은 기간 내 투자자 모집이 어려울 경우 우선협상권을 잃거나 양해각서 기간을 연장해야 할 것이다.

매도인 입장에서 양해각서 체결 시에 이행보증금을 요구할 경우 일정 금액 (5~10억 원 내외 선이나 정해진 기준은 없다)을 매도인에게 지급하고 투자자 모집을 해야 하는 부담이 있을 수 있다. 매도인은 이행보증금을 요구함으로써 매수자의 클로징 능력에 대한 진정성을 확인하는 동시에 우선협상대상자에게 클로징을 위한 최대한의 노력을 기대하고, 매수자 역시 클로징에 대한 확신 없이 이행보증금을 내고 매입을 추진하기 어렵다.

8) 주요 매매 조건

구분	내용
매매 금액	· 총 1,445억 원(부가가치세 제외) · 10,322.8평 × 1,400만 원/평 · 매입 Cap. Rate 5.83%
매매 조건	· 현 임대차계약을 매수인이 승계함. · 현 임대차계약의 주요 조건 : 렌트롤 참조
매매 대금 지급 조건	· 펀드 설정 후 계약 체결 시 계약금 및 잔금 일시 지급

매매 조건은 현 임대차계약 승계 조건으로 펀드 설정 시점에서 계약금과 잔금을 일시에 지급하기로 한다. 매도인이 지는 임대보증금 반환 채무는 매수인이 인수할 예정으로 매매 대금에서 임차인보증금을 차감하고 매수인에게 지급하게 될 것이다.

9) 임대차 현황

|임대 현황|

층	임대 가능 면적 34,124.84 (임대율 99.54% / 공실율 0.46%) 임차인	임대 가능 면적(연면적) Sqm.	Pyung	전용 면적 Sqm.	Pyung	임대 면적 Sqm.	Pyung	공실 면적 Sqm.	Pyung	전용율
17	A생명(689.14㎡), J사(1,261.91㎡)	1,951.05	590.19	970.95	293.71	1,951.05	590.19	0.00	0.00	49.77%
16	B코리아(1,950.18㎡)	1,950.18	589.93	970.46	293.56	1,950.18	589.93	0.00	0.00	49.76%
15	B코리아(1,943.47㎡)	1,943.47	587.90	1,023.26	309.53	1,943.47	587.90	0.00	0.00	52.65%
14	B코리아(1,948.40㎡)	1,948.40	589.39	1,026.15	310.41	1,948.40	589.39	0.00	0.00	52.67%
13	B코리아(1,377.65㎡), M사(569.95㎡)	1,947.60	589.15	968.95	293.11	1,947.60	589.15	0.00	0.00	49.75%
12	A생명(1,946.86㎡)	1,946.86	588.93	1,025.25	310.14	1,946.86	588.93	0.00	0.00	52.66%
11	A생명(1,946.20㎡)	1,946.20	588.72	1,024.86	310.02	1,946.20	588.72	0.00	0.00	52.66%
10	A생명(1,945.57㎡)	1,945.57	588.53	1,024.50	309.91	1,945.57	588.53	0.00	0.00	52.66%
9	C보험(929.89㎡), D공공기관(421.49㎡), E코리아(593.62㎡)	1,945.00	588.36	967.45	292.65	1,945.00	588.36	0.00	0.00	49.74%
8	G카드(1,944.54㎡)	1,944.54	588.22	1,023.89	309.73	1,944.54	588.22	0.00	0.00	52.65%
7	G카드(545.33㎡), H사(1,398.78㎡)	1,944.11	588.09	966.91	292.49	1,944.11	588.09	0.00	0.00	49.74%
6	I사(1,943.73㎡)	1,943.73	587.98	1,023.42	309.58	1,943.73	587.98	0.00	0.00	52.65%
5	A생명(436.80㎡), PM Office(133.35㎡), I사(1,373.07㎡)	1,943.42	587.88	979.30	296.24	1,943.42	587.88	0.00	0.00	50.39%
4	A생명(1,282.71㎡), A생명(660.46㎡)	1,943.17	587.81	1,023.09	309.48	1,943.17	587.81	0.00	0.00	52.65%
3	D공공기관(1942.98㎡)	1,942.98	587.75	1,022.98	309.45	1,942.98	587.75	0.00	0.00	52.65%
2	L사(683.81㎡), K사(1,205.90㎡)	1,889.71	571.64	931.94	281.91	1,889.71	571.64	0.00	0.00	49.32%
1	커피 전문점(370.34㎡), 리테일⑩(473.26㎡)	843.60	255.19	471.87	142.74	843.60	255.19	0.00	0.00	55.94%
B1	리테일①(204.01㎡), 리테일②(403.92㎡), 리테일③(217.62㎡), 리테일④(287.15㎡), 리테일⑤(151.67㎡)	2,205.25	667.08	1,079.84	326.65	2,049.89	620.08	155.36	47.00	48.97%
	리테일⑥(151.66㎡), 리테일⑦(311.56㎡), 리테일⑧(160.21㎡), 리테일⑨(162.08㎡), 공실(155.36㎡)	2,205.25	667.08	1,079.84	326.6	2,049.89	620.08	155.36	47.00	48.97%
		34,124.84	10,322.74	17,525.07	5,301.31	33,969.48	10,275.74	155.36	47.00	

* 현 공실은 지하층 일부 창고로 공실률은 0.45%에 그침. 창고 공실 면적 역시 현 임차인 중 1인과 임대차 협의 중에 있음.

현재 임대율은 99.54%에 달하고 있고 임차인은 외국계 보험사, 정부기관, 대기업 계열 제조사 등이 3:3:2의 비율로 입주하고 있다. 임차인 대부분이 높은 신용도가 있고 특정 임차인이 과반을 점유하고 있지 않아서 일부 임차인이 퇴거하더라도 대출이자 지급불능 사태 등의 최악의 펀드 현금흐름상 어려움은 없을 것으로 판단된다. 특히, 잔여 공실 역시 매입 전 임대될 것으로 조사되었는바 매입 초기 연도 공실은 없을 것으로 예상한다.

|오피스|

층-호수	임대면적 Pyung	전용면적 Pyung	공실면적 Pyung	전용율 (%)	임대율 (%)	임차사	임대차 개시일	임대차 종료일	임대보증금 Per sqm.	임대보증금 Per pyung	임대보증금 금액	월 임대료 Per sqm.	월 임대료 Per pyung	월 임대료 금액	월 관리비 Per sqm.	월 관리비 Per pyung	월 관리비 금액	주차대수 무료	주차대수 유료
17F-101	208.46	103.74	–	49.76	2.02	A생명	2011.10.01	2016.09.30	151,247	500,003	104,230,529	15,427	51,000	10,631,514	8,772	29,000	6,045,372		
17F-102	381.73	189.97	–	49.77	3.70	J사	2011.05.27	012.11.26	211,751	700,000	267,211,000	21,175	70,000	26,721,100	9,123	30,160	11,512,976	6	
16F	589.93	310.72	–	52.67	5.71	B코리아	2012.01.23	2017.01.22	176,963	585,000	345,109,050	19,663	65,000	38,345,450	8,773	29,000	17,107,970		
15F	587.90	309.53	–	52.65	5.70	B코리아	2012.01.23	2017.01.22	176,963	585,000	343,921,500	19,663	65,000	38,213,500	8,773	29,000	17,049,100	45	
14F	589.39	310.41	–	52.67	5.71	B코리아	2012.01.23	2017.01.22	176,962	585,000	344,793,150	19,662	65,000	38,310,350	8,772	29,000	17,092,310		
13F-101	416.74	206.90	–	49.65	4.04	B코리아	2012.01.23	2017.01.22	176,963	585,000	243,792,900	19,663	65,000	27,088,100	8,773	29,000	12,085,460		
13F-102	172.41	86.20	–	50.00	1.67	M사	2012.02.01	2017.01.31	205,700	680,000	117,238,800	20,570	68,000	11,723,880	8,773	29,000	4,999,890	3	
12F	588.93	310.14	–	52.66	5.71	A생명	2011.10.01	2016.09.30	151,252	500,003	294,466,491	15,428	51,000	30,035,582	8,773	29,000	17,079,056		
11F	588.72	310.00	–	52.66	5.70	A생명	2011.10.01	2016.09.30	151,249	500,003	294,361,490	15,427	51,000	30,024,872	8,772	29,000	17,072,966	51	
10F	588.53	309.91	–	52.66	5.70	A생명	2011.10.01	2016.09.30	151,250	500,003	294,266,490	15,427	51,000	30,015,182	8,772	29,000	17,067,456		
9F-101	281.29	139.91	–	49.74	2.72	C보험	2011.09.19	2013.09.18	205,699	680,000	191,277,200	20,570	68,000	19,127,720	8,772	29,000	8,157,410	5	
9F-102	127.50	63.42	–	49.74	1.24	D공공기관	2012.04.23	2015.04.22	453,747	1,500,000	191,250,000	19,662	65,000	8,287,500	8,772	29,000	3,697,500	2	
9F-103	179.57	89.32	–	49.74	1.74	E사	2012.03.01	2015.02.28	205,700	680,000	122,107,600	20,570	68,000	12,210,760	8,772	29,000	5,207,530	3	
8F	588.22	309.73	–	52.65	5.70	G카드	2011.11.01	2016.10.31	181,499	600,000	352,932,000	19,662	65,000	38,234,300	8,772	29,000	17,058,380	10	
7F-101	164.96	81.77	–	49.57	1.60	G카드	2011.11.01	2016.10.31	181,497	600,000	98,976,000	19,662	65,000	10,722,400	8,772	29,000	4,783,840	3	
7F-102	423.13	210.70	–	49.80	4.10	H사	2011.04.01	2013.03.31	181,500	600,000	253,878,000	21,072	69,660	29,475,235	9,053	29,928	12,663,434	7	
6F	587.98	309.58	–	52.65	5.70	I사	2011.04.01	2013.03.31	126,561	418,382	246,000,248	20,491	67,738	39,828,589	8,739	28,888	16,985,566	16	12
5F-101	132.13	69.58	–	52.66	1.28	A생명	2011.12.17	2016.09.30	151,248	500,000	66,065,000	15,427	51,000	6,738,630	8,772	29,000	3,831,770		
5F-102	40.40	20.09	–	49.73	0.39	PM Office			–	–	–	–	–	–	–	–	–		
5F-103	415.35	206.56	–	49.73	4.02	I사	2011.04.01	2016.03.31	126,560	418,383	173,775,312	20,491	67,738	28,135,071	8,739	28,889	11,998,934		
4F-101	388.02	204.33	–	52.66	3.76	A생명	2011.12.17	2016.09.30	151,250	500,000	194,010,000	15,428	51,000	19,789,020	8,773	29,000	11,252,580	10	
4F-102	199.79	105.15	–	52.63	1.94	A생명	2011.12.17	2016.09.30	151,251	500,000	99,895,000	15,428	51,000	10,189,290	8,773	29,000	5,793,910	8	
3F	587.75	309.45	–	52.65	5.69	D공공기관	2012.01.01	2015.12.31	492,542	1,628,243	957,000,000	6,824	22,558	13,258,280	8,772	29,000	17,044,750	9	
2F-101	364.78	179.90	–	49.32	3.53	K사	2011.04.11	2016.04.10	212,897	703,800	256,732,164	21,290	70,380	25,673,216	9,079	30,015	10,948,871	6	
2F-102	206.86	102.01	–	49.32	2.00	L사	2011.05.21	2014.05.20	205,697.49	679,967	140,658,000	21,393	70,717	14,628,432	9,123	30,159	6,238,596	3	
	9,400.47	4,849.06	0.00	51.11	91.07				190,317.90	629,151.42	5,993,947,924	17,602.94	58,191.66	557,407,973	8,470.45	28,001.55	272,775,627	187	12

오피스 부분의 임대 현황을 좀 더 상세히 분석해보면 임차인별로 임대료가 평당 5만 1,000원에서 7만 원까지 10~20% 이상 편차가 나는 것으로 확인되었다. 이는 준공 전 선매입한 매도자가 공실을 조기 해소하기 위해 선입주한 임차인에 기준 임대료 대비 상당폭의 임대료 할인의 혜택(Favor)을 제공한 것으로 추정된다. 이후 입주한 임차인은 기준 임대료인 평당 6만 5,000원 수준에 임대차계약을 체결한 것으로 파악된다. 임대료가 인근 지역 평균 수준임을 고려할 때 30%를 점유하고 상당폭의 임대료를 할인받고 있는 A생명의 임대료를 매입 후 시장 임대료 수준으로 인상할 경우 순운영수익(NOI)의 큰 개선을 기대할 수 있을 것으로 판단된다.

|리테일|

층-호수	임대면적 Pyung	전용면적 Pyung	공실면적 Pyung	전용율 (%)	임대율 (%)	임차사	임대차 개시일	임대차 종료일	임대보증금 Per sqm.	Per pyung	금액	월 임대료 Per sqm.	Per pyung	금액	월 관리비 Per sqm.	Per pyung	금액	주차대수 무료	유료
1F-101	112.03	62.67	-	55.94	1.09	커피전문점	2011.01.16	2016.01.15	405,034	1,338,927	150,000,000	22,952	75,873	8,500,000	8,774	29,005	3,249,450	1	
1F-102	143.16	80.07	-	55.93	1.39	리테일⑩	2011.04.01	2016.03.31	223,709	739,540	105,872,600	14,914	49,303	7,058,170	8,772	29,000	4,151,630	1	
B1F-101	61.71	30.32	-	52.67	5.71	리테일①	2011.01.13	2016.01.12	133,758	442,197	27,288,000	8,917	29,480	1,819,200	6,539	21,619	1,334,080	1	
B1F-102	122.19	60.03	-	52.65	5.70	리테일②	2011.01.13	2017.01.02	133,757	442,156	54,027,000	8,917	29,477	3,601,800	6,539	21,616	2,641,320	1	
B1F-103	65.83	31.25	-	52.67	5.71	리테일③	2011.06.13	2016.06.12	129,237	427,237	28,125,000	8,616	28,482	1,875,000	6,318	20,887	1,375,000	1	
B1F-104	86.86	42.68	-	49.65	4.04	리테일④	2011.06.01	2016.05.31	133,769	442,229	38,412,000	8,918	29,482	2,560,800	6,540	21,620	1,877,920	1	
B1F-105	45.88	22.54	-	50.00	0.44	리테일⑤	2011.03.17	2016.03.16	152,304	503,487	23,100,000	10,154	33,566	1,540,000	2,901	9,590	440,000	1	
B1F-106	45.88	22.54	-	52.66	0.44	리테일⑥	2011.03.02	2016.03.01	118,141	390,569	17,919,300	7,876	26,038	1,194,620	6,539	21,616	991,760	1	
B1F-107	48.36	23.76	-	52.66	0.47	리테일⑦	2011.06.13	2016.06.12	142,921	472,500	22,850,100	11,116	36,750	1,777,230	6,987	23,100	1,117,116	2	
B1F-108	45.88	22.54	-	52.66	0.44	리테일⑦	2011.06.13	2016.06.12	142,924	472,500	21,678,300	11,116	36,750	1,686,090	6,987	23,100	1,059,828		
B1F-109	48.46	23.81	-	49.74	0.47	리테일⑧	2011.03.07	2016.03.06	133,760	442,200	21,429,000	8,917	29,480	1,428,600	6,539	21,619	1,047,640	1	
B1F-110	49.03	24.09	-	49.74	0.47	리테일⑨	2012.01.16	2014.01.15	136,129	450,000	22,063,500	10,588	35,000	1,716,050	6,655	22,000	1,078,660	1	
B1F-111		23.09	47.00	49.13	0.46	공실			-	-	-	-	-	-	-	-	-		
	875.27	469.39	47.00	50.05	8.93				152,726.35	504,887.86	532,764,800	10,230.85	33,821.55	34,757,560	6,160.93	20,367.13	20,364,404	12	-

층/호수	임대면적 Pyung	전용면적 Pyung	공실면적 Pyung	전용율	임대율	임차사	임대차 개시일	임대차 종료일	임대보증금 Per sqm.	임대보증금 Per pyung	임대보증금 금액	월 임대료 Per sqm.	월 임대료 Per pyung	월 임대료 금액	월 관리비 Per sqm.	월 관리비 Per pyung	월 관리비 금액	주차대수 무료	주차대수 유료
B1F-101						리테일①	2010-12-13	2014-01-12									200,000		
B5F						E사	2012-03-05	2015-02-28									5 0,000		
B6F						리테일⑩	2011-03-01	2016-03-31									187,500		
B6F						㈜KT	2011-01-11	2017-01-10									500,000		

리테일은 총 12개 임차인으로 지상 1층에 2개 임차인, 지하층에 총 10개 임차인이 입점하고 있다. 지하층 임대료는 평당 3만 원에서 3만 6,000원 선이며 1층 커피 전문점의 경우 7만 5,000원으로 지하층 임대료의 약 두 배 수준에 이른다. 오피스 빌딩의 커피 전문점 입주는 경쟁이 치열하므로 임대 가격이 최근 수년간 높은 폭으로 상승 추세에 있다. 기타 수입으로 창고 면적에 대한 사용료가 있는 것으로 파악되었다.

10) 임차인 분석

|임차인 구성 비율|

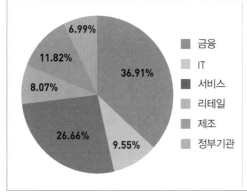

※ 임차인 업종은 금융업이 36.91%로 가장 높은 비중을 차지하고 있으며, 다음으로 서비스 26.66%, 제조 11.82%, IT 9.55%, 리테일 8.07%, 정부기관 6.99% 순으로 다양한 업종이 고른 분포를 보이고 있음.

※ 주요 임차인은 A생명, G카드, B코리아, D공공기관 등 신용도가 높은 우량 임차인으로 구성되어 있음.

11) 임차 기간 분석

|임대차계약 만기 현황|

(단위 : %)

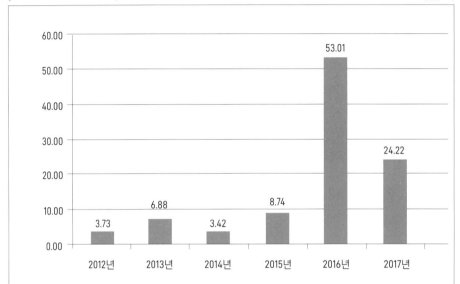

※ 임대 현황에 따르면 현 임차인의 임대차계약 만기 비율은 2012년 3.73%, 2013년 6.88%, 2014년 3.42%, 2015년 8.74%, 2016년 53.01%, 2017년 24.22%임. 따라서, 매입 후 3년간 임대차 만기가 도래하는 임차인은 5% 내외 수준에 불과하며 2016년(53%)에 만기가 도래하는 주요 임차인 역시 여의도~도심권을 기반으로 영업하는 A생명, G카드 등으로 충정로 지역에 대한 입지선호도가 높아 계약갱신 가능성이 매우 높은 것으로 파악되고 있음.

임차인의 임대차 기간 만료 시점을 향후 5년간 살펴보면 매년 3~8%의 임차인 만기가 도래하지만 2016년에는 약 53%의 임차인이 만기가 도래함을 알 수 있다. 통상 펀드 만기가 5년임을 고려 시 펀드의 엑시트(Exit) 시점, 즉 매각 시점 전후로 현 임차인의 임대차 갱신이 주요한 운용 포인트가 되리라 판단된다.

12) 오피스 공실률 현황

|충정로 지역 오피스 빌딩 공실률|

NO	기존 공급 오피스	공실률
1	임광빌딩	1.5%
2	에이스타워	20.7%
3	동아일보	25%
4	종근당빌딩	0%
5	디오센터	2.4%
6	골든브릿지타워	5%
7	한국경제신문	0%

NO	신규 공급 오피스	공실률
	물건	0.45%
1	구세군빌딩(2010.04)	15%
2	풍산사옥(2011.11)	0%
3	KT&G 빌딩(2011.09)	0%
4	West Gate(2010.12)	5.6%

※ 인근 임대 중인 빌딩 11개 공실률을 보면 에이스타워와 동아일보를 제외한 대부분의 오피스 빌딩이 자연공실률 5% 내외 수준임. 특히, 신규 공급 오피스 빌딩의 경우 본해당 물건을 포함해 풍산사옥 0%, KT&G 0% 등 5개 신축빌딩 공실률 평균은 2.9% 수준으로 매우 안정적인 임대 현황을 보이고 있음.

인근 지역 경쟁 빌딩의 공실률 현황을 살펴보면 에이스타워를 제외하고 대부분 5% 미만의 낮은 공실률을 보여 동 지역의 임차 수요가 꾸준한 것으로 판단된다. 따라서 공실 발생이 지속하더라도 신규 임차인을 발굴하는 데는 큰 어려움이 없을 것으로 예상된다.

13) 경쟁 빌딩 임대가 분석

|주변 지역 경쟁 오피스 빌딩 현황|

빌딩명	물건	디오센터	한국경제신문 본사	West Gate	구세군빌딩	중앙일보빌딩	K1 Reit	에이스타워	임광빌딩

기본 현황

주소	중구 중림동	중구 중림동 500	중구 중림동 441	서대문구 미근동8-1 번지 일대	서대문구 충정로3가 58-1	중구 순화동 7	서대문구 충정로3가 463	중구 순화동 1-170	서대문구 미근동 267
권역	CBD	CBD	CBD	CBD	CBD	CBD	CBD	CBD	CBD
빌딩등급	A	A	A	A	A	A	A	A	A
준공년도	2010.09	2001	1997	2010.12	2010.04	1985	1996	1993	1993
규모(층수)	B6/17F	B6/16F	B6/18F	B7/19F	B6/17F	B3/22F	B4/17F	B4/19F	B6/28F
소유주		Shinhan BNP	한국경제신문사	우리자산운용	구세군유지재단	삼성생명보험㈜	K1 CR Reit	맵스자산운용	임광토건
연면적(평)	10,324	10,173	17,244	9,067	9,670	21,717	7,860	13,144	10,409
전용율	50.2%	50.5%	42.0%	54.9%	48.6%	67.6%	54.0%	53.0%	57.5%

임대료 기준 조건(Face Rent)

보증금 (원/평)	630,000	670,000	420,000	700,000	600,000	900,000	630,000	750,000	630,000
임대료 (원/평)	58,000	67,000	42,000	70,000	55,000	90,000	63,000	75,000	63,000
관리비 (원/평)	28,000	30,000	26,000	29,200	30,000	40,000	32,000	29,000	30,000
해당 물건 대비 임대가		66,615	50,210	64,032	56,881	66,877	58,578	71,052	54,974
Net. Occ. Cost	175,463	196,502	165,238	184,976	179,197	196,833	179,815	200,943	165,276
비용 비교	100.0%	112.0%	94.2%	105.4%	102.1%	112.2%	102.5%	114.5%	94.2%

> ※ 주변 지역 오피스 빌딩과 실질 임대가를 비교분석한 결과, 100% 기준 시 경쟁 오피스 빌딩 평균 임대가는 105% 수준으로 해당 물건이 시장 임대가보다 낮은 수준으로 향후 임대가의 인상 여력이 충분한 것으로 판단됨.

경쟁 빌딩의 전용 면적당 환산 임대료를 비교해 보기로 했다. 환산 임대료는 임차인 입장에서 입주할 전용면적(실제 점유해 사용하는 면적) 대비 보증금, 임대료, 관리비를 모두 합산한 총비용이라 할 수 있는데 전용률을 살펴 산정한다. 따라서 평당 보증금, 임대료, 관리비가 싸다고 하더라도 전용률이 낮으면 다른 빌딩 대비 실질 임대료는 높을 수도 있고, 전용률이 높으면 다른 빌딩 대비 실질 임대료는 낮을 수도 있다. 일반적으로 임대 목적형 빌딩의 경우 전용률은 50% 내외 수준이고, 사옥 목적으로 장기적으로 사용하고자 신축하는 빌딩의 경우 전용률이 40% 초반까지 떨어지는 일도 있다. 사옥 목적 빌딩의 경우 공용 공간 및 유휴 공간을 배치해 쾌적성을 높이는 과정에서 전용률이 떨어지는 경우가 많다.

| 주변 지역 경쟁 빌딩 NOC 비교 분석 |

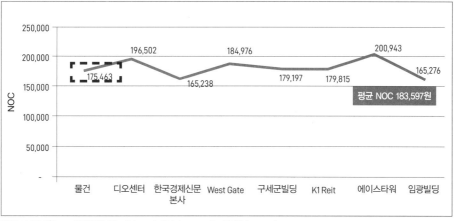

자료 : N.O.C(Deposit*4%/12+Monthly rent+Maintenance fee)/Efficiency rate

※ 경쟁 오피스 빌딩 대부분이 NOC 기준 17~19만 원선 수준이며 경쟁 오피스 빌딩의 평균 NOC는 18만 3,597원임.
※ 최근 도심권역 고임대가 부담에 따른 임차인 이전 수요로 2012년 상반기부터 충정로 일대 공실률 하락 및 임대안정화 추세가 이어지고 있고 앞으로도 임대가의 점진적인 인상이 예상됨.

이 건의 경우 임대용 목적으로 신축된 전형적인 빌딩인데 경쟁 빌딩 7개 빌딩과 비교하니 평균 전용 면적당 비용(NOC) 18만 3,597원 대비 약 8,000원 낮은 수준에 있는 것으로 파악되었다. 임대료가 평균 이하이므로 현 임차인이 임대료 부담으로 인해 타 빌딩으로 이전할 가능성이 작다고 판단되고, 한편으로는 동 지역의 임대 시장이 장기적으로 안정세를 유지한다면 평균 수준으로 임대료를 다소 인상하더라도 큰 부담이 없을 것으로 판단된다.

14) 매매 사례 분석

> ※ 2011~2012년 도심권역 매매 사례는 총 23건으로 분기당 2.8건 거래가 이루어졌음.
> ※ 비교가능한 거래는 2011년 3분기에 거래된 임광빌딩(평당 매매가 1,324만 원)과 2012년 4분기에 거래된 에이스타워(1,440만 원)가 있음. 비교 사례는 내용 연수가 20여 년이 경과한 오피스 빌딩인 점을 감안 시 신축 빌딩인 해당 물건(평당매매가 1,404만 원)은 매력적인 가격 수준으로 판단됨.

|2011~2012년 도심 권역 매매 사례|

2011	1Q	Twin Tree Tower (중학구역 2-1지구)	서울	CBD	광화문	종로구	중학동	2010	16,617	283,900,000	17,085
2011	1Q	와이즈빌딩 (구.영생빌딩)	서울	CBD	을지로	중구	을지로2가	1995	2,151	26,400,000	12,271
2011	1Q	서린동 SK빌딩	서울	CBD	종로	종로구	서린동	1999	24,265	553,000,000	22,790
2011	2Q	명동 M플라자 (구.신원명동빌딩)	서울	CBD	충무로	중구	명동2가	1971	8,295	165,899,652	20,000
2011	3Q	임광빌딩 본관	서울	CBD	서소문로	서대문구	미근동	1993	10,469	138,636,811	13,243
2011	3Q	임광빌딩 신관	서울	CBD	서소문로	서대문구	미근동	2006	8,938	118,363,189	13,243
2011	3Q	와이지(YG)타워 (다동 7지구)	서울	CBD	을지로	중구	다동	2011	9,897	136,877,861	13,830
2011	3Q	HSBC빌딩	서울	CBD	태평로	중구	봉래동1가	1992	7,506	106,000,000	14,122
2011	3Q	프라임타워	서울	CBD	충무로	중구	회현동2가	1973	9,989	163,800,000	16,397
2011	3Q	시그니처타워 (장교 제6지구)	서울	CBD	청계천로	중구	수표동	2011	30,247	514,204,283	17,000

2011	4Q	한화빌딩(장교동)	서울	CBD	을지로	중구	장교동	1987	22,499	395,000,000	17,557
2011	4Q	을지로 미래에셋타워 (101파인애비뉴 A동)	서울	CBD	청계천로	중구	을지로2가	2011	19,897	306,412,838	15,400
2012	1Q	명동센트럴타워	서울	CBD	을지로	중구	명동1가	2002	5,879	87,814,000	14,938
2012	2Q	남산스테이트타워 (회현 2-1지구)	서울	CBD	충무로	중구	회현동2가	2011	20,102	357,000,000	17,760
2012	2Q	충무로빌딩	서울	CBD	충무로	중구	충무로5가	1993	3,028	33,300,000	10,998
2012	2Q	명동삼윤빌딩	서울	CBD	충무로	중구	충무로2가	1968	2,657	45,375,850	17,079
2012	3Q	G타워(구,거양빌딩)	서울	CBD	종로	종로구	수송동	1978	4,998	75,000,000	15,005
2012	3Q	현대그룹빌딩 (구,삼성카드,은석빌딩)	서울	CBD	기타	종로구	연지동	1989	15,874	226,880,700	14,293
2012	3Q	The K Twin Towers (구,중학동빌딩)	서울	CBD	광화문	종로구	중학동	2012	25,346	501,400,000	19,783
2012	3Q	동양증권을지로사옥	서울	CBD	을지로	중구	을지로2가	1987	8,477	140,000,000	16,514
2012	3Q	씨티뱅크타워 (구,씨티코프센터)	서울	CBD	신문로	종로구	신문로2가	1987	5,975	108,969,500	18,239
2012	3Q	하나은행다동센터 (구,DSME빌딩)	서울	CBD	을지로	중구	다동	1994	4,572	56,000,000	12,249
2012	4Q	에이스타워	서울	CBD	통일로	중구	순화동	1991	13,144	189,170,000	14,400

　물건이 위치한 도심 권역의 매매 사례를 살펴보면 서대문 충정로, 즉 도심 프린지(Fringe) 지역 매매의 경우, 2012년에 에이스타워가 평당 1,440만 원, 임광빌딩이 1,324만 원에 거래된 것으로 파악되었다. 비교적 신축이고 같은 지역 매매 사례 대비 지하철 접근성이 더 우수한 것을 감안할 때 이 물건 매입 평당가는 합리적인 수준으로 판단된다.

|Financial Overview|

가. 투자 금액(소유권 이전 시점)

소요 자금 (100%)	Total		151,410백만 원	자기 자본 (40%)	Equity	65,106백만 원
	– 부동산 매입 금액(1,400만 원/평)		144,519		– 신탁 원본	65,106
	– 매입 보수		723			
	– 실사 비용 등		160			
	– CAPEX		100			
	– 여유 현금		500	타인 자본 (60%)	Debt	86,304백만 원
	– 담보 설정 비용		349		– 장기 차입금 (연 4.5%, 5년 고정)	79,787
	– 국민주택채권 할인액		351		– 임대보증금	6,516
	– 취득세		4,708		※ 건물분 V.A.T. 납부용 단기(2개월) 차입금 　11,061백만 원은 반영하지 아니함.	

나. 펀드 보수(안)

구분	내용
운용 보수	– 매입 보수 : 매입가 대비 0.5% – 기본 보수 : 운용 보수로 펀드 총자산 대비 연 0.24% – 성과 보수 : 매각 이익의 10.0%
매각 보수	– 매각가 대비 0.5%(매각자문수수료 포함)
판매 보수	– 펀드 총자산 대비 연 0.01%
수탁/일반 사무 보수	– 펀드 총자산 대비 연 0.03%

　건물 매입 시 총소요 자금은 매매 대금 1,445억 원에 부대 비용 69억 원을 더한 총 1,514억 원이다. 부대 비용 69억 원 중 취득세가 47억 원으로 상당 부분을 차지하고 그 외 실사 비용 운용사가 수취하는 매입수수료가 있다. 매매 대금의 60%는 임대보증금을 포함해 부동산을 담보로 한 대출로 조달하고 잔여금은 자기자본으로 조달하기로 했다. 대출 금액을 높이거나 추가로 후순위 대출을 적정 이자율로 조달할 수 있다면 좀 더 높은 수준의 수익률을 기대할 수 있겠지만, 이자 비용 부담 증가로 자산관리 리스크는 더 높아질 것이다.

15) 예상 배당수익률

구분	신탁 원본(백만 원)	배당금(백만 원)	배당수익률(연)
1년차	65,106	3,985	6.12%
2년차	65,106	3,965	6.09%
3년차	65,106	4,183	6.42%
4년차	65,106	4,409	6.77%
5년차	65,106	7,991	12.27%
연평균 배당수익률(매각 이익 제외)		6.47%	
연평균 배당수익률(매각 이익 포함)		7.54%	
ROE(IRR, 매각 이익 제외)		6.44%	
ROE(IRR, 매각 이익 포함)		7.36%	

주) 매각 이익은 신탁 원본 대비 5% 수준인 3,487백만 원[=매각가 155,562백만 원-취득가 150,910백만 원(취득부대 비용 포함)-매각 및 성과 보수 1,165백만 원, 매각 시 Cap. Rate는 매입 시 Cap. Rate인 5.83% 적용]으로 가정함.

이 경우 5년 평균 예상 배당수익률은 6.47% 매각 차익을 포함할 경우 7.54%에 달할 것으로 예상한다.

16) 가정(Assumption)

| 임대료 가정(매입 후 운용 1차 연도) |

(단위 : 원/평)

구분	보증금	월 임대료	월 관리비	비고
물건 평균 임대가	631,264	58,867	29,455	· 현 임차인의 평균 임대료
상승률	3%	3%	3%	· 임대차계약서상 임대료 인상 조건은 3~4% 수준으로 상이하나 보수적으로 3% 일괄 적용

| 공실률 가정 |

구분	운용 1차 연도 ~ 5차 연도
공실률	1차 연도 0%, 이후 3.0% 가정

수입 가정은 임차인 임대료에 대한 가정으로 현 임대차 내역에 기재된 임차인에 대한 평균 임대료를 운용 1년 차 임대료로 가정했다(실제로는 회계법인의 회계실사를 통해 임차인별로 5년간의 임대료 현금흐름을 분석한다). 임대 가격 인상률은 임차인마다 상이하나 평균 3%로 가정했다. 실제로 운영하게 되면 만기되는 임차인들과의 재계약 조건이 현금흐름에 가장 큰 영향을 줄 것이다. 공실률은 현재 잔여 공실이 해소될 것을 감안, 초기 연도는 임대율이 100%에 달하나 2년 차부터는 보수적으로 운용 3%로 가정했다.

| 관리비 가정(2013년, 운용 1차 연도) |

구분	원/평, 월	운용 1차 연도(백만 원)	연 상승률(%)
PM Fee	700	87	3.0
FM Fee(용역비)	7,100	879	3.0
FM Fee(유지관리비)	600	74	3.0
수선 공사비	2,337	289	3.0
임대차 개선 비용(TI)	2,000	248	3.0
수도광열비	6,000	743	3.0
제세공과금	2,347	291	6.0
보험료	208	26	3.0

주) 관리비는 2012년 현재 가격 기준으로 시장 수준을 감안한 단가로 연 3.0% 상승률 적용해 가정함.

| 매각 가정 |

구분	적용 비율	금액(백만 원)	비고
매각 비용	0.5%	896	
T. Cap rate	5.83%	155,562	매입 Cap. Rate 5.83% 적용

관리비 수입과 비용은 매도자(이 사례의 경우는 K자산운용)로부터 받는 자료에 기재된 관리비 수입과 비용 히스토리 내역을 기준으로 해 인상률을 적용해 가정한다. 이 건에서는 관리 비용은 연간 3% 인상률을 가정했고, 제세공과금은 수년간 급격한 인상 추이를 감안 공격적으로 6% 가정했다. 실제 운영 상 물가 상승률도 3%를 밑돌고 수선 공사비와 임대차 개선 비용의 절감 요인이 있고, 제세공과금 역시 소폭의 상승 추이만 보인다면 비용의 절감으로 인해 수익률 개선 효과를 볼 수 있을 것이다. 매각가를 추정하는 터미널 캡레이트(Terminal Cap Rate)는 매입 시점 캡레이트(Capitalization Rate)인 5.83%를 가정했는데 5년 뒤 매각 시점에서의 캡레이트 추이에 따라 매각 차익 실현 또는 매각 차익 손실을 볼 수도 있을 것이다.

17) 추정 손익계산서

|추정 손익계산서|

	합계	Year 1	Year 2	Year 3	Year 4	Year 5
운용 수익	**61,423**	**10,961**	**10,951**	**11,280**	**11,619**	**16,613**
임대 수익	37,772	7,292	7,286	7,504	7,729	7,961
관리 수익	18,900	3,649	3,645	3,755	3,867	3,983
기타 수익	–	–	–	–	–	–
이자 수익	99	20	20	21	22	17
평가 차익, 매매 차익	4,652	–	–	–	–	4,652
운용 비용	**36,889**	**6,975**	**6,986**	**7,097**	**7,209**	**8,622**
운용 보수	2,271	454	454	454	454	454
판매, 수탁, 일반 사무	303	61	61	61	61	61
PM Fee	460	87	89	92	95	98
FM Fee(용역비)	4,669	879	906	933	961	990
FM 유지관리비	395	74	77	79	81	84

수선공사비(비정상적)	1,537	289	298	307	316	326
임대차개선비용(TI)	1,315	248	255	263	271	279
수도광열비	4,107	743	780	819	860	903
제세공과	1,639	291	308	327	346	367
보험료	137	26	27	27	28	29
간주임대부가세	145	28	28	29	30	31
임대중개수수료	702	112	112	116	116	245
회계 감사, 감평	–	–	–	–	–	–
이자 비용	18,044	3,683	3,590	3,590	3,590	3,590
부동산 매각 비용	1,165	–	–	–	–	1,165
당기순이익	**24,533**	**3,985**	**3,965**	**4,183**	**4,409**	**7,991**

임대 수익은 초년부터 5년 차까지 73억 원에서 최대 79억 원으로 추정된다. 관리 수익은 36억 원까지 추정되고, 운용 비용의 경우 약 86억 원으로 추정된다. 비용 중에서 가장 큰 비용은 담보대출에 따른 이자 비용으로 약 36억 원이 소요되는 것으로 파악된다.

2. 시장 분석(Market Analysis)

1) 매매 시장 분석

□ 거래 건수 및 면적
▶ 2012년 3/4분기 오피스 거래 사례는 총 14건, 거래 면적 376,405㎡, 거래 대금은 1조 6,317억 원으로 조사됨. 거래 건수는 14건으로 평년(분기당 10건)을 넘어 연중 최다 거래 건수를 기록했음. 다수의 구조조정 물건과 더불어, 상반기에서 이월된 물건의 거래가 다수 이루어졌기 때문으로 분석됨.

| 거래 면적 추이 |

(단위 : 건, ㎡)

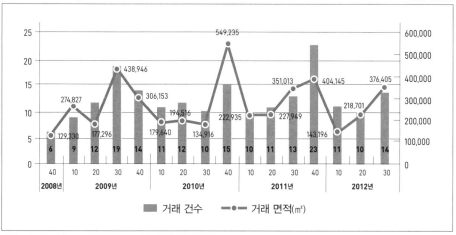

자료 : 신영에셋 오피스 시장 동향 보고서 – 2012년 3Q, 2012.10.

□ 거래 금액
▶ ㎡당 매매가는 4,302천 원으로 전분기 대비로는 1.2% 하락했으나, 2011년 평균 대비로는 6.4%가 상승하며 상반기의 상승세를 유지하고 있음. 매매가 수준이 낮은 서울 기타 지역 사례가 4건이나 포함되어 있음에도 불구하고, 매매 가격이 높은 CBD 소재 대형 물건이 5건이나 거래되었기 때문임.

| 거래 금액 추이 |

(단위 : 억 원, 천 원/㎡)

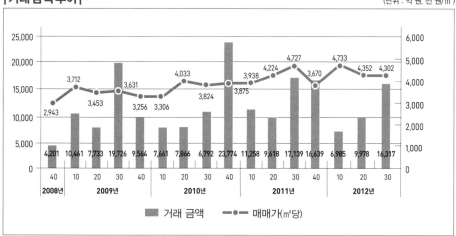

자료 : 신영에셋 오피스 시장 동향 보고서 – 2012년 3Q, 2012.10.

오피스 시장 추이를 신영에셋이 발간한 시장 보고서를 기초로 검토해보자. 자산 자체에 대한 분석(Micro analysis)도 중요하지만, 오피스 상품의 전체적인 시장(Macro Analysis)도 살펴볼 필요가 있다. 2012년 3/4분기 오피스 거래 사례를 보면 평년 분기당 거래 건수인 10건을 넘어서는 14건으로 오피스 거래는 매우 활발함을 알 수 있다. 매매 평당가 역시 전체 시장에서는 전 분기 대비 소폭 하락한 것으로 나타났으나 이는 서울 주요 권역이 아닌 기타 지역에서의 거래 건수가 다수 포함되었기 때문으로 보인다.

|2013년 3분기 주요 매매 거래 리스트|

권역	빌딩명	주소	거래 면적(㎡)	매도자	매수자
CBD	G타워	중로구 수송동	16,523	㈜코크렙제8호 위탁관리부동산투자회사	에스케이디앤디㈜
	현대그룹빌딩	종로구 연지동	52,476	현대상선, 현대증권, 현대엘리베이터	코람코퍼스텝현대그룹빌딩사모부동산투자신탁제9호
	동양증권 을지로사옥	중구 을지로2가	28,024	동양증권㈜	하나다올랜드칩사모부동산투자신탁43
	씨티뱅크타워	종로구 신문로2가	19,751	신한BNPP A – kof 사모부동산투자신탁	아쎈다스오피스사모부동산투자신탁1
	중학동빌딩	종로구 중학동	83,787	중학피에프브이㈜	베스타스사모부동산투자신탁제3호
KBD	삼화빌딩	강남구 논현동	3,908	삼화무역	㈜넵스
	하이트진로 서초사옥	서초구 서초동	27,421	하이트진로	엠플러스사모부동산투자신탁4
BBD	CJ E&M 분당센터	분당구 서현동	6,848	씨제이이엔엠	㈜공평저축은행

자료 : 신영에셋 오피스 시장 동향 보고서 – 2012년 3Q, 2012.10.

권역별 주요 매매 사례를 살펴보면 물건이 속한 도심 권역에서 5건의 거래가 있었다. 강남권역에 2건, 분당권역에 1건의 거래가 있었던 반면 여의도 권역에서의 거래는 1건도 없었다. 도심 권역의 사례를 살펴보면 4건의 거래가 투자회사에 의한 매수였고, 전체 권역 8건의 거래를 기준으로 할 때는 5건의 거래가 투자회사에 의한 매입으로, 오피스 거래가 투자회사(펀드 또는 리츠)에 의한 매입이 주를 이루고 있음을 알 수 있다.

|2013년 3분기 매매 거래 특징|

주요 특징	내용	비고
하반기 거래 완연한 회복세	계열사 간 거래 등이 다수 포함되어 실제로는 평년 수준에 머물렀던 상반기 대비 하반기가 시작되는 ¾분기에는 다수의 구조조정 물건과 리츠 및 펀드의 매수세 등이 더해져 거래가 증가세를 나타내고 있음.	¾분기 1조 6,317억 원 거래
㎡당 매매가 상승세 지속	매매가 수준이 높은 KBD 중소형 빌딩과 CBD 대형 빌딩이 연중 꾸준하게 거래되면서 ¾분기까지 누적 평균 매매 가격 수준이 2011년 평균 대비 두 자릿수 상승률을 유지하고 있음.	2011년 평균 대비 누적 평균 10.2% 상승
호텔 운영 목적 오피스 빌딩 매수 사례 지속	상반기에 이어 매입 후 호텔 운용 목적의 오피스 빌딩 매수 사례가 금분기에도 조사되었으며, 호텔 선호 지역인 CBD뿐만 아니라 서울 기타 지역 소재 주요 역세권 등으로 확대되고 있음.	G타워, 린나이빌딩
2012년 연중 외국자본 매수 전무	2012년 상반기 동안 전무했던 외국자본의 매수세가 ¾분기에도 역시 전혀 없었던 것으로 조사되었으며, 여전히 수요보다는 공급시장에만 참여함.	하나은행다동센터, 씨티뱅크타워 등 매각
구조조정 물건 시장 거래 주도	재무구조 개선 등을 목적으로 하는 구조조정 물건의 거래가 평년(1~2건) 수준을 넘어 금분기 매매 시장 거래를 주도했음.	현대그룹, 동양증권, 하이트진로(청담, 서초), 린나이 사옥 등

전체적으로 보면 매매 가격의 상승 추세 속에 거래가 활발하고 다만, 외국 자본의 매입세가 약화된 것으로 파악되었다. 특히 대기업의 구조조정 물건의 거래가 활발한 것이 특징으로 나타났다.

2) 임대 시장 분석

|서울시 임대 시장 분석|

> ※ 2012년 ¾분기 서울시 전체 오피스 임대 시장의 전세환산가는 3.3㎡당 5,836천 원으로 전분기(5,790천 원) 대비 0.8%, 전년동기(5,663천 원) 대비 3.1%가 상승했음. 하반기 정기 인상 사례가 일부 확인되었으나 이보다는 중대형 빌딩의 신규 공급과 거래 활성화 등으로 인한 임대료 인상 사례가 조사되었으며, 이 때문에 연중 가장 높은 상승률을 기록했음. 공실률은 서울시를 중심으로 평년을 크게 상회하는 신규 공급이 이루어졌음에도 불구하고, CBD 장기 공실의 감소세 등으로 전분기(4.3%) 대비 0.1% 소폭 하락한 4.2%로 보합세를 나타냄.

(△ : 전기 대비 상승, ▽ : 전기 대비 하락) (단위 : 천 원/3.3㎡, %)

구분	전세환산가	보증금	월세	관리비	공실률	전환률
서울시 전체 (전분기 대비 변동률)	5,836 (0.8% △)	638.9 (0.5% △)	55.3 (0.7% △)	26.6 (0.8% △)	4.2 (0.1%p ▽)	13.9 (−)
(전년 동기 대비 변동률)	(3.1% △)	(2.7% △)	(2.7% △)	(2.7% △)	(0.3%p △)	(0.1%p ▽)

자료 : 신영에셋 오피스 시장 동향 보고서 – 2012년 3Q, 2012.10.

임대 시장 역시 전체적으로 상승 추세에 있으나 공실률은 4.2% 수준에 그치고 전반적으로 상당히 양호한 모습을 보여주고 있다.

|서울시 3분기 CBD권역 시장 현황|

(△ : 전기 대비 상승, ▽ : 전기 대비 하락) (단위 : 천 원/3.3㎡, %)

구분	공실률	전세환산가	보증부월세		관리비	전환률
			보증금	월세		
평균	3.8 (0.1%p ▽)	7,331 (1.1% △)	691.7 (0.8% △)	66.6 (1.1% △)	29.8 (0.6% △)	12.2 (0.1%p ▽)
Prime	5.8	10,345	925.6	94.7	37.9	12.1
A	3.7	7,511	727.6	68.8	30.4	12.4
B	3.3	6,173	566.7	57.1	26.8	12.4
C	2.7	5,665	586.5	49.0	25.0	11.8

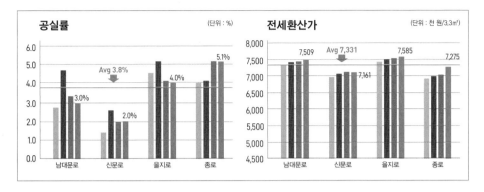

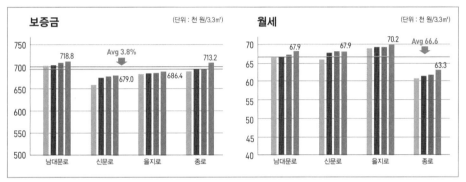

※ 2012년 2/4분기 대비 전세환산가와 월세 모두 1.1%씩 상승했음. 연중임에도 불구하고, 전분기 대비 1%가 넘는 상승률을 나타낸 것은 정기 조정 사례보다는 연말 예정 공실분에 대한 호가 인상 사례와 동 권역 거래(6건)가 활성화되면서 손바뀜 이후 임대료 조정 사례가 다수 발생했기 때문임.

※ 공실률은 전분기 대비 0.1%p 소폭 하락된 3.8%로 조사됨. 시그너쳐타워, 남산스테이트타워 등 장기 공실이 지속적으로 감소하고 있고, 대기업 계열사 보유 빌딩들의 경우 자사 사용분을 늘리면서 공실이 일부 해소되었으며, 꾸준한 신규 공급에도 불구하고 안정세를 유지하고 있음.

자료 : 신영에셋 오피스 시장 동향 보고서 – 2012년 3Q, 2012.10.

문제는 2010년 초부터 수년간 공급된 도심권 대형 오피스들의 공급으로 인해 명목 임대료(Face Rent)와 실질 임대료(Effective Rent) 사이에 괴리가 발생하고 있고, 이로 인해서 실질 수익률은 상당히 떨어지고 있다는 사실이다. 대부분의 시장 보고서는 페이스 렌트를 기준으로 하므로 렌트 프리(Rent Free)를 어떠한 조건으로 임차인에게 제공하고 있는지 파악하는 것이 중요하다.

3) 리스크 관리 방안

위험 요인	주요 내용 및 관리 방안
공실 리스크	· 현재 공실률 0.45%(지하 일부 면적 공실)에 불과하며 현재 임차인과 증평 협상 중에 있음. · 신축 빌딩으로 인근 오피스 빌딩 대비 경쟁력을 확보하고 있으며, 도심 및 여의도 – 마포 지역으로부터의 꾸준한 임차 수요 유입이 기대되고 있음.
운용 리스크	· 전문자산관리회사에 용역 발주해 자산관리를 위탁할 계획이며 자산의 안정화에 주력할 계획임.
Exit 리스크	· 매입 가격(1,400만 원/평)은 충정로 일대 최근 매매 사례 감안 시 합리적인 수준으로 판단. (임광빌딩 1,324만 원/평, 에이스타워 1,440만 원/평) · 향후 공급 예정 물량, 시장 사이클(Cycle) 등을 고려해 최소 3년 보유 후 적기 매각 진행 예정임.

주요 리스크를 살펴보면 공실 리스크가 있다. 임차인이 임대차 기간을 연장하지 않고 계약 해지하면 공실이 발생하기 때문인데 다양한 임차인이 적절한 비율로 임차하고 있으므로 특정 임차인이 계약 해지를 하더라도 펀드 전체 자산의 영향은 제한적이다. 또한, 현재 임대율이 100%에 육박하는 만큼 안정적인 모습을 보여주고 있고, 인근 빌딩 대비 임대료가 낮으므로 임차인의 타 빌딩 이전 가능성도 작다고 볼 수 있겠다.

자산관리 시의 예상치 못한 비용의 발생이나 증가는 수익률의 하락을 가져올 수 있다. 예를 들어 엘리베이터의 고장으로 교환이 필요하다든가, 건물 외벽의 크렉 발생으로 보수공사가 필요하다든가, 매입 전에 건물의 물리적 실사를 거쳤음에도 불구하고 발생할 수 있는 비용이다. 제도 변경 리스크는 부

위험 요인	주요 내용 및 관리 방안
비용 증가 리스크	·투자 부동산에 대한 재무실사를 통해 운용상의 각종 제비용에 대해 면밀히 검토해 사업계획에 반영했으나, 수도광열비 및 제세공과금 등의 관리 비용이 사업계획보다 높은 수준으로 변동될 경우 배당수익률이 하락할 수 있음.
물리적 하자 리스크	·가장 중요한 투자자산인 부동산의 물리적 특성이 향후 수익에 많은 영향을 끼치게 된다. 당사는 매입 전 전문기관의 물리적 실사를 통해 이러한 내용을 사전에 파악할 예정이다. 그러나 매입 시 예상하지 못한 물리적·기술적 하자가 발생할 가능성이 존재, 이 경우 추가적으로 일정 금액 이상의 자본적 지출이 발생할 위험이 있음.
제도 변경 리스크	·투자하는 자산은 실질적으로 모두 부동산이므로 관련 법규, 세제 등의 변화가 수익률에 영향을 줄 수 있으며 이로 인해 원본 손실이 발생할 수도 있음.
만기 변동 리스크	·5년을 기본 투자 기간으로 하지만 급격한 거시경제 환경의 변화 등 예측하지 못한 사정 변화에 의해 실제 투자 기간이 이보다 짧아지거나 길어질 수 있음.
재해 등 불가항력에 대한 리스크	·투자 부동산에 대한 대부분의 위험은 보험을 통해 보장되지만, 보험을 통해 보장되지 않는 지진, 홍수 등 천재지변에 의해 투자 부동산이 일부 혹은 전부가 손상되었을 경우에는 자산의 가치를 감소시켜 수익에 직접적으로 영향을 미치게 되고 이에 따라 배당이 감소할 수 있음.
자산 처분 관련 리스크	·향후 청산 시 부동산을 반드시 매각해야 청산이 가능한 바, 청산 시점에서의 부동산의 매각과 관련해 적기 매각, 매각 가격 등과 관련된 위험이 존재. 청산 시점에 저가 매각이나 매각 지연의 위험에 노출될 수 있고 이로 인해 예상 배당수익률이 하락할 수 있고 취득 원가 이하의 저가 매각 시 투자 원본의 전부 또는 일부에 손실 위험이 존재함.

동산 펀드와 관련된 조세제도의 변경에 따른 비용 증가의 위험을 의미한다. 만기 변동 리스크는 투자 기간이 5년이지만 매각 시점에 금융위기 등의 갑작스러운 경제 충격이 올 경우 전략적으로 펀드 기간을 연장해서 경제 안정화 시점에 매각을 재추진할 수도 있다.

4) 딜 리뷰(Deal Review)

2015년 말 여전히 오피스 임대 시장은 침체 국면을 벗어나지 못하고 있다. 과잉 공급에 따른 충격의 여파가 여전하다는 말이다. 이는 주요 빌딩의 실질 임대료 추이를 살펴보면 확인할 수 있는데 사실상 실질 임대료가 동결 추세라고 봐도 무방하다. 한편 이 건이 진행되었던 2013년 이후로 기준금리는 지속적으로 내려 담보대출 금리 역시 3% 초반 수준까지 인하되었다. 금리의 대폭적인 인하로 오피스 투자 시장에서 임대료가 오르지 않더라도 기대수익률의 달성이 용이하게 되었고 이는 자산가격의 상승을 가져왔다. 결국, 지금 매각한다면 임대료가 오르지 않았다 하더라도 자산 가치 상승으로 매각 이익(Capital Gain)은 충분히 얻을 수 있다는 얘기다. 적정한 가격의 투자였고 금융 환경 호재에 따른 수혜도 입은 좋은 투자 사례라고 판단된다.

한편, 투자 상품으로 오피스를 살펴볼 때 오피스는 분명 타 상품 대비 특장점이 있다. 상품별로 비교하자면 물류창고는 대부분 단일 임차인이 임차하므로 임차인이 퇴거할 경우 그 즉시 캐시 플로우가 흐르지 않는 무수익 자산이 될 리스크가 크다. 호텔은 환율, 대북 리스크, 질병(메르스, 조류인플루엔자 등), 국가 간 외교관계 등에 따른 관광객 급감 리스크가 높다. 상업시설은 임차인이 개인일 경우 관리하기가 어렵고 법인이라고 하더라도 때로는 업종 변경의 한계, 명도 등의 리스크가 뒤따른다. 이러한 측면에서 오피스는 임차인이 법인이고(관리의 용이), 안정적인 캐시 플로우(연체 가능성이 작음), 외부 요인에 민감하지 않다는 측면에서 실물 부동산 중 가장 주목받는 자산이라 할 수 있다. 그래서 오피스 임대 시장이 다소 어려운 가운데서도 서울 주요 권역에 소재하고 있는 A급 이상의 빌딩 중 임대가 비교적 안정적인 자산의 경우 해외 투자자가 시장 가격 이상으로 뛰어들 만큼 투자 시장에서 경쟁이 치열하다. 실물 부동산으로써의 오피스의 가치는 한동안 계속될 것으로 예상된다. 다만, 중장기적으로 공유 오피스의 확대, 재택근무의 확대 등 업무 환경의 발전이 오피스 시장에 어떠한 영향을 줄 것인지는 지켜봐야 할 포인트다.

02

개발형 선매입 펀드 Case Study

홈플러스 개발 선매입 프로젝트

한국의 부동산 실물형 펀드는 오피스를 시작으로 호텔, 리테일, 물류창고에 이르기까지 다양한 상품으로 다변화되어 왔다. 이 중 리테일의 경우, 홈플러스나 롯데마트와 같은 대형 유통사가 기업의 유동성 확보를 위해 자신을 책임 임차인으로 하는 마스터리스 구조로 부동산 펀드에 자산을 매각한 사례가 많았다. 지난 10여 년 동안 이러한 마트 거래가 시장에 지속적으로 공급되면서 커다란 거래 시장을 형성했다.

이는 유통사와 투자자들의 상호 니즈가 부합되었기 때문이다. 이러한 방식의 거래는 대형 마트를 운영하는 기업으로서는 자산 매각을 통한 현금 유동성 제고가 가능하고, 막대한 자금을 운용해야 하는 기관 투자자로서는 장기간 안정적인 수익 확보가 가능하다.

또한, 운용사도 이러한 마스터리스 자산은 관리가 용이(공실 위험 제로, 임차인이 직접 관리)하기 때문에 선호해 왔는데 이는 결국 운용사 간 치열한 매입 경쟁으로 이어져 전체 시장 파이를 키우는 데 일조했다. 이러한 마트 거래에 시장 관계자의 계속되는 구애가 이어지면서 애초 운영 중인 마트 거래, 즉 실물 위주의 자산 매입 방식에서 더 나아가 개발 단계에서 시행사가 유통사와 사전 임대차계약을 맺고, 펀드는 사전 임대차계약이 된 개발 프로젝트를 선 매입하는 구조로 발전하기에 이르렀다.

선매매 구조에서 이해 관계자들 간에 어떠한 이점이 있는지 살펴보면, 시 행사는 사전에 미분양 위험을 헷지할 수 있을 뿐만 아니라 안정적인 사업 구 조로 인해서 시공비의 절감과 상대적으로 낮은 PF대출 금리를 기대할 수 있 다. 매수자인 펀드는 우량 임차인의 장기간 임대차계약에 따른 안정적인 수 익 창출 자산을 선제적으로 확보할 수 있다. 시공사는 미분양에 따른 공사비 의 미수 위험이 없고, 대출기관 입장에서는 대출원리금상환 안정성이 확보된 다. 마지막으로 유통 업체 입장에서도 좋은 입지를 미리 선점해 맞춤설계 방 식으로 자산을 넘겨받아 운영할 수 있게 된다.

준공 전 선매입은 주로 다음의 세 가지 방식으로 거래가 이루어져 왔다.
첫째, 운용사가 직접 시행사로부터 시행권을 양수받아 시행 주체가 되는 것이다. 시행사에 일정 금액의 시행 마진을 프리미엄으로 확보해주고 펀드 가 시행 주체가 된다.
둘째, 펀드가 개발 초기 단계에서 계약금 10%를 매도인인 시행사에 지급 하고 준공 시점에 잔여 90%의 잔금을 지급하고 소유권을 가져오는 것이다.
셋째, 펀드 개발 기간에는 시행사에 공사비 등의 PF 자금을 대여하고 준공 시점에 PF 자금의 일부를 매매 대금으로 전환하고 소유권을 가져오는 것이다.

이 세 가지 거래 방식의 공통 전제는 유통 업체의 장기 마스터리스 계약이 다. 이번 케이스 스터디에서는 이 세 가지 방식 중 둘째 방식으로 IM을 작성해보고자 한다. 가상의 프로젝트로 작성한 것으로 약정 조건 및 기타 세부적인 사항 역시 임의로 작성한 내용임을 밝혀둔다.

1) 울산 홈플러스 개발 부지

울산 ○○동에 소재한 부지로 18만 세대의 배후 주거 단지의 중심에 있고 반경 2km 이내에 대형 마트가 없어 훌륭한 입지로 판단된다.

구분	내용
자산명	홈플러스 울산점
매도자(시행사)	○○개발㈜
위치	울산시 ○○동
대지 면적	7,524㎡(2,276평)
지역	일반상업지역
연면적	39,633㎡(11,989평)
규모	지하 5층~지상 3층
주차 대수	780대
임차인	홈플러스㈜

일반 상업지역에 소재하는 판매 시설로 연면적 규모는 약 11,989평이며 지하 5층~지상 3층의 규모로 개발될 예정이다. 개발 기간은 총 1년으로 준공은

2016년 10월 예정이다. 사업 시행자는 토지 매입을 완료하고 건축 인허가를 득한 후 홈플러스와 준공 조건부로 임대차계약을 체결하고 시공사와 도급계약을 체결한 후 이 자산을 펀드에 선매각하고자 한다.

2) 위치

지역 중심부 대로변 코너에 있어 접근성과 가시성이 매우 우수하며, 자가용과 대중교통의 이용이 편리하다. 향후 유통법에 따른 대형 마트 출점 제한에 따라 경쟁 마트의 신규 출점은 상당 기간 어려울 것으로 전망된다.

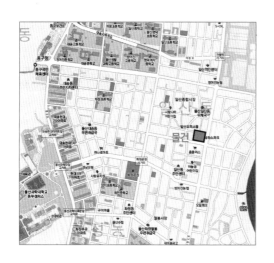

유통산업발전법에 따르면, 대규모 점포 개설 또는 전통상업보존구역에 준대규모 점포 개설 시 상권영향평가서 및 지역협력계획서를 포함해 대규모 점포 등의 개설 등록을 해야 하며(법 제8조 제1항), 대규모 점포 등의 위치가 전통상업보존구역(전통 시장, 전통상점가의 경계로부터 1km 이내의 범위, 제13조의3)에 있는 경우, 등록을 제한하거나 조건을 붙일 수 있다. 2015년 11월 일몰 기한이나 5년 연장되었다.

3) 투자 포인트

1	**신용도 높은 마스터리스 임차인인 홈플러스㈜의 장기임대차계약을 통한 안정적 운영 수익 확보** – 홈플러스㈜기업어음(한신정 2015년)신용등급 A2⁺으로 국내 대형 마트 시장 2위 지위를 확보 – 홈플러스㈜의 20년 장기 임대차계약 기간 동안 안정적 배당 기대
2	**홈플러스 준공 전 선매입** – 건축허가 시점에 계약금 10%를 납부하고 준공 및 입주 시점에 잔금 및 소유권 이전 – 지급된 계약금 10%는 준공 시점까지 에스크로 계좌에 예치
3	**운영 기간 종료 후 안정적인 투자원금 회수** – 지역 내 최적의 입지에 위치해 매각 시 실사용자(경쟁업체), 부동산 펀드 등의 매입 수요가 활발할 것으로 예상됨 – 최근 유사 거래 사례(대형 마트)의 매출/매매금액 비중을 감안할 때, 매입가 이상의 매각가 기대

이 투자의 핵심은 신용 있는 임차인이 장기간 책임 임차함으로써 펀드에 안정적인 배당 수익을 가져다줄 수 있고, 펀드 기간 종료 시점에도 약 15년의 임대 기간이 남아 있으므로 매각(EXIT)이 용이하다는 점이다.

특이점은 준공 전 선매입이므로 계약금 10%를 예치하고 준공 시점에 90% 잔금을 납부하게 된다. 계약금 10%는 에스크로 계좌에 예치하므로 준공이 안 될 경우 또는 임대차계약이 개시되지 않을 경우 잔금을 납부하지 않고 선매입계약의 해제는 물론 예치된 계약금도 펀드는 반환받게 된다.

4) 펀드 개요

연평균 목표 배당수익률은 매각 차익을 제외할 경우 6.8%, 매각 차익 포함 시 연평균 8.2%다. 투자 기간은 개발 기간 1년, 준공 후 운용 기간 5년으로 해 총 6년으로 하고, 펀드 배당은 6개월로 가정했다. 매입 보수는 매입 금액의 1%, 운용 보수는 펀드 총자산 금액의 0.4%, 성과 보수는 매각 이익의 10%로

구분	내용
투자 대상	울산시 ○○소재 홈플러스 선매입
상품 유형	자본시장과 금융투자업에 관한 법률에 따른 전문투자형 사모집합투자기구 (이하 '펀드') 폐쇄형, 단위형, 사모형
펀드명	전문투자형 사모부동산투자신탁○○호 총모집 금액 1,389억 원 (신탁원본 : 611억 원, 차입금 : 528억 원, 보증금 : 250억 원)
설정 예정일	2015년 8월
목표 배당수익률	– 연평균 배당수익률(처분 이익 제외, 5년 기준) : 6.63% – 연평균 배당수익률(처분 이익 포함, 5년 기준) : 8.02%
주요 임차인	홈플러스(주)
투자 기간	펀드 설정일로부터 6년(개발 기간 1년, 운용 기간 5년)
배당 주기	매 6개월 단위 지급
청산	운용 기간 종료 12개월 전부터 투자자산 매각 개시하고 매각 완료 시 잔여 재산 분배 후 펀드 청산 예정

펀드 보수	· 집합투자업자 보수
	  – 매입 보수 : 부동산 매입 금액의 1%
	  – 운용 보수 : 총자산의 0.30%
	  – 매각성과 보수 : 매각 차익의 10.0%
	· 판매/수탁/사무관리 보수 : 순자산의 연 0.05%

책정했다. 개발 기간 동안 계약금 10%에 대한 투자자 배당은 오버 펀딩한 금원으로 이익 초과 분배금 형식으로 투자자에 지급한다.

5) 펀드 구조

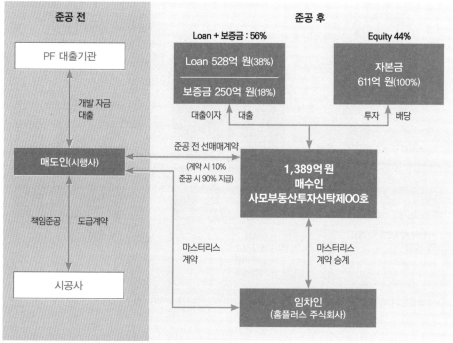

준공 전

PF 대출기관

개발 자금
대출

매도인(시행사)

책임준공 　 도급계약

시공사

준공 후

Loan + 보증금 : 56%

Loan 528억 원(38%)

보증금 250억 원(18%)

Equity 44%

자본금
611억 원(100%)

대출이자 　 대출 　 　 투자 　 배당

준공 전 선매매계약

(계약 시 10%
준공 시 90% 지급)

1,389억 원
매수인
사모부동산투자신탁제OO호

마스터리스
계약

마스터리스
계약 승계

임차인
(홈플러스 주식회사)

* 매매 금액 투자 비율 등은 투자 조건 및 관계 법령에 따라 변동될 수 있음.

　매도인인 시행사는 사업부지를 확보하고 인허가 완료와 함께 책임 임차인 인 홈플러스와 임대차계약을 체결한다. 시행사는 시공사와 책임준공 도급계 약을 체결하고 토지 및 시공비를 PF 대출기관으로부터 조달한다. 시행사는 펀드와 사전 선매매계약을 체결한다.

6) 자금 내역

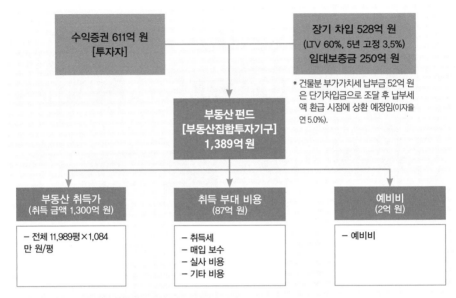

- 수익증권 611억 원
  [투자자]

- 장기 차입 528억 원
  (LTV 60%, 5년 고정 3.5%)
  임대보증금 250억 원

* 건물분 부가가치세 납부금 52억 원
은 단기차입금으로 조달 후 납부세
액 환급 시점에 상환 예정임(이자율
연 5.0%).

- 부동산 펀드
  [부동산집합투자기구]
  1,389억 원

- 부동산 취득가
  (취득 금액 1,300억 원)
  - 전체 11,989평×1,084
    만 원/평

- 취득 부대 비용
  (87억 원)
  - 취득세
  - 매입 보수
  - 실사 비용
  - 기타 비용

- 예비비
  (2억 원)
  - 예비비

■ 수익 증권 611억 원과 장기차입금 528억 원, 임대보증금 250억 원으로 총소요 금액은 1,389억 원임.

매매 가격은 1,300억 원으로 평당 1,084만 원이고 취득 관련 부대 비용 87
억 원, 예비비 2억 원으로 해 총조달 금액은 1,389억 원으로 산정되었다.

7) 주요 매매 조건

매매 조건		
	대금의 지급	· 계약금 : 130억 원(신탁사 명의 계좌에 예금근질권 설정) 1순위 근질권자 : 매수인(펀드) · 잔금 : 1,170억 원
	소유권의 이전	· 임대차계약 개시일에 잔금 납부(소유권 이전과 동시 진행)
	임대차계약 승계	· 매수인의 승계확약서 홈플러스에 제출 이후 매매 종결일 전까지 홈플러스로부터 임대차승계동의서 수령
	하자 담보 책임	· 매도인은 거래 종결일로부터 3주 이내에 매수인에게 하자담보증보험 증권 제공
	매매계약 해제	· 홈플러스 영업 개시 불가, 승계동의서 미제출
	손해배상 및 위약벌	· 계약 위반 당사자는 계약금+위약벌(계약금 상당액) 지급

　매매계약 당사자는 매수인인 부동산 펀드와 매도인인 시행사 ○○개발㈜이다. 펀드는 계약금 10%를 계약 시에 지급하고 동 금액을 신탁사 명의의 에스크로 계좌에 예치한다. 매매 거래의 종결은 임대차 목적물이 준공되고 임차인의 임대차 개시가 정상적으로 개시되어 잔금 90%를 지급하는 날로 한다. 이 계약의 위반 당사자는 에스크로 계좌에 예치된 계약금과 계약금 상당액에 해당하는 위약벌을 위반 당사자에 부과한다.

8) 임대차 조건

　임차인은 홈플러스㈜로 건물 전체를 임차한다. 임대차 기간은 20년으로 만기 시점에 임차인 요구 시 동일한 조건으로 10년 연장할 수 있다. 보증금은 250억 원으로 보증금의 110%를 채권 최고액으로 하는 1순위 임차권과 근저당권을 설정한다. 연 임대료는 68억 5,000만 원으로 영업 개시 월 15일에 1년 치를 선납한다. 임대료는 매년 소비자물가 상승률에 따라 5%를 한도로 상승하는 조건으로 한다. 임대인은 보유 관련 제세공과금을 부담하고 임차인

임대차 조건	임대 면적	· 39,633㎡(11,989평)
	임대차 기간	· 영업 개시일로부터 20년(단, 임차인이 임차목적물을 인도받은 때부터 30일 이내 영업을 개시하지 않을 경우 30일의 기간이 경과한 다음날을 영업 개시일로 함). 만료 6월 전까지 임차인이 갱신 의사를 서면으로 요청 시 동일 조건으로 10년 연장
	보증금	· 250억 원(1순위 : 임차권, 2순위 : 보증금의 110%를 채권 최고액으로 하는 근저당권 설정)
	임대료	· 연 68억 5,000만 원(영업 개시 월 15일에 1년 임대료 선취)
	인상률	· CPI 기준 인상(통계청 고시 전년 대비 소비자물가 상승률)
	비용 부담	· 임차인 : 유지보수비 및 관리비, 교통유발부담금, 환경개선부담금 · 임대인 : 보유 관련 제세공과, 간주임대료부가세, 화재보험료, 부동산 자체 하자 유지보수비
	임대인의 계약 해제·해지	· 임차인이 임대인의 사전동의 없이 계약상 권리를 타인에게 양도하는 경우 · 임차인이 임대차 보증금 및 연 임대료 지급을 3월 이상 연체하는 경우 · 임차인에 대한 회생, 파산 절차 개시, 채무 초과 발생 등 임차인이 동 계약상 의무 이행이 어렵다고 판단되는 경우 · 임차인이 임대차계약상 의무를 미이행하고 서면 시정 요구를 받은 날로부터 30일 내에 시정하지 않을 경우
	임차인의 해제·해지권	· 임대인이 임차인의 사전 동의 없이 동 계약상 권리를 타인에게 양도하는 경우 · 임대인에 대한 회생, 파산 절차 개시, 채무 초과 발생 등 계약상 의무를 이행하는 것이 어렵다고 판단되는 경우 · 임대인이 임차인의 동의 없이 시공회사를 선정, 해임, 교체하는 등 시공회사 선정 관련 의무를 이행하지 않은 경우 · 임대인이 약정한 날 이내에 건물에 대한 제반 인허가를 얻지 못하거나 제반 인허가의 결과가 임차인의 요구 사항과 상이해 정상적 입점 및 영업이 어려운 등 홈플러스 운영에 중대하게 부정적인 영향이 초래되는 경우 · 임대인이 약정한 날 이내에 건물 신축공사에 착수하지 못하는 경우 · 공사예정공정표에 의한 공정 일정이 5월 이상 지연되는 경우 · 건물에 대한 실제 사용승인발급이 사용승인예정일보다 6월 이상 지연되는 경우 · 실제 임대 면적이 약정 임대 면적보다 5% 이상 감소된 경우 및/또는 주차장을 제외한 실제 임대 면적이 주차장을 제외한 약정 임대 면적보다 5% 이상 감소된 경우 · 임대인이 약정한 날일까지 토지에 관한 소유권을 취득하지 못하는 경우 · 임대인이 임차인의 사전서면 동의 없이 금지되는 행위를 한 경우 · 임대인이 본건 임대차계약상 의무를 이행하지 않고 임차인으로부터 서면 시정 요구를 받은 때로부터 30일 이내에 이를 시정하지 않은 경우 · 임대인이 약정한 날까지 국토의 계획 및 이용에 관한 법률상 허가를 받지 못하는 경우 또는 건물의 사용 승인일 또는 임대인이 임차인에게 본건 부동산을 인도하는 날 중 먼저 도래하는 일자의 전날까지 소매 목적으로 본건 부동산을 사용할 수 있다는 취지의 예규를 받지 못한 경우(토지거래허가와 관련된 사항) · 국토교통부 등 정부기관의 유권해석 등 사유로 임차인이 임대차계약에 따라 부동산에 입점할 수 없거나 입점해 영업할 수 없는 경우 임대차계약을 해제 또는 해지할 수 있음(토지거래허가와 관련된 사항)

은 임대 목적물을 사용함에 따른 각종 비용을 부담한다. 임차인은 건물이 준공되지 않은 상황에서 임대차계약을 사전에 하는 것이므로 약정 시점에 착공 및 준공이 지연된다든가, 약정한 건물 스펙에 미달하는 경우, 인허가 등의 사유로 정상적인 영업이 불가능할 경우 계약 해제 권한을 행사할 수 있다.

9) 대출 텀시트(Term Sheet)

대출 조건	대출 금액	· 528억 원
	대출 기간	· 5년
	대출 금리	· 3.5% 고정
	대출 취급수수료	· 대출 금액의 1%(최초 인출일에 지급)
	인출 방법	· 1회 전액인출
	인출 가능 기간	· 대출약정서 체결일로부터 약 12개월 이내
	상환 방식	· 원금 만기 일시상환
	조기상환수수료	· 최초 인출일로부터 2년 이내 : 조기상환 금액의 1% · 3년 차~5년 이내 : 조기상환 금액의 0.5% · 최초 인출일로부터 5년 초과 : 조기상환수수료 면제
	이자 지급일	· 매 3개월 후취
	연체 이자	· 연 19%
	담보	· 3순위 담보권(1순위 : 임차권, 2순위 : 임대차보증금의 110% 근저당권) · 화재보험청구권에 대한 근질권 설정

대출 금액은 매매 대금 대비 LTV 60% 수준(보증금 포함)인 528억 원, 대출 기간은 준공 후 펀드 운용 기간인 5년간 고정금리 3.5%로 조달한다. 대출 취급수수료는 대출 금액의 1%를 최초 대출금 인출일에 지급한다. 단, 조기상환수수료가 대출 기간 내에 차등 부과되나 자산을 대출 기간 내에 조기 매각해 상환하는 경우는 조기상환수수료가 없다.

자산은 캐시 플로우가 안정화된 자산이므로 만약 LTV를 현 수준인 60%에서 좀 더 올려 70~75%까지 후순위 대출을 사용할 경우 펀드의 수익률은 좀 더 올라갈 것이다.

10) 임차인 분석

임차인인 홈플러스㈜는 1999년 영국의 테스코홀딩스(TESCO Holdings B.V)와 삼성물산이 51:49 합작으로 하이퍼마켓 상점(할인점)의 개발 및 운영업 등을 영위하는 기업으로 설립되었다. 이후 2011년 테스코홀딩스가 100%의 지분을 보유해오다, 2015년 10월 사모펀드인 MBK파트너스에서 홈플러스 계열 지분 100%를 인수했고, 이후 홈플러스스토어즈㈜(구 홈플러스테스코)가 홈플러스㈜ 지분 전부를 보유하고 있다.

우수한 브랜드 인지도와 140개의 대형 마트 점포(구 홈플러스테스코 33개 점포 포함)를 기반으로 대형 마트 업태 내 2위의 시장점유율을 보이며, 2015년 2월 말 기준 총자산 5조 6,095억 2,900만 원, 상시 종업원 2만 466명 규모의 대기업체다.

홈플러스㈜의 기업어음 등급은 2015년 8월 말 평가 시까지 A1 등급을 유지해오다, 대주주 변경 과정에서 인수금융 부담 확대와 홈플러스 계열에 대한 실질적인 지원 부담이 증가하게 된 점이 신용등급에 반영되어 A2$^+$로 하향 조정됐다(2015년 10월 말 평가 기준, 기업어음, 전자단기사채, 한국신용평가).

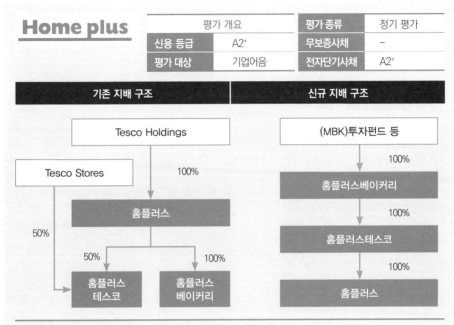

주) 홈플러스(주)의 자회사인 홈플러스금융서비스(주)는 지분 구조 및 사업상 의미가 크지 않다는 점에서 제외
자료 : 사업 보고서 및 동사 제시, 출처 : 한국신용평가, 2015.10

주요 재무지표

구분	일반 기업 회계 기준(개별)				일반 기업 회계 기준(연결)		
	2013.02	2014.02	2015.02	2015.08	2013.02	2014.02	2015.02
매출액(억 원)	70,863	73,255	70,526	34,785	88,673	89,298	85,682
영업 이익(억 원)	3,292	2,510	1,944	221	4,476	3,383	2,409
EBITDA(억 원)	7,191	6,512	6,203	2,088	9,424	8,373	7,584
자산 총계(억 원)	63,338	65,339	56,095	54,779	74,156	75,918	66,307
순차입금(할인 포함)(억 원)	24,371	17,042	16,008	13,249	24,656	17,034	15,914
영업 이익율(%)	4.6	3.4	2.8	0.6	5.0	3.8	2.8
EBITDA/매출액(%)	10.1	8.9	8.8	6.0	10.6	9.4	8.4
EBITDA/이자 비용(배)	5.8	7.5	9.6	9.5	7.0	9.2	11.2
총차입금/EBITDA(배)	3.4	2.9	2.6	3.3	2.6	2.3	2.1
부채 비율(%)	197.2	151.8	144.3	136.3	177.3	140.4	132.0
차입금 의존도(%)	38.7	29.1	28.8	24.9	33.5	25.1	24.4

주1) EBITDA = 영업 이익 + 감가상각비 + 대손상각비(판매관리비) + 퇴직급여충당금전입액
자료 : 한국기업평가

사모펀드에 매각되면서 신용등급이 A1에서 A2+로 하향하기는 했으나 총자산 5조 6,000억 원, 매출액 8조 5,000억 원의 우량업체로 신인도 있는 업체로 판단된다.

11) 대형 마트 시장 분석

※ 국내 대형 마트는 2000년 초반까지 연평균 약 10%대의 매출액 증가를 보이며 급속히 성장했으나, 2014년 말 현재 매출 규모 38조 5,000억 원, 국내 점포 수 약 508개 수준으로 이후부터는 성장세가 안정화 단계에 접어든 것으로 보임.
※ 대형 마트에 대한 정부 규제 및 까다로운 입점 조건 등으로 인해 대형 마트 점포 수의 성장세가 급격히 둔화된 바, 기존 영업 중인 점포에 대한 투가 가치는 높아지고 있으며, 홈플러스(주)와 같이 우량 임차인이 책임 임차하는 점포의 경우, 공실 및 관리 비용에 대한 리스크가 적으면서 안정적인 투자 수익을 기대할 수 있는 점에서 기관 투자자에 꾸준히 매력적인 투자 대상이 되고 있음.

| 대형 마트 점포수 추이 |

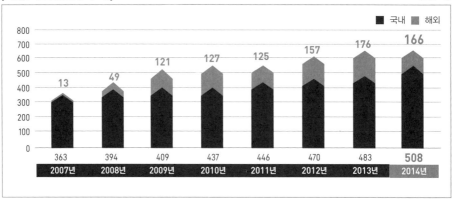

2007년 363개에 불과하던 대형 마트의 점포 수는 2014년 기준 508개까지 늘어났다. 매출액 역시 늘어난 점포 수에 발맞춰 2007년 28조 원에서 2014년 약 38조 5,000억 원 가까이 늘어났다. 그러나 유통산업발전법에 따른 대

| 대형 마트 매출액 추이 |

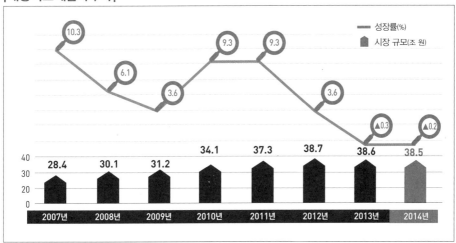

자료 : 통계청 소매 판매액(2013년 통계청 집계 기준 변경에 따라 2010년도 시장 규모부터 변경 기준이 적용됨)
주 : 2010년 이후 데이터는 통계청 대형 마트 집계액 중 면세점 매출분 제외하고 반영됨.

| 2015년 주요 대형 마트 영업 현황 |

구분	매출액(조 원)	2015년 성장률(%)	신규 출점 수	국내 총점포 수	비고
이마트	13.70	4.1	6	156	이마트 146, 트레이더스 10
홈플러스	11.26	1.8	1	141	
롯데마트	7.37	0.5	3	117	롯데마트 112, 빅마켓 5
코스트코홀세일	3.20	11.8	1	12	
메가마트	0.72	−4.0	−	8	

자료 : 리테일매거진, 2016년 1월호

형 점포 출점과 경기 악화에 따라 신규 출점이 크게 줄면서 2013년 이후 매
출액 역시 보합세를 보인다. 앞으로도 대형 마트 시장은 보합 추세를 이어갈
것으로 판단된다.

12) 대형 마트 거래 시장

> ※ 2012년부터 2015년까지 총 12건의 대형 마트 거래 사례를 살펴보면, 2012년 6%대를 유지하던 캡레이트는 2013년 하반기부터 5%대로 낮아지는 전반적인 하락 추세를 보이고 있으며, 최근 거래된 유경 PSGGMK1호(롯데마트 수지점 외 3개 점포, 2015.3Q)의 캡레이트는 4.78%를 기록했음.
>
> ※ 대형 마트 마스터리스 딜의 경우 불투명한 경기 속에서도 장기적으로 안정적인 수익률 확보가 가능하다는 점 때문에 기관 투자자 간 매입 경쟁이 지속적으로 이어져 왔으며, 최근 저금리 추세를 바탕으로 캡레이트가 현재 5% 내외 수준에 이르고 있음.

|평당 매매가 및 캡레이트 추이|

• Cap Rate = 연임대료/(매매금액 – 보증금)

(1) 이지스13호 : 홈플러스 영등포/금천/동수원/센텀시티	(7) 케이리얼티제3호 : 롯데마트 문정
(2) 코람코퍼스텝제7호 : 홈플러스 사당	(8) SRA사모5호 : 홈플러스 부천/영통/작전/칠곡
(3) 하나랜드칩50호 : 홈플러스 감만/밀양/삼척	(9) 한화마스터리스1호 : 홈플러스 인천논현
(4) 이지스19호 : 홈플러스 진주/죽도/삼천포	(10) KB롯데1호 : 롯데백화점 일산/상인, 롯데마트 구미/부평/고양/당진/평택
(5) SRA사모1호 : 홈플러스 조치원/천안	(11) 캡스턴11호 : 롯데백화점 포항/동래, 롯데마트 동래/성정/군산
(6) KTB40호 : 롯데마트 김해	(12) 유경PSGGMK1호 : 롯데마트 수지/사상/익산, 빅마켓 도봉

자료 : 세빌스코리아

구분	롯데마트	홈플러스 4개점	홈플러스	롯데마트 5개점 롯데백화점2개점	롯데마트 3개점 롯데백화점2개점	롯데마트3개점 빅마트1개점	물건
조감도							
대상 자산	송파 문정점	부천/영통/ 작전/칠곡	인천 논현점	롯데백화점 일산/상인 롯데마트 구미/부평/ 고양/당진/평택	롯데백화점 포항/동래 롯데마트 동래/ 성정/군산	롯데마트 수지/ 사상/익산 빅마켓 도봉	홈플러스 울산 동구
거래 시기	2013년 3Q	2013년 4Q	2014년 2Q	2014년 3Q	2014년 4Q	2015년 3Q	2015년 3Q(예정)
매입 가격 (억 원)	2,300	6,300	1,222	6,027	5,001	4,365	1,301
매입 면적(평)	22,560	74,194	13,131	114,054	96,110	53,302	11,989
매입 가격 (백만 원/평)	10.19	8.49	9.31	5.28	5.20	8.19	10.84
주요 임차인	롯데쇼핑	홈플러스	홈플러스	롯데쇼핑	롯데쇼핑	롯데쇼핑	홈플러스
잔여 임차 기간	20년	15년	16.5년	20년	20년	15.3년	20년
Cap Rate	6.02%	5.13%	6.45%	5.42%	4.80%	4.78%	5.86%

* Cap Rate = 연임대료/(매매 금액-보증금)
* 자료 : 세빌스코리아

　　대형 마트 거래는 2006년 홈플러스 10개 점을 유동화하면서부터 시작되었는데, 앞의 '평당 매매가 및 캡레이트 추이'는 최근 3년간의 거래를 설명하고 있다. 롯데마트와 홈플러스가 많은 물량을 공급했으며 잔여 임대차 기간은 보통 15년 이상이 주를 이루고 있다. 유동화 거래의 특성상 점포 한 곳이 아닌 여러 개 점포를 묶어서 매각하는 패키지 매각 방식을 많이 구사하고 있다. 이러한 꾸준한 거래 사례로 마트 거래가 간접 투자 시장에서 보편화 된 딜로 자리매김했음을 알 수 있다.

13) 시장 분석

> ※ 사업지가 위치한 울산시 동구는 면적 33.7㎢(여의도 면적의 약 4배), 인구수 약 18만 명(6만 8,000세대, 2015년 기준)이며 최근 5년간 인구 추이를 살펴보면 인구가 보합 추세임(5개년 연평균 인구 증가율 0. 81%).
>
> ※ 2014년 울산의 1인당 지역총생산액은 6,110만 원으로 전국 1위이며(전국 평균 2,994만 원), 직원 약 2만 7,000명의 현대중공업 본사가 위치하고 있어 배후 수요 여건이 우수한 편임.
>
> ※ 울산 동구는 무룡산 및 염포산으로 둘러싸여 있고 동해변에 접하고 있어 울산 중심지와는 이격된 포켓형 상권으로 지역 내 독점적 지위가 강한 편임. 동구 내에서 홈플러스를 제외한 대형 쇼핑몰로는 현대백화점이 유일하며 이외에는 중소 시장 및 소규모 슈퍼가 운영되고 있음.

|울산시 행정구역 현황|

구분	5개년 연평균 증가율(%)
인구 증가율	0. 81%
세대수 증가율	0. 81%

|울산 동구 인구수 및 가구수 추이|

(단위 : 인, 호)

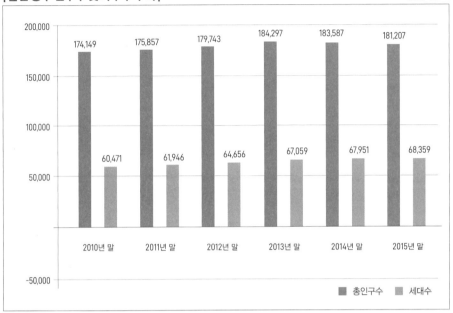

자료 : 통계청-국가통계포털, 2014년 지역소득통계(2016년 발행, 통계청), 현대중공업 분기 보고서(2015.09)

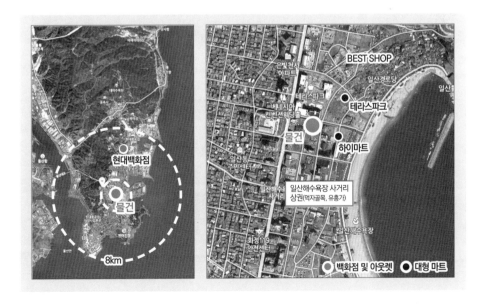

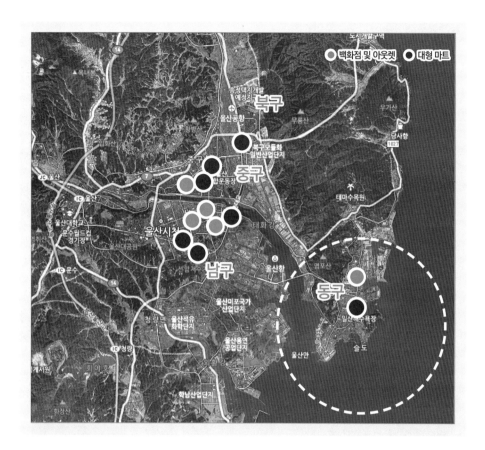

※ 울산은 삼면이 산으로 둘러싸여 있어 근린시설의 수요와 공급이 한정적이며 내륙지역엔 시청, 대학교, 공항, 방송국, 대학병원, 대공원과 같은 인프라가 구축되어 있음.

※ 동구의 경우 남구 및 중구와 지리적으로 다소 원거리에 있어 동구에서 중심 상업지까지 차량으로 약 30분 이상이 소요됨.

※ 동구 내 대형 상업시설로는 현대백화점과 홈플러스가 유일하며 구시가지인 현대백화점 상권은 현대백화점을 중심으로, **일산해수욕장 사거리 상권은 홈플러스를 시작으로 형성**되고 있음.

※ 사업지 동쪽으로는 일산해수욕장, 테라스파크(약 6,000평의 스트리트형 상가), 하이마트 그리고 베스트숍이 소재하며 서쪽으로는 소규모 점포와 단독주택이 밀집되어 있어 상업시설로서의 주위 환경은 우수한 편임.

울산시는 4대 광역시 중 하나로 한국에서 1인당 소득 수준이 가장 높은 도시다. 물건이 소재한 동구의 경우 인근에 경쟁 점포가 없고 인근 전통 시장이 소재함에 따라 경쟁 점포의 신규 출점도 상당히 어려울 것으로 예상해 매우 매력적인 위치인 것으로 판단된다.

14) 연간 배당금 및 분배율

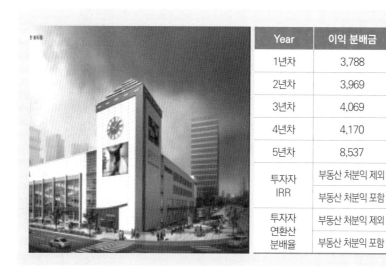

(단위 : 백만 원)

Year	이익 분배금		연 환산 분배율
1년차	3,788		6.19%
2년차	3,969		6.49%
3년차	4,069		6.65%
4년차	4,170		6.82%
5년차	8,537		13.96%
투자자 IRR	부동산 처분익 제외		6.63%
	부동산 처분익 포함		8.02%
투자자 연환산 분배율	부동산 처분익 제외		6.60%
	부동산 처분익 포함		7.79%

5년 평균 배당수익률은 6.63%, 매각 차익을 포함한 5년 평균 배당수익률은 8.02%로 추정했다. 1차 연도 배당수익률은 약정한 초년 기준 임대료를 기반으로 했으므로 1차 연도 배당률은 6.19%에서 크게 벗어나지 않을 것이다. 다만 2차 연도부터는 전년 대비 CPI 상승률에 비례해 임대료가 정해질 것이므로 변동성이 있을 것이다.

재무 가정에서는 최근 5년간 CPI 상승률과 전망치를 고려해 1.5%를 임대료 인상률로 가정했다.

매입 관련 리스크	·준공 전 선매입으로 이와 관련된 부동산 매입 리스크가 존재하나 법률실사를 통해 관련 리스크를 줄이고, 임대차 개시 시점에 잔금 지급 ·홈플러스의 영업 개시 불가사유 발생 시, 매수인은 잔금지급을 하지 않고 매매계약을 해제할 수 있음. 매매계약 해제 이벤트를 감안 계약금 담보 방안으로 신탁사 명의의 계좌에 계약금 납입 및 예금근질권 설정
인허가 및 준공	·현재 건축 인허가는 완료되었으며, 준공 및 영업 관련 인허가 리스크는 존재
공실 리스크	·임대차계약 해지 및 공실 리스크 존재 : 홈플러스 20년 장기 책임임대차 구조이며, 홈플러스의 귀 사유로 임대차계약 해지된 경우, 동일 조건 임차인 유치 의무를 홈플러스가 부담
금리 변동 리스크	·5년간 고정금리로 조달해 펀드 기간에는 금리 변동성을 헷지
물리적 하자	·물리적 하자 리스크 존재 : ○○건설의 하자담보책임(○○건설의 신용등급 : 회사채 A⁺ 한신평, 한기평)
Exit 리스크	·자산 처분 시점의 저가 매각, 매각 지연의 위험에 노출될 수 있으며, 이로 인해 수익률 하락 및 원본 손실의 위험이 존재

| 임대료 가정 |

(단위 : 백만 원)

구분	임차인	임대보증금	연임대료 (임대차계약)	관리비	인상 시점	임대료 인상률 (임대차계약)	임대료 인상률 가정
울산	홈플러스	25,000	6,850	임차인 부담	10월	매년/CPI 상승률	연 1.5% (직전 5개년의 연평균 상승률로 적용)

|운영 비용 가정(1차 연도)|

구분	연 상승률	비고
PM Fee	3.00%	
건물분 재산세	2.63%	과거 5년간 소득세법상 건물 신축 가격 기준액 평균 상승률
토지분 재산세	0.94%	과거 5년간 개별 공시지가의 평균 상승률
간주임대료 부가가치세	–	
보험료	3.00%	
세무대행수수료 및 기타 비용	3.00%	

|매각 가정 및 비용|

구분	비고
매각수수료	매각 가액의 1.0%
매각 성과 보수	매각 순현금흐름(*)의 10%
T. Cap. Rate	최근 마트 딜 5개, 딜 평균 Cap. Rate

주) 매각 순현금흐름 = 매각가액-장부가액-매각수수료

▶ 공실률 가정 : 마스터리스이므로 공실은 없음.
▶ 여유 현금에 대한 운용 수익 가정 : 연 1%

　운영 비용은 준공 시점 예상 비용을 기준으로 해 항목별로 적정 인상률을 산정해 반영했다. 향후 운영 시 실질 인상률의 높고 낮음에 따라 변동성이 있을 것이다. 마트의 경우 임차인이 비용 대부분을 부담하기 때문에 임대인인 펀드가 지출하는 비용이 미미하고, 그 결과 펀드 순이익에의 영향이 매우 제한적이다. 매각가 산정은 6년 차 순운영수익(NOI)에 매각 시점 캡레이트를 적용해 산출할 것이다. 자산 가치는 펀드의 순이익 상승률에 비례해 증가하므로, 임대료의 인상 폭이 얼마만큼 증가할 것인지와 매각 시점에서의 시장 캡레이트가 중대한 변수가 될 것이다.

15) 리스크 분석

위험 요인	주요 내용
투자 원금 손실 리스크	· 수익증권 투자에 대해서는 원리금을 보장하거나 보호하지 않음. 따라서 투자 신탁 수익증권에 투자하는 경우 투자원금의 전부 또는 일부에 대한 손실의 위험이 존재. 이와 같이 투자원금의 손실 내지 감소의 위험은 전적으로 투자자가 부담하며 자산운용회사나 판매회사 등 어떤 당사자도 책임을 지지 않음.
비용 증가 리스크	· 투자 부동산에 대한 실사를 통해 운용상의 각종 제비용에 대해 면밀히 검토해 사업계획에 반영했으나, 수도광열비 및 제세공과금 등의 관리 비용이 사업계획보다 높은 수준으로 변동될 경우 배당수익률이 하락할 수 있음.
물리적 하자 리스크	· 가장 중요한 투자자산인 부동산의 물리적 특성이 향후 수익에 많은 영향을 끼침. 따라서, 당사는 전문기관의 물리적 실사를 통해 이러한 내용을 사전에 파악할 예정. 그러나 매입 시 예상하지 못한 물리적·기술적 하자가 발생할 가능성이 존재. 이 경우 추가적으로 일정 금액 이상의 자본적 지출이 발생할 위험이 있음.
제도 변경 리스크	· 투자하는 자산은 실질적으로 모두 부동산이므로 관련 법규, 세제 등의 변화가 수익률에 영향을 줄 수 있으며 이로 인해 원본 손실이 발생할 수도 있음.
만기 변동 리스크	· 6년을 기본 투자 기간으로 하지만, 경제 환경의 변화 등 예측하지 못한 사정 변화에 의해 실제 투자 기간이 이보다 짧아지거나 길어질 수 있음.
자산 처분 관련 리스크	· 향후 청산 시 부동산을 반드시 매각해야 청산이 가능한바, 청산 시점에서의 부동산의 매각과 관련해 적기 매각, 매각가격 등과 관련된 위험이 존재. 청산 시점에 저가 매각이나 매각 지연의 위험에 노출될 수 있으며 이로 인해 예상 배당수익률이 하락할 수 있고 취득 원가 이하의 저가 매각 시 투자 원본의 일부 또는 전부에 대한 손실위험이 존재함.
환매 연기 리스크	· 투자 신탁 재산의 매각이 불가해 사실상 환매에 응할 수 없거나 환매에 응하는 것이 수익자의 이익을 해할 우려가 있는 경우 또는 이에 준하는 경우로 금융위원회가 인정하는 경우에는 수익증권의 환매가 연기될 수 있음.
재해 등 불가항력에 대한 리스크	· 투자 부동산에 대한 대부분의 위험은 보험을 통해 보장이 되지만 보험을 통해 보장이 되지 않는 지진, 홍수 등 천재지변에 의해 투자 부동산이 일부 혹은 전부가 손상되었을 경우에는 자산의 가치를 감소시켜 수익에 직접적으로 영향을 미치게 되고 이에 따라 배당이 감소할 수 있음.

16) 딜 리뷰(Deal Review)

마트 딜은 기관 투자자가 가장 선호하는 형태의 상품이었다. 신용도가 높은 임차인이 장기간 마스터리스함으로써 투자 기간에 안정적인 배당을 기대할 수 있다는 점만으로 공실 리스크에 따른 수익률 변동성 부담을 덜게 된다. 또한, 건물에 대한 수선을 비롯해 자산의 실질적인 관리를 임차인이 함으로써 임대인인 펀드는 약정한 기일에 임대료만 수취하고 배당 시점에 투자자에 배당하는 절차만 주로 수행하면 된다. 부동산이지만 어떤 측면에서는 채권의 성격을 가진 부동산 펀드 상품이라 할 수 있다.

그간 큰 인기를 끌어왔던 대형 마트의 거래 시장 전망은 어떨까. 우선 유통산업발전법에 따라 대형 마트의 추가적인 출점이 제한되고 있어 이 사례와 같은 준공 전 선매각 방식이 희소할 것이다. 또한, 임대차 기간 20년에서 시작된 마트 거래가 한 번에서 두 번의 손바뀜이 있으면서 잔여 임대차 기간이 10년 미만으로 줄어들 경우, 기간이 짧아진 만큼 엑시트 리스크는 높아질 수밖에 없다.

극단적으로 임대차 기간이 5년 남은 상황에서 마트를 매입하게 된다면 통상 부동산 펀드가 5년인 점을 감안할 경우, 펀드 종료 시점에 임대차계약 기간도 만료하게 되는 상황이 된다. 만약 임차인이 계약 종료 시점에 임대차계약 해지를 할 경우 공실 100%의 무수익 자산이 된다.

또한, 오프라인에서 온라인으로 빠르게 재편되는 유통 시장의 흐름과 정부 차원에서의 대형 마트 규제 등으로 대형 마트 시장이 전환기에 다다른 점은 주목해야 할 부분이다. 신용도가 좋은 유통 대기업도 시장의 급격한 변화로 매출이 떨어지고 영업이 어렵게 되면 약정한 기간에는 어떻게든 임대료를 부담할 수 있을지 모르나 마스터리스 기간 만료 시 임대료의 대폭 인하가 불가피하다.

특히 마트의 경우 시설의 특수성으로 다른 대체 임차인을 구하기도 어렵거니와 다른 용도로의 전환도 쉽지 않은 범용성이 떨어지는 자산이다. 반면 아웃렛 백화점 등과 달리 실생활에 필요한 식품을 주로 취급하는 리테일이므로 비교적 경기 부침에는 영향이 덜하다는 의견도 있고, 주거지 인근 핵심 지역에 위치해 부동산 자체의 가치는 높은 자산이라는 의견도 많다. 그러나 만약 대형 마트 산업이 침체기로 접어든다면 임대료의 하락은 불가피할 것이고 이는 곧 자산의 하락을 의미하므로 중장기적으로 산업적인 측면에서 대형 마트 시장의 전망도 지켜봐야 할 포인트다.

이번 장에서 다룬 마스터리스 선매매 거래는 비즈니스 호텔에도 적용되었다시피 앞으로 다른 자산에도 유사한 방식으로 계속 적용될 것이므로, 간접 투자 시장에 있어 통용되는 기준 방식이 될 것이라는 점에서 의미가 있다고 하겠다.

물류 산업의 투자를 통한
선순환을 기원하며

㈜에니영 **신기동** 대표이사

　'퇴직연금 100조 시대', '국고채 3년 금리 2.05%', '급격하게 늘어나는 국내 기관의 해외 부동산 투자', 최근 부동산 업계에 있으면서 자주 접하게 되는 말들이다. 저금리와 투자 물건 부재로 연기금 등 운용을 통해 수익을 발생시켜야만 하는 자금들의 규모는 급증하고 있으나 막상 국내는 투자 대상이 없는 것처럼 인식할 수 있다. 그러나 조금만 부지런하게 시장을 관찰한다면 투자의 본질적 기능을 수행할 수 있는 국내 투자 부분이 상당 부분 존재함을 알 수 있으며, 그중 필자는 자신 있게 물류 시장에 관심을 가져볼 것을 안내 드리고 싶다.

물류 산업 투자의 선순환을 위한 현실적 문제

물류에 투자하려는 자본들의 일반적 투자 장애 요소는 다음과 같다.

- 작은 투자 규모로 투자자들의 주된 투자 대상이 못 됨.
- 잊을만하면 발생하는 화재라는 투자 리스크 관리의 어려움.
- 이런저런 이유로 성공한 투자 사례 부족.

아울러 이런 이유로 인해 물류 시장 투자의 규모가 빌딩 및 리테일 시장 등과 비교 시 매우 작은 규모인 것이 물류의 현실이라고 본다. 물류 산업의 가능성은 매우 높음에도 불구하고 이런 몇 가지 문제로 인해 지난 수십 년간 물류의 성장은 매우 낮은 수준이었다고 자평하고 싶다. 이유는 국내외 자본의 투자가 이루어지지 않은 나쁜 환경의 개선이 부족했기 때문이다. 또한, 업계의 노력도 부족했다.

물류 시장 규모가 대형화되려면 누군가 앞선 투자를 해야 하는데, 그런 주체의 부재로 결국은 개인만 하는 소규모 사업으로 물류 산업을 전락시켰다. 필자는 이 부분이 물류 산업화의 핵심 약점이라고 생각한다. 이 부분이 개선된다면 물류 산업은 상당한 수준의 투자 적합 부분으로 자리할 수 있으며, 동시에 물류 산업도 선진화되리라 확신하는 바다.

물류 발전의 핵심 요소인 물류 대형화를 위한 방향

물류 산업 발전의 핵심 사안인 물류 시설의 대형화를 어떻게 실현할 것인가? 국가 물류비 비중이 높다거나, 물류비가 고비용 구조라는 등 물류 산업 전반의 다운그레이드로 표출되는 약점을, 산업 전반의 업그레이드를 위한 획기적인 공급 확대 방안은? 물류 단지가 대형화할 수 있도록 어떻게 시스템적 지원을 실현하느냐가 핵심 해결 사안일 것이다.

공급 확대를 통해 고질적 물류 산업의 비효율을 자연스럽게 극복하고, 물류 산업의 대형화, 선진화, 고부가가치화를 위해 사업 주체들 간의 뼈를 깎는 노력이 이루어져야 한다. 이런 노력을 통해 일정 규모의 공급이 이루어지고 효율적인 기능을 수행함에 따라 물류 투자자의 진출입이 자유롭고, 아울러 투자자의 이익 실현이 가능한 구도가 자연스럽게 확보되면, 물류 업계 전체의 효율과 이익이 증진되는 상생 구도가 확보될 것으로 예상한다.

물론 모든 투자가 선은 아니지만, 스마트한 자본이 물류 산업으로 많이 집중될수록 물류 산업의 발전은 명확하고, 자본이 참여하는 산업의 미래는 밝을 수밖에 없다고 생각한다. 단 투자 만능을 옹호할 생각은 없다는 점, 이해를 바라는 바이다.

물류 산업 투자자의 성공을 기원하며

물류 산업 투자 선순환을 위한 현실적 애로에도 불구하고 싱가포르투자청 (GIC)과 메이플트리(Mapletree) 같은 대표적 싱가포르 투자자본들은 지난 10여 년 동안 1조 원 이상의 투자를 지속해 오면서 시장을 선점하고 있다.

물론 상기 회사들은 산업의 필수재로 물류센터의 중요성을 먼저 경험한 투자자이며, 부동산의 대체 불가성(안정성)과 초기 시장 선점에 따른 높은 투자 수익률을 확보하고 있다. 또한 상기 투자회사들은 초기 투자 시 100~200억 원 내외의 물건을 먼저 투자했다는 점을 감안 시 과도한 규모의 집착보다는 물류 시장을 이해할 수 있는 기초를 다져가며, 시장의 성장을 공유해감이 타당해 보인다. 이들 자본은 최근 초기 검증을 거친 후 개발 사업까지 참여하면서 투자 패턴의 고도화를 추구 중인 점을 감안 시 국내 자본들의 긴장도 필요할 것으로 생각된다.

결론적으로 자본을 통한 시장의 대형화는 필연코 운영 이익과 매각 차익이라는 투자의 핵심 개념으로 자연스럽게 나타나게 된다는 점을 강조하며, 국내외 자본의 애정 어린 물류투자를 기원한다. 이런 소중한 자본의 성공적인 사례 도출을 위해 모두가 최선의 노력과 호감으로 지원할 것이라 믿어 의심치 않는다.

2011년 《부동산금융 커리어 바이블》 출간 후 저자들과 100여 명의 취업 준비생들이 출판 기념 행사를 했다. 저자들과 P&P에서 활동하는 10여 명의 현업 주니어(사원, 대리급)들이 독자들에게 부동산 금융업계 현황, 실무 기본지식 그리고 본인들의 취업 경험을 공유하는 시간을 가졌다.

출판 기념행사가 끝난 후 취업 준비생들로부터 수많은 질문과 요청을 받았고 그에 대한 답변들을 근간으로 구성한 클래스가 P&P 멘토링 클래스다. 멘토링 클래스는 철저하게 실무 중심, 간접 경험(체험) 중심으로 진행된다. 강사진이 실무자들이다 보니 이론보다는 실무 위주로, 마치 신입사원 OJT하듯이 실전 투입을 앞두고 프로젝트를 간접 경험(체험)하도록 구성했고 그 점이 취업 성공에 더욱 효과적이었다.

현재 P&P 멘토링 클래스는 매년 1~2월(겨울방학)에 8주 과정(주 1회)으로 진행되고 있다. 부동산금융의 양대 축인 실물 부동산 투자와 개발 사업(PF)에 대한 기본 실무지식 강의 후 조 편성 및 프로젝트 발표 준비를 진행한다. 학교에서 그리고 실무지식 강의 시 들었던 지식은 본인들이 직접 프로젝트를 준비하면서 의미를 갖게 된다. 마치 자전거를 타기 위한 이론들을 이해하지 못하다가 직접 자전거를 타고 나서야 비로소 그 의미를 이해할 수 있는 것처럼 말이다.

또한, 부동산금융 업계는 다른 업계에 비해 인적 네트워크의 중요도가 더욱 크다. 취업의 경우도 일반적인 공채 외에 인턴 등 다양한 방식으로 채용이 이루어진다. 따라서 먼저 비슷한 고민의 시간을 거쳐 취업에 성공한 선배들과 가까워지고 그 경험담과 노하우를 들을 수 있는 호프 타임을 진행하고 있다.

마지막으로 본 STEP 05에 인터뷰를 해준 멘토링 클래스 초기 멤버들에게 감사의 말을 전하고 싶다. 강사와 수강생으로 만나 제대로 갖추어지지도 않은 커리큘럼으로 좌충우돌하면서 함께 멘토링 클래스를 만들어왔다. 이제는 자기 분야에서 인정받는 전문가이자 후배로, 취업 준비생들을 위한 멘토로 활동하는 여러분들이 자랑스럽고 고맙다.

www.pnpglobal.net

STEP

05

인터뷰

INTERVIEW

01 | 자산운용사 이지스자산운용 공석현

서울대학교 건축학과 건축학 전공/투자자산운용사, 펀드투자상담사, 증권투자상담사 자격증
- 인턴 : 무영건축 설계팀, Cushman&Wakefields Korea 리테일컨설팅,
  SBA Korea 해외전략개발, Treasure Capital Asia Korea, 젠스타 자산운용팀,
  Savills Korea_Research&Consultancy
- 기타 특이 사항(공모전 등) : 멘토링 클래스 2&3기 수강, 학내 부동산연구회(SRC),

🎙 첫 번째 인터뷰 대상자는 멘토링 클래스 2기 출신으로 현재는 이지스자산운용에 재직 중인 공석현 씨입니다. 안녕하세요, 첫 번째 인터뷰 주자가 되었습니다! 소감이 어떠세요?

💬 안녕하세요. 멘토링 클래스 2기와 3기에 멘티로 참여했던 공석현입니다. 2013년 처음 참여했던 멘토링 클래스가 아직도 기억이 선명한데, 그때 만났던 인연으로 이렇게 인터뷰하게 되어 감회가 새롭고 매우 기쁩니다. 게다가 첫 번째 순서라니… 매도 먼저 맞는 게 낫다는 심정으로 열심히 임하겠습니다! 저는 2015년 4월부터 이지스자산운용 투자팀에 합류해 근무하고 있습니다. 두 번에 걸쳐 참여했던 멘토링 클래스는 저에게 큰 전환점이 되었고, 이제는 자산이 되었는데요, 제가 받았던 많은 조언들과 감사한 마음이 담겨 취업을 준비하시는 분들에게 조금이나마 제 이야기가 도움이 되었으면 좋겠습니다.

🎙 너무 긴장하지 않으셔도 됩니다. 편안하게 시작해 보자고요. 아시다시피 저도 이런 인터뷰는 처음이라, 어떤 질문을 먼저 해야 할지 모르겠습니다, 하하하!

💬 긴장하지 마시고 편하게 하시죠(웃음).

🎙️ 그럼 첫 번째 질문을 하겠습니다. 학부 전공이 건축이었는데, 어떻게 보면 관계가 없는 '부동산금융' 분야에 취업했습니다. 어떤 계기가 있었을까요?

💬 건축설계 전공인 제가 취업 준비를 막 시작할 무렵에 부동산은 가까우면서도 먼 대상이었습니다. 하지만 한 발 더 앞서 계획하고 전략을 수립하는 다이내믹한 디벨로퍼라는 직업에 매력을 느끼게 되었고, 이후 부동산 분야에 적극적으로 관심을 두게 된 것은 2012년에 P&P 카페에 글을 올린 이후였습니다. 어찌 보면 막연한 관심이었지만 부동산 관련 회사들과 업종에 관한 공부를 하며, 조금씩 준비를 해나가기 시작했습니다.

🎙️ 준비 과정에 대해 조금 더 자세히 들어보고 싶네요.

💬 저의 부족한 부분과 앞으로의 방향을 찾아가는 데 가장 도움이 되었던 것은 사람들의 커리어 패스와 채용 공고들이었습니다. 어떤 사람들이, 어떤 과정을 겪어, 어떤 일을 하게 되는지에 대한 많은 사례를 보며 앞으로의 방향을 찾아 나갔고, 채용 공고의 요구 사항을 보며 부족한 부분을 찾게 되었습니다. 하지만 신입으로 시장에 진입하기엔 벽이 높았고 인터넷 검색으로 얻을 수 있는 부동산 분야와 관련한 취업 준비 과정에 대한 정보나 업계에 대한 정보가 전무한 상태였습니다. 군 복무 시절에도 책과 인터넷만으로 나름의 스터디를 해나갔지만, 여전히 제자리걸음이었습니다. 그러던 중 P&P 카페와 멘토링 클래스를 접했고, 실제 각 분야의 현업자분들과 만나 이야기를 나누며 진로를 구체화할 수 있었습니다.

당시 저는 업계에 아는 분도 없고 관련 지식도 전무한 상태였기에 별 기대 없이 무작정 사람들에게 찾아가 조언을 구했습니다. 예상과는 달리 대부분의 사람들은 흔쾌히 만남을 수락해주었고 저의 우문에 현답을 내주었습니다. 그

때 조언들이 차곡차곡 쌓이다 보니 어느 정도 발판은 마련할 수 있게 되었고 취업을 위해 움직이기 시작했습니다.

돌이켜보면 당시에 각 분야별 종사자들이 해주었던 조언과 정보를 기초로 부동산 업계의 구조를 배울 수 있었고, 그때 간접적인 경험을 할 수 있었던 것이 취업 준비 과정 중이나 현재까지도 저에게 가장 큰 자산이 되었던 것 같습니다. 그를 바탕으로 저의 진로에 대해서 구체적인 계획과 적성에 대해서 고민해볼 수 있었고 장기적인 목표를 세울 수 있었습니다.

🎙 다른 사람의 커리어 패스나 채용 공고를 통해 방향을 잡았다는 것이 흥미롭습니다. 그런 일련의 과정들이 어떤 도움이 되었나요?

💬 준비 과정에서 디벨로퍼가 단순히 부동산 개발이 아닌 상품을 기획하고 다양한 이해관계자들을 활용해 구조화하면서 그를 기반해 가치를 창출하는 직업이라고 생각하게 되었습니다. 그러한 사람들이 겪어왔던 커리어 패스나 경험들을 생각해보면, 건축, 금융, 법률, 부동산, 회계 등 다양한 분야를 접목해 구조화시킬 수 있는 경험과 능력을 필요로 했고, 저의 적성 등을 생각해보니 부동산금융 및 운용에 대해 특히 흥미를 느끼게 되었습니다. 하지만 언젠가부터 진로를 탐색하는 과정을 취업 준비라고 여기며 막연히 시간이 지나갔고, 취업 시장에 대한 직접적인 경험, 이해, 준비가 부족했기에 막상 취업 시장에 나왔을 때는 많은 어려움을 겪었습니다. 계속된 고민 끝에 진로를 설정할 수는 있었지만 실현하는 단계에서 실패를 거듭하며 제가 부족한 부분들을 더 직접적으로 알 수 있었습니다. 그 과정에서 나름대로 부동산 업계 취업 시장에 있어서의 특징을 정의할 수 있었습니다.

첫 번째 특징으로 다소 폐쇄적인 취업 시장, 두 번째로 바로 일할 수 있는 인재, 세 번째로 혼자 커버할 수 없는 방대함. 이에 비추어 저의 부족한 점은 부족한 인맥, 부족한 실무경험, 겉핥기식의 지식이었고 이를 커버하기 위해 노력했습니다. 당시 신입사원에게는 적지 않은 나이였기에 고민되었지만 빙 돌아가는 것 같아 위 세 가지 이외의 준비는 과감히 포기했습니다.

첫 번째 부족한 점은 멘토링 클래스와 학내 부동산 연구회 등을 거치고 하나둘 아는 사람이 많아지면서 어느 정도 극복할 수는 있었지만 직접적으로 취업 과정에 잘 활용하지는 못했던 것 같습니다. 지금 생각해보면, 학창시절 혹은 취업 준비 기간에 적극적인 네트워킹을 유지하고 실무진들과 지속적으로 연결점을 갖는 것은 취업 준비 과정에서나 취업 이후에도 본인의 큰 자산이 되므로 최대한 적극적으로 하는 것이 좋다고 생각합니다.

두 번째의 경우, 처음부터 바로 일을 하기에는 지식과 경험이 너무나도 부족하였기에 가능한 많은 인턴십을 통해 직접 몸으로 부딪히고자 했습니다. 인턴 채용도 상당수가 졸업 직전 학기 학생 혹은 경력자를 원하거나 내부 추천에 의해 채용되는 경우가 많아 처음엔 서류와 면접 탈락이 이어졌지만, 어느 정도 면접 경험이 쌓이면서 졸업학기 직전 C&W리테일컨설팅을 시작으로 4차례 인턴십을 거치게 되었습니다. 현재 회사에 입사 시엔 여러 차례 인턴십에 임하면서 부동산 각 분야에 잠시나마 경험을 쌓았던 점이 저의 특징이자 강점이 되었습니다. 최근 운용사에 취업한 신입 동년배들의 사례를 보아도, 실제로 부동산 관련 인턴십 혹은 관련 경력을 갖은 분이 더 빠르게 업무에 적응하고 성장하시는 분이 많아 저뿐만 아니라 대부분의 사람들에게 도움이 될 것이라 생각됩니다.

세 번째로 겉핥기식 지식의 경우, 멘토링 클래스와 부동산 관련 세미나 등을 통해 이해도를 다져나갔고, 인턴십을 통해 실제 업무를 접하면서 성장할 수 있었습니다. 취업 시장에 나오기 전 가능한 시간을 들여 실제 피부로 접하면서 보고 느끼고 배우는 것이 저에겐 가장 큰 도움이 되었습니다.

🎙️ **마지막으로 자산운용사에서 업무에 필요한 지식은 무엇이라고 생각하는지 들어보겠습니다.**

💬 앞서 말했듯이 부동산 분야는 방대한 지식이 요구되며, 이를 엔트리급 사원이 세세한 흐름을 잡고 나가는 건 힘들 것입니다. 자산운용사는 이러한 흐름 속에서 적절한 방향을 잡아주고 조율해나가는 역할이 많기에 각종 법률, 회계, 재무, 건축, 금융, 부동산 지식 등이 필요합니다.

투자팀 업무를 맡은 지 얼마 되지 않았을 때 가장 어렵게 다가오는 것은 각 계정들의 재무적 알고리즘을 파악하고 응용하는 것, 펀드 설정과 그 이후에 생길만한 법률적·재무적 이슈를 자문사와 함께 크로스 체크(Cross-Check) 가능할 정도의 법률적 판단력, 투자자와 용역사의 중간에서 양쪽의 니즈를 파악한 적절한 결정을 내리는 것이었습니다. 엔트리급이 실무에 빠르게 적응하기 위해 학생 때 준비할 만한 것으로는 인턴십을 제외하면 일부 자격증이 있을 것이지만 업무 경력 및 인턴 경험이 더 우선이라 생각합니다.

시작부터 모든 분야를 전문적인 수준까지 끌어올리는 것은 무리이나, 엔트리급에게도 최소한 어느 정도 판단 기준이 될 정도의 지식과 조율을 위한 가이드 라인은 필요합니다. 수차례 경험을 통해 조금씩 배우며 넘어야 할 벽이 될 것이기에 업무 과정 이외에도 변호사, 회계사, 감정평가사, 컨설턴트 등 각 분야의 전문가와도 지속적인 네트워킹을 통해 조언을 구하고 나름의 데이터 베이스를 구축할 수 있다면 장기적으로 큰 자산이 될 것입니다.

02 | 증권사 신한금융투자 **장현석**

건국대학교 부동산학 전공/한자 1급 자격증
• 인턴 : 안진회계법인 재무자문본부 부동산팀

🎙 **멘토링 클래스 1기 출신으로 현재는 신한금융투자에 재직 중인 장현석 씨를 만나보겠습니다. 안녕하세요? 자기소개 먼저 부탁드릴게요.**

💬 안녕하세요. 1기 멘티로 참여했던 장현석입니다. 현재 신한금융투자 프로젝트구조화본부에서 주니어PM으로서, 부동산금융 업무를 담당하고 있습니다. 취업이라는 측면에서 저의 특징은 부동산학을 전공하였으며, 감정평가사 시험을 오랜 기간 준비하였다는 점. 그리고 부동산 전문기업이 아닌 금융지주계열의 증권사 내에서 부동산금융 조직에서 일하고 있는 점일 것입니다. 취업의 방법은 취업자 수만큼 다를 테지만 앞으로 말씀드릴 저의 취업 과정이 부동산금융권 취업을 목표로 하는 독자분들에게 조금이나마 도움이 되었으면 좋겠습니다.

🎙 **어떻게 부동산금융 쪽으로 취업하게 되었는지요?**

💬 군 제대 후 감정평가사로 진로를 선택하고 시험 준비를 했습니다. 그러나 인연이 닿지 않았고, 스물아홉이라는 늦은 나이에 아무런 스펙도 없이 취업

시장이 뛰어들게 되었습니다. 감정평가사 준비 기간 동안의 매몰 비용에 대한 보상심리였는지, 비교적 연봉이 높은 금융권으로 방향을 정했습니다. 하지만 준비하는 동안 단순히 연봉뿐만 아니라 부동산 시장에서 핵심적인 역할을 하는 부동산금융에 대한 매력을 느끼게 되었고, 전문성 있게 자신만의 길을 구축해 나가는 P&P 선배 멘토들을 보면서 '나도 저들과 같은 자리에 설 수 있었으면 좋겠다'라는 생각을 했습니다. 이러한 바람들이 지금의 회사로 이끌었다고 생각합니다.

🎙 **스스로도 평가했다시피, 늦은 나이에 별다른 스펙도 없이 어려운 취업 시장을 돌파한 무기는 무엇이라고 생각하세요?**

💬 저는 신입에 지원하는 입장이었지만, 어떻게 하면 좀 더 빨리 이론과 실무를 겸비한 지원자로 보일 수 있을지에 대해 고민했습니다. 이론은 전공과 자격시험 공부 기간으로 어필할 수 있었지만, 실무 경험이 부족했기 때문에 경험을 쌓을 기회를 찾고자 노력했습니다. 주변 선배들에게 부동산업 관련 인턴 자리를 수소문했고, 다행히 한 선배님을 통해 소개받을 수 있었습니다. 회계법인에서의 인턴십은 짧은 기간이었으나, 저는 그동안 업무를 최대한 경험하고자 노력했습니다. 또한 멘토링 클래스에 참여해 업계 선배들의 강의를 들으며, 다양한 분야의 이야기를 간접적으로 경험하고, 케이스 스터디를 통해 직접 오피스텔 부지의 PF사업수지 분석을 해봄으로써 개발 프로젝트의 실무자가 되어 보기도 했습니다. 이렇게 쌓은 경험들이 제 자기소개서나 면접에서 보이지 않는 밑거름이 되었다고 생각합니다.

더불어, 내가 하고 싶은 일이 무엇이며, 그것을 위해 무엇을 준비해 왔는지, 무엇을 준비해야 할 것인지, 그리고 왜 그 일을 하고 싶은지를 명확히 하고자 노력했습니다. 부동산금융과 관련한 산업 전반에 대한 개념을 정리하고자 관련 서적들을 계속 보았고, 그래도 이해되지 않는 내용은 업계에 있는 선배들을 통해 해결했습니다. 스스로 질문했던 물음에 대한 대답이 명확해지자 면접에서도 자신감을 가질 수 있었으며, 현재 회사의 최종 면접의 기회를 잡아 좋은 결과를 얻을 수 있었습니다.

🎤 **부동산금융업에 필요한 역량은 무엇일까요?**

💬 부동산금융업은 부동산 산업이 이루어지기 위한 기본적 토대이기 때문에, 부동산업의 바탕을 이루고 있는 법률, 물리, 경제 측면에서의 기초 지식이 있으면 부동산금융업을 이해하는 데 수월하리라 생각합니다. 이를 위해 공인중개사 자격증을 취득하거나, 프로젝트 파이낸싱 또는 매입매각과 관련한 현금흐름표(Cash Flow)를 작성해 보는 것이 도움될 것입니다. 또한, 부동산금융과 관련된 프로젝트는 규모가 크고 긴 호흡을 두고 딜을 진행해야 하므로 이를 꾸준히 이끌고 갈 수 있는 인내심과 책임감이 중요하다고 생각합니다. 더불어 대부분의 프로젝트가 정형화되어 있지 않아 매번 딜을 진행하면서 어려움을 겪는데, 이러한 과정 자체를 즐길 수 있는 긍정적이고 도전적인 마인드도 중요한 역량 중 하나라는 생각이 듭니다.

🎤 **마지막으로 당부하고 싶은 말씀이 있다면 부탁드립니다.**

💬 상황이 되신다면 케이스 스터디를 통해 부동산업의 다양한 참가자들의 역할을 숙지해 자신의 성향이 어떤 역할에 적합한지 파악하실 것을 추천합니다. 또한, 면접을 앞두고 있을 때 그 기업에 근무 중인 주변 인맥을 백분 활용하시기 바랍니다. 인맥이 정 없을 경우 학과사무실의 졸업생 인명부라도 찾

아서 그 기업에 재직 중인 선배를 만나세요. 본인이 지원한 기업의 문화, 조직의 성향, 최근 중요하게 추진하는 정책들은 꼭 파악하고 면접에 들어가시는 게 좋겠습니다. 마지막으로 여러 어려움 속에서도 지장보살의 마음으로 멘토링 클래스를 통해 취업 준비생들의 길을 밝혀주시는 김재윤, 손봉국, 김성현, 정원구 멘토님께 감사의 말씀을 드립니다.

03

신탁사 생보부동산신탁 박성준

단국대학교 사회과학대학 도시계획, 부동산학 복수전공, 단국대학교 일반대학원 부동산학과 재학 중/
한국사능력검정시험 1급 자격증
- 인턴 : 두산그룹 회계팀 하계 인턴
- 기타 특이 사항(공모전 등) : 단국대학교 금융투자연구회 IF 활동(2012.04~2014.04),
  단국대학교 프레젠테이션 대회 최우수상(2014.05), 국회 청년정책아이디어 공모전 국회부의장상 수상(2014.08),
  기획재정부&KDI 정책 보고서 대회 장려상 수상(2014.11). 대통령직속청년위원회 정책참여단 활동 및 수상
  (2015.04)

🎤 멘토링 클래스 4기 출신으로 현재는 생보부동산신탁에 재직 중인 박성준 씨를 만나
보겠습니다. 안녕하세요? 자기소개 먼저 부탁드릴게요.

💬 안녕하세요, 4기 멘티로 참여했던 박성준입니다. 서울역 근처 강의실 맨
앞에 앉아 수업을 듣던 때가 엊그제 같은데 이렇게 취업하고 인터뷰까지 하
게 되어 감회가 남다릅니다. 당시 강의를 들으면서 '직장에 다니면 어떤 느
낌일까'라는 상상을 많이 했고, 멋진 정장을 입고 앞에서 강의하시는 멘토님
들을 보며 꼭 그렇게 되고 싶다는 상상을 하기도 했는데, 이런 자리에 불러
주셔서 영광입니다. 제가 1년 동안 취업 준비를 하면서 느낀 여러 가지 고민
을 함께 공유함으로써, 여러 분들께 작은 도움이나마 되어 드리고 싶습니다.

🎤 성준 씨가 보낸 사전 자료가 꽤 흥미로웠는데요, 이 부분에 관해 이야기를 들어보고
싶네요. 크게 보자면 대학 생활과 취업 준비 과정으로 나눌 수 있을 것 같습니다. 우
선, 대학 생활에 대해 질문드릴게요. 어떤 대학 생활을 보내셨나요?

💬 사실 대학 시절에는 부동산을 전공하면서도 제 진로에 대해 막막했습니다. 목표가 구체적이지 못했고, 소중한 시간에 무엇을 해야 할지 모르는 상황이었습니다. 그저 남들이 하는 것을 따라하는 그런 수동적인 자세로 학교에 다녔습니다. 방황하던 기간이 무척 답답할 때, 우연히 대학원 연계과정 수업에서 P&P 멘토링 클래스 멘토 중 한 분(정원구 차장님)을 만나게 되었고, 이를 계기로 어떤 활로를 찾을 수 있었다고 생각합니다.

🎤 취준생이라면 누구나 하는 고민을 했다고 생각되는데요, 그 가운데서 활로를 찾았다? 구체적으로 어떤 부분일까요?

💬 학부생 때는 업계의 전반적인 맥락을 보지 못했고, 단순히 부동산학과를 졸업하면 건설사, 은행, LH공사 셋 중 하나라는 좁은 안목에 갇혀 있었습니다. 가장 큰 문제는 정보가 없었기 때문이라고 생각하는데, 당시 정원구 차장님은 처음 보는 후배에게 진심 어린 조언을 해주셨습니다. '어떤 업종이 있고, 어떤 쪽으로 취업할 수 있다'는 일종의 지식적 경계를 확장하는 기회가 되었죠. 그것은 멘토링 참여의 기회로 이어져서 업계 전반, 그리고 그 업계에 종사하시는 분의 생생한 이야기들을 들을 수 있었습니다. 특히, 수업뿐 아니라 여러 차례 가졌던 뒤풀이(호프 타임) 시간을 통해 같은 취업 준비생은 물론 여러 멘토 분들과 많은 이야기를 나누면서 제게 가장 큰 약점이던 정보를 차곡차곡 쌓을 수 있었습니다.

🎤 단순히 대외적인 활동을 통해서만 큰 변화가 있었다고 보기에는 성준 씨의 수상 경력이 눈에 띕니다. 이 부분에 관해서도 이야기를 듣고 싶네요.

💬 물론 멘토링을 들었다고 해서 당장 상황이 바뀐 것은 아니었습니다. 4학

년이 되어서도 늘 해왔듯이 학점과 영어를 준비해야 했고, 공인중개사, 투자자산운용사 등의 자격증이 없는 것에 대해 자격지심과 걱정을 해야만 했습니다. 작은 회사 인턴조차도 수십 대 1의 경쟁률 속에서 낙방하던 봄날, '특별한 나만의 무기가 없다'는 생각이 들었습니다. 수많은 이력서와 자기소개서 속에서 튀는 단 하나가 되려면 무엇을 가져야 할까? 가장 근본적인 고민으로 돌아가 나는 왜 이 업계에서 일하고 싶을까를 고민해봤습니다. 특히 내가 하려는 일의 의미는 무엇일까를 적극적으로 고민했고, 다양한 선배들을 만나보기 시작했습니다. 교수님을 찾아가서 각 업계의 선배님들을 소개받고 직접 찾아가, 실제로 행하는 직무와 커리어 등을 인터뷰 형식으로 배워오는 시간을 가졌습니다.

또한, 이렇게 꿈을 좇아가는 과정에서 부동산, 도시계획이라는 전공에 매력을 다시 느낀 뒤, 항상 구직이라는 개인적인 목표만 추구하는 것을 벗어나 '조금이라도 사회에 기여할 수 있는 방법이 있지 않을까?' 하는 고민을 하게 되었습니다. 마침 학교에서 주최한 프레젠테이션 대회에서 대상(총장상)을 받게 되었는데, 그때 다루었던 주제는 상권과 소상공인에 대한 것이었습니다. 그 뒤 그 주제를 더욱 발전시켜서 문제점을 발굴하고, 다양한 해결 방안을 고민하기 시작했습니다. 2014년 여름, 소상공인 지원 정책의 현황과 문제점, 그 해결 방안을 제안한 것으로 국회 정책 공모전에서 국회부의장상을 수상했고, 단일 상권 내에 같은 업종의 요식업 점포가 밀집하는 문제와 그에 대한 해결 방안을 다룬 정책 논문으로 기획재정부에서 상을 받을 수 있었습니다.

여담입니다만, 취업한 지금도 대통령 직속 청년위원회에 정책 참여단으로 활동하며 수상하는 등 '부동산 정책'이라는 부분에서 많은 고민을 하고 있습니다. 이러한 과정이 스스로 문제에 답을 찾아가는 능력, 도움을 줄 사람을 찾아다니는 열정 등을 가르쳐주었고, 앞으로의 비전을 제시하는 데 큰 역할을 하고 있다고 생각합니다.

🎙 단순히 취업을 위한 공모전 참여가 아닌, 정책적으로 사회에 기여할 수 있는 방안을 고민하는 모습이 정말 멋진 것 같습니다. 이제 취업에 관해 이야기해야 할 것 같은데요, '부동산'이라는 분야를 결정하게 된 이유가 있었나요?

💬 2014년 9월이 되어 학부를 졸업했고, 오랜 노력 끝에 학부 수석 졸업의 영광을 안을 수 있었습니다. 이때쯤 다양한 정책 공모전 활동을 하면서 알게 된 국회의원이나 기관 관계자들에게서 연구직이나, 보좌관실 인턴직 등을 제안받았는데, 이쪽으로 재미와 보람을 느낀 만큼 고민을 많이 한 시기였습니다. 그렇게 되니 부동산 전공에 대한 자부심과 비전은 점점 강해졌으며, 더 나아가 저 자신에 대한 자신감이 커지기 시작했고, 구직자와 기업 간 관계에서 더 당당하게 마음먹을 수 있는 자존감이 생겼습니다. 정책 분야에 경험을 쌓으며 동시에 공부를 더 할 것이냐, 아니면 꿈꿔왔던 직장을 구할 것이냐를 고민하는 과정에서 한국자산신탁에서 공채를 시작했고, 고심 끝에 지원서를 작성하게 되었습니다.

🎙 성준 씨의 면접 이야기를 보면서 '철저한 사람'이라는 생각이 절로 들었습니다. '완벽주의자'라고 할까요? 개인적으로 매우 인상적이었던 면접 과정에 대해 자세히 이야기 부탁드립니다.

💬 취업 전형을 좀 더 상세하게 생각해보면, 서류 합격 통보를 받고 대략 1주일 뒤 1차, 2차 면접을 봤습니다. 실무진 면접과 인성 면접이었는데, 실무진 면접은 부동산이라는 직군과 관련해, 그리고 직무에 대해서 포괄적이면서도

시사적인 질문을 많이 받았던 것 같습니다. 다행히 망설임 없이 답변할 수 있었던 것은 평소에 관심을 가지고 경제신문을 부지런히 읽어둔 것이 컸던 것 같습니다. 인성 면접에서는 자기소개서를 바탕으로 어떤 마음가짐으로 성장해왔고, 취업을 준비했는지 그 로열티를 검증하는 시간이었던 것 같습니다. 특히 군대에서 상을 받았던 스토리로 처음과 끝 마음이 같다는 '초지일관'의 자세를 어필했는데, 면접 시 가장 가운데 앉아 계신 분께서 박수를 치면서 좋아하셔서 '합격이구나' 생각했죠.

최종 면접에서는 그룹 회장님께서 직접 참관하셨는데, 사전에 미리 회장님에 관한 모든 조사를 마치고 하나도 빠짐없이 외웠습니다. 저는 면접이 진행되며 약간 공백 시간이 흐를 때 먼저 손을 들고 준비한 것이 있다고 말씀드린 뒤, 그것을 펼쳐놓기 시작했습니다. 10분가량 지나고, 면접관들은 모두 놀란 기색이 역력했습니다. 회장님은 "나에 대해서 어떻게 이렇게 많이 알고 있나? 나보다 나를 잘 아는 것 같다. 박성준이 너는 꼭 뽑아줘야겠다"라는 말씀을 하셨고, 저는 이때 최종 합격을 확신하게 되었습니다. 그때부터 다시 자기소개서를 보시면서 학점, 공모전 수상 등등 제가 자신 있어 하는 부분에 대해 다시 언급하셨고, 면접은 완전히 제 무대가 되었습니다. 심지어 면접을 마치고 인사를 드릴 때, "출근해서도 그 마음 변하면 안 돼"라는 말까지 들었습니다. 그리고 그 다음 날 합격자 발표를 접할 수 있었습니다.

이 모든 것의 바탕은 공채 한 달 전 이미 한국자산신탁에 재직 중인 선배님을 찾아가 친분을 쌓은 것부터였습니다. 면접을 준비하면서 선배님을 통해 면접에 필요한 업무 전반 및 예상되는 면접관의 특징, 면접 대기실의 구조, 면접장의 구조 및 면접 방식, 면접 진행요원의 이름까지 전부 사전 확인했습니다. 제가 지원한 회사에 대한 기업 분석은 물론 핵심적으로 추진하는 전략까지 접한 뒤에는 이미 반 이상 그 회사의 직원이 되어 있다고 착각이 들 정도였습니다.

🎤 **제가 회장님이라도 성준 씨를 뽑지 않았을까 생각합니다. 이 과정에서도 멘토링 클래스에서의 인연을 통해 도움을 받으셨다고요?**

💬 제가 찾아가 조언을 들었던 분은 회사에 계셨던 선배님뿐이 아니었습니다. 멘토링 클래스를 통해 인연을 맺었던 정원구 멘토님을 찾아갔는데, 감사한 조언을 아끼시지 않으셨습니다. 특히, 신탁업의 의미와 업무 특성, 비전 등에 대해 해주신 조언은 여러 차례의 면접에서 쟁쟁한 경쟁자를 제치며, 저를 돋보이게 해준 일종의 '필살기'가 되었습니다.

또 다른 김재윤 멘토님과는 호프 타임 때 이야기를 나눌 기회가 있었는데, 그때 '꿈을 좇는 사람의 습관'에 대해서 알게 된 것 같습니다. 말로 표현하기는 힘들지만, 단순히 구직 활동을 넘어서 하나의 목표를 추구할 때, 어떤 마음으로 사람들을 찾아다녀야 하는지, 그것에 대해 얼마나 알아야 하는지 등 그 시간을 통해 많은 것을 깨달을 수 있었다고 생각합니다. 지금도 그 이야기를 들을 때의 분위기와 장소, 상황 같은 게 생생할 정도입니다. 그때의 가르침을 바탕으로 선배들을 쫓아다녔고, 제가 앞서 언급했던 성과들의 모든 시작점이지 않았나 싶습니다.

면접 당시 대기실에서 10명 남짓의 지원자가 대기하면서 서로 간략한 자기소개와 이야기를 나눴는데, 경쟁자였던 그들 중에는 학벌이나 스펙이라고 하는 개개인의 능력이 저와 비교를 할 수 없을 정도로 뛰어난 분들이 많았습니다. 그런데도, 한 시간 동안 대기실에 앉아서 이야기를 들어보니 회사가 제공하는 신탁 상품 하나조차 모르던 사람들이 많았습니다. 그래서 합격한 뒤, 그만큼 내가 하고자 하는 일의 의미와 직장에 관심을 두는 것이 그 모두를 이길 수 있는 무기임을 다시 한 번 깨달을 수 있었습니다.

🎤 정말 '열정'과 '관심' 그리고 '준비'가 얼마나 중요한지 새삼 느낄 수 있지 않나 싶습니다. 취업 후 느낀 '부동산 신탁업'에 필요한 역량에 대해 말씀해주신다면요?

💬 부동산 신탁의 특성상 법률, 경제, 회계, 세금, 건축, 금융지식 등을 포괄적으로 공부해야 하고, 자신의 것으로 만들어야 합니다. 신탁계약서 작성을 통해서 다양한 법적 문제, 채권, 채무관계, 비용의 부담 주체 및 개발 이익에 대한 배분 등을 유연하게 구조화하고, 복잡하게 얽힌 다양한 이해 관계자들을 원활하게 이어준다는 것은, 달리 말해 악단의 지휘자처럼 모든 부동산 분야에 대한 이해가 선행되어야 함을 의미한다고 생각합니다. 몇 년에 걸치는 개발 및 개발 후의 다양한 결과를 고려해 사전에 서로의 책임과 의무 부담, 권리를 정해놓지 않으면 사업이 분쟁을 겪거나, 향후 당사자 간 소송과 같은 법적 다툼까지 발생할 수 있기 때문에 '마에스트로'로서 자신의 역량을 키워가는 것이 매우 중요하다고 생각합니다. 그래서 업무뿐만 아니라 배워야 할 것이 많고, 그만큼 하루가 짧아지는 것 같습니다.

🎤 끝으로 취업 후 1년 동안 자신에 대해 간단하게 평가하자면 어떤 이야기를 할 수 있을까요? 끝인사도 함께 부탁드립니다.

💬 최근 1년의 가장 큰 성과는 제 미래를 제가 기획할 수 있는 역량을 갖게 되었다는 점입니다. 또한, 이러한 성장의 바탕에는 제가 도움을 구할 때 도와주셨던 많은 분이 계셨던 덕이라는 것을 알고 있습니다. 앞으로도 계속 성장해나가는 과정에서 도움을 주셨던 분들은 물론, 후배들에게도 많은 도움을 줄 수 있는 인재가 되도록 노력할 것입니다.

04 신탁사 대한토지신탁 이영원

고려대학교 철학과, 경영학과 복수전공/금융 3종 자격증
- 인턴 및 직장 : 파생시장협의회(인턴, 리서치), 현대자동차 대만법인(인턴, 마케팅),
  동양증권(현 유안타증권, 리테일) 약 1년 근무 퇴사
- 기타 특이 사항 : 카투사, OVAL 한·중·일 비즈니스 대회 한국대표, IB금융학회 활동

🎤 안녕하세요. 이번 주인공은 부동산금융 분야와는 전혀 다른 이력의 소유자 같은데요. 간단한 자기소개 부탁드릴게요.

💬 반갑습니다. P&P 4기 멘토링에 참여했고 현재 대한토지신탁에 근무하고 있는 이영원이라고 합니다. 부동산금융 업계에 근무하시는 많은 분의 전공이나 경력이 부동산이나 건축분야인데 저는 1 전공이 철학과입니다. 부동산과 전혀 무관한 분야에서 경력을 쌓고 부동산 신탁사에 입사한 케이스라 부동산 비전공자분들에게 도움이 많이 될 것 같습니다.

🎤 철학 전공이요? 부동산이랑 전혀 상관없는 분야인데 학부 시절에 어떤 활동을 하셨나요? 학부 시절부터 부동산금융 분야로 취업을 준비하셨나요?

💬 사실 부동산금융 분야로 취업하게 될 줄은 전혀 생각도 못 했어요. 학부 시절 신문이나 뉴스 등 언론에서 떠드는 아파트 분양 시장이나 정부의 부동산 정책 등의 일반적인 사항만 접했을 뿐이지, 이 분야에 대해 세부적인 지식이나 커리어 플랜을 만든 것은 아니었거든요.

최근 청년 취업난이 사회적으로 큰 이슈인데 제가 처음 취업을 준비하기 시작한 2011년 이전에도 취업이 힘든 시기였어요. 철학과였지만 다양한 산업의 일반 기업 취업을 목표로 했기에 그때 제가 생각한 사실은 단순했어요. 취업에 성공할 수 있는 확률을 높일 수 있게 다양한 분야의 경험을 쌓자. 이를 위해 준비한 게 경영학과 복수전공, 한·중·일 비즈니스 대회 대표 참가, 마케팅, 금융학회 활동, 증권 및 제조업 인턴 활동 등이었죠. 결론적으로 부동산 신탁사를 알고 합격하게 된 것도 운과 행운이 따른 것이지만 합격하기까지의 과정에서 최대한 제가 가진 경력과 경험들을 신탁사가 바라는 인재상과 연결하고 부합되는 점을 찾기 위해 열심히 노력했습니다.

🎙️ **결국, 부동산금융과 전혀 다른 커리어를 쌓아 오셨는데 현재 부동산 신탁사에 취업하게 된 과정이 궁금합니다. 그리고 부동산금융에 관심을 두게 된 계기는 무엇인가요?**

💬 　처음 입사한 증권사를 퇴사하고 어느 산업 분야와 직무로 가야 할지 고민을 하게 되었어요. 그때 읽은 책이 《부동산금융 커리어 바이블》이었죠. 부동산 분야라면 건설사, 시행사 아니면 PF를 담당하는 금융사만 있지 않나 싶었는데 부동산금융 자체가 다양하고 세분되어 있다는 데 흥미를 느끼게 되었죠. 특히 학부 시절 금융학회 활동과 증권사 경력이 있었기에 이쪽 직무의 지식과 경험이 부동산금융의 어느 회사와 맞고 직무와 맞는지 연결하고 부족한 점이 무엇이 있는지 정리하려고 했습니다.

🎙️ **면접을 보실 때 전공자들을 제치고 합격하신 이유는 무엇이라고 보시나요?**

💬 　세 가지 포인트를 말씀드리고 싶어요.

　첫째, 신탁 업무는 법학, 경영, 경제, 금융, 회계, 건축 등 다양한 업무 지식이 필요한바 특히 금융 분야에 대한 지식 및 업무 경력을 어필한 점(직무 관련 면접).

둘째, 솔직하게 면접에 임한 점(인성 관련 면접).

셋째, 타 면접자와 차별화되는 임팩트를 준 점(면접 마무리).

첫 번째 같은 경우는 부동산에 대한 일반적인 전문지식은 없었지만, 대학 시절 금융학회 활동과 증권사 신입 연수 시절 쌓은 부동산 PF 및 개발 구조화 금융 관련 지식을 바탕으로 면접에 임했습니다. 부족한 법학, 건축 등의 지식은 기본적인 신탁사와 관련된 이슈를 뉴스를 통해 정리했고, 전문적인 지식은 입사 후 배워나가겠다고 이야기했죠. 특히 신탁의 정의, 부동산 신탁 상품의 종류, 회사의 실적 및 주요 사업 진행 상황, 경쟁사에 대한 기본적인 것들을 분석했습니다. 관련 사항들을 A4용지 약 반장으로 압축시켜서 숙지하고 갔습니다.

두 번째 인성 면접의 경우, 절대 외운 답변을 말하지 않았어요. 쉽지는 않은데 저도 면접 스터디를 통해서 피드백을 받으면서 고쳐나갔고 많은 면접을 보면서 숙련되어서 좀 더 편안하게 봤던 것 같습니다. 실수는 인정하고 부족한 것이 있으면 인정하고 고쳐나가겠다는 자세를 피력했습니다. 같이 면접을 본 서울대 경영대 분도 계셨는데 모든 스펙들이 다 우수했지만 "입사하고 본인이 배치받고 싶은 부서가 어디냐?"는 질문에 너무 솔직하게 컨설팅 부서만 고집했어요. 나중에 인사팀에서 들어보니 타협하지 않고 조직원들이랑 잘 어울리지 못할 수 있어 떨어졌다고 하더라고요.

마지막 세 번째는 제가 금융학회 활동하면서 직접 쓰고 정리한 기업 가치 평가 노트로 꼼꼼함과 성실함을 어필했습니다. 면접이 마무리되는 시점에서 손을 들고 면접관님들에게 보여드리고 싶은 게 있다고 하면서 호기심을 자극

하고 적극성을 어필한 건데 이런 포인트가 합격의 당락을 결정짓는 부분인지는 잘은 모르겠지만, 손해 볼 것은 없다는 생각이었어요. 적극적으로 자신을 보여줄 객관적인 자료가 있다면 망설이지 말고 보여주세요.

결론적으로 이야기하면 신입 직원을 뽑는 면접이기에 전문적인 부동산 분야의 지식보다는 얼마나 같이 일하고 싶은 직원인지, 얼마나 빨리 성실하게 배우고 조직에 적응할 수 있는 직원인지를 보여주는 데 초점을 맞췄습니다. 그렇다고 기본적인 부동산 지식이 없어야 한다는 것은 아닙니다. 기업으로서도 기본적인 지식이 전혀 없는 사람보다는 어느 정도 베이스가 있는 사람을 교육하고 키워나가는 게 비용의 절감 차원에서 유리한 면이 있으니까요.

🎤 현재 업무에 대한 만족도 및 앞으로의 커리어 계획은 어떻게 되시나요?

💬 저는 현재 신탁사업팀에서 기존의 담보 신탁 관리 및 신규 담보 신탁 수주를 담당하고 있습니다. 입사한 지 오래 되지 않아서 다양한 신탁사업을 경험해보지 않았지만, 부동산 신탁사업의 꽃인 개발형 토지 신탁의 경험을 쌓아 시행사, 시공사 그리고 금융기관의 구조를 정립하고 중재하는 전문가로 성장하고 싶습니다.

개발 사업에 필요한 각종 법규, 회계, 금융, 건축학 지식은 기존 성공한 사업에 대한 자료가 회사에 많아 조금씩 보고 익히고 있습니다. 하지만 제일 중요한 것은 직접 관계사들을 만나고 경험하는 것이기에 앞으로는 더욱 적극적으로 부족한 부분의 경험을 채워나가는 데 중점을 두고자 합니다.

05 신탁사 아시아신탁㈜ **임효묵**

고려대학교 사범대학 지리교육과, 건국대학교 일반대학원 부동산학과 석사과정/증권투자상담사, U-City 기술자격, 유통관리사 2급, 한자 2급 등 자격증
- 인턴 : 無(단기 아르바이트 : 국토연구원, 서울연구원)
- 기타 특이 사항(공모전 등) : ○○국가산업단지 산업시설용지 분양성 제고를 위한 연구 용역 참여(LH공사 발주),
  U-City 전문가 프로그램 이수(국토해양부 'U-City 석박사 지원사업'), U-City 제1차 취업자과정 이수(국토해양부 주관),
  국가GIS 전문인력 양성사업 GIS 기초 및 지오웹 과정 이수(국토해양부 주관),
  학회 참석(AsRES&AREUEA Joint International Conference 2012, Singapore)

🎙️ **아시아신탁㈜ 입사 초기에 멘토링 클래스 2기에 참여했던 임효묵 씨를 만나보겠습니다. 안녕하세요? 자기소개 먼저 부탁드릴게요.**

💬 안녕하세요, 아시아신탁㈜에서 부동산 신탁 업무를 하는 임효묵이라고 합니다. 2012년 12월에 입사해 정신없이 일하다 보니, 어느덧 직장인 4년 차가 되었습니다. 저는 대학원에서 부동산학을 공부하면서 취업 준비를 했고, 그때 'P&P 멘토링 클래스'라는 프로그램이 있다는 것을 알게 되었습니다. 학부 전공이 부동산업과는 크게 관련이 없었기에, 짧은 시간 동안 대학원에서의 공부만으로는 부족하다는 생각에 멘토링 클래스 2기에 참여했습니다. 저도 취업 준비를 하면서 어려움을 많이 겪었던 터라, 제 이야기가 부동산(금융) 업계 취업 준비하시는 분들께 한 가지 사례로 조금이나마 도움이 되었으면 좋겠습니다.

🎙️ 먼저 다른 분들과 달리 타 전공의 대학원에 진학해 취업 준비를 한 점이 눈에 띄는데요, 학부에서 지리교육을 전공했음에도 불구하고, 부동산학 전공을 선택한 이유를 듣고 싶습니다.

💬 저는 학부에서 지리교육을 전공했습니다. 그 이유는 '사람'과 그 사람들이 사는 '공간, 장소 등'에 대한 관심이 많아 호기심을 가지고 있었고, 한편으로는 교직에 대한 뜻이 있어 선택했습니다. 하지만 4학년이 되어, 임용시험의 TO 문제 등으로 미래에 대해 다시 한 번 치열하게 고민했습니다. 고민 끝에 학부 전공도 살릴 수 있고, 지리학과 관련된 실용적인 학문이라 생각해 평소 관심을 두고 있었던 '부동산'과 관련된 일을 하고 싶다는 생각을 했습니다. 하지만 취업에 대한 준비가 전혀 되어 있지 않은 상태였고, 사범대 출신이라는 점이 핸디캡으로 작용해 일반 기업체에 당장 취업하는 것은 어렵다고 판단했습니다.

감정평가사 공부와 석사(부동산학과, 도시공학과, 환경대학원 등) 지원 중 어떤 길을 가야 할지 고민했습니다. 먼저 인터넷과 관련 서적 등에서 정보를 얻으려고 했지만, 구체적이면서도 저에게 맞는 정보를 찾기는 어려웠습니다. 그래서 제 주위에 부동산과 관련된 일을 하시는 분을 찾게 되었습니다. 그러던 중에 2000년대 초반, 과 커뮤니티에 한 선배님(당시 하나다올에 계셨던 이학구 선배님)께서 올려주신 부동산 업계 진로에 대한 글을 떠올리고, 여의도 사무실로 찾아가 만나 뵙고 여러 가지 조언을 들을 수 있었습니다. 학생회 활동을 하면서 온라인 커뮤니티를 새롭게 만드는 일을 했었는데, 운이 좋게도 이런저런 자료를 찾으며 오래전에 올라온 글들을 관심 있게 읽어 두었던 것이 도움되었던 것입니다.

진로를 정하고 취업을 준비하는 데 있어 어떻게든 정보를 많이 모으는 것이 가장 중요한 것 같습니다. 평소 자신의 관심사(취업 등)보다는 좀 더 넓은 범위에서 관심을 두고 정보를 모으는 것이 중요하다고 생각합니다. 그만큼 시행착오를 줄일 수 있기 때문이죠.

🎤 **그렇다면 대학원을 다니면서 어떻게 시간을 보내셨는지, 취업 준비는 어떻게 하셨는지 좀 더 자세히 들어보고 싶습니다.**

💬 2010년 코스모스 졸업 후, 작은 컨설팅회사에서 잠시 일하며 대학원 입학을 준비했습니다. 다행히도 2011년 전기로 일반대학원 부동산학과에 진학했고, 취업하는 데 있어 선택의 폭을 넓히기 위해 국토교통부에서 4개 대학에 지원하는 U-City 프로그램에 참여했습니다. 처음에는 취업까지 2년의 시간을 벌었다는 안일한 생각을 가졌지만, 아르바이트, 과제, 시험, 논문, 프로젝트 그리고 취업 준비(영어, 자격증 등)까지 동시에 하는 것이 무척 힘들었습니다. 결론적으로는 석사 학위와 프로젝트 경험, 오픽 IM2, U-City 기술자격, 유통관리사 2급, 도시계획기사 1차 등의 준비밖에 하지 못했습니다. 준비 기간이 많이 필요한 투자자산운용사와 공인중개사는 응시했지만, 불합격했죠.

다른 한편으로는 부동산 업계에 진출한 선배님들을 많이 만나려고 노력했습니다. 되도록 각종 행사나 모임에 많이 참석했고, 이를 통해 막연하게 알고 있던 부동산 업계 취업에 관한 것들을 구체적으로 알아가게 되었습니다. 또한, 취뽀, 닥취, 독취 등의 온라인 커뮤니티와 위포트 등의 취업 관련 사이트 등에서 정보를 찾고 자료들을 읽어보았습니다. 이즈음《부동산금융 커리어 바이블》이라는 책을 통해 P&P의 존재도 알게 되어 부동산금융에 대해서도 좀 더 관심을 가졌습니다.

학부가 '부동산학과', '도시공학과' 등 부동산과 직접 관련된 과가 아니라면, 그리고 취업 준비가 많이 부족하다는 생각이 든다면, 관련 대학원에 진학해 석사 학위를 취득하면서 취업 준비를 하는 것도 고민하셨으면 합니다.

🎙 좀 더 구체적으로 취업 과정에 관한 이야기를 들어보고 싶습니다.

💬 대학원을 다니며 학사 졸업 상태로 대기업 공채(부동산 관련 회사)에 몇 번 지원을 해보았지만, 역시나 결과는 서류 탈락이었습니다. 본격적으로 지원한 것은 졸업을 앞둔 2012년 하반기 공채였습니다. U-City와 관련해 SI 업체인 삼성 SDS, 엘지 CNS, SK C&C, 한화 S&C, 포스코 ICT 등과 SKT, KT, LG유플러스 쪽도 생각했지만, 일부 기업의 계열사 간 중복지원 불가 문제와 좀 더 뜻이 있었던 부동산 개발, 금융 쪽으로 취업 방향을 잡았기 때문에 지원하지 않았습니다. 또 다른 이유는 졸업시험, 논문 준비 등과 채용 일정이 겹쳐 여러 곳의 기업에 지원하기에는 어려움이 많아 선택과 집중이 필요했기 때문입니다.

공채 신입으로 들어가서 바로 부동산과 관련된 일을 할 수 있는 기업은 많지 않습니다. 실제 지원한 기업들은 PM(FM)과 유통(점포 개발) 관련이 대부분이었습니다. 지원 순서대로 나열하면 롯데마트 개발, CJ푸드빌 스토어 디벨로퍼, 서브원FM(PM), 이마트 영업관리, 농협중앙회 경제(일반), 동서식품 영업·마케팅, 카페베네 영업, 하이마트 영업관리, 홈플러스 영업관리, SPC 영업관리, AMPLUS 기획, 한진중공업 건설 부문 행정직, 아시아신탁입니다. 이 중 서류를 통과한 곳은 롯데마트, CJ푸드빌, SPC, 아시아신탁 4곳이었습니다. 그중 최종 면접까지 간 곳은 롯데마트(개발), 아시아신탁㈜이었습니다.

롯데마트처럼 대형 유통 업체의 경우 대부분 영업관리로 신입 사원을 뽑고 2~3년 뒤에 다른 부서(점포 개발 등)로 배치하게 되는데, 당시에 롯데마트만 유일하게 따로 개발(토지 매입, 점포 개발) 직무를 뽑았습니다. 그래서 롯데자산개발과 고민하다가 TO가 좀 더 많을 것 같은 롯데마트에 지원했습니다. 서류전형 합격 후, 원스톱 면접을 했습니다. 인적성 검사, 토론 면접, 실무진 면접, 임원 면접을 하루에 진행했는데, 합격의 기쁨을 누리지 못했습니다.

🎙 **아시아신탁㈜에 입사하기까지의 이야기를 들어보고 싶습니다.**

💬 부동산 관련 전공자들도 부동산 신탁사가 어떤 회사인지 잘 모르는 경우가 많습니다. 저 또한, 그런 사람 중의 한 명이었습니다. 하지만 대학원 선배님의 추천으로 아시아신탁(주)에 지원하게 되었고, 졸업학기였기 때문에 논문 준비 등으로 시간이 부족했지만, 2012년 하반기 마지막 입사 지원이라는 생각으로 집중적으로 준비했습니다.

먼저 부동산 신탁에 관한 공부를 하기 위해 11개 부동산 신탁사 홈페이지에 있는 내용 전부를 보았고 관련 논문, 리포트, 기사를 찾아 읽었습니다. 또한, P&P 카페를 통해 아시아신탁(주)에서 일하고 계신 선배님을 찾아 조언을 듣고, 이를 통해 심리적인 안정과 합격할 수 있다는 자신감도 생기게 되었습니다.

채용은 서류, 1차 실무진 면접, 2차 임원 면접으로 진행되었습니다. 서류는 기본적인 이력서와 자기소개서(자유 기술)로 되어 있었는데, 지리학과 부동산학을 전공했다는 것을 적극적으로 어필했습니다. 운이 좋게도 약 25명의 경쟁자와 함께 서류 전형을 통과하게 되었습니다. 1차 실무진 면접에서는 부동산 전반에 대한 질문부터 부동산 신탁에 대한 질문까지 다양한 질문들이 나왔습니다. 하지만 깊이 있는 질문보다는 기본적인 것들에 대한 내용이 많았습니다. 이미 만들어진 '전문가'를 뽑기보다는 기본기를 바탕으로 부동산 신탁 일을 잘 배울 수 있고, 함께 일할 수 있는 '가족'을 뽑는 것이 신입 사원 채용 목적이기 때문이라는 생각을 했습니다. 연장 선상에서 2차 임원 면접도 주로 인성과 생활 태도에 대한 질문이 많이 나왔습니다. 저는 너무 딱딱하지 않고, 편하게 답변하도록 노력했고, 결국 힘겹게 취업에 성공하게 되었습니다.

부동산 신탁사의 특성상 그 직원은 여러 이해관계인 사이에서 업무를 처리하며 조율해야 하기 때문에 너무 튀지는 않으나, 한편으로는 자신감 있는 모습이 중요한 것 같습니다. 그런 모습을 그리며 면접에 임한다면 좋은 결과를 얻을 수 있을 것으로 생각합니다.

06 | 현대건설 팽윤

홍익대학교 도시공학과/공인중개사, 투자자산운용사, 기업회계 3급, 한자 2급 자격증
- 어학 : 토익 800점대, 토익스피킹 lv6
- 인턴 : 내외주건(부동산개발&마케팅), 교보리얼코(리서치)
- 기타 특이 사항 : P&P 2, 3기, 국제 철인3종경기(153등/1,400명), 4대강 종주, 동아리 부회장(홍익대 최우수동아리상 수상)

🎤 **현대건설에 재직 중인 팽윤 씨입니다. 안녕하세요?**

💬 네, 안녕하세요. 멘토링 클래스 2기와 3기에 멘티로 참여했던 팽윤입니다.

🎤 **부동산 분야로 진로를 어떻게 정하셨는지 궁금합니다.**

💬 1학년 때는 그냥 놀았습니다. 학점이 1점대였거든요. 2학년 겨울방학 때 도시공학과를 나와서 뭘 해서 먹고 사나 고민을 많이 했습니다. 그래서 우리 과를 졸업한 선배들이 어느 회사로 취업했는지 최대한 많이 조사했죠. 과사무실에서 일하고 있던 것이 큰 도움이 됐습니다. 졸업생 취업 현황이 없어 교수님, 석박사 형들에게 연락처를 물어 다시 소개받는 식으로 조사했습니다. 그때 찾아뵀던 선배들이 20명 조금 넘었습니다. PM, AM, 신탁, 증권, 시행, 은행권 등 많은 업종에서 종사하고 계신 선배들을 만나 그분들이 어떻게 취업을 준비하고 어떤 일을 하고 있는지, 후배들에게 해주고 싶은 말은 무엇인지 많이 들었습니다. 이때 부동산 관련 분야를 처음 접하게 되었고 이후, 《부

동산금융 커리어 바이블》을 읽고 부동산 분야로 진로를 정했습니다.

🎤 그럼 진로 분야에 대한 역량을 키우기 위해 어떤 준비를 하셨나요?

💬 어떤 역량이 필요한가는《부동산금융 커리어 바이블》과 각 사의 직무소개에 나와 있더군요. 그중 하나를 소개하겠습니다.

"사업수주 단계부터 인허가, 분양, 사후관리에 이르는 일련의 모든 과정의 코디네이터로서의 업무를 수행하기 위해서는 몇 가지 자질과 기술이 필요합니다. 무엇보다 가장 중요한 것은 부동산 관계 법률, 행정법, 부동산 개발 등 수시로 변하는 업무 환경에 대처할 수 있는 관련 지식입니다. 주택사업 전반에 대한 업무를 수행하므로 법률, 재무, 세무 등 다양한 분양의 지식이 요구됩니다. 이러한 지식을 바탕으로 한 발주처, 관청, 분양계약자 등과의 의사소통 능력 또한, 요구되는 자질입니다. 수주에서 사후관리까지 회사 이익을 창출하기 위한 협상의 연속이므로 커뮤니케이션 능력이 중요한 이유라고 할 수 있습니다.

대한민국 주택 시장을 이끌어가고 있는 ○○의 주택영업에서는 사업수주 단계부터 인허가, 분양, 사후관리까지의 업무를 통해 디벨로퍼로서 주택사업 전반에 대한 업무 능력을 갖출 수 있으며 나아가 법률, 재무, 세무 등의 관련 지식 습득으로 주택사업 이외의 업무에서도 전문가가 될 수 있을 것입니다. 시스템 경영을 기반으로 한 당사의 주택영업 노하우를 습득하고, 진화하는 주거 개념에 맞는 사업가로서 글로벌 인재가 될 수 있을 것입니다."

🎤 구체적으로 어떤 준비를 하셨는지 듣고 싶습니다.

💬 이후, 부동산 분야로 진로를 정하고 취업 준비를 시작했습니다. 부동산

관련 법률, 부동산 개발, 금융, 회계, 마케팅, 경제 등에 대한 지식을 요구한다고 하기에 모든 면을 채우려고 노력했습니다.

부동산 관련 법률과 부동산에 대한 이해, 부동산 개발에 대한 기초 등은 도시공학 전공과 공인중개사 취득, P&P 활동을 통해 기초를 익혔습니다. 금융에 대한 기초가 있다는 것을 어필하기 위해, 그리고 증권사 또는 AM 업계에 지원하기 위해 투자자산운용사를 취득했고, 도시공학도가 회계, 재무 등에 무지할 것이란 편견을 깨기 위해 기업회계 자격증을 취득했습니다. 또한, 경제를 공부하기 위해 경제학 복수전공을 신청했습니다.

하지만 이것으론 충분하지 않다고 생각했습니다. 왜소하고 약해 보이는 외모를 극복하고자 했습니다. 그래서 4대강 종주를 했고, 흔한 마라톤보다 더 강렬한 인상을 남기기 위해 국제 철인3종대회에 참가해 완주 메달을 받았습니다.

나름의 준비를 마치고 2013년 하반기 취업에 도전해 면접을 꽤 많이 봤지만 결국 취업엔 실패했습니다. 그해 겨울 분양 대행 및 부동산 개발 전문업체인 내외주건 인턴에 지원해 주택분양 시장에 대한 실무 경험을 쌓을 수 있었고요. 상반기엔 지원할 기업이 없어 무차별 지원을 했지만 역시 실패했고 여름엔 교보리얼코에서 잠깐 일을 했습니다. 그러다 2014년 하반기에 생보부동산신탁과 현대건설에 합격했고 현재 현대건설 건축사업본부 주택분양팀에 재직 중입니다.

🎙 면접을 상당히 많이 보셨다고 들었습니다.

💬 네, 부동산 관련 직무의 특징은 회사별 TO가 아주 적다는 것입니다. 저는 면접에서 많이 떨어졌습니다. 취업에 성공할 때까지 받았던 면접비만 70

만 원이 넘으니까요. 취준생들은 정량적인 것에 많은 시간을 보냅니다. 제가 생각하기에 정말 중요하며 오랫동안 준비해야 할 것이 면접이라고 생각합니다. 자신의 면접 역량은 면접장에 들어가기 전엔 모르거든요. 저 같은 경우, 예상 질문을 통한 연습, 많은 실전 경험이 도움됐습니다. 특히, P&P에서 만난 분들이 아주 많은 도움을 주셨습니다. 그분들의 도움이 없었다면 이런 인터뷰도 못 하겠지요. 이 글을 보시는 분들은 '지원해주신 한 분 한 분 모두가 우수한 분들이었으나, 이번 채용 인원이 한정된 관계로 불가피하게 불합격 통보를 드리게 됨을 매우 유감스럽게' 등으로 시작하는 문자나 이메일을 보는 경험을 하지 않았으면 좋겠습니다.

🎤 **많은 면접을 보면서 느끼신 점을 듣고 싶습니다**

💬 최종 면접에서 번번이 떨어진 이유는 면접 역량이 부족했기 때문이라고 생각합니다. 어떤 표정과 톤으로 말하면서 어떤 인상을 주느냐, 내가 이 조직에 잘 적응해 같이 일할 만한 사람인지 확신을 주는 것이 최종면접이라고 생각합니다. 제가 합격할 수 있었던 이유는 면접 모습을 녹화해 계속 단점을 고쳐나갔기 때문이라고 생각합니다. 자기 자신이 말하는 모습을 보기란 어렵습니다. 자신의 표정과 말투, 어휘 구사, 자신감, 분위기, 말할 때의 몸 습관 등을 끊임없이 고쳐나간 것이 주요했다고 생각합니다. 또한, 긴장은 하되 그것을 극복했던 것이 주요했다고 생각합니다. 면접장에 들어가면 심하게 긴장하는 사람들이 있습니다. 저도 그랬습니다. 청심환을 먹어도 긴장했고 말을 심하게 더듬거나 식은땀을 흘려서 이마에 땀이 흥건했던 적도 있습니다. 이것을 극복하기 위해 2014년 하반기부턴 청심환을 두 병씩 마시고 면접에 임했고, 상당한 효과를 봤습니다. 저와 같은 방법을 쓰란 것은 아닙니다. 본인이

안정을 찾을 방법을 찾고 실행하는 것은 분명히 큰 도움이 될 것입니다. 자신의 이야기를 1분 남짓한 시간에 논리적으로 말하는 것은 달변가에게도 힘든 일입니다. 저는 모의 면접을 통해 많은 부분을 개선할 수 있었습니다.

🎤 **마지막으로 하고 싶은 말씀 있으면 부탁드립니다.**

💬 무엇보다 멘탈 관리가 중요하다고 생각합니다. 서류 전형에서 또는 면접에서 불합격하면 충격이 크고 낙담하게 됩니다. 미래에 대한 불안감은 사람을 피폐하게 만들고요. 그렇다고 멘탈이 무너져 시간을 오래 낭비하지 마십시오. 용기를 가지고 강한 멘탈을 유지하란 말씀을 드리고 싶습니다.

07 | 리서치/LM 한화63시티 이송미

중앙대학교 도시계획부동산학과/MOS(Microsoft office specialist), Arc GIS 자격증
- 인턴 : Thomas Consultants Asia Pacific(상업시설 컨설팅), 해외 인턴(미국 캘리포니아 랜초쿠카몽가 시청 Planning 부서), 딜로이트안진회계법인 재무자문본부 부동산팀
- 기타 특이 사항(공모전 등) : 미국 교환학생 1년(University of California, Riverside-Urban Studies 전공 수료 및 Land Use and Environment Planning 교육 수료 후 자격 취득)

🎤 **멘토링 클래스의 첫 기수인 1기에 참여했던 이송미 씨를 만나보겠습니다. 안녕하세요, 먼저 인사 부탁드리겠습니다.**

💬 안녕하세요. 한화63시티 리서치 업무를 맡은 이송미라고 합니다. 2012년 겨울에 처음 참여하게 된 멘토링 클래스 1기 때 기억이 아직도 생생하네요. 업계 선배님들과 같은 분야의 꿈을 가진 멘티들과 일주일에 한 번씩 만나던 그 시간을 돌아보면 참 좋았던 기억이자 절 이 자리에 있게 한 소중한 경험이라는 생각이 듭니다.

아직 경험과 실력이 부족하지만, 그때 많은 조언과 도움을 주셨던 선배님들처럼 저도 이 업계에 진입하고 싶은 분들께 실질적인 정보를 공유해주는 멘토의 역할을 하고 싶다는 생각을 많이 해왔습니다. 특히, 취업 준비 기간이 장기화되고 있는 분들께 저만의 작은 팁들을 공유하고자 하니, 많은 도움 되시기 바랍니다.

🎙️ 원하는 회사에 입사하기까지 준비한 기간이 얼마나 되었나요? 그리고 서류, 인적성, 면접 등 채용 과정의 여러 단계 중 어떤 부분이 가장 힘드셨는지요?

💬 현재 근무하고 있는 한화63시티에 최종 합격하기까지 총 1년 반 정도 걸린 것 같습니다. 4학년 마지막 학기를 다니면서 졸업예정자로 입사를 지원한 것까지 합쳐서요. 지금 생각하면 정말 길었던 시간이지만, 그만큼 치열하게 고민하고 도전했던 시기였다는 생각이 드네요.

물론 개인 차이는 있겠지만, 주변에 취업 준비생들을 보면 원하는 직군이나, 특정 회사에 들어가기 위해 평균 1년 정도의 시간이 소요되는 것 같더라고요. 저 같은 경우에는 4번의 인턴생활, 100번이 넘는 서류 지원, 인적성, 면접 등 수많은 시도 끝에 결국 최종 합격을 했습니다.

특히, 저는 다른 사람들보다 서류 통과하기까지가 오랜 시간이 걸린 편이었습니다. 서류가 통과되지 않으니 도저히 앞으로 나갈 수가 없더라고요. 서류 합격 성공률을 높이기 위해 저는 제 서류가 뽑혀야만 하는 이유, 즉 '지원한 회사에서 원하는 사람, 그 포지션에 필요한 사람으로 어필했는가?'에 대한 구체적인 고민에 들어가기 시작했습니다.

물론 1차로 각 기업 인사팀 채용담당 부서에서 학교, 전공과 같은 정보와 더불어 숫자로 표현되는 부분을 회사별 자격 요건 기준에 맞춰 가장 먼저 평가하게 됩니다. 때문에, 많은 취업 준비생들은 영어 점수나 학점 등에 많은 시간을 할애하곤 하죠. 하지만 그 부분에서는 한계가 있다고 생각합니다. 기본적인 스펙 부분에서 부족함이 있다고 생각하시는 분들은 자, 지금부터 어떻게 하면 남과 다른 '자기 자신'을 표현할 수 있는 서류를 만들 수 있을지를 고민하셔야 합니다. 바로 많은 분들이 어려워하는 자기소개서인데요, 저는 특히 이 부분에서 많은 도움을 드리고 싶습니다.

🎤 **그렇다면 차별화된 자기소개서 준비와 더불어 서류 합격률을 높이기 위한 전략은 무엇이었나요?**

💬 서류 합격률을 높이기 위해서는 먼저 지원하는 회사와 채용하고 있는 포지션(직군)에 대한 구체적이고 다양한 분석이 진행되어야 합니다. 이를 위해서는, 지원하는 회사의 사업 분야, 방향, 비전, 조직문화 등에 대한 많은 정보 습득이 필요하며, 이에 맞는 본인의 장점이 무엇인지를 충분히 고민해야 합니다.

대기업의 경우, 인트라넷 등을 통해 정해진 포맷에 기본 정보를 입력하고 정해진 질문에 대답하는 자기소개서를 작성합니다. 반면, 외국계 회사 등 여러 회사에서는 입사 지원 시 자유 형식이나, 회사별 양식을 제공하기도 합니다. 여기서 정해진 포맷 이외의 내가 차별화될 수 있는 점을 마련하는 것이 중요합니다. 이 부분에서 한 가지 팁을 드리자면, 자신의 역량을 표현할 수 있는 자료를 추가로 만드는 것을 꼭 권하고 싶습니다. 예를 들면, 자신을 소개하는 포트폴리오나 관련 경험이 많다면 프로젝트에 관한 짧은 포트폴리오 등을 만들어 놓기를 추천합니다. 이렇게 나만의 특별한 강점을 어필할 수 있는 자료를 준비해야 남과 다른 차별화를 꾀할 수 있는 것입니다. 서류 단계에서뿐만 아니라 면접 시에도 활용한다면 큰 도움이 될 것으로 생각합니다.

또한, 외국 거주 및 학업 경험이 있거나, 외국어 능력이 뛰어나거나, 외국계 회사에 지원을 희망하는 분들이라면 언제든지 제출 가능한 레주메(Resume)와 커버 레터(Cover Letter)를 미리 만들어 놓기를 바랍니다. 특히, 외국계나 추천 자리의 경우 빨리 마감되는 경우가 많으니 언제나 이력서 및 관련 추가 자료를 갖춰 놓는 것이 중요합니다.

🎤 지원하는 회사에 대한 다양한 정보를 획득하는 것이 우선인 것 같네요. 그런데 사실 지원하는 회사의 자세한 내용은 홈페이지나 채용 사이트 말고는 찾기가 어려운 것 같은데 도대체 어떻게 특별한 정보를 찾을 수 있을까요?

💬 먼저 말씀드리고 싶은 부분은 관련 분야에 취업한 선배 및 외부 네트워크 등을 적극적으로 만들어 실질적인 정보를 획득하라는 것입니다. 외부 네트워크의 경우, 처음엔 어떤 모임들이 있는지 알기 어렵고, 참여하기 부담스럽다고 생각할 수도 있습니다. 제가 취업을 준비하면서 참여했던 네트워크 모임에는 P&P 멘토링 클래스나 삼성 멘토링 클래스 등이 있었는데요. 이러한 모임은 직무 관련 멘토링 모임으로 특별한 가입 조건이 있지 않았으며, 실무자와 직접 만날 수 있는 좋은 모임이라 할 수 있습니다. 다만, 경쟁이 치열하다 보니 빠르게 정보를 획득해 신청 기간 내 참가 신청을 해야 합니다.

또한, 부동산 관련 회사에서 인턴이나 아르바이트를 하게 될 기회가 생길 경우에도 회사 내에서 만나게 되는 실무자들을 통해 빠르게 인맥을 늘려나갈 수 있을 것입니다. 이러한 네트워크 형성을 통해 부동산의 다양한 분야에 대한 시야를 넓힐 수 있고(선택의 폭이나, 기회가 많아진다), 학부생 때 접하기 어려운 관련 업계의 정보나 선호 조건 등을 들을 수 있으며, 이런 정보를 바탕으로 전략적으로 서류 및 면접을 준비하는 데 실질적인 도움이 될 것입니다.

실제로 저는 이 과정에서 얼마나 적극적이었는지에 따라 결과가 달라진다고 생각합니다. 취업 준비하는 분들께 들어보면, 막상 어렵게 네트워크에 참여하더라도, 거기서 만난 사람들과 관계를 지속적으로 형성하는 것에 어려움을 느끼는 분들이 많았습니다. 또한, 관련 질문을 하거나 미팅을 요청하고 싶어도 자신이 없어서, 부담스러워서, 일에 방해될까 봐 소극적인 태도를 보이는 경우를 많이 보았습니다. 저 역시 처음엔 쉽지 않았으나, 제가 적극적인 모습을 보일수록 많은 기회를 얻을 수 있었던 것은 사실입니다.

여기서 한가지 말씀드리고 싶은 것은 인맥 네트워크를 통해 정보 획득을 극대화하기 위해서 먼저 준비해야 할 부분이 있습니다. 자신이 희망하는 회사나 직군에 대한 스터디를 충분히 한 후, 구체적인 질문지를 작성하는 것입니다. 이때 자기 생각도 정리할 수 있다면 더 좋겠죠. 이 과정을 거치게 되면 실무자와의 미팅 등 교류가 있을 때 단시간에 양질의 정보를 획득할 수 있고, 상대방에게도 준비된 자세를 보일 수 있습니다.

정리하자면, 주변 선배와 멘토에게 적극적으로 다가가고 준비된 모습과 열정을 보이자는 게 저의 첫 번째 전략이자 드리고 싶은 조언입니다. 그들은 이력서와 자기소개서 첨삭, 회사에 대한 정보와 서류, 면접에서 강조해야 할 부분, 본인의 위치와 목표에 대한 조언 등 여러 부분에서 커다란 도움을 줄 것입니다. 또한, 부동산 분야는 특히 공석이 생기면 공개 채용을 하기 전에 주변 추천을 통해 채용을 먼저 고려하는 회사가 많습니다. 누군가의 추천을 통해 지원할 기회를 잡기 위해서는 그만큼 평소에 준비된 모습을 자주 보이고 네트워크를 끈끈히 하는 데서 시작된다고 생각합니다.

🎤 부동산 분야에서 네트워크가 그렇게 중요하다고 많이 들었는데, 이런 커다란 힘이 된다는 것을 알게 되었네요. 서류 준비부터 탄탄히 네트워크를 형성해 놓는다면 많은 도움을 받을 수 있겠어요. 그런데 사실 멘토링 그룹 같은 모임의 기회를 얻기 어렵거나 주변에 마땅한 선배가 없는 일도 있을 텐데요. 그럴 때 지원하는 회사를 자세히 알기 위한 다른 대안이나 방법이 있을까요?

💬 네, 물론 있습니다. 특히, 대기업 같은 경우에는 캠퍼스 리쿠르팅을 적극

적으로 활용해 참여할 것을 추천합니다. 대신 리쿠르팅에 가기 전에 회사나 지원하는 포지션에 대한 충분한 조사와 개인적인 질문들을 만들어가기를 바랍니다. 캠퍼스 리쿠르팅에서 만나는 사람들은 주로 3년 차 내 실무자들이기 때문에 업무 경험, 직군 소개, 또는 현재 채용 조건에 대한 구체적인 이야기를 들을 수도 있을 것입니다. 일부 회사에서는 캠퍼스 리쿠르팅 때 괜찮은 사람들을 인사팀에 추천하기도 합니다. 따라서, 이 기회를 입사 전 자신을 어필할 수 있는 또 다른 기회라고 생각하시고 잘 활용하시기를 바랍니다.

🎙 **부동산 관련 학과를 졸업하고 막연히 부동산 분야에 취업하고 싶다는 생각은 드는데, 건설사, 신탁사, 자산관리회사, 자산운용사 등 지원할 수 있는 부동산 분야가 너무 많아서 어디에 지원하는 게 가장 좋을지 고민하는 분들이 많습니다. 비슷한 고민이 있으셨다면 어떻게 해결하셨는지 조언 부탁드립니다.**

💬 제가 말씀드리고 싶은 부분은 자신의 스펙이 빛날 수 있는 곳에 포지셔닝을 하자는 것입니다. 사실 자신이 가지고 있는 기본 스펙과 경험을 가지고 처음부터 자신이 어느 분야에서 가장 강점이 있을지, 가능성이 클지는 다양한 회사에 여러 번 지원해보지 않고서야 알기가 쉽지 않습니다. 저도 네트워크, 멘토링 모임에 참여하기 전에는 부동산 분야에 이렇게 지원할 수 있는 다양한 회사가 있다는 것을 몰랐습니다.

단순히 첫 입사 지원을 시도할 땐 외국 교환학생 및 해외 인턴 등의 스펙이 그래도 남들과 차별화된 저의 내세울 만한 특징이라 생각했고, 자신 있게 모든 대기업 건설사에 지원했으나 탈락했습니다. 뒤늦게 당연한 결과였다는 사실을 알게 되었죠. 마침 그 시기는 건설사 채용 인원 자체가 많지 않은 상황이었고, 제가 지원했던 주택 영업 부문이나 해외 영업 부문의 경우, 제가 강조하고 싶었던 저의 스펙과 그 회사의 니즈가 서로 전혀 맞지 않았기 때문입니다.

이후 제가 외국계 부동산 컨설팅회사를 지원했을 때 서류 통과율이 높았던 것을 보면, 초기 저의 포지셔닝은 제 강점을 살리지 못한 잘못된 포지셔닝이었다는 것을 깨닫게 됩니다. 이를 해결하기 위해 저는 적극적으로 외부 네트워크(P&P 멘토링 클래스, 삼성 멘토링 등)를 찾아 참여하기 시작했고 거기서 만난 부동산 업계의 실무자들과 관계를 유지하며 많은 정보를 얻고 저의 현재 상황에 대한 조언을 들을 수 있었습니다.

특히, 초기에 제가 몰랐던 부동산 분야의 여러 회사, 즉 국내 기업뿐 아니라 외국계 컨설팅 및 투자 회사, 회계법인 등을 알게 되었고, 그 회사들의 각 특징 및 각 팀에서 하는 일 등에 대해 좀 더 가깝게 접근할 수 있었습니다.

사실 회사 이름은 알아도 팀이나 그 팀에서 하는 업무를 정확히 모르는 경우가 많은데요. 이렇기 때문에 자신의 강점에 맞게 제대로 포지셔닝 하기가 쉽지 않은 것입니다. 적어도 지원 전에는 무조건 회사의 특징, 기업문화, 인재상 등의 기본 정보를 숙지하는 것과 더불어 현재 주요 사업, 장단점, 나아가려는 방향, 필요한 스펙 등을 철저히 준비해야 하는 것이 가장 기초이자 필수 요소라고 생각합니다.

이것이 전제되어야 희망하는 회사의 니즈를 정확히 파악한 합격률 높은 서류를 만들 수 있고, 이를 바탕으로 면접을 대비한다면 최종 합격까지 이르는 데 큰 도움이 될 것이라고 생각합니다. 저의 조언이 도움되기를 바라면서, 꼭 원하는 분야에 취업하셔서 업계에서 만나기를 바랍니다!

08 | 젠스타 이시욱

한양대학교 도시공학과 졸업, 한양대학교 부동산융합대학원 졸업/Arc GIS 자격증
- 영어 : 토익 880, 오픽 lm3
- 대외 활동 : 야학당 봉사활동(검정수학 티칭), 국토대장정

🎤 **젠스타(GENSTAR)에서 근무하고 있는 이시욱 씨를 만나보겠습니다. 안녕하세요?**

💬 반갑습니다, P&P 멘토링 클래스 1기 이시욱입니다.

🎤 **부동산 분야로 취업 목표를 설정하게 된 동기가 궁금합니다.**

💬 대학교 3학년 때 부동산 관련 수업 중 외부 강사 특강(미래에셋자산운용 임원)을 듣고 흥미를 느끼게 되어 진로를 결정했습니다. 당시 이 시장의 전체적인 구성과 어떻게 입사하는지, 어떤 회사가 있는지, 어떤 업무를 하는지 궁금증을 갖던 중 P&P 멘토링 클래스를 알게 되었고 1기를 수강하게 되었죠. 전체적인 업계의 흐름을 알 수 있었고 학부생으로서 취업할 수 있는 회사에 대한 타기팅을 할 수 있었습니다.

4학년 1학기 때 자산관리회사의 컨설팅 부문에서 리서치 아르바이트를 했고 4학년 2학기 때 젠스타라는 회사의 인턴 모집(3개월)에 지원하게 되었습니다. 그 당시 젠스타라는 회사는 2012년에 새로 만들어진 회사라는 것과 삼성생명 부동산 자산관리회사라는 정도만 알고 있었고 당시 에버랜드(현재 에

스원) 비교 시 상대적으로 작은 면적만 관리하고 있었습니다.

3개월 인턴을 하면서 총 5번의 면접이 있었고 3개월이라는 기간 동안 회사를 자세히 알아갈 수 있었으며 회사에 확신이 들었습니다. 5번의 면접 및 평가 결과가 좋아 젠스타에 취업하게 되었습니다.

🎙️ 인턴에 대한 중요성을 많이 언급해 주셨네요. 인턴 경험의 장점은 무엇이 있을까요?

💬 인턴이라는 제도는 비정규직이라는 불안함도 있지만, 회사를 본인이 3개월 동안 느끼고 지켜본다는 점에서는 매우 좋은 제도라고 생각됩니다. 2012년 인턴 시작해 3개월 동안 어떠한 업무인지 알 수 있었으며, 회사 선배들의 회사에 대한 생각을 간접적으로 느낄 수 있어서 향후 내가 이 회사에 다니면 어떠한 볼륨이 될 것인지 예측이 되어 정직원이 되는 데 최선을 다했습니다. 인턴을 하면서 회사 사람들과 소통을 많이 하는 게 그 회사를 알 수 있는 중요한 방법이고 채용 전환 시 큰 도움이 될 것입니다.

🎙️ 젠스타라는 회사에 대해 좀더 자세히 소개해주신다면요?

💬 2012년 관리 규모에 대한 기준으로 삼성생명 물건 중 작은 규모의 관리만 했지만 2015년 현재 규모의 기준을 벗어난 큰 물건의 관리도 하고 있습니다. 주택 임대 관리업 등록해 실제 구의동 400세대 오피스텔 관리, LH 희망리츠 3호 관리, 뉴스테이 김포한강 신도시 우선협상대상자 선정, 개발업 등록을 통한 상암동 B3BL 부지 3만 평 오피스텔·오피스 개발, 여의도 한전 부지 개발 우선협상대상자 선정 등 기존에 자산관리회사들이 하지 않은 분야의 진출이 이루어져 건물의 탄생부터 준공 후 관리까지 하는 종합부동산회사로 성장하고 있습니다.

🎙️ **취업에서 가장 중요하게 생각하는 부분은 무엇인가요?**

💬 관련 분야의 아르바이트나 인턴 경험이 자격증의 유무보다 비중이 큽니다. 자격증을 따는 것도 좋지만, 관련 분야 아르바이트나 인턴을 하게 되면 자연스럽게 인적 네트워크가 형성되고 더욱 취업에 대한 정보가 빠르게 들리기 때문에 자격증보다 관련 경험이 우선이라고 생각합니다.

그리고 관련 분야 경험을 하면서 회사의 타 부서가 어떤 일을 하는지 알게 되며 앞으로 채용 시 자신이 재미있게 할 수 있는, 자신에게 맞는, 취업 성공률을 높일 수 있는 부서가 어딘지 알 수 있다고 생각됩니다.

🎙️ **회사에 대한 정보는 어떻게 얻으셨나요?**

💬 상업용 부동산 시장의 기사는 검색하면 의외로 많이 나옵니다. 물론 자신이 지원하는 회사가 바로 찾아지지 않을 수도 있지만, 부동산회사들은 서로 경쟁 관계도 있지만 상호 보완하는 측면도 있습니다. 특정 A라는 회사를 분석한 후 꼬리에 꼬리를 물어 조사하게 되면 가능성이 커지고 이를 바탕으로 면접이나 서류에 자신이 회사에 대한 관심도가 높다는 것을 나타낼 수 있을 거라고 봅니다.

상업용 부동산에 대해 알려면 사이트 투어를 해야 합니다. 실제 부동산이라는 상품은 개발 초기에 주변 여건을 고려해 진행하기 때문에 직접 방문해 임차인의 구성과 주변 빌딩들의 규모, 입지 환경도 느낄 수 있지만, 그 사이트만의 인문학적인 분위기 또한, 중요하게 느껴질 수 있습니다. 이러한 점들을 분석해 '왜?'라는 질문을 계속 던지면 자신감이 생기고 이를 통해 면접 때 무기가 될 수 있다고 확신합니다.

P&P 멘토링 클래스 저희 조의 물건은 젠스타가 관리하는 서초 메트로 빌

딩이었고 운이 좋게 면접 시 서초 메트로에 대한 질문을 받아 잘 대답할 수 있었습니다.

🎙️ **면접 시 특별히 유의해야 할 사항이 있을까요?**

💬 면접관들의 중점은 부동산 용어, 시장 환경 이해, 지원 동기 3가지 정도로 생각됩니다. 시장 환경이나 부동산 용어와 같은 질문에 대비하려면 각 자산관리회사들이 매월 정기적으로 게시하는 마켓 리포트를 보면 충분히 잘 설명되어 있습니다. 지원 동기는 각자의 대학교 생활이나 여러 대외 활동에 관한 내용을 스토리텔링으로 묶어, 짧고 간략하게 구성해 대답하면 될 것입니다.

그리고 가장 중요한 2가지 사항입니다. 자신감과 진실성, 좋은 인상을 남기는 데 있어 무엇보다 중요합니다. 지금에서 생각하면 당연한 이유인 게, 상대 기업의 담당자를 만나는 일이 비일비재해서 자신감 없는 모습은 지양하며, 고객의 자산을 관리하거나 투자 제안을 하는 일이니 진실성을 요구하는 거라고 생각합니다. 부동산이라는 특수한 목적물을 가지고 결국 딜을 성사시키는 게 사람이기 때문에 매우 중요한 점이라고 느껴집니다.

09 | 부동산 컨설팅 CBRE코리아 **배상원**

인하대학교 건축공학과 졸업
• 인턴 : CBRE 자산관리팀 인턴 후 정규직 전환

🎙️ **외국계 컨설팅회사인 CBRE코리아에 재직 중인 배상원 씨를 만나보겠습니다. 안녕하세요? 자기소개 먼저 부탁드릴게요.**

💬 안녕하세요. 2012년 1기 멘티와 2014년 4기의 서브 멘토로 참여했던 배상원입니다. 현재는 CBRE코리아의 자산관리서비스팀(Asset Services Team, PM)에서 3년째 근무하고 있습니다. P&P와의 인연이 어느덧 햇수로 4년이 되었네요. 2012년 여름, 최초의 P&P 클래스 멘티로 참여해 배웠고, 취업 후 많이 부족한데도 2014년 4기에는 서브 멘토로 인사드렸습니다. 이런 좋은 기회에 다시 불러주셔서 감사하다는 말씀부터 드리고 싶습니다.

🎙️ **자산관리란 업계에 있지 않거나, 취업 준비생들에게는 생소할 수 있을 것 같은데요. 본인의 업무에 대해 간략히 소개 부탁드립니다.**

💬 PM, 즉 프로퍼티 매니저(Property Manager)는 기본적으로 실물 부동산의 자산관리하는 역할을 합니다. 금융 시장에서 부동산이 갖는 유니크함은 주식이나 채권과 같이 가상의 금융 상품이 아니라, 증서로서의 개념은 제외

하고, 바로 '실물'이 존재하며 그에 가치가 매겨진다는 것으로 생각합니다. 이 실물의 관리를 통해 단순 현상 유지가 아닌, 클라이언트의 자산 가치 상승을 꾀하는 역할을 하는 것이 부동산 시장에서 피머(PMer)의 역할이라고 생각합니다. 예를 들어오피스에서 PM의 업무는 적절한 자본적 지출(CAPEX) 투자를 통한 실물 부동산의 가치 상승, 임대차 관리를 통한 캐시 플로우 수익률 재고, FM(Facility Management, 시설관리)사 관리를 통한 실물 내 운영 관리 및 서비스 제공 등이 있겠습니다. 사실 프로퍼티의 특성에 따라 PM은 업무 범위나 성격이 많이 바뀝니다. 안타깝게도 PM 업무의 디테일한 부분까지 이 인터뷰를 통해 설명드리기는 힘들지 않을까 싶네요. 저만 해도 광화문에서 관리하던 물건과 현재 역삼에서 관리하는 물건에서 수행하는 업무가 다른 부분들이 꽤 있으니까요.

🎤 해오신 업무들이 어떤 부분들이 많이 다르거나 같은지 간략히 설명 부탁드려도 될까요?

💬 두 가지 물건의 업무에 대해 아주 간략히 말씀드리면 처음 관리하던 물건은 외국계 투자사와 관련된 물건이었습니다. 따라서 대부분의 문서 업무(Paper Work)는 영문으로 진행되었고, 매각이라는 특수한 상황에서, 셀링 사이드(Selling Side)에서의 PM 역할도 했지요. 소유권 이전 이후 새로운 클라이언트의 셋업 업무도 했고요. 공사 측면에서 보면 그 물건은 오래되지 않은 건물로 대부분 내구 연한이 도달하지 않아 준공 이후 시공사 대상 하자 처리를 통해 관리하는 부분들이 많았습니다. 하자 처리 기간이 지났음에도 시공사와의 공고한 협력을 통해서 가능했던 일이었습니다.

현재 관리하는 물건은 역삼동에 있는 프라임급 랜드마크 건물로 준공 후 약 15년이 지나 꽤 오래된 건물 축에 속합니다. 하지만 이 오랜 시간에도 불구하고 여전히 대한민국의 톱 프로퍼티(Top Property)로 손꼽히는 것은 외국계 기관 투자자의 꾸준한 투자를 통한 최상의 실물 상태 유지와 시장의 트렌드를 리드하는 운용관리 전략을 통해 가능하다고 생각합니다. 준공 이후 기간뿐 아니라 건축물의 형태에서도 두 개 동으로 분리되어 있는 비정형 곡면의 광화문 물건과 직사각형의 평면을 가진 1개의 거대한 매스(Mass)로 역삼동 물건에서도 관리 포인트의 차이가 생깁니다. 부동산에서 위치를 빼놓을 수 없는데, 사대문 안 경복궁 앞, 청와대 인근, 중심 미관지구에 있는 물건과 강남에서 랜드마크, 위치적 요소만 따져보아도 양쪽 프로퍼티 모두 특성이 뚜렷하게 나타납니다.

하지만 양쪽 프로퍼티 모두 실물의 상태를 최선으로 올리고 유지하기 위한 합리적 투자, 임대차 관리를 통한 캐시 플로우 관리, 장기적인 운용 방안 수립 등 핵심적인 요소들은 궤를 같이하고 있습니다.

🎙 저도 일부는 알고 있었지만 다 들으려면 끝도 없을 것 같네요. 그렇다면 이렇게 다양한 PM 분야로 취업하고 싶은 취준생들에는 어떤 것이 필요하다고 생각하시나요?

💬 간단히 두 개의 오피스 사례에 대해서만 말씀을 드렸고, 리테일 몰이나 물류창고, 호텔 등이 들어가면 요구되는 부분이 많이 다릅니다. 프리 토킹이 가능한 영어 실력이 필요한 곳도 있고, 언어 능력보다 임차인 협상 능력이 더 중요할 수도 있습니다. 번뜩이는 재치보다 무게감이 더 빛날 수도 있습니다. 하지만 어디에서든 꼼꼼함과 성실함은 주니어의 최선의 필수 요소라고 생각합니다. 어떤 프로퍼티의 어떤 포지션이든 취업 준비생분들은 달려들 준비가 되어 있어야 합니다. 이 준비에 관한 이야기가 오늘 인터뷰의 주가 되겠네요.

🎙 **네, 말씀 부탁합니다.**

💬 취업은 운칠기삼이라는 말들을 많이 하죠. 특히 취업난이 심해진 요즘, 저역시 더더욱 공감하는 부분입니다. 하지만 저는 이 문구의 본래 의미와는 약간 다르게 생각합니다. 문구에 본래 의미처럼 별로 노력을 하지 않았는데 운으로만 이루어지거나, 반대로 죽도록 노력했는데 운이 없어 절대로 안 되는 경우는 없다고 생각합니다. 7할의 운이 선행되어야겠지만 결국 원하는 바, 즉 취업을 이루기 위해서 채워져야 하는 것은 3할의 노력입니다.

우선은 빈자리가 나야겠지요. 바늘구멍이라도 우선 구멍이 뚫려야 뭐라도 갖다 끼울 수 있습니다. 시기도 중요합니다. 때에 따라 당장 다음 주부터 일하기를 원하는데 현재 3개월 뒤까지 인턴계약이 되어 있을 수도 있고, 졸업에 문제가 있을 수도 있습니다. 간혹 나이 역시 당락에 영향을 미치기도 합니다. 선임보다 나이가 많은 후임을 신입으로 뽑기 어려울 수 있고, 외부와 접촉하는 업무가 많은 자리는 너무 어린 사람을 지양하게 되지요. 비슷한 맥락에서 포지션이나 내부 조직 구조에 따라 클라이언트가 선호하는 성별이 있을 수도 있고요.

🎙 **자리와 시기, 나이와 성별까지 운이 정말 많이 필요하겠네요? 거의 복불복 수준 아닌가요?**

💬 복불복이라, 그럴 수도 있겠네요. 하지만 인터뷰 초반에 말씀드렸듯이 PM 업무는 다양한 인재를 필요로 하고, 본인의 노력 여하에 따라 열리는 자리마다 지원 가능할 수도 있어요. 운칠기삼이라는 말에 맞추어 노력해야 할 세 가지를 말씀드리려고 하는데, 이 세 가지 요소는 단순히 운이 따라줬을 때 나머지를 채우는 부분이 아니라 능동적으로 끌어올 수 있는, 더 중요한 것으

로 생각합니다. 세 가지는 언어 능력, 스펙, 인맥입니다.

언어 능력은 영어겠지요. 공인 점수를 말하는 게 아닙니다. 물론 영어가 필요 없는 일도 있습니다. 하지만 부동산 시장이 외국에서 태동했으며 많은 외국계 투자자가 국내에 진출해 있는 만큼, 영어가 안 되면 불가능한 포지션들이 꽤 있습니다. 학점이 좀 낮아도 큰 상관 없지만, 영어가 부족하면 절대 불가능한 경우, 즉 본인이 지원할 수 있는 경우의 수가 굉장히 줄어드는 겁니다. 노력으로 이룰 수 있는 것을, 스스로 경우의 수를 줄여놓고 운이 없어 취업을 못 했다고 하면 안 되겠지요. 간혹 영어가 필요 없는 포지션에 취업하더라도, 추후 사내 팀이나 부서 이동, 이직에서도 제약되지 않게끔 언어 공부는 꾸준히 준비하는 게 좋으리라 생각합니다.

두 번째 이야기를 해보죠. 취준생의 딜레마, 스펙입니다. 어디서부터 시작해야 할지 몰라서 주변에서 남들이 하는 걸 따라서 시작하고, 어디까지 해야 할지 감도 안 와서 무의미한 자격증 컬렉터가 되어 개수만 늘어가기도 하죠. 운이 7이고 기가 3일 때, 극단적으로 단순 산수로만 생각하면 취업에 있어 단지 10%의 부분밖에 안 되는 요소라고 생각합니다. 면접장까지 가기 위한 자격 요건이 스펙이라고 생각합니다. 경력자의 스펙과는 다릅니다. 입사 후 2~3년 차가 넘어가면, 본인이 어떤 일을 했고 어떤 커리어를 쌓아왔는지가 훨씬 중요합니다. 그 이후 이력서에는 학점? 쓰지도 않는 경우가 많아요. 저는 학부에 수석 입학했습니다. 입학식 날 총장 상 받으며 들어갔어요. 하지만 그게 제 취업에서는 미미한 영향을 미쳤거나, 거의 미치지 않았다고 생각합니다. 오히려 부동산 업계로 취업을 결정한 이후 경영대 전공수업을 수강했던 게 더 컸다고 생각합니다. 건축공학 전공자인 제 이력서에 회계학 과목이 쓰여 있었는데 면접관이 "요즘 공대에서 회계도 배우나?"라고 혼잣말처럼 지나가는 말을 하시더군요. 그래서 공대 출신으로서 경제, 경영학적 소양을 채우기 위해 노력했고 그 일환으로 어떤 기업이건 결국 기업의 언어는 회계로 나타난다는 점을 생각해 교양도 아닌 타과 전공수업을 찾아들었다는 이야기를 했습니다.

공모전이나 자격증 역시 이력서를 쓸 때 개수를 채우기 위해 따지 마세요. 면접장에서, 내가 어떤 일을 하고 싶어서 어떤 공부를 했으며 그 노력의 결과물로 이런 자격증이 있다. 즉 왜 이런 자격증을 땄는지에 대한 스토리텔링을 할 수 있는 본인의 철학과 노력이 필요합니다. 참고로 스토리텔링은 없는 말을 거짓으로 지어서 하라는 뜻은 절대 아닙니다. 본인이 하고 싶은바, 이루고 싶은 것을 염두에 두며 노력하고 걸어온 길과 앞으로의 목표가 명확할 때, 정직하면서도 묵직한 스토리텔링이 자연스럽게 나옵니다. 그 진실성의 힘은 여러분이 생각하는 것보다 강력합니다. 남들이 하니까 따라서 한 여러 개의 자격증보다, 단 하나라도 묵직한 진심이 담겨 있는 자격증, 그게 면접관의 마음을 흔들 수 있는 무기가 될 겁니다.

세 번째로는 인맥입니다. 학부 시절 부동산학을 듣던 중 현직에 계시는 선배님의 특강이 있었고, 따로 찾아뵙기도 하면서 이것저것 많이 여쭙고 배웠습니다. P&P 멘토링 클래스를 들었을 때도 뵈었고, 부동산 업계로 준비하면서 많은 것을 여쭤보았습니다. 노력하는 모든 과정을 지켜본 선배님께서 사내에 2012년 인턴 채용이 있었을 때 지원해보라는 말씀해주셨습니다. 지금요? 제 직장 상사입니다.

여러분 모두는 많은 노력을 하고 계실 겁니다. 하지만 그 노력은 집에서 혼자 하면 아무도 알 수가 없습니다. 부동산 업계는 외부 공시가 안 나가거나, 내부 추천을 통해서 뽑는 경우가 아주 많습니다. 여러분의 노력과 진심을 알

아주실 분들이 필요합니다. 항상 이력서를 업데이트해두세요. 현직에서 일하시는 분이 일일 강사로 오시면 당장에라도 드릴 수 있을 만큼의 열정과 노력이 여러분을 한발 빨리 취업의 길로 안내할 것입니다.

🎙 **본인의 경우도 비슷했나요?**

💬 인턴 자리가 있다는 전화를 받고 채 48시간이 안 돼서 면접까지 봤습니다. 오후에 전화받고, 밤에 이력서를 갈무리해서 보내드리고, 그 이튿날 오전에 면접을 봤으니까요.

🎙 **취업 준비생들을 위한 본격적이고 실질적인 팁을 준비하셨다고 들었습니다.**

💬 그렇게 말씀하시니 부끄럽네요. 무슨 마스터키라도 되는 것 같습니다. 마스터키는 못 될지언정, 필요한 열쇠를 꺼낼 때 놓치지 않고 바로 찾아볼 수 있도록 열쇠고리라도 됐으면 좋겠습니다.

첫 번째는 인턴 경력입니다. 앞서 말한 세 가지 요소 중, 스펙과 인맥을 동시에 빠르게 넓힐 수 있는 가장 중요한 경험입니다. 자격증만 잔뜩 가진 고스펙자보다 1년이라도 실무 경험이 있는 사람이 더 선호되는 것을 자주 보았습니다. 졸업반 여름방학에 토익 몇 점 올리는 것보다 경험을 쌓는 것이 훨씬 중요하다고 생각합니다. 인턴으로 일하다 정직원으로 채용되는 경우도 많고, 속한 부서와 타 부서를 막론하고 사내의 신입 직원 채용 시 우선적으로 검토될 수 있습니다. 앞서 말했듯이, 공채가 아닌 내부 추천 등을 통해 채용되는 경우가 많은 업계 특성상 정보를 먼저 접할 수 있다는 것만 해도 충분히 메리트가 있고요. 또한, 인턴 기간에 본인의 평판(Reputation) 역시 쌓일 수 있습니다. 단순히 그 자리의 정직원 전환이 아니더라도 '업계와 실무를 이해하기 위한 노력하는 사람'으로서의 이력을 갖는 것만으로도 취업 준비생분들께는 향후 지원 시의 큰 메리트가 될 수 있을 거로 생각합니다.

두 번째는 꾸준한 연락입니다. 앞서도 인맥을 말씀드렸습니다. P&P 멘토링 클래스든, 취업한 대학교 선배든, 교수님이나 특강 나오신 강사님이든 궁금한 점 있으면 부끄러워하지 말고 물어보세요. 현재 업계에 계시는 선배님들 특히 시니어들은 IMF 이후 열린 한국의 부동산 시장 1세대들로 정말 맨땅에 헤딩하듯 고군분투해 자리에 계시는 분들입니다. 본인들이 정보의 부재로 인해 많은 고생을 하셨기에 업계의 새싹들에게 같은 고생을 시키고 싶어 하지 않는 분들이 많으십니다. 특히 능동적으로 정보와 사람의 창구를 열어주고자 하시는 분들이 모인 P&P 같은 모임도 있습니다. 취업 준비생분들께서는 신입생을 떠올려보면 쉬울 것 같아요. 친해지고 싶어요, 많이 배우고 싶어요, 하면서 진심으로 다가오는 후배에게 하나라도 더 알려주고 싶고 잘 해주고 싶지 않나요? 단순히 밥 한 끼, 술 한잔만을 목적으로 다가오는 후배와 진심으로 친해지고 싶어 하는 후배들, 눈에 뻔히 보이죠? 마찬가지로 취업 준비생분들께서도 업계 선배님들께도 솔직하고 능동적으로 다가갈 용기가 있기를 바랍니다.

세 번째는 면접 갈 때, 지원하는 회사에 관해 공부하고 가시라는 말씀을 드리고 싶습니다. 업무 범위나 요구하는 지식과 능력까지 알면 좋겠지만, 회사의 비전이나 현재 그 회사에서 주력으로 하는 부서, 나아가 그 시장의 트렌드. 그 정도 공부는 저처럼 이틀 만에 면접을 보더라도 얼마든지 준비해 갈 수 있습니다. 저는 이 부분이 회사에 지원하면서 기본적인 성의라고 생각하는데 의외로 전혀 모르고 오시는 분들도 있더라고요. PM뿐 아니라 리테일 부서에 지원한다면 요즘의 핫한 MD 브랜드나 잘되고 있는 리테일 몰의 특성을 공부해 가거나, 오피스 임대 분야에 지원한다면 최근 도심, 여의도, 강남 권역의 공실률 추이와 신축으로 인한 신규 공급 예정 빌딩들. 메이저 몇 군데 회사의 공개 발행되어 쉽게 찾을 수 있는 리포트들만 공부해도 알 수 있는 기본적인 지식조차 모르고 간다면, 면접관들의 머릿속에 '과연 이 부서에 오고 싶은가, 오래 일할 수 있겠는가' 하는 질문을 야기시키리라 생각합니다.

마지막으로 해외여행입니다. 말해놓고 보니 실전적이고 본격적인 팁은 아니네요(웃음). 변명 아닌 변명을 해보자면 부동산 업계는 서양에서 시작돼서 한국에 들어왔습니다. 준비하고 가면, 보이는 것이 다 공부가 될 수 있습니다. 가깝게는 홍콩과 싱가포르 또한, 부동산 시장이 굉장히 발달해 있는 곳입니다. 해외여행 직후 면접을 봤는데 갑작스럽게 영어를 시킨다면 3일 전까지 살기 위해(?) 영어만을 듣고 말한 사람이 자연스럽게 할 수도 있지 않을까요. 또한, 여러분이 취업되고 나서 1년쯤 지나 주변에 취업 준비를 하는 친구들을 보거나 자신의 모습을 돌이켜 본다면, 안타깝게도 초조하고 우울한 기운이 자신도 모르게 밖으로 흘러나오는 것을 볼 수 있습니다. 시니어에 있는 P&P 선배님 한 분께서 사적인 자리에서 "면접장에서 보면 요즘 애들은 왜 웃지를 않는지 모르겠다. 뽑고 싶어도 너무 우울해 보인다"는 말씀을 제게 하셨습니다. 최선을 다해 노력하고 준비하는 것만큼, 본인을 위해 여유를 즐길 줄 아는 모습도 중요한 것이고, 그런 모습이 본인에게 부정적인 이미지와 결과를 가져다주지는 않을 것입니다.

취업에 포커스를 두고 말씀을 드렸지만, 사실은 본인의 인생에 있어 스펙보다 훨씬 더 중요하다는 말씀을 드리고 싶어요. 취업이 되면, 몇 년간 퇴사하거나 신혼 여행을 가지 않는 이상 장기간의 해외여행은 거의 불가능한 경우가 많습니다. 개인적으로 친한 후배들에게는 "취업하려면 어떤 걸 준비해야 하나요"라는 질문에, 우선 빚을 내서라도 대학생 때 여행을 다녀오라고 합니다. 지금은 하루하루가 힘들고, 취직도 못 한 채 여행을 가는 게 배부르거나 심지어 정신 나간 행위처럼 보일 수 있지만, 조금만 지나서 보면 여행 기간만큼 1~2개월 늦게 취업하나 일찍 취업하나 다를 게 없어요. 하지만 본인의 인생에서 가장 건강하고 반짝반짝 빛나는 시기에, 세상을 넓게 보고 새로운 사람을 만나는 경험만큼은 무엇과도 바꿀 수 없다고 생각합니다. 제가 취업 전에 못한 것 중에 유일하게 후회하는 부분이에요.

🎤 **마지막으로 취준생분들께 한마디 부탁드립니다.**

💬 여러분을 진심으로 응원합니다. 힘들고 괴로울 수 있겠지만, 꿈을 안고 달리는 여러분이 가장 아름답습니다.

10 | 부동산 컨설팅 PM 글로벌PMC **이새나리**

강남대학교 부동산학과 졸업, 아주대학교 공공정책대학원 부동산전공 재학 중(글로벌PMC 재직 중 인터뷰 진행)/MOS Master, 워드프로세서 1급, 한자 2급 자격증
- 단기 아르바이트 : 메이트플러스 NPL사업부(파트 타임), 한화63시티 자산관리본부(파트 타임)
- 기타 특이 사항(공모전 등) : 강남대학교 국제학생단(교내 외국인 유학생을 위한 학생단체), KINSA(한국 내 외국인 유학생을 위한 비영리단체), 강남대학교 내 글로벌챌린저 대상

🎤 마지막 주인공이죠, 멘토링 클래스 4기 이새나리 씨를 만나보겠습니다. 안녕하세요, 먼저 인사 부탁드리겠습니다.

💬 네, 안녕하세요. 글로벌PMC 자산관리본부에 속해 있는 이새나리입니다. 부동산 업계라는 공통된 관심사를 가진 수많은 학생을 보며 저 스스로 다그치고 노력했던 것이 얼마 안 된 것 같은데 직장 생활한 지 벌써 2년 차가 되었네요. 현재 저는 여기 계신 선배님들에 비해서 연차도 적고 부족한 점이 있겠지만 편하게 제 이야기를 들어주셨으면 합니다.

🎤 사실 새나리 씨를 만나면 취업 이야기는 조금 뒤로 미뤄두고 업무 이야기를 먼저 해보고 싶었습니다. 자산관리(PM)라고 하는 분야가 조금 낯설기도 한데요, 소개 부탁드립니다.

💬 음, 우선 PM이라고 하면 대부분 프로젝트 매니저(Project Manager)를 떠올리시는데, 부동산 관련 서비스에서의 PM은 프로퍼티 매니지먼트(Property Management)라는 의미로 쓰이죠. 오피스 빌딩과 같은 상업용 부동산을 대

상으로 하는 제 업무는 임차인 관련, 행정, 운영 관리 업무로 구분할 수 있을 것 같아요. 공실 해소를 위한 시장조사와 마케팅에서부터 임대차계약을 체결하고 있는 임차인과의 업무 관련 미팅, 임대료 청구 등이 임차인 관련 업무로 볼 수 있습니다. 클라이언트가 요청하는 각종 보고서나 서류 작성, 부가세 신고나 재산세 등 각종 세금 관련 분석 등을 행정 업무로 볼 수 있고요. 그리고 건물 내, 외부의 청소 상태 확인이나 시설물 점검 상태 확인 등 운영 관리 업무가 있습니다. 특히 내용 연수가 오래된 빌딩을 관리하는 피머(PMer, 속칭 자산관리자)로서 장마철 이런 때에는 특히 누수 취약에 대비하고 긴장 태세로 있는 경우도 있어요. 이렇게 세세하게 따지면 그때그때 다양한 업무들이 있어서 하는 업무 전부를 다 말씀드리기가 어려운 것 같네요.

🎙️ **자산관리자로서의 업무 만족도는 어떠세요?**

💬 업무 전반적으로는 정해져 있는 범위에서 크게 벗어나는 일은 없지만, 관리하는 빌딩이 여러 개다 보니 시시콜콜한 일부터 큰일까지 끊임없는 생기고, 가끔은 불만을 가진 임차인이랑 통화를 하다 반나절이 지나갈 때도 있어요. 자산관리라는 업무가 담당하는 빌딩의 크기(연면적)나 관리 수수료에 따라 업무의 강도가 정해지는 건 아니에요. 사실상 저희는 현장에서 발생하는 일, 사무실에서 처리해야 할 소위 '페이퍼 워크', 이런 것들이 일하다 보니 구분 없이 생기고 그럽니다. 그래서 이 두 가지 일 사이에서 어떻게 접근하고 수행해야 할지에 대해 많은 생각을 했는데, 나름대로 내린 결론은 '시간 효율성을 높이자!'입니다. 지금은 어느 정도 일의 우선순위도 정할 수 있고 어떤 식으로 업무를 처리해야 할지 조금 보이는 것 같아요. 뭐, 아직은 일이 몰리거나 그러면 정신없는 경우가 더 많지만 이런 때일수록 잠시 멍 때리면서

복잡한 머릿속을 정리하고, 천천히 하나씩 해결해 나아가고 있어요. 제가 생각하는 지난 1년은 '자산관리'에 대해 살짝 맛만 본 정도인 거 같아요. 즉 일이 나와 맞는지 확인하는 과정을 제 나름대로 거치고 있던 거죠. 이제는 일에 대한 나름의 매력을 찾았고 또한, 효율적으로 시간을 사용하려는 노력을 통해 스스로 역량을 키우기 위한 자기계발에도 시간을 투자할 수 있어서 만족해요. 개인적인 견해로 자신에 대한 준비와 확신 있는 사람이라면 자산관리 업계에서 성장할 수 있는 인력이 될 수 있을 거예요. 저 또한, 처음 제 선택에 만족하며 후회 없이 살아가고 있으니까요.

🎤 업무와 관련한 재미있었거나, 보람을 느꼈던 에피소드가 있을까요?

💬 아직 연차가 얼마 되지 않아서 인상적이거나 보람을 느꼈던 일이 다른 분들에 비해 확연히 적습니다. 하지만 그중에 가장 기억에 남는 한 가지를 뽑는다면 떠오르는 에피소드가 있네요. 팀원으로서 공실을 해소하기 위한 마케팅에 주력해 좋게 마무리 지은 일이 있는데요. 당시에 주변 협력 공인중개사들에게 연락을 취해 임대 조건을 맞추고, 홍보를 위한 임대 브로슈어 작성도 하고 현수막 설치 등에 힘을 쏟았죠. 또 해당 빌딩에 적합한 프랜차이즈 업종을 선정해 업체와 직접 연락하고, 임차를 위해 다수의 업체에 빌딩을 소개하러 다녔습니다. 이때는 임차를 맞추기 위해서 거의 일주일에 두세 번 이상은 현장에 수시로 방문하곤 했죠. 결과적으로 대형 프랜차이즈 커피 전문점 입점계약을 성사시켰기에 엄청 뿌듯함을 느꼈습니다. 혼자서 진행한 일이 아니었고 팀장님과 함께했기에 기억에 더 오래 남는 거 같아요. 임차를 완료한 이후에도 계약을 완벽하게 결점 없이 진행하기 위해 구청을 방문해서 용도 변경을 하고, 임차인의 각종 요청 사항 등을 체크하고, 인테리어 공사 동

안 바쁜 나날을 보냈지만, 빌딩을 방문하게 될 때 그곳에서 마시는 커피는 더 달콤한 것 같아요.

🎤 소중한 경험을 하셨군요. 늦은 감이 있습니다만, 이제 취업 이야기로 넘어가 볼까요? 어떻게 보면 학부생이 쉽게 알기 어려운 회사에 입사하셨는데 어떤 계기가 있었나요?

💬 입사 시 교수님의 네트워크를 통해 도움을 받았다고 봐야 할 것 같습니다. 글로벌PMC㈜는 당시에 신입 사원 공채 모집을 하지 않았는데, 우연히 교수님께서 구인 소식을 듣고 제안해주셨습니다. 제가 그 자리에서 지원 의사를 전하고, 자기소개서 등 이력서를 준비했는데 다행히 좋은 결과가 있었죠.

두 번째, 학부생이 쉽게 알기 어려운 회사에 입사했다고 하셨는데 P&P 멘토링 클래스 수업에 참여하고 처음에 김재윤 멘토님께서 알려줬던 방법을 그대로 실천했기에 알 수 있었습니다. 그 방법을 잠시 언급하자면, 저희 멘토링 클래스 출신 멘티들도 P&P 공식카페에 가입할 수 있습니다. 공식카페에 보면 업계에 계신 분들께서 올려두신 가입, 이직 인사 등이 있습니다. 이를 보면서 업계별 회사를 정리하고 나름의 기준을 세웠는데 우연히 그 기준 안에 있던 회사에 도전할 기회가 주어져서 정말 좋았죠.

그리고 취업을 준비하면서 고려했던 사항 중 하나가 정말 부동산 업계 내에서 하고 싶은 분야가 무엇인지를 정해 택했죠. 이 분야 내의 회사들을 나열해 나름의 기준대로 정리하면서 준비하고 있었어요. 그리고 다들 아시듯이 기본적으로 필요한 어학, 자격증, 대외 활동 등은 미리 대학교 2학년 때부터 준비를 했습니다. 또한, 취업을 위해 학교 선배, 교수님 등을 찾아뵙고 업계에 관한 정보를 수집했던 것이 가장 도움이 많이 되었다고 말할 수 있죠.

우스갯소리로 저희 회사는 중소형 빌딩을 주 타깃으로 운영하기에 나중에 제가 건물주가 된다면 실무에서 쌓은 경험으로 직접 운영 관리를 할 수 있지 않겠냐는 생각으로 입사를 결정했던 이유도 없지 않아 있었습니다.

취업 준비에 대해 마지막으로 하나 더, 학부 4학년에는 정말 학교 밖 외부로 나갈 시간조차 없을 정도로 바빴어요. 그 당시 저는 취업 스터디를 해야겠고 차선책으로 한정적인 시간을 활용해보자 싶어 학교에서 마련한 면접 프로그램에 참여했죠. 이 과정에서 '나에 대해 탐구'를 했던 것이 정말 잘한 일이라고 생각합니다. 돌이켜 보면, 이 과정을 통해 후회 없는 선택을 할 수 있게 해주었던 것 같아요. 부동산 업계도 정말 다양한데, 스스로에 대한 '확신'을 통해 '목표'를 명확히 했기에 망설임 없이 방향을 정해 나아갈 수 있었고, 또한, 원하는 분야에 안착할 수 있었다고 생각합니다.

🎙 저도 취업을 준비하는 과정에서 '스스로에 대한 탐구'가 필요하다는 것에 동감합니다. 주신 자료에서 인상적인 게, 취업 전으로 돌아갔을 때 무엇을 하고 싶으냐는 질문이나, 현재 부족하다고 느끼는 부분이 무엇이냐는 질문에도 모두 자기계발과 관련된 이야기를 해주셨는데, 자기계발에 상당히 관심이 많아 보입니다.

💬 네, 학부 때도 공인중개사나 어학 등에 관심이 있었지만, 지금은 일하면서 스스로 부족한 점을 많이 느끼기 때문인지, 업무와 관련된 분야에 관심이 많습니다. 예를 들어 최근에는 '세무' 관련해서 잘 알면 좋을 것 같다는 생각을 합니다. 부동산 투자자들은 절세 방안에 관심이 많으며, 전문 세무사가 있는 경우에도 부동산과 관련된 세금은 담당자가 챙기고 설명이나 방안을 제시하기를 원하는 것 같습니다.

또한, CAD 프로그램이나 건축설계 이론을 배워보고 싶은 생각이 있습니다.

임대 브로슈어를 작성할 때나 입주 공사 시 반드시 도면이 필요하고, 활용하게 되는데 이를 읽어낼 수 있는 능력이 필요하거든요. 완벽하게 직접 작성할 수는 없겠지만, 외부에서 도면을 받았을 때 이해하고 읽어낼 수 있는 정도의 능력을 갖추길 바라고 있습니다.

그리고 프랜차이즈 쪽과 임대 마케팅을 같이 진행했던 경험을 통해 해당 업체를 좀 더 이해하기 위해 '가맹거래사'라는 분야를 접해보려고 합니다. '가맹거래사'는 임차인 입장에 서 있는데 그들이 가장 신경 쓰고 살펴보는 부분은 무엇인지, 임대 마케팅 진행 시 고려해야 하는 부분이 무엇인지를 역지사지(易地思之)로 바라볼 수 있지 않을까 생각합니다.

또한 글로벌 경쟁시대에 업무가 확장되었을 때 주도적으로 업무를 진행할 기회를 잡고 싶은 생각이 있기에 외국어 실력 향상을 위해 꾸준히 노력할 계획입니다.

🎙️ 확실히 스스로 확신하고 이 분야를 선택했다는 느낌이 강하게 드네요. 엄청나게 성장해갈 새나리 씨를 기대합니다. 마지막으로 비전에 대해 들어보고 싶습니다. 끝인사와 함께 부탁드릴게요.

💬 먼저 좋게 봐주셔서 감사하고, 인터뷰를 통해 저를 돌아보고 처음에 찾고자 했던 비전, 소망을 되새기는 기회를 얻은 것 같습니다.

앞으로 저는 업계 내에 당당히 설 수 있도록 2~3년간은 최대한 많은 경험을 해보려고 합니다. 판단의 갈림길에 선 순간이 있다면, 어느 한쪽으로도 치우치지 않고 합리적으로 판단해 긍정적인 결과를 끌어낼 수 있는 그런 사람이 되길 원합니다. 취업에서 운이 맞아야 한다는 말도 있죠? 그 운을 캐치해서 내 것으로 만들려면 진부한 이야기일 수도 있겠지만, 항상 준비하며 기다리고 있어야 합니다. 기회가 어느 때 주어질지 모르니 나의 가능성을 높여두라는 것입니다. 그리고 안일하게 기다리고 있는 것이 아니라 채용 공고가 없다 하더라도 내가 먼저 적극적으로 연락해보는 도전적인 정신도 필요하다 봅니다.

취업 준비생 여러분들을 응원합니다. 감사합니다.

(개정판)

부동산금융 프로젝트 바이블

제1판 1쇄 2017년 1월 20일
제1판 14쇄 2022년 5월 2일
제2판 1쇄 2024년 8월 14일

지은이 P&P(부동산금융 전문가 네트워크)
펴낸이 한성주
펴낸곳 ㈜두드림미디어
디자인 디자인 뜰채 apexmino@hanmail.net

㈜두드림미디어
등 록 2015년 3월 25일(제2022-000009호)
주 소 서울시 강서구 공항대로 219, 620호, 621호
전 화 02)333-3577
팩 스 02)6455-3477
이메일 dodreamedia@naver.com(원고 투고 및 출판 관련 문의)
카 페 https://cafe.naver.com/dodreamedia

ISBN 979-11-94223-06-1 (03320)

REAL ESTATE
PROJECT BIBLE